*La part de l'autre*

Eric-Emmanuel Schmitt

# La part de l'autre

ROMAN

Albin Michel

IL A ÉTÉ TIRÉ DE CET OUVRAGE
VINGT-CINQ EXEMPLAIRES
SUR VÉLIN BOUFFANT DES PAPETERIES SALZER
DONT QUINZE EXEMPLAIRES NUMÉROTÉS DE 1 À 15
ET DIX HORS COMMERCE NUMÉROTÉS DE I À X

© Éditions Albin Michel S.A., 2001
22, rue Huyghens, 75014 Paris

www.albin-michel.fr

ISBN broché 2-226-12660-0
ISBN luxe 2-226-12734-8

*A la mémoire de Georg Elser,
poseur de bombes artisanales.*

*La minute qui a changé le cours du monde...*

— A DOLF Hitler : recalé.
 Le verdict tomba comme une règle d'acier sur une main d'enfant.

— Adolf Hitler : recalé.

Rideau de fer. Terminé. On ne passe plus. Allez voir ailleurs. Dehors.

Hitler regarda autour de lui. Des dizaines d'adolescents, oreilles cramoisies, mâchoire crispée, le corps tendu sur la pointe des pieds, les aisselles mouillées par l'affolement, écoutaient l'appariteur qui égrenait leur destin. Aucun ne faisait attention à lui. Personne n'avait remarqué l'énormité qu'on venait d'annoncer, la catastrophe qui venait de déchirer le hall de l'Académie des beaux-arts, la déflagration qui trouait l'univers : Adolf Hitler recalé.

Devant leur indifférence, Hitler en venait presque à douter d'avoir bien entendu. *Je souffre. J'ai une épée glacée qui me déchire de la poitrine aux entrailles, je perds mon sang et personne ne s'en rend compte ? Personne ne voit le malheur qui me plombe ? Suis-je seul, sur cette terre, à vivre avec autant d'intensité ? Vivons-nous dans le même monde ?*

L'appariteur avait fini la lecture des résultats. Il replia son papier et sourit dans le vide. Un grand type jaunâtre, sec comme un canif, des jambes et des bras raides, interminables, maladroits, presque indépendants du tronc et retenus par une attache incertaine. Il quitta l'estrade et rejoignit ses collègues, la besogne achevée. Pas du tout le physique d'un bourreau mais la mentalité. Persuadé d'avoir énoncé la vérité. Un crétin du genre à avoir peur d'une souris mais qui, pourtant, n'avait pas hésité à prononcer calmement, sans trembler une seconde : « Adolf Hitler : recalé. »

L'année précédente, déjà, il avait dit la même horreur. Mais l'année précédente, c'était moins grave : Hitler n'avait pas beaucoup travaillé et se présentait pour la première fois. En revanche, aujourd'hui, la même phrase devenait une sentence de mort : on ne pouvait concourir plus de deux fois.

Hitler ne lâchait pas des yeux l'appariteur qui riait maintenant avec les surveillants de l'Académie, de grands échalas de trente ans en blouse grise, des vieux selon Hitler qui n'en avait que dix-neuf. Pour eux, c'était une journée ordinaire, une journée de plus, une journée qui justifiait leur paye à la fin du mois. Pour Hitler, ce jour était le dernier de son enfance, le dernier où il avait pu encore croire que rêve et réalité s'accommoderaient.

Le hall de l'Académie se vidait lentement, telle une cloche de bronze qui se débarrasse de ses sons et les envoie dans toute la ville. Pour vivre le bonheur de l'admission ou la tristesse du rejet, les jeunes gens partaient remplir les cafés de Vienne.

Seul Hitler restait là, immobile, assommé, livide. Tout d'un coup, il venait de s'apercevoir de l'extérieur, comme un personnage de roman : il est orphelin de père depuis des années, de mère depuis l'hiver dernier, il n'a plus que cent couronnes en poche, trois chemises et une édition complète de Nietzsche dans sa valise, la pauvreté s'annonce avec le froid, on vient de lui refuser le droit d'apprendre un métier. Qu'a-t-il pour lui ? Rien. Un physique osseux, de très grands pieds et de toutes petites mains. Un ami auquel il n'osera pas avouer son échec tant il s'est vanté de réussir. Une fiancée, Stephanie, à qui il écrit souvent mais qui ne lui répond jamais. Hitler se voit tel qu'il est et il se fait pitié. C'est bien le dernier sentiment qu'il voudrait s'inspirer.

Les appariteurs se sont approchés de cet adolescent en larmes. Ils l'invitent à prendre un chocolat avec eux dans la loge du concierge. Le jeune homme se laisse faire, il continue à pleurer en silence.

Au-dehors, le soleil brille, joyeux, dans un ciel d'un bleu décapant, fleuri d'oiseaux. Par la fenêtre, Hitler regarde le spectacle de la nature et ne comprend pas. *Alors, ni les hommes ni la nature ? Personne ne se mettra à l'unisson de mes souffrances ?*

Hitler boit son chocolat, remercie gentiment les surveillants pour prendre congé. Cette sollicitude ne l'a pas consolé : comme toutes les attitudes des hommes, elle est générale, fondée sur des principes, des valeurs, elle ne s'adresse pas à lui personnellement. Il n'en veut plus.

Il quitte l'Académie des beaux-arts et va se perdre, à pas menus, les épaules basses, dans la foule de Vienne. Cette ville avait été magnifique, lyrique, baroque, impériale, la scène de ses espoirs ; elle devenait le cadre étroit de son échec. L'aimerait-il encore ? S'aimerait-il encore ?

Voilà ce qui se passait ce 8 octobre 1908. Un jury de peintres, graveurs, dessinateurs et architectes avait tranché sans hésiter le cas du jeune homme. Trait malhabile. Composition confuse. Ignorance des techniques. Imagination conventionnelle. Cela ne leur avait pris qu'une minute et ils s'étaient prononcés sans scrupule : cet Adolf Hitler n'avait aucun avenir.

Que se serait-il passé si l'Académie des beaux-arts en avait décidé autrement ? Que serait-il arrivé si, à cette minute précise, le jury avait accepté Adolf Hitler ? Cette minute-là aurait changé le cours d'une vie mais elle aurait aussi changé le cours du monde. Que serait devenu le vingtième siècle sans le nazisme ? Y aurait-il eu une Seconde Guerre mondiale, cinquante-cinq millions de morts dont six millions de Juifs dans un univers où Adolf Hitler aurait été un peintre ?

*

– Adolf H. : admis.

Une vague de chaleur inonda l'adolescent. Le flux du bonheur roulait en lui, inondait ses tempes, bourdonnait à ses oreilles, lui dilatait les poumons et lui chavirait le cœur. Ce fut un long instant, plein et tendu, muscles bandés, une crampe extatique, une pure jouissance comme le premier orgasme accidentel de ses treize ans.

Lorsque la vague s'éloigna et qu'il revint à lui, Adolf H. découvrit qu'il était trempé. Une sueur citronnée rendait ses vêtements poisseux. Il n'avait pas de linge de rechange. Mais peu importe : il était reçu !

L'appariteur replia son papier et lui adressa un clin d'œil. Adolf lui rendit un pétulant sourire. Ainsi, même le petit personnel, même les surveillants, pas seulement les professeurs, le recevaient avec joie à l'Académie !

Adolf H. se retourna et vit un groupe de garçons qui se congratulaient. Il s'approcha sans hésiter et leur tendit la main.

– Bonjour, je suis Adolf H. Je viens d'être reçu aussi.

On ouvrit le cercle pour l'accueillir. Le niveau sonore monta. Ce fut une farandole d'accolades, de sourires, de noms que l'on se disait pour la première fois, que l'on n'avait pas le temps de retenir mais on aurait toute l'année pour mieux se connaître...

On était en automne mais cette journée avait la fraîcheur des vrais commencements et le soleil, de la partie, semblait rire dans un ciel d'un bleu définitif.

Les garçons parlaient en même temps, personne n'écoutait personne, chacun n'entendant que soi, mais cela revenait à écouter les autres puisque tous les admis exprimaient la même joie.

L'un d'eux, cependant, parvint à trancher le brouhaha en hurlant qu'on devait aller fêter cela chez Kanter.

– En route !

Adolf glissa dehors avec eux. Il était solidaire. Il faisait partie du groupe.

En franchissant le seuil de l'Académie, il remarqua derrière lui un garçon immobile, seul au milieu du hall immense, qui pleurait silencieusement des larmes dures.

La pitié effleura Adolf H., il eut le temps de songer « le pauvre » puis, violemment, la félicité l'envahit, une deuxième vague ravageuse, encore plus forte que la précédente, car c'était désormais une jouissance épaissie, enrichie, une jouissance double : la jouissance d'avoir réussi flanquée de la jouissance de n'avoir pas échoué. Adolf H. venait de découvrir que le bonheur se fortifie du malheur d'autrui.

Il rejoignit ses compagnons. Les Viennois se rendaient-ils compte, cet après-midi, qu'ils voyaient passer un groupe de jeunes génies ? « Patience, se disait Adolf, un jour ils saisiront. »

Les cris et l'allégresse moussaient d'effervescence sous les plafonds de la taverne Kanter tandis que la bière coulait à gros flots dans les chopes. Adolf H. buvait comme il n'avait jamais bu. Ce soir, il était définitivement un homme. Lui et ses nouveaux amis s'expliquaient les uns aux autres quels grands artistes ils allaient être, comment ils allaient, à n'en pas douter, marquer leur siècle, et ils commençaient même à médire des anciens C'était une soirée historique. Adolf H. buvait de plus en plus, il buvait comme on fait de la musique, pour être à l'unisson des autres, pour se fondre en eux.

C'était la première fois de son existence qu'il ne s'affirmait pas contre les autres mais avec eux. Il se savait peintre depuis des années, il n'en avait jamais douté, cependant depuis son échec de l'année précédente, il attendait que la réalité lui donnât raison. Voilà ! Désormais, tout concordait ! Il était réintégré à l'univers, on l'avait reconnu tel qu'il se rêvait ! La vie se révélait juste et belle. A partir de ce soir, il pouvait se permettre d'avoir des amis.

Il buvait encore.

Après avoir refait le monde, ils s'expliquaient maintenant d'où ils venaient, ce que faisait leur famille. Au moment où ce fut son tour, Adolf ressentit une furieuse envie d'uriner et courut aux toilettes.

Son liquide arrosait puissamment la faïence, il pissait dru, il se sentait invulnérable.

Dans le miroir verdâtre et vérolé, il testa sa nouvelle tête d'étudiant admis aux Beaux-Arts : il lui sembla que cela se voyait déjà, qu'il y avait une brillance nouvelle dans ses prunelles, un éclat sans précédent. Il s'étudia avec complaisance, posant un peu pour lui-même, se regardant avec les yeux de la postérité, Adolf H., le grand peintre...

Une douleur lui paralysa la mâchoire, ses lèvres se couvrirent d'écume et Adolf s'abattit sur le lavabo. Ses épaules étaient déchirées par des contractions, les sanglots dévastaient son visage : il venait de songer à sa mère.

*Maman...*Comme elle aurait été contente, ce soir ! Elle se serait sentie si fière ! Elle l'aurait pressé contre son sein malade.

*Maman, je suis reçu à l'Académie.*

Il se figurait très clairement le bonheur de sa mère, et,

quand il imaginait cela, c'était tout l'amour maternel qui était enfin rendu à l'orphelin.

*Maman, je suis reçu à l'Académie.*

Il le répéta doucement, comme une incantation, le temps que l'orage passe.

Ensuite, il rejoignit ses amis.

– Adolf, où étais-tu passé ? Tu as vomi ?

Ils l'avaient attendu ! Ils l'appelaient Adolf ! Ils s'étaient inquiétés ! L'adolescent fut si ému qu'il prit vite la parole :

– Je crois qu'on ne peut plus peindre aujourd'hui comme il y a vingt ans. L'existence de la photographie nous pousse à concentrer notre travail sur la couleur. Je ne crois pas que la couleur doive être naturelle !

– Quoi ? Pas du tout. Meyer prétend...

Et la conversation reprit, jaillissante, capricieuse, comme un bon feu de cheminée. Adolf s'enthousiasmait pour des idées qu'il n'avait jamais eues, fût-ce cinq minutes auparavant, il se lançait dans des théories nouvelles qu'il estimait immédiatement définitives. Les autres réagissaient avec force.

Dans les courts moments où il se taisait, Adolf H. n'écoutait pas ses condisciples mais songeait voluptueusement aux lettres qu'il allait écrire le lendemain : une à sa fiancée Stephanie qui n'aurait désormais plus aucune raison de se montrer si hautaine, une à sa tante Johanna qui n'avait jamais cru à son talent de peintre, une à son tuteur Mayrhofer qui s'était permis de lui conseiller de chercher « un vrai métier », une à sa sœur Paula, cette gamine insolente et moche pour laquelle il ne ressentait que de l'indifférence mais qui devait néanmoins réaliser quel grand homme était son frère, puis une lettre au professeur Rauber, cet imbécile qui lui mettait de mauvaises notes en dessin, au professeur Krontz aussi qui, au lycée, s'était permis de critiquer ses assemblages de couleurs, à cet instituteur de Linz qui l'avait humilié, lorsqu'il avait huit ans, en montrant à toute la classe son beau trèfle rouge à cinq feuilles... Sa joie ajustait ses lettres comme on prépare un tir, ses missives seraient autant d'armes destinées à blesser tous ceux qui n'avaient pas su croire en lui. Il éprouvait une délectation féroce à exister. Ce soir, il se sentait bien, mais demain, il se sentirait encore mieux en faisant du mal aux autres. Vivre, c'est tuer un peu.

Ainsi, ce 8 octobre 1908, dans les flonflons alcoolisés de la taverne Kanter, s'il n'avait pas encore réalisé la moindre œuvre d'importance et n'avait que gagné le droit d'apprendre à peindre, le jeune Adolf H. venait de franchir une étape essentielle sans laquelle il n'y a pas d'artiste : il se prenait définitivement pour le centre du monde.

*

– Bonsoir, monsieur Hitler. Alors ? Vous avez réussi ?

Madame Zakreys, sa logeuse, cette sorcière tchèque, avait quitté sa machine à coudre pour se précipiter dans le couloir dès qu'elle avait entendu la clé pénétrer la serrure. Fort heureusement, l'entrée stagnait dans la pénombre et Hitler pensa demeurer peu perceptible à la silhouette massive aux petits yeux jaunes.

– Non, madame Zakreys. Ils n'ont pas proclamé les résultats car l'un des examinateurs, souffrant, n'a pas encore pu rendre ses notes.

Madame Zakreys toussa de manière compréhensive. Hitler savait que, si on lui parlait de maladie, on obtenait immédiatement sa crainte et sa sympathie.

– Et qu'est-ce qu'il a ce professeur ?

– La grippe. Il paraît qu'il y a une épidémie à Vienne.

Madame Zakreys recula d'instinct vers sa cuisine, redoutant déjà qu'Hitler soit porteur de germes dangereux.

18

Hitler avait marqué un point décisif. Madame Zakreys ayant perdu son mari quelques années auparavant d'une influenza mal soignée allait s'isoler et ne proposerait même pas au garçon de partager un thé avec elle. Sans doute allait-elle l'éviter pendant quelques jours. Bien joué ! Il n'aurait pas à s'épuiser, à mentir, à parfaire la comédie de celui qui attend ses résultats.

Pendant qu'il posait son manteau, il l'entendit qui, déjà, allumait le gaz pour se préparer une décoction de thym. Comme elle devait se sentir coupable de sa retraite hâtive, elle repassa la tête dans le couloir pour demander poliment :

– Vous devez être déçu ?

Hitler tressaillit.

– De quoi ?

– D'attendre encore... vos résultats...

– Oui. C'est agaçant.

Elle le scruta de loin, prête à en entendre un peu plus, mais lorsqu'elle constata qu'il ne commenterait pas davantage, elle estima avoir été aimable et retourna à son fourneau.

Hitler s'enferma dans sa chambre.

Il s'assit en tailleur sur son lit et se mit à fumer méthodiquement. Il inhalait la fumée, la faisait tourner dans ses poumons puis relâchait des volutes épaisses. Il avait l'impression grisante de chauffer la pièce avec sa propre substance.

Autour de lui, ses dessins, des affiches d'opéra – Wagner, Wagner, Wagner, Weber, Wagner, Wagner –, des esquisses de décors pour le drame lyrique et mythologique qu'il voulait écrire avec son ami Kubizek, les livres de Kubizek, les partitions de Kubizek.

Il allait falloir écrire à Kubizek dans la caserne où il effectuait son service militaire. Ecrire... Lui dire...

Hitler se sentit dépassé par l'ampleur de la tâche. Lui qui avait convaincu Kubizek de le suivre de Linz à Vienne, qui lui avait assuré qu'il devait être musicien, qui l'avait même inscrit à l'Académie de musique où Kubizek avait été reçu du premier coup en solfège, composition et piano, lui qui avait été le leader des deux garçons, contre les oppositions têtues de leurs deux familles, il allait devoir avouer que, de son côté, il avait tout raté.

Madame Zakreys gratta à la porte.

– Quoi ? demanda agressivement Hitler pour protéger son intimité.

– Il faudra penser à me payer la chambre.

– Oui. Lundi.

– D'accord. Mais pas plus tard.

Elle s'éloigna en traînant des pieds.

Hitler regarda avec panique autour de lui. Allait-il pouvoir continuer à payer cette chambre ? S'il était entré aux Beaux-Arts, il aurait eu droit à une pension d'étudiant-orphelin. Mais sans cela...

*J'ai l'héritage de mon père ! Huit cent dix-neuf couronnes !*

Oui mais il ne le toucherait qu'à sa majorité, dans cinq ans. D'ici là...

Son cœur s'affola.

Il contempla la chambre d'un regard maussade. Il ne pourrait même pas rester ici. Tant qu'il était étudiant, il pouvait se contenter de peu. Maintenant qu'il n'était plus étudiant, il était pauvre.

En trois portes claquées, il se retrouva dans la rue. Il fuyait sa chambre. Il devait marcher. Il fallait imaginer une solution. Sauver la face ! D'abord sauver la face. Ne rien dire à Kubizek. Et puis dégoter de l'argent. Maintenir des apparences normales.

Il avançait à grandes enjambées de sourd sur les trottoirs de Mariahilf, un des quartiers les plus pauvres de Vienne, un quartier qui aurait dû paraître neuf tant il était récent mais dont les immeubles pleins à craquer se fissuraient déjà. Une lourde odeur de marrons chauds barbouillait les façades.

Que faire ?

La loterie !

Hitler exulte. Bien évidemment ! Voilà la solution ! C'est pour cela que la journée s'est si mal passée ! Tout a un sens. Le destin lui a interdit la réussite à l'Académie parce qu'il lui réserve une bien plus belle surprise : devenir millionnaire. Cet après-midi n'était qu'une épreuve initiatique, une passe dangereuse qui forcément devait déboucher sur la lumière : un billet de loterie ! Il n'avait perdu que pour gagner encore plus.

C'était évident ! Comment avait-il pu douter ? *Le premier billet du premier vendeur venu !...* Voilà ce que lui disait sa voix intérieure. *Le premier billet du premier vendeur venu !*

Justement, derrière un brasero dont les charbons ardents noircissaient les châtaignes, se tenait un infirme qui proposait des billets aux passants.

Hitler contempla l'hydropique boursouflé comme une apparition, ou plutôt une confirmation céleste. La fortune était là, devant lui, assise sur une chaise pliante en toile, les pieds dans le caniveau, sous la forme d'un clochard sans dents aux membres boudinés. Comme dans les contes de son enfance que lui lisait sa mère.

Hitler tâta nerveusement sa poche. Avait-il de la monnaie ? Miraculeusement, il avait juste la somme. Il y vit un signe de plus.

Le cœur battant, il s'approcha de la masse de chairs liquides et demanda :

— Un billet, s'il vous plaît.

— Lequel, monseigneur ? s'enquit le monstre en tentant d'accrocher un œil vitreux sur le jeune homme.

— Le premier qui vous tombe sous la main.

Hitler regarda avec fascination le phoque humain palper des billets, hésiter, puis en détacher un d'un coup sec.

– Et voilà, monseigneur. Et on peut dire que vous avez de la chance.

– Je sais, répondit Hitler, dans un souffle, rougissant violemment.

Il saisit le billet, le serra contre son cœur et s'enfuit en courant.

Il était sauvé désormais. Il tenait son avenir contre lui. Et il était persuadé que c'était sa mère morte qui, du ciel, lui avait envoyé cette salvatrice inspiration.

– Merci maman, dit l'enfant, courant toujours, les yeux levés vers les étoiles que les toits sombres cachaient.

*

Une première commande...

Adolf H., le cheveu raide, le pyjama tire-bouchonné, les yeux encore gonflés par la levure de la bière, se grattait la cuisse gauche en regardant l'improbable couple qui barrait l'entrée du couloir : la courte et massive madame Zakreys et le monumental Nepomuk, célèbre boucher de la rue Barberousse. Ils se dandinaient maladroitement devant lui, gênés, suppliants, comme de lointains cousins en visite.

– Nepomuk a toujours rêvé d'une enseigne peinte, miaula la logeuse.

– Oui, une belle enseigne, avec mon nom et de la couleur, confirma Nepomuk.

Une première commande... Il s'agissait bien d'une première commande... On voulait déjà s'offrir le talent du peintre Adolf H. Le garçon éprouvait un étonnement si muet que Nepomuk crut qu'il ne s'intéressait pas à sa proposition.

– Naturellement, tu seras rétribué, dit-il d'une voix plus faible.

– Bien sûr, approuva chaleureusement madame Zakreys.

– Tu es jeune, mon garçon, tu viens juste de rentrer à l'Académie des beaux-arts, je ne peux donc pas te rétribuer comme si tu en sortais.

Adolf pensa avec bonheur que, dans quelques années, il serait effectivement plus cher. Pour la première fois, il voyait un intérêt à vieillir.

– Donc tu es jeune. On peut même dire que, d'une certaine façon, je prends un risque en t'employant.

– Je vous propose un marché, l'interrompit Adolf. Nous fixons un prix maintenant. Si l'enseigne vous plaît, vous la payez. Si elle ne vous plaît pas, vous ne la payez pas.

Les petits yeux du boucher se plissèrent. L'artiste parlait un langage qu'il comprenait.

– J'aime ça, mon garçon. Alors moi aussi, je te propose quelque chose d'intéressant : je te paie soit en argent, soit en marchandise. Dix couronnes en argent, autrement deux saucisses par jour pendant un an, ce qui représente plus que dix couronnes...

Madame Zakreys se trémoussa.

– Quelle générosité, Nepomuk.

– Naturellement, madame Zakreys aura sa petite commission puisqu'elle nous a présentés.

La logeuse gloussa de plaisir et laissa échapper quelque chose en tchèque que personne ne comprit. Il sembla clair à Adolf que la veuve avait des vues sur le puissant boucher.

L'étudiant était un peu ennuyé par ce marchandage qui ne lui semblait guère digne de son talent. Midi approchait. La faim lui creusait acidement l'estomac. Il songea avec délices à son déjeuner.

– Un an de saucisses ?

– Un an de saucisses ! Tope là mon garçon !

Et Adolf laissa Nepomuk broyer sa fine main d'artiste dans sa poigne d'étrangleur d'animaux.

Vers trois heures, il se rendit rue Barberousse pour honorer sa première commande. Nepomuk l'accueillit avec de grandes exclamations et de non moins fortes tapes cordiales sur le dos, comme s'il recevait la visite de son gendre.

– Viens, j'ai tout préparé.

Il se traîna jusqu'à l'arrière-boutique marronnasse qui sentait la pissotière.

– Et voilà ! dit-il en ouvrant théâtralement les bras, fier comme un prestidigitateur qui achève un tour et lance le signal des applaudissements.

Le spectacle était épouvantable. Nepomuk avait tout préparé, en effet : sur un trépied il avait posé la planche de bois vierge qui devait servir d'enseigne et, sur un établi en face, il avait composé lui-même le tableau, toutes les spécialités de la maison posées les unes à côté des autres, têtes de porcs, langues de bœufs, pieds de cochons, cervelles d'agneaux, foies, cœurs, poumons, rognons, saucisses, boudins, salamis, mortadelles, jambons, tripes, oreilles de veaux, tous les produits qui faisaient la fierté et la prospérité de la maison Nepomuk.

Adolf eut un haut-le-cœur.

– Je dois peindre tout cela ?

– Pourquoi ? Tu ne sais pas ?

– Si. Mais j'avais pensé à une scène mythologique, par exemple, un moment tiré d'un opéra de Wagner où...

– De quoi me parles-tu, mon garçon ? Je veux que tu me peignes tout ce que je propose à mes clients. Rien d'autre. Si ! Mon nom au-dessus. Et là, tu fais comme tu veux. C'est pour ça que je te paie.

Adolf pensa à ce qu'avait vécu Michel-Ange lorsqu'il était

commandité par ce lourdaud de pape Jules II : à toute époque, l'humiliation devait-elle être le lot du génie sur cette terre ? Il avala sa salive et acquiesça de la tête.

– Combien de temps me donnez-vous ?

– Autant que tu veux. Mais je te signale qu'au bout de trois jours, la viande va boucaner et les couleurs vont changer.

L'énorme Nepomuk éclata de rire, flanqua une bourrade dans le dos d'Adolf et regagna la boutique où des clientes l'attendaient dans un brouhaha de poulets à l'enclos.

Livré à ses crayons et ses pinceaux, Adolf eut un instant de panique. Il ignorait par quoi commencer. Devait-il faire un fond avant de dessiner les sujets ? L'inverse ? Fusain ? Crayon ? Gouache ? Huile ? Il n'en savait fichtrement rien.

Allons ! Il ne pouvait pas être un imposteur puisqu'on l'avait admis à l'Académie des beaux-arts. Soixante-neuf aspirants avaient été repoussés. Lui avait été accepté ? Il devait donc forcement savoir.

Il redisposa les viandes mortes sur l'établi. Il peinait à les arranger de manière harmonieuse. Enfin il se lança dans la tâche : il était un peintre reconnu, il allait se le prouver.

Pendant trois jours et trois nuits, il ne quitta que brièvement, pour quelques heures d'indispensable repos, l'arrière-boutique de Nepomuk. Ses pensées n'étaient plus occupées que par ces blocs de chair, leur rendu sur la planche, le mélange des couleurs, la façon de marbrer le rose avec le blanc pour évoquer le gras du jambon, de rougir un fond noir pour faire apparaître le cœur profond de l'aloyau, pulvériser du beige sur le gris pour rendre goûteuses les rillettes, polir au doigt les volumes du cervelas, trouver une brosse dure aux poils espacés pour reconstituer la chair grêlée du salami. Comme toujours dans ses périodes d'exaltation, il avait cessé de s'alimenter et ne se nourrissait que de fumée lors des pauses-cigarette.

De temps en temps, le boucher venait jeter un œil à l'avancement de son enseigne. D'abord sceptique, critique, il le gratifiait désormais d'un silence respectueux.

Le fumet de chair en décomposition s'ajoutait désormais aux relents d'ammoniac. Dans cette chaleur de resserre, les chairs mortes s'oxydaient et se putréfiaient plus vite. Côtes et filets, les plus difficiles à peindre, commençaient à puer sérieusement la gueule de chien. Une odeur lourde, pesante, immobile, une odeur installée d'agonie figeait la pièce comme un glauque vernis de maître. Adolf ne faisait plus la part de la fatigue, de l'écœurement et du dégoût. Fiévreux, il n'avait plus qu'un but : finir.

Les tableaux de Cranach et Breughel montrant l'enfer comme une rôtissoire lui semblaient maintenant une vision édénique de l'au-delà : le véritable enfer, c'était cette tâche qui le tenait cloué dans ce trou de boucher, à saisir sur sa planche le peu de formes qui suintait encore de ces charognes.

Le cinquième jour, il n'avait toujours pas conclu. Il ne lui restait que quelques heures dans la nuit car, au matin, il devait aller prendre ses cours à l'Académie : l'année commençait.

Il travailla rageusement. Ses doigts lui faisaient mal, les pinceaux avaient mis à vif leur peau délicate. Ses yeux boursouflés se fermaient presque par réflexe. Peu importe ! Il finirait.

A minuit, il avait achevé la composition. Il ne lui restait plus que les lettres.

Au matin, l'enseigne était terminée. Le jour pointait.

A six heures, Nepomuk descendit de sa chambre et découvrit l'œuvre.

Les yeux écarquillés, la bouche ouverte, il considéra son enseigne pendant de longues minutes, ébahi.

Adolf le regarda et découvrit que Nepomuk ressemblait en fait à une grosse saucisse, une grosse saucisse large et haute, sans cou, refermée par une petite tête, une saucisse habillée, une saucisse avec quelques poils qui sortaient du col.

– Que c'est beau !

Des larmes de joie et d'attendrissement coulèrent sur les joues de Nepomuk.

*Tiens, une saucisse qui pleure,* pensa machinalement Adolf.

La saucisse ouvrit les bras et serra le peintre contre elle.

Puis Nepomuk voulut absolument qu'ils prennent leur déjeuner ensemble. Adolf se dit qu'il n'était peut-être pas inutile de se redonner quelques forces puisque, dans deux heures, il devrait affronter son premier cours.

Il avala sans broncher tout ce que Nepomuk fit rissoler dans ses poêles puis, lorsqu'il tenta d'ajouter dans son estomac quelques gouttes de café, il se sentit étouffer.

Il n'eut qu'une minute pour courir au fond du jardin où il vomit d'un bloc la boutique Nepomuk.

*Plus jamais ! Plus jamais !* C'était décidé. A partir de ce jour-là, plus jamais il ne mangerait de viande. Il deviendrait végétarien. Pour toujours !

Il se précipita chez madame Zakreys, se lava en hâte au lavabo, se changea. Malgré le linge propre et ses ablutions, il était persuadé d'empester encore la décomposition.

Puis il courut à l'Académie.

Il n'avait qu'une minute pour retrouver ses amis, déjà la cloche sonnait, ils devaient monter en salle cinq, dans l'atelier-verrière.

Là, ils pénétrèrent dans une salle surchauffée. Près d'une estrade couverte de coussins, un poêle dégageait une chaleur engourdissante.

Chaque élève prit place derrière un chevalet. Le professeur leur fournit des fusains.

Une femme entra, en kimono, monta sur l'estrade et, subitement, défit sa ceinture et laissa glisser la soie à terre.

27

Adolf H. n'en croyait pas ses yeux. Il n'avait jamais vu une femme nue. Il avait chaud, trop chaud. Elle était belle et lisse sans un poil sur un corps mordoré.

*Comme une saucisse.*

Ce fut la dernière chose que pensa Adolf avant de s'effondrer sur le plancher, évanoui.

*

Dans quelques minutes, il sera riche.

La semaine a vite passé, comme un frémissement. Certes, il a fallu attendre, mais la certitude de gagner lui a permis de traverser tel un éclair ces longs jours creux.

Son billet chaud et humide dans la main, Hitler attend l'affichage de la loterie.

« Celui qui a la foi dans son cœur possède la plus grande force du monde. » Cette parole que lui murmuraient les lèvres adorées de sa mère lui a servi de bâton pour se tenir debout, un régime moral tout autant qu'un régime alimentaire. Il a jeûné et il a surmonté l'épreuve de son échec : il croit de nouveau en lui, en son destin.

Le fonctionnaire de la loterie sort sur la chaussée et ouvre la boîte vitrée où il va placarder le résultat.

Le cœur d'Hitler fait un bond. Il s'approche.

Il ne comprend pas.

Où est l'erreur ? Sur son billet ? Sur l'affichette portée par l'employé ? Pourtant il y a erreur, Hitler le sait d'un savoir certain : un accord s'est conclu entre le ciel, sa mère et lui, un pacte sacré, qui doit le faire gagner. C'est même uniquement à ce prix, au prix de cette compensation qu'Hitler n'a pas été reçu à l'Académie des beaux-arts. C'était clair, pourtant.

L'erreur persiste.

Hitler a déchiffré vingt fois les nombres, les a comparés

28

chiffre par chiffre, les a mis à l'endroit, à l'envers. Rien n'y fait. La différence persiste. S'aggrave. S'entête...

Hitler devient de plomb, lourd, froid, impotent.

La réalité a pris le dessus. La magie a fui.

L'univers n'a tenu aucune de ses promesses. Hitler est seul au monde.

*

Tous ses camarades furent très impressionnés par le récit d'Adolf H. Décrocher une première commande à dix-neuf ans ! Et, qui plus est, pour peindre une nativité dans une chapelle privée ! Chez un comte ! Un comte si célèbre qu'Adolf refusait d'en dire le nom ! L'histoire avait rapidement fait le tour des élèves de première année. Aussi vite que celle de son évanouissement...

Il redoutait le prochain cours de nu. S'il se troublait de nouveau, devant la femme impudique et offerte, on saurait définitivement qu'il n'était qu'un puceau puritain.

Il occupa donc ses heures libres, dans sa chambre, à recopier des femmes nues trouvées dans une anthologie de la gravure. Il apprivoisait son trouble. Dessiner une cuisse, galber un sein lui donnait de grandes émotions, tendait son pantalon, l'amenait même à des extases solitaires mais il ne s'évanouissait pas. Cela suffirait-il ? Protégé par sa solitude, les murs de sa chambre, le fait qu'il ne reproduisait que des lignes avec son crayon, il parvenait éventuellement à se dominer. Rien ne prouvait que devant les chairs palpitantes de la femme si redoutablement proche, présente et nue, il ne sombrerait pas de nouveau.

Arriva l'heure du cours fatal.

Les étudiants envahirent la verrière surchauffée. Adolf, derrière tout le monde, se rendit à son chevalet presque à tâtons.

Le modèle monta sur l'estrade.

Il y eut un murmure de dépit.

C'était un homme.

Insolent, le menton tendu, le visage fermé, les yeux presque clos, résolument indifférent à l'insatisfaction de ces quarante adolescents en rut, il posa son caleçon, joua de ses muscles secs et prit nonchalamment une pose athlétique.

Le soulagement d'Adolf allait au-delà de ses espérances. Il regardait en souriant ses camarades qui, trop désappointés, ne lui prêtaient d'ailleurs aucune attention.

Adolf prit son fusain et commença à crayonner.

Il entendit un petit brouhaha dans le coin gauche. Certains élèves échangeaient à voix basse, d'une voix sifflante, des paroles d'indignation.

Après avoir vérifié qu'il ne pouvait s'agir de lui, Adolf H. ne prêta plus attention à ce groupe et se concentra sur son dessin.

Mais les quatre garçons posèrent violemment leurs crayons, saisirent leurs affaires, marchèrent avec bruit vers la porte et, juste avant de quitter la pièce, lancèrent au professeur :

– C'est inadmissible ! Absolument inadmissible !

Le professeur détourna la tête comme s'il n'avait pas entendu et, à bout de colère, les quatre élèves claquèrent la porte.

Adolf H. se pencha vers son voisin, Rodolph.

– Qu'est-ce qu'ils ont ?

– Ils refusent de dessiner ce modèle.

– Pourquoi ? Parce que c'est un homme ?

Rodolph fit une moue pour signifier qu'il condamnait le comportement des quatre garçons.

– Non. Parce que c'est un Juif.

Adolf était abasourdi.

– Un Juif ? Mais comment le savent-ils ?

*

Il erre dans les rues de Vienne. Vidé de tout désir, les yeux vissés à ses chaussures, il ne voit rien, n'écoute rien et s'alimente à peine. S'il remarque qu'il faiblit, il croque hâtivement quelques marrons chauds achetés à la sauvette, qu'il arrose parfois d'une bière. A la nuit calcinée, il rentre chez madame Zakreys. Même s'il ouvre la porte silencieusement et traverse le couloir en chaussettes, elle lui saute dessus et le harcèle pour obtenir son loyer. Il s'en tire par quelques promesses proférées d'une voix blanche pendant qu'il bat en retraite jusqu'à sa chambre. Mais madame Zakreys ne le croit plus et menace d'appeler ses cousins, des costauds qui travaillent au marché, pour lui faire comprendre ce qu'elle dit.

Bien sûr, il pourrait écrire une lettre suppliante à sa tante Johanna pour obtenir de quoi se tirer de ce mauvais pas. Mais cela ne le sortirait pas de l'impasse. Même s'il paie un mois de plus, deux mois, trois mois, six mois, que va-t-il devenir ?

Sa plus grande douleur vient de ce qu'il ne sait plus quoi penser de lui-même. Jusqu'ici il n'avait jamais douté de lui. Des oppositions, des scènes, il en avait connu. Des insultes, des remarques acerbes, il en avait reçu. Mais rien n'avait jamais ébranlé sa confiance. Il s'estimait un être singulier, exceptionnel, au-dessus du lot, plus riche d'avenir et de gloire que n'importe quel autre et il s'était contenté de plaindre ceux qui ne s'en rendaient pas encore compte. Devant son père, petit fonctionnaire obtus, violent et raisonneur, puis, après son décès, devant son trop lisse tuteur, Hitler avait continué à se considérer avec les yeux mêmes de sa mère, des yeux remplis d'adoration et de rêves merveilleux. Il s'aimait, il se voyait pur, idéaliste, artiste, exceptionnel, constamment placé sous la lumière éblouissante de sa bonne étoile. En un mot : supérieur.

Mais sa mère était morte l'hiver précédent, et après les résultats de l'Académie puis ceux de la loterie, son regard venait de s'éteindre.

Hitler se laissait maintenant moisir par le doute. Et s'il avait passé plus de temps à se convaincre qu'il était un peintre qu'à y travailler effectivement ? Il est vrai qu'il n'avait quasiment pas pratiqué ces derniers mois... Et s'il investissait plus son énergie à se croire supérieur qu'à le prouver vraiment ?

Cet examen de conscience le ravageait.

Si l'intelligence de certains est avivée par le doute, celle d'Hitler en sortait amoindrie. Sans enthousiasme, sans passion, il ne liait même plus trois idées ensemble. Son esprit ne fonctionnait que dans l'exaltation. Giflé par la réalité, privé de rêves et d'ambition, son cerveau engourdi ne fonctionnait guère plus que celui d'une huître.

Au matin, madame Zakreys, les seins ballottant dans sa chemise de nuit cramoisie, fit irruption dans la chambre d'Hitler, rompant toutes les lois tacites qui lui interdisaient de pénétrer ce territoire.

– Si je n'ai pas l'argent dans deux jours, monsieur Hitler, je vous fais mettre dehors. Je ne veux plus de promesse, je veux mon loyer.

Et elle repartit en claquant la porte, allant passer sa hargne sur ses casseroles qu'elle manipulait violemment.

Cette intrusion fut salutaire à Hitler. Au lieu de se perdre de nouveau dans une trop profonde songerie sur lui-même, il se concentra sur un problème précis : payer sa sous-location à madame Zakreys.

Il sortit dans les rues et, cette fois-ci, regarda tout autour de lui. Il devait trouver du travail.

Vienne s'était immobilisée dans un temps sale de novembre. Un froid gris et tenace figeait l'atmosphère comme du ciment. Les arbres se dépouillaient et, pendant que les rares haies s'éclaircissaient, branches et troncs fonçaient. Les avenues naguère vertes et fleuries devenaient des allées de cimetière, les anciennes frondaisons tendaient leurs doigts secs vers un ciel d'ardoise, et les pierres viraient à la dalle funéraire.

Hitler considéra attentivement les pancartes chez les commerçants : on cherchait des vendeurs, des caissiers, des garçons de livraisons. Il songea aux multiples rapports humains qu'il devrait alors endurer, à l'amabilité qu'il serait forcé de déployer, et il se sentit épuisé à l'avance.

Il ne voulait pas non plus d'un destin de gratte-papier, même si c'était plus paisible : cela aurait été consentir à ce qu'il avait toujours refusé à son père. Jamais ! De toute façon, il ne cherchait ni un métier ni une carrière mais juste un peu d'argent pour payer madame Zakreys.

Il aperçut un chantier, trou béant au milieu des façades, comme une canine manquante sur la dentition saine de la ville.

En équilibre sur une planche, un homme brun chantait joyeusement en empilant des briques. La belle voix mate, souple, méditerranéenne, envoyait des bouffées d'insouciance italienne entre les murs. D'autres travailleurs tchèques, slovaques, polonais, serbes, roumains et ruthènes, s'envoyaient planches, briques, sacs et clous dans un allemand déformé et rudimentaire.

Attiré par la voix du maçon, Hitler s'approcha.

– Y a-t-il du travail pour moi sur ce chantier ?

L'Italien s'arrêta de chanter et fit un grand sourire à Hitler.

– Qu'est-ce que tu sais faire ?

Il sembla à Hitler que le sourire de l'Italien réchauffait même l'air froid.

– Peindre surtout.

Il y eut un léger désappointement sur le visage de l'Italien. Hitler se reprit :

– Mais je peux faire autre chose. Il faut que je gagne ma vie, ajouta-t-il en baissant la tête.

Les ouvriers éclatèrent de rire. Ils se doutaient bien que ce garçon maigre au teint d'encaustique n'avait pas mangé à sa faim depuis longtemps.

Une main chaude le saisit par l'épaule et le pressa contre un torse vivant : Guido lui donnait l'accolade.

– Viens, mon gars, on va bien te trouver quelque chose.

Hitler avait eu un instant la tête contre la poitrine de l'Italien. A sa grande surprise, l'homme sentait bon, une fraîcheur de lavande qui lui rappela l'armoire de sa mère. Il se laissa prendre par la main, donner des tapes cordiales dans le dos pour être mené au contremaître.

Bien qu'Hitler eût horreur des contacts physiques, il se laissait faire par l'Italien. Ça n'avait pas d'importance, c'était un étranger. Et puis – quelle aubaine ! – il ne serait entouré que d'étrangers sur ce chantier : non seulement personne de Vienne ne le reconnaîtrait, mais encore sa seule nationalité le rendait supérieur à tous ces hommes. Hitler fut engagé et devint donc gâcheur de mortier pour Guido.

Bien entendu, il n'avertit pas madame Zakreys de sa nouvelle situation, il se contenta de la payer, tâchant seulement de lui faire honte de son comportement précédent. La veuve tchèque marmonna quelques excuses pâteuses et fut complètement réchauffée par le contact froid des pièces.

Hitler ne détestait pas du tout ses journées au chantier. Au contraire, il avait l'impression que ce n'était pas lui qui mêlait l'eau au ciment, il se sentait presque en vacances, il était comme débarrassé de lui-même.

Sans bien discerner pourquoi, il appréciait Guido. L'éternelle joie de l'Italien, son sourire désarmant, ses paupières rieuses, sa poitrine velue qu'il montrait sans gêne aucune, la force virile qui éclatait en lui, qui conduisait ses gestes, sa voix, son italien tendu et sonore, ses bras et cuisses propres à n'importe quel effort, tout cela éclaboussait Hitler comme un soleil au cœur de l'hiver. Il se réchauffait auprès de lui ; il reprenait de la vigueur ; il buvait son humeur ; parfois même, il souriait.

Guido aimait bien le « petit Autrichien », mais comme cela, sans plus, ainsi qu'il aimait tout le monde. Hitler appréciait hautement cette affection indifférenciée, cette bonhomie qui ne l'engageait pas trop. Il faisait bon vivre dans l'air que respirait et brassait Guido.

Parfois, après le travail, ils allaient prendre une chope ensemble. Hitler aidait Guido à corriger son allemand. Il appréciait ce changement de rôle : le soir, à la différence du jour, c'était Guido qui lui obéissait. Il aimait que les lèvres de l'Italien répètent les mots qu'il lui avait dictés, il aimait que l'Italien se donne comme but de l'imiter, il aimait les éclats de rire qui ponctuaient ses erreurs, il aimait aussi, à la fin de chaque séance, le soupir exaspéré de Guido qui gazouillait, dans son allemand joyeux, déformé par les couleurs et épices de sa Vénétie natale, qu'il n'arriverait jamais à parler la langue de Goethe. Hitler jouissait alors d'une supériorité absolue et reconnue, et il en était si redevable à Guido qu'il trouvait alors les mots qui l'encourageaient à tenir jusqu'à la prochaine leçon.

Au moment de se séparer, Guido demandait toujours à Hitler où il logeait. Hitler noyait la question, il ne voulait surtout pas que Guido, avec sa franchise prolétarienne, pénétrât dans la chambre où il pouvait encore se croire un artiste étudiant. Lorsque Guido lui proposa d'aller rendre visite aux prostituées avec lui, Hitler dut inventer qu'il était déjà marié et que tous les soirs il tenait à retrouver sa femme.

Guido jeta alors un coup d'œil furtif sur les petites mains dépourvues de toute alliance mais ne releva pas le mensonge.

Il se contenta de lui faire un clin d'œil complice en murmurant :

– Ça ne fait rien. Si un soir, tu en as envie, je t'emmènerai. Je suis sûr que tu ne sais même pas où c'est.

Hitler demeura estomaqué. Il était contre la prostitution, il ne souhaitait pas rencontrer une de ces femmes vénales, mais Guido avait vu juste : il ne savait même pas où se trouvait le quartier chaud. Il se sentit pris en flagrant défaut de virilité.

On entrait dans l'hiver. Rien n'altérait la vigueur de Guido. Lui et Hitler ne se quittaient quasiment plus.

Un vendredi, Hitler en vint à dire une chose importante à Guido : qu'il avait une très belle voix de baryton verdien, qu'il ne méritait pas de rester sur un chantier, et qu'il devait devenir chanteur d'opéra.

– Bah, dans ma famille, tout le monde a une voix comme moi, dit Guido en haussant les épaules, et nous sommes maçons de père en fils !

– Mais pourtant, moi qui suis beaucoup allé à l'opéra, je t'assure que...

– Laisse tomber ! Ce ne sont pas des gens comme nous qui deviennent artistes. Il faut avoir le don. Il faut être né dedans.

Cela coupa court à la conversation qu'Hitler voulait engager. Après avoir fait ce compliment à Guido, il avait pensé lui parler de ses talents de peintre. Il voulait lui faire comprendre qu'ils étaient tous les deux différents mais Guido avait clos la confidence en résumant de façon péremptoire : « Ce ne sont pas des gens comme nous qui deviennent artistes. »

Chaque soir, Guido l'entraînait un peu plus près du quartier des prostituées. Il lui lançait avec un grand sourire :

– Ce n'est pas parce que tu es marié que tu n'as pas droit à de petits plaisirs.

Hitler opposait une résistance farouche aux propositions de son camarade mais il cédait du terrain et finit par passer la porte d'un bordel.

Dans la salle enfumée, au milieu de ces filles aux sourires faciles, aux gestes caressants, aux déhanchements constants, aux décolletés ahurissants, aux jambes trop facilement écartées, Hitler se sentit immédiatement mal à l'aise.

Guido expliqua aux filles qu'il fallait laisser son ami tranquille, que celui-ci l'avait accompagné par gentillesse mais qu'il ne voulait rien consommer.

Cela réfréna un peu les gestes des filles sans changer grand-chose à la gêne d'Hitler : où regarder sans se salir ? Où poser les yeux sans se rendre complice de ce spectacle dégradant ? Comment même respirer sans inspirer aussi la honte ?

Guido tenait trois femmes sur ses genoux et toutes semblaient se disputer en gloussant la faveur de monter avec lui.

Hitler ne reconnaissait plus son ami. Ce qu'il avait aimé en Guido, c'était l'Italie. L'Italie fastueuse et simple, vive et décadente, présente et absente, où dans la voix d'un prolétaire traînaient toujours les ors de l'opéra. Mais, ce soir, il n'aimait plus Guido, il n'aimait plus l'Italie, il n'en voyait que la vulgarité, la vulgarité épaisse, charnelle, fumante, offerte. Lui, tout au contraire, il se sentait pur, puritain, germanique.

Pour combattre sa déception intérieure, et pour se donner une contenance, il saisit un crayon et, sur la nappe de papier, il dessina Guido comme il le voyait : un Satan qui puait le sexe.

Il crayonnait furieusement, arrondissant une boucle, ourlant la bouche, charbonnant l'œil, ombrant les reliefs saillants du visage vénitien, crachant sur le papier sa haine de cette beauté triviale.

Soudain, il se rendit compte que tout avait changé autour de lui. Chacun s'était tu, tout le monde s'était approché. On regardait le jeune homme tracer, dans une transe flamboyante, son portrait de l'Italien.

Hitler sursauta et les dévisagea avec honte, furieux de s'être laissé aller à indiquer ce qu'il pensait. Il s'était découvert. On allait lui reprocher son mépris.

– C'est magnifique ! s'exclama une fille.

– Encore plus beau que le modèle, murmura une autre.

– C'est incroyable, Adolfo. Tu es un vrai peintre.

Guido contemplait son camarade avec admiration. Il n'aurait sans doute pas eu l'air plus surpris si on lui avait appris qu'Hitler était milliardaire.

Il opina plusieurs fois de la tête, convaincu.

– Tu es un vrai peintre, Adolfo, un vrai peintre !

Hitler se leva brusquement. Tous le regardèrent avec crainte. Il se sentit bien.

– Bien sûr que je suis un vrai peintre !

Il déchira la portion de nappe qui portait le croquis et la tendit à Guido.

– Tiens ! Je te le donne.

Puis il tourna les talons et sortit. Il savait qu'il ne reverrait jamais Guido.

\*

Il s'était encore évanoui.

Pourtant, au début, il avait réussi à conserver une respiration régulière lorsque la soie du peignoir avait glissé, tel un juron, jusqu'au sol. La femme avait gracieusement retenu son chignon qui semblait vouloir suivre le chemin du peignoir et, mutine, le coude en l'air, entre l'audace et l'effarouchement, elle avait offert son dos et ses fesses nus à l'assistance.

Adolf H. avait tracé ses premiers traits avec inquiétude, avec circonspection, comme on craint d'entrer dans l'eau froide. Il guettait son malaise. Il crayonnait du bout du fusain, persuadé qu'un croquis plus ferme allait le faire défaillir. Mais rien de terrible ne se produisait en lui. Il avait beau se palper et s'ausculter intérieurement, il ne se sentait pas défaillir. Il avait donc repris confiance et affermi sa main.

A traits gras, appuyés, il traça la silhouette de chair ; puis il esquissa les fesses et le galbe des cuisses ; enfin il se passionna pour le rendu des cheveux. A la dixième minute, il était parvenu à fixer sur son carton un croquis qui lui rappelait la *Léda au cygne* gravée par Léonard.

Le professeur agita la clochette. Les étudiants changèrent de feuille. Le modèle se tourna.

Adolf n'eut pas le temps de maîtriser ce qui suivit. La femme, cherchant une pose, eut la main qui s'égara sur sa poitrine et son ventre, Adolf en suivit des yeux le parcours, fut secoué par une force violente, eut un éblouissement et s'écroula.

Le cours suivant fut attendu avec impatience par l'établissement tout entier. Professeurs, intervenants, élèves de tous les cycles, chacun connaissait l'histoire du puceau en première année qui s'évanouissait devant la femme nue.

Adolf monta les escaliers qui conduisaient au cours fatidique en condamné qui se rend au mur d'exécution. Sa pensée se brouillait déjà : une partie de lui voulait, cette fois, résister au malaise, une autre voulait y céder le plus vite possible.

*Quoi qu'il arrive, que cela arrive vite ! Qu'on en finisse !*

Il se plaça devant son carton, tête basse.

La femme se leva et le silence se fit lourd, total, compact. On croyait entendre un roulement de tambour.

La femme s'avança, tout au bord de l'estrade. Elle s'immobilisa devant Adolf et le visa. Elle manipulait lentement la ceinture de son kimono, comme pour ajuster son geste, tirer au bon moment.

Soudain le coup partit, la soie glissa, la chair nue apparut dans une déflagration nacrée et Adolf s'effondra. Il était tombé si vite qu'il n'avait pas entendu l'immense « Hourra ! » qui avait soulevé les poitrines de tous les élèves enthousiastes.

Le soir même, dans la solitude enfumée de sa petite chambre, il réfléchit. Il ne pouvait continuer ainsi. Il ne passerait pas trois ans à tomber en syncope et à se donner en spectacle. Il fallait qu'il guérisse.

Guérir ? Le mot venait d'être formulé. Il se précipita sur le bureau et écrivit immédiatement au docteur Bloch.

Adolf éprouvait une réelle confiance en celui qui avait pris soin de sa mère. Il s'agissait plus d'une confiance en l'homme que d'une confiance en le médecin. Adolf ne s'illusionnait pas sur sa capacité à soigner, cependant qui pouvait aujourd'hui arrêter un cancer ? Mais il avait apprécié avec reconnaissance comment le docteur Bloch avait accompagné et soulagé les souffrances de sa chère maman.

Dans la courte missive qu'il rédigea, il ne donna aucun détail ; il se contenta de signifier avec suffisamment d'angoisse son inquiétude et son désir de consulter rapidement.

La semaine suivante, Adolf décida de ne pas prendre le risque d'aller au cours de nu. Il manqua dès la veille en faisant porter un mot par la veuve Zakreys, prétextant une indigestion.

Le même jour, alors qu'il ruminait sur son lit, quelle ne fut pas sa surprise lorsqu'il entendit jaillir, joyeuse, la voix du docteur Bloch dans le couloir.

– Adolf, je partais pour Vienne quand j'ai reçu ta lettre.

Le médecin, un grand homme avenant au nez précis, aux beaux sourcils d'un noir bleuté qui semblaient, ainsi que les lacis de sa moustache et le collier de sa barbe, tracés à l'encre de Chine, souriait à Adolf de toute sa bouche ourlée et grenat qui faisait fondre sa clientèle féminine à Linz. Adolf était

40

ému : on avait accouru, on avait pensé à lui, il avait l'impression de retrouver quelqu'un de sa famille.

Le docteur Bloch entra dans la chambre de l'adolescent et parla d'abord de petites choses sans importance. Adolf appréciait cette voix grave, chaude, vibrante, qui créait une intimité immédiate avec qui l'écoutait.

– Eh bien, Adolf, de quoi souffres-tu ?

– De rien, répondit-il car il se sentait bien tout à coup.

– Ce n'est pas l'impression que me donnait ta lettre.

Le docteur Bloch s'assit et regarda avec attention le garçon.

– Dis-moi ce qui se passe.

Adolf crut qu'il n'arriverait jamais à exposer son histoire honteuse, mais sous le regard bienveillant du quadragénaire, les mots se bousculèrent et tout fut raconté. Adolf, au fur et à mesure, avait déjà l'impression d'être soulagé car il évacuait son problème : maintenant, ce serait celui du docteur Bloch.

Celui-ci, lorsqu'il eut tout entendu, se gratta longuement la tête. En quelques questions, il vérifia qu'Adolf avait bien bu et s'était convenablement alimenté avant ses évanouissements puis, ces confirmations obtenues, il redevint pensif.

Adolf H. se sentait tout à fait bien désormais. Il avait confiance. Il était même impatient d'avoir le diagnostic, puis le remède du docteur Bloch.

Le praticien fit quelques pas hésitants autour du lit.

– Adolf, réponds-moi comme à un grand frère qui t'aime : as-tu déjà fait l'amour avec une femme ?

– Non.

– En as-tu envie ?

– Non !

– Sais-tu pourquoi ?

– J'ai peur.

Le docteur Bloch tourna encore quatre ou cinq fois autour du lit.

Adolf demanda d'un ton gai :

– Alors ? Qu'est-ce que j'ai ?

Le docteur Bloch prit le temps de répondre :

– Tu as quelque chose qui se soigne, ne t'en fais pas. Je voudrais que tu viennes avec moi chez un spécialiste.

– Un spécialiste ? s'exclama Adolf avec inquiétude.

– Si tu te cassais la jambe, je t'emmènerais chez un chirurgien. Si tu toussais trop fort, je t'emmènerais chez un pneumologue. Je voudrais donc t'emmener chez un spécialiste de ta maladie.

– D'accord !

Adolf était rassuré. La science s'occupait de lui. C'est tout ce qu'il voulait savoir.

Le docteur Bloch disparut une heure puis revint en annonçant à Adolf qu'il avait rendez-vous à dix-huit heures.

Adolf passa l'après-midi à lire et à fumer, puis rejoignit le docteur Bloch au bout de la rue, comme prévu, à dix-sept heures trente.

Ils prirent un tramway, puis un autre, changèrent plusieurs fois pour, à la nuit tombée, s'arrêter en haut d'une rue.

Ils descendirent quelques mètres, entrèrent au 18, montèrent un étage et sonnèrent.

La porte s'entrouvrit, une tête apparut.

Le docteur Bloch, la main sur l'épaule de l'adolescent, annonça poliment au praticien :

– Docteur Freud, je vous présente Adolf Hitler.

\*

Hitler ne retourna jamais au chantier.

La soirée chez les prostituées l'avait sauvé : elle lui avait rappelé qu'il n'était pas comme les autres. En rien. Il se

42

moquait de gagner sa vie, il ne désirait pas coucher avec une femme, il ne voulait pas rentrer dans l'ordre.

Comment avait-il pu s'oublier à ce point ? Quel étrange pouvoir exsudait de ce Guido ? Quel charme captieux et délétère l'avait conduit, lui, un artiste, un peintre, un marginal, à rejoindre presque les berges ordinaires de la vie, à s'épuiser dans un travail idiot, à manger et dormir pour reconstituer sottement sa force de travail, à boire des bières, à tenir des conversations vides dans des cafés pleins, à s'approcher des quartiers chauds pour se prouver, peut-être, un soir, qu'il était bien vulgairement un homme ? Hitler avait failli se dissoudre dans l'existence banale, comme un sucre fond dans l'eau. Il avait été sauvé in extremis par son croquis et par la réaction admirative des bipèdes.

– Je suis peintre ! Je suis peintre ! Je ne dois plus l'oublier, se répétait-il avec force.

Il se le disait tellement qu'il en devenait ivre.

Après avoir frôlé ce grand danger – la vie ordinaire –, il accomplissait vite sa convalescence. Il reprenait ses longues soirées fumeuses, en tailleur sur son lit, à réfléchir ou à rêver à partir d'un livre qu'il tenait ouvert devant lui. La journée pour donner le change à madame Zakreys, qui croyait qu'il suivait des cours à l'Académie, il se promenait dans Vienne ou bien allait se réchauffer à la bibliothèque.

Il ne lui restait plus beaucoup d'argent mais il ne voulut surtout pas l'économiser. « Plus jamais ! pensait-il. Plus jamais comme les autres ! Ne jamais réfléchir et penser comme les autres ! »

Il s'offrit, coup sur coup, trois soirées à l'opéra. Wagner, comme toujours, le combla au-delà de ses espérances. Hitler n'écoutait pas cette musique, il l'aspirait, il la buvait, il s'y baignait. Les flots harmonieux des cordes et des bois le submergeaient par vagues successives, il s'y roulait, il s'y perdait mais, vigilantes, endurantes, lumineuses, les voix jouaient le phare, au loin, qui guide les navires en perdition. Hitler connaissait tous les mots par cœur, il se grisait de cette noblesse, de cet héroïsme, il se ressourçait à cette vaillance. Il en ressortit « comme avant ».

Le troisième soir, malheureusement, l'opéra de Vienne programma la *Carmen* de Bizet qu'Hitler n'avait encore jamais entendue et le garçon s'enfuit dès la fin du premier acte, dégoûté, voire écœuré par cette musique bruyante, colorée, déhanchée, par cette brune piquante qui roulait des cigares sur sa cuisse nue en feulant d'une voix rauque des airs ineptes, un spectacle qui n'était pas sans lui rappeler la brasserie aux putes. Il en sortit indigné, ne comprenant pas comment son cher Nietzsche avait pu encenser cette fanfare de bordel parisien, mais il vrai que Nietzsche avait par ailleurs dit du mal de son encore plus cher Wagner, ce qui tendait à prouver que le philosophe, décidément, avait des oreilles d'âne pour la musique.

Peu importait ! S'il n'était pas heureux de sa troisième soirée, il avait eu néanmoins la satisfaction de dépenser ses dernières couronnes d'une façon somptueuse et inutile.

Evidemment, la Zakreys recommençait à lui courir après dans le couloir pour exiger qu'il la paie.

— Un peu de patience, madame Zakreys, dit-il, agressif, un soir. Je touche ma bourse d'étudiant à l'Académie dans une semaine.

— Il faudra me payer tout de suite tout ce que vous avez en retard.

— Bien sûr. Et je vous propose même de vous payer à l'avance les mois à venir.

On aurait cru que la Zakreys avait gobé un œuf avec la coquille. Elle demeura un instant interdite. Elle n'aurait jamais pu imaginer que quelque chose de bien pût arriver de ce péteux d'Hitler. Puis, elle se mit à frétiller d'aise et voulut immédiatement le gaver de thé et de petits gâteaux faits maison.

Il ne lui restait donc qu'une semaine. Après... Que ferait-il après ?

*Peu importe ! Je suis un artiste. Je suis un peintre. Je n'ai pas à me préoccuper de choses aussi sottes.*

Il décida d'occuper sa dernière semaine à pratiquer son art. Il se mit à crayonner mais très vite cela l'ennuya : ce n'était pas assez, il lui fallait quelque chose de plus consistant que la mine de plomb. Il posa son carnet et se mit à rêver d'une grande toile, une très grande toile, une toile qu'il peindrait à l'huile, une toile monumentale.

Il était satisfait. Voilà un projet digne d'occuper ses pensées.

Il se mit à fumer en songeant aux dimensions du cadre. Il pensait chiffres, mesures. Il poussait l'ambition au plus loin. Chaque fois, il agrandissait encore le châssis.

Au matin, il n'avait pas tracé un trait du tableau ni même déterminé le sujet, mais il éprouvait l'intense satisfaction d'avoir conçu la plus grande fresque peinte à l'huile du monde.

Exalté, il alla déambuler dans Vienne. Il était fier de lui. Il venait d'ajouter un chef-d'œuvre à l'humanité. Il parada dans les plus beaux quartiers ; heureux d'habiter une si belle ville et ne doutant pas que la ville serait, un jour, elle aussi, heureuse de s'enrichir de son ouvrage.

Les jours suivants, il les passa au musée. Non tant pour étudier les œuvres des maîtres que pour se trouver en leur compagnie, puisque, de toute façon, il serait là un jour. Il considéra avec mépris les compositions les plus vastes et les plus ambitieuses, son œuvre allait les pulvériser, les réduire aux dimensions de timbres-poste.

De temps en temps, il se livrait à un jeu qu'il venait

d'inventer. Les règles étaient simples : se placer au centre d'une salle immense tapissée de tableaux de la plinthe au plafond, fermer les yeux, tourner sur soi plusieurs fois au point de ne plus savoir où l'on se trouve, étendre le bras et pointer le doigt devant soi, puis rouvrir les yeux : la toile ainsi désignée était d'une valeur artistique égale à celle qu'il composerait bientôt. Hitler adorait lire son avenir ainsi. Il apprit donc qu'il peindrait aussi bien que Bosch, Cranach et Vermeer, ce qui le fit rosir d'émotion. Il ne compta pas naturellement les fois où son doigt avait désigné la banquette, le radiateur ou le gardien de musée ahuri.

Un soir, lorsqu'il rentra, il sentit un fumet délicieux s'échapper de la cuisine. Madame Zakreys, en robe mauve, pomponnée, coiffée, souriante, lui proposa de venir partager son gigot d'agneau à la salle à manger. Hitler s'assombrit : il comprit qu'elle s'attendait à recevoir son argent le lendemain.

Il avala le repas puis prétexta une grande fatigue. Une fois enfermé chez lui, il mit précautionneusement et silencieusement ses affaires dans un grand sac de jute, attendit que les grognements et jappements habituels de l'autre côté de la cloison lui garantissent que la Zakreys avait sombré dans le sommeil, puis il parcourut, à pas feutrés, l'appartement.

Tout son corps, toute son attention s'étaient mobilisés en vue de ce seul but : quitter la maison Zakreys sans que la Tchèque s'en doutât.

Une fois arrivé dehors, il ne se détendit pas. Il lui fallut encore se glisser au bout de la rue, au-delà du réverbère jaune sale, tourner la rue Mengel, passer dans l'ombre de la rue Packen.

Il respira largement et s'apaisa enfin. Sauvé !

C'est alors qu'il se rendit compte qu'il faisait un froid de caverne, que la chaussée avait gelé et qu'un vent excédé tourmentait les chevaux qui hurlaient.

Où coucherait-il cette nuit ? Il n'en savait rien.

\*

Adolf H. regardait avec curiosité le docteur Freud car il n'avait encore jamais rencontré de « spécialiste ».

Aurait-il, s'il avait croisé le docteur Freud dans la rue, deviné que ce petit homme court sur pattes, qui sentait le tabac et flottait dans son costume de tweed grisâtre, méritait les égards et les éloges dont le couvrait actuellement le docteur Bloch ? A quoi aurait-il pu reconnaître le spécialiste ? Aux lunettes, peut-être, ces lunettes excentriques dont la grosse monture d'écaille de tortue cerclait les yeux perçants, leur donnant l'allure de télescopes... Oui, les lunettes... Ce devait être cela : le docteur Freud avait des lunettes de spécialiste.

— De quoi êtes-vous spécialiste ?

Les deux médecins se retournèrent, surpris d'entendre si clairement la voix du garçon qui jusque-là s'était muré dans un silence morose.

— Je suis spécialiste des troubles du comportement.

— Ah oui ?

— Je pratique la psychanalyse.

— Ah oui, bien sûr...

Au terme « psychanalyse », Adolf avait acquiescé d'un air blasé, du genre « mais-oui-où-avais-je-donc-la tête ? », ainsi qu'il avait l'habitude de le faire dès qu'on prononçait devant lui un mot de plus de quatre syllabes. Cela lui permettait de prendre le temps de réfléchir. Psychanalyse ? Etait-il censé connaître ce mot ? Il ouvrit les portes de sa mémoire et s'aventura dans ses souvenirs d'expressions grecques : *téléologie, dialectique, psychologie, hypermétropie, épistémologie, épi-*

*démiologie...* rien que des termes barbares qui portaient un casque pointu, un glaive, une lance, et ne se laissaient guère approcher par lui. Peut-être, au milieu de tous ces farouches vocables hérissés, se trouvait-il déjà « psychanalyse »... Science de l'urine ? Des évanouissements ?

– Est-ce que cela te gêne, Adolf, si j'assiste à votre première séance ? demanda le docteur Bloch.

Adolf fut surpris par le ton suppliant de la requête. En réalité, le docteur Bloch ne faisait pas preuve d'humilité par rapport à Adolf mais par rapport au docteur Freud qu'il semblait tant admirer.

– Non. Ça ne me gêne pas du tout.

Le docteur Freud indiqua un divan recouvert d'un kilim.

– Allongez-vous là, mon garçon.

Adolf s'approcha du canapé et, en un tour de main, se délesta de sa veste, de sa chemise et de son pantalon.

La main sur le caleçon, il allait se mettre entièrement nu lorsque les deux hommes le regardèrent avec effarement.

– Non, non, dit Freud, en se précipitant au sol pour ramasser ses vêtements, vous pouvez rester tout habillé.

Il semblait rouge de honte devant l'adolescent en chaussettes à qui il tendait ses vêtements.

Adolf se demanda comment on pourrait l'ausculter habillé mais il s'exécuta, se revêtit et s'allongea. Après tout, ce serait plus confortable.

Le docteur Freud vint s'asseoir sur un fauteuil voisin du divan.

– Je ne vous vois pas, docteur.

– C'est très bien comme cela. Regardez le plafond.

Adolf chercha ce qu'il devait lire au plafond mais il se trouvait sous un plafond normal, blanc, banal, dépourvu de ces affichettes couvertes de lettres décroissant de l'énorme au minuscule que les médecins faisaient d'ordinaire déchiffrer aux patients.

– Racontez-moi votre problème. Non, ne me regardez pas. Je vous écoute.

Tant de chichis commençaient à agacer Adolf mais il profita du fait qu'il ne fixait personne pour raconter plus aisément ses évanouissements à l'Académie.

Il entendait le docteur Freud gratter dans son carnet et s'en sentait assez fier : il disait donc des choses qui méritaient d'être notées, cet homme s'intéressait à lui.

– Aimiez-vous votre mère, mon garçon ?

Il fut tellement surpris par cette question qu'il se leva et se mit à trembler.

– Beaucoup.

Il se raidit. Il ne fallait pas céder aux larmes. Pas devant deux hommes.

– Et votre père ?

Voilà ! C'était une question parfaite pour arrêter de pleurer. Son visage fut gagné par une onde de froid. Des piques de glace lui agaçaient les joues. Adolf se tut.

– Aimiez-vous votre père ?

– Je ne comprends pas pourquoi vous me posez cette question.

– Et cela vous empêche de répondre ?

– Oui.

– J'en conclus donc que vous n'aimiez pas beaucoup votre père.

La fureur remit Adolf sur ses pieds.

– Mais je ne suis pas venu pour cela !

Il se planta devant le prétendu docteur avec l'envie de l'étrangler.

Tassé sur son fauteuil vert, Freud prit une figure contrite et baissa les yeux.

— Je vous prie de m'excuser. Je pensais que cela pouvait avoir un certain rapport. Je me suis peut-être trompé. Je vous prie de m'excuser. Je suis désolé. Vraiment.

Un sentiment de victoire fit exploser la poitrine d'Adolf. L'adulte s'excusait ! Il avait remis un adulte à sa place ! Un spécialiste en plus ! La fierté évacua sa colère.

Le docteur Freud releva lentement les yeux vers Adolf et demanda d'une voix plus posée, mais où perçait encore la gêne :

— Peut-être pouvez-vous justement me raconter tous les bons souvenirs que vous avez gardés de votre père et me décrire, si cela ne vous chagrine pas trop, les moments où vous avez été heureux en sa compagnie, serait-ce possible ?

Adolf eut, fugitivement, l'impression de s'être fait piéger, mais il ravala sa salive et murmura :

— Soit.

Il se rallongea et plongea dans sa mémoire. Les souvenirs arrivaient en masse, par gerbes, incessants, rebondissants, mais il devait les trier : pour un seul bon, il y en avait mille mauvais. Son père, ce père qui avait fini par s'écrouler devant son verre de blanc matinal, ne lui avait laissé que des douleurs, des haines, des blessures. Au-dessus de lui, plus grosse qu'une montgolfière qui l'aurait plaqué sur le divan, rôdait de nouveau la vieille tête haïe, insoutenable, inquiétante. Cette face rougeaude aux sourcils bas et colériques, ces moustaches excessives, à la fois longues et clairsemées, qui descendaient en pyramide du nez jusqu'aux artères du cou, affichant sempiternellement une grimace de mauvaise humeur. Il réentendait la voix hurler après lui, il ressentait les gifles des ceintures sur sa peau, il retrouvait la solitude de son petit corps, roulé en boule sous les coups, au pied d'une porte fermée derrière laquelle sa mère pleurait en suppliant son mari d'arrêter. Il tenait de nouveau la hache avec laquelle il avait voulu tuer ce père lorsqu'il avait, une fois de trop, frappé sa mère. Une nouvelle fois, il repoussait cet homme trop lourd, trop compact, trop aviné, qui, après avoir crié, tempêté, insulté, venait maintenant presser son fils chéri contre sa grosse poitrine pour lui parler, en larmoyant de joie, de son proche avenir dans l'administration. Il frissonnait encore sous le fouet de la remarque cinglante : « Artiste ? Aussi longtemps que je vivrai, jamais ! » Il se revoyait lui, Adolf, dans le grenier froid, avec l'envie de se pendre. Il renouait avec la joie féroce qu'il avait éprouvée au-dessus du misérable cercueil, cette boîte d'acajou qui se taisait enfin, tandis que lui, Adolf, tenait sa mère dans ses bras, sa pauvre mère qui regrettait tout de même son bourreau, sa mère sanglotante qui ne comprenait pas qu'elle éprouvait enfin la délivrance. Adolf dut résister à cette déferlante d'émotions – émotions passées mais si peu – afin de, au crible, attraper une ou deux images heureuses, une expédition en bateau sur la rivière, un après-midi à ramasser le miel des ruches paternelles.

– Savez-vous de quoi votre mère est morte ? se contenta d'enchaîner le docteur.

– Oui. D'un cancer.

Il a la gorge serrée. Seul son orgueil d'homme lui a permis de répondre à cet insupportable questionneur. L'enfant en lui recommence à souffrir. Il craint que les larmes ne viennent le ravager.

– Où était-il situé, ce cancer ?

Adolf ne répond pas. Le voudrait-il, il ne le pourrait pas. Son visage ruisselle de larmes lourdes et salées, ses lèvres sont engourdies, il cherche son souffle.

– Le savez-vous ?

L'insistance froide du médecin le bouleverse encore plus. Il essaie de répondre mais, incapable d'articuler, il s'entend pousser des cris de corbeau.

Le docteur Bloch s'est précipité près d'Adolf et lui a saisi affectueusement la main. Effrayé par les convulsions du garçon, il décide de répondre à sa place.

– Madame Hitler est morte d'un cancer du sein.

– Je ne veux pas que ce soit vous qui me le disiez mais lui. Retournez à votre place.

La voix est froide, chirurgicale, précise. Une seringue.

Le docteur Bloch bat en retraite et la voix reprend :

– Dites-moi de quoi est morte votre mère ?

Les tremblements secouent le corps d'Adolf : on dirait qu'il grille sur la poêle du divan. Il veut répondre au spécialiste, il l'a décidé, il y arrivera, ce sera très difficile mais il ne peut plus reculer.

– D'un can... d'un cancer de la poi... poitrine.

Que s'est-il passé ?

Un apaisement fond sur lui. Il se détend au point de devenir liquide. Il se sent épuisé, soulagé. Son corps lui fait du bien, dans tous les angles de ses os, dans les moindres recoins de sa peau.

Le docteur Freud est apparu, souriant, au-dessus de lui. Une certaine bonhomie semble éclairer ce visage austère.

– Enfin ! Je suis content. Au moins, vous m'aurez dit quelque chose de vrai au dernier moment.

Quelque chose semblait avoir pris fin. Les deux médecins étaient passés dans la pièce voisine en discutant paisiblement.

Adolf comprit qu'il pouvait se relever. Quoique vêtu, il avait l'impression qu'il était en train de se rhabiller, les pieds ballants, un peu sonné.

Il rejoignit les deux hommes.

– Alors, docteur, quel médicament dois-je prendre ?

Les deux hommes sourirent puis le docteur Freud se ressaisit le premier et fronça les sourcils.

52

— Il est encore trop tôt pour le dire. Nous devons encore parler pendant quelques séances.

— Ah bon ?

— Je ne crois pas qu'il vous en faille beaucoup.

— Ah...

D'après le visage réjoui du docteur Bloch, ce devait être une bonne nouvelle. Adolf, lui, se sentait épuisé à l'avance.

— Dites-moi, jeune homme, comment comptez-vous me payer ?

— C'est-à-dire que... je n'ai pas beaucoup d'argent.

— Je m'en doute bien, dit Freud en riant. Je sais ce que c'est. J'ai été étudiant, moi aussi.

Une lueur de gaîté vint modifier ses yeux scrutateurs. Adolf avait beaucoup de mal à imaginer que ce petit bonhomme en tweed et aux cheveux poivre et sel pût avoir été jeune...

— Que savez-vous faire ?

— Peindre. Je suis à l'Académie des beaux-arts.

— Très bien. Très intéressant.

— Si vous voulez, je peux vous peindre une enseigne avec dessus : « Docteur Freud, psychanalitiste ».

— Psychanalyste.

— Oui : « Docteur Freud, psychanalyste » et puis, dessous, une jolie scène mythologique si vous voulez.

— Très bien, laquelle ?

— Tirée d'un opéra de Wagner.

— J'aurais préféré la mythologie grecque. Œdipe et le Sphinx par exemple.

— Ça se peut. C'est comme vous voulez. Je n'aime pas trop la mythologie grecque parce que c'est plein de nus, et, comme je vous l'expliquais, lorsque je dois peindre des nus...

— Ne craignez rien. Œdipe n'est pas une femme mais un homme...

— Alors tout va bien.

Adolf tendit sa main. Freud, amusé, tendit la sienne et ils conclurent le marché : une enseigne pour Freud contre la guérison d'Hitler.

— Pour la prochaine fois, mon cher Adolf, préparez-vous à me raconter un rêve.

— Un rêve ? s'exclama Adolf, paniqué. C'est impossible, je ne rêve jamais !

\*

Hitler n'était pas un vagabond très aguerri. La Vienne secrète, la Vienne vitale, la Vienne des doublures et des poches intérieures, celle des squares où l'on peut dormir jusqu'à l'aube sans se faire déloger par la police, celle des refuges, des foyers, des soupes populaires, celle qui cache dans ses replis le porche discret qui abrite des vents, le préau sans neige, la salle de classe déserte pour la nuit mais encore chaude de l'haleine du jour, la Vienne qui dissimule derrière les piliers d'un cloître la bonne et brave sœur qui n'a pas peur des clochards, le curé qui offre au premier venu son vin de messe, l'amicale socialiste qui étend des paillasses dans ses caves, cette Vienne de Babel où les multiples langues se fracassent et s'émoussent pour ne plus parler que celles, universelles, de la faim et du sommeil, cette Vienne de récupération où viennent échouer les déchets de l'industrialisation galopante, cette Vienne-là, Hitler l'ignorait. La seule Vienne qu'il avait dans la tête était celle des façades, la Vienne glorieuse, monumentale, paradante, la Vienne du nouveau Ring aux longues allées piétonnes et cavalières, la Vienne des musées impériaux et des théâtres à colonnades, une Vienne pour visiteur étranger, pour étudiant ébahi, une Vienne de carte postale.

Hitler avança au hasard toute la nuit. Marcher, pour ce fils de petit fonctionnaire, était la seule justification qu'on pouvait trouver à sa présence dans la rue. Il ne tenait absolument pas à s'asseoir ou se coucher sur un banc. C'était devenir un vagabond.

Une aube fade et lente vint lui signaler que son périple pouvait s'achever. Il se trouvait devant la gare de l'Est, blafarde.

Il y entra. Le décor d'une gare permettrait de justifier qu'il portât un gros sac.

Aux lavabos, il entreprit de se laver presque totalement. C'était périlleux, inconfortable, cela provoquait les regards méprisants des voyageurs pressés mais il était encouragé par la difficulté : en luttant pour sa propreté, il se prouvait ainsi qu'il était un homme digne. Lorsqu'il eut achevé, lorsque l'odeur citronnée du savon collectif l'eut emporté dans ses narines sur les relents d'ammoniaque, il regretta presque cette gymnastique.

Il revint au niveau des quais, s'assit sur son bagage et attendit.

Voyageurs, voyageuses, porteurs, contrôleurs, chefs de gare, vendeurs de saucisses, employés, tous s'agitaient autour de lui. Il était le centre. Le monde tournait. Il était le pivot. Lui seul pensait des choses essentielles, lui seul meublait son cerveau avec des soucis qui concernaient toute l'humanité : il songeait à sa toile, la plus grande toile du monde, celle qu'il allait peindre et qui le rendrait célèbre.

– Est-ce que vous pourriez m'aider, jeune homme ?

Hitler mit du temps à ajuster son regard, son oreille, puis à tourner son corps vers la vieille dame.

– Je n'arrive pas à porter mes valises, elles sont trop lourdes. Si vous pouviez avoir la bonté de m'aider à les porter.

Hitler n'en revenait pas : la créature chapeautée, voilettée, gantée et parfumée violemment à la tubéreuse qui se tenait devant lui, n'avait pas hésité à interrompre sa sublime méditation. Quel culot ! Ou plutôt, quelle inconscience !

– Vous ne pourriez pas m'aider ? Vous avez l'air si aimable.

*J'y suis*, pensa Hitler. *Elle me prend pour un pauvre gars de dix-huit ans qui attend un train. Elle ne se rend pas compte qu'elle s'adresse à un génie.*

Hitler sourit et, dans ce sourire, il y avait toute la condescendance de la divinité qui redescend au niveau des hommes pour leur signifier avec une tristesse lassée : « Non, je ne vous en veux pas de n'être que ce que vous êtes, je vous pardonne. »

Il prit son sac sur son dos, souleva les deux bagages et chemina auprès de la vieille Hongroise volubile qui le remerciait en gazouillant.

Une fois montée dans une calèche, elle saisit la main d'Hitler, la secoua avec vigueur puis donna l'ordre au cocher de partir.

Hitler ouvrit sa main : elle y avait déposé un billet.

« Mon étoile ! songea-t-il. Ma bonne étoile s'est encore manifestée. C'est mon étoile qui, toute la nuit, m'a conduit à cette gare, qui a poussé là cette étrangère à m'accoster et me glisser le billet dans la main. Merci maman. Merci. »

Il l'avait bien senti, tout à l'heure, au bout d'un quai, assis sur son sac : il était toujours le centre du monde. Il n'avait pas rêvé.

Il retourna à la gare pour appliquer la leçon du destin. Toute la journée, il aida les voyageurs à porter leurs bagages. Les femmes seules descendant des wagons de première classe se méfiaient des porteurs turcs, trop sonores et trop basanés, qui les sollicitaient sans ménagement, en revanche elles acceptaient l'aide de ce jeune homme pâle – sans doute un soldat en permission – et se montraient, au moment de le quitter, plus généreuses avec lui qu'elles ne l'auraient été avec un professionnel. Aucune ne fut, certes, aussi munificente que la Hongroise mais c'est bien pour cela que le destin l'avait envoyée en premier : pour ouvrir la voie.

Le soir, Hitler, un beau pécule en poche, aperçut en sortant de la gare, une affichette « chambre à louer » au 22, de la rue Felber. Il entra, posa l'argent sur la table. On le conduisit à la chambre 16.

Il s'allongea sur le lit, les bras sur la poitrine, et murmura simplement : « Merci maman » avant de sombrer dans le sommeil.

\*

En traversant la ville pour aller au deuxième rendez-vous chez le docteur Freud, Adolf H. joua de malchance ; perdu dans ses pensées, il rata plusieurs fois les correspondances du tramway et fut obligé de repartir en arrière.

– Je savais que vous seriez en retard, dit simplement Freud en ouvrant la porte pour mettre un terme aux flots d'excuses que bavait le jeune homme.

Adolf ne releva pas, ravi de s'en tirer avec si peu de reproches. Il s'allongea.

Freud regarda sa montre et s'assit.

– Que voulez-vous me raconter aujourd'hui ?

Malgré toute sa bonne volonté, Adolf peinait à trouver une seule idée. Son esprit lui semblait une grande maison vide, privée de ses meubles, de ses tableaux, avec des murs de plâtre d'un blanc de neige. Il y errait sans rien remarquer ni sans rien pouvoir saisir.

Plusieurs fois, il voulut commencer une phrase mais au bout de deux ou trois borborygmes, il s'arrêtait, incapable de continuer, voire un peu effrayé.

Le docteur Freud, patient, ne semblait pas étonné de ses grands silences.

Après un temps de gêne infinie, Adolf se tourna vers lui, le fixa dans les yeux et articula très clairement :

– Je suis désolé.

— Ce n'est pas grave. Cela aussi, je l'avais prévu.

Adolf commençait à comprendre le petit jeu du docteur Freud : celui-ci prétendait avoir tout deviné — les accidents, les oublis, les retards, les silences — après que les choses étaient arrivées. Facile ! On ne pouvait pas le démentir et, si l'on était naïf, on pouvait même l'admirer pour sa perspicacité. Il jouait les savants à peu de frais.

— La prochaine fois que vous prévoyez quelque chose, docteur Freud, prévenez-moi. Que je puisse vérifier vos prédictions.

— Eh bien, je prévois qu'à la fin de cette séance, vous allez me détester.

*Ça, ce n'est pas très difficile à prévoir. Il me tape déjà pas mal sur les nerfs.*

Puis, se rendant compte qu'il lui donnait malgré lui raison, Adolf H. se força à s'adoucir.

— Comment continuons-nous, docteur ?

— Pouvez-vous me raconter un rêve ?

— Je ne rêve pas, je vous l'ai déjà dit !

Adolf serra les poings puis se morigéna intérieurement. *Ne pas s'énerver, ne pas lui donner raison, surtout ne pas lui donner raison.*

— Depuis quand avez-vous cessé de rêver ?

— Est-ce que je sais, moi ! glapit Adolf.

— Oui, vous le savez.

Bien sûr qu'il le sait, Adolf, mais il est hors de question qu'il l'avoue à ce crétin inquisiteur. Il ne rêve plus depuis la mort de son père. Mais quel intérêt ? Et puis surtout, quel intérêt de le dire à un inconnu ?

Freud se pencha vers lui et murmura lentement :

— Vous ne rêvez plus, ou plutôt vous ne vous souvenez plus de vos rêves, depuis qu'on vous a annoncé la mort de votre père.

*Salaud ! Comment a-t-il deviné ? Surtout ne pas s'énerver !
Ne pas s'énerver !*

— Et je puis même vous dire, reprit Freud, pourquoi vous
avez cessé d'avoir la mémoire de vos songes depuis ce jour-là.

— Ah oui ? grinça Adolf d'une voix si laide qu'elle le surprit
lui-même.

— Oui. Voulez-vous que je vous le dise ?

— Ben voyons !

— Voulez-vous ? Voulez-vous vraiment ?

— Oui, ça me ferait rigoler, sans doute.

Adolf était de plus en plus étonné par la vulgarité de ses
réponses au médecin. Mais c'était plus fort que lui. Il avait
envie de lui pisser à la figure.

— Je ne crois pas que vous allez « rigoler », comme vous
dites. Je crois, au contraire que vous allez être... choqué.

— Choqué ? Moi ? Ça me ferait marrer. Rien ne me choque !

*Pourquoi ce ton ? Pourquoi cette voix de crécelle ? Calme-toi,
Adolf, calme-toi !*

— Rien ne vous choque sauf une femme nue.

*Touché ! Décidément, cet homme m'en veut ! Il ne désire pas
me soigner mais me détruire !*

— Sauf une femme nue, d'accord, c'est moi qui vous l'ai
dit, et après ? Dites-le, pourquoi je ne rêve plus depuis la
mort de mon père, monsieur Je-sais-tout, dites-le-moi, puisque vous êtes si malin !

— Parce que, depuis votre plus petite enfance, vous avez
rêvé plusieurs fois de le tuer. Lorsqu'on vous a appris sa mort,
vous vous êtes senti tellement coupable de l'avoir souhaitée
que, désormais, pour vous protéger de vos pulsions meurtriè-
res comme de votre sentiment de culpabilité, vous vous êtes
interdit l'accès conscient à vos rêves.

La fureur dilatait Adolf. Il fallait qu'il frappe. Il sauta au
pied du divan et chercha quelque chose à casser.

Freud lança un œil inquiet vers une pile de livres. Adolf n'hésita plus, il fonça sur la pile et donna des coups de pied dedans.

Freud gémissait.

– Non... non...

Et plus Freud geignait, plus Adolf cognait, comme si la plainte du médecin avait été le cri des livres sous ses coups.

Calmé, mais la mèche en bataille, à court de souffle, il se retourna vers le médecin qui lui sourit.

– Vous vous sentez mieux ?

*Incroyable ! Il me parle poliment comme si rien ne s'était passé !*

– J'avais disposé cette pile à votre usage. J'ai bien fait. Sinon vous auriez pu vous en prendre à quelque chose de précieux. Ce n'est pas ce qui manque dans cette pièce.

Freud jeta un regard de chasseur satisfait aux nombreuses statues archaïques, égyptiennes, crétoises, cycladiques, athéniennes, romaines, hellénistiques, qui couvraient les commodes et le bureau. Adolf se dit qu'il allait charger dans ces collections mais c'était trop tard, le feu s'était éteint, le cœur n'y était plus, il se sentait à court de rage.

Freud s'approcha de lui.

– Mon garçon, ne vous sentez pas coupable de vos sentiments. Tout enfant mâle a trop aimé sa mère et souhaité la disparition de son père. J'ai appelé cela le complexe d'Œdipe. Nous sommes tous passés par là. Seulement certains pères permettent de résoudre harmonieusement cette tension, d'autres pas. Le vôtre...

– Taisez-vous ! Je ne veux plus vous entendre ! Je ne veux plus venir ici.

– Naturellement.

– Je vous le dis, ce n'est pas une menace en l'air : je ne viendrai plus ici !

– J'ai bien entendu. Mais pourquoi me hurlez-vous dans les oreilles ? Que voulez-vous que ça me fasse ? Ce n'est pas moi qui m'évanouis, mais vous. Que vous reveniez ou pas, ça ne changera rien pour moi. Par contre vous...

Adolf enfouit sa tête dans ses mains. Il ne supportait pas la logique de mage que tentait d'appliquer ce médecin.

Freud posa sa main sur son épaule. Les deux hommes sursautèrent à ce contact mais Freud insista. Une chaleur pacifique et apaisante était en train de se former entre cette main et cette épaule ; elle remontait dans leurs deux corps.

Freud se mit à parler avec une voix plus grave, plus douce, une voix sans rapport avec son timbre habituel de nain qui compense sa petite taille et veut dominer les autres.

– Faisons un marché, mon cher Adolf. Si, après cette séance, vous ne rêvez pas, vous ne reviendrez plus jamais. Par contre, si, comme je le prévois, vous recommencez à rêver, promettez-moi de revenir. D'accord ?

Adolf se sentait si fatigué que pour mettre fin à cette tension, il était prêt à acquiescer. Partir ! Partir vite ! Et ne plus jamais revenir ici !

– D'accord.

– Parole d'honneur ? Vous revenez si vous rêvez ?

– Parole d'honneur.

Satisfait, Freud alla tranquillement s'asseoir derrière son bureau et gratta quelques notes.

Adolf se dirigea vers l'entrée, cherchant son manteau pour disparaître.

Sur le pas de la porte, Freud le retint.

– Et notre marché ?

– Ah, votre enseigne...

Adolf reposa son manteau et enfouit son cou dans ses épaules. Rien à faire ! Pas moyen d'y échapper. Une promesse est une promesse. Même une promesse faite à un escroc.

— Comment la voulez-vous cette enseigne ? demanda-t-il d'une voix morne.

— Cela ne vous gêne pas que nous changions d'objectif ?

Adolf haussa les épaules.

— Non, du moment qu'il s'agit de peinture.

Le ravissement vint éclairer la face sévère du médecin. Il semblait vraiment content.

— Très bien. Alors veuillez me suivre s'il vous plaît. J'ai tout préparé.

Adolf suivit Freud à travers un couloir. Le médecin ouvrit la porte d'un réduit.

— Voici le cabinet de toilette que je réserve à mes patients. Il mérite vraiment un bon coup de peinture fraîche.

Adolf, consterné, regarda les murs légèrement moisis puis les brosses et les pots de peinture céladon posés sur le carrelage. Il était tellement indigné qu'il ne trouvait même pas les mots.

Freud sourit en disparaissant vers son bureau.

— Je vous avais dit que vous finiriez fâché contre moi.

*

— Appelez-moi Wetti, dit madame Hörl.

Hitler considéra avec respect sa logeuse.

Madame Hörl – non, pardon, Wetti – dominait tous les êtres auxquels elle s'adressait, même lorsqu'elle se penchait pour servir un café, même lorsqu'elle s'enfonçait dans son rocking-chair pour fumer un léger cigare. Grande femme bien plantée, à la poitrine péremptoire, aux hanches majestueuses, aux fesses impériales, elle laissait saillir, sous ses robes sévères, un corps qui échappait à sa volonté. Malgré le chignon strict, malgré des amoncellements de colliers qui n'étaient pas encore de son âge, malgré la dentelle de rombière qui s'échappait de ses poignets ou de son corsage, la générosité attirante de ses formes se rappelait sans cesse aux regards des hommes. Des mèches rousses et folles sortaient du filet de sa coiffure, l'ampleur de ses pas faisait vibrer des cuisses somptueuses, sa démarche chaloupée laissait imaginer une sensualité torride. Wetti, comme beaucoup de trop grandes femmes, ne semblait pas complice de son corps ; il exprimait une part d'elle-même que son attitude sociale démentait. Elle parlait d'un ton sec, en comptable avare et pointilleuse, elle s'habillait en dame patronnesse mais elle bougeait comme une déesse de harem.

– J'apprécie beaucoup les artistes. Je suis très contente que vous séjourniez chez moi, Dolferl. Me permettez-vous de vous appeler Dolferl, mon cher Adolf ?

– Mais... mais oui, Wetti.

Wetti sembla contente. Elle était habituée à tout diriger chez elle, le ménage, les horaires, les mœurs – « Pas de femme sous mon toit, pas de couple marié » –, y compris les degrés de familiarité. Elle pouvait se montrer très distante, voire froide avec certains locataires, bien qu'ils fussent là depuis des années, ou très chaleureuse, ainsi qu'elle entendait l'être avec le jeune Hitler.

Ce traitement de faveur agaçait les autres hommes de la pension. Il leur semblait que Wetti leur disait par là : « Vous êtes vieux, il est jeune, il me plaît plus que vous. » Du coup, ils se montraient cassants avec Hitler, ne ratant jamais l'occasion de lui lâcher une porte sur la figure ou de le bousculer dans l'escalier, ce que celui-ci ne remarquait pas, non plus qu'il n'avait noté l'excessive amabilité de madame Hörl – oh pardon, Wetti – à son égard, terrorisé qu'il était par cette femme autoritaire et maternelle, dont même la familiarité lui semblait être un ordre.

Hitler se montrait d'autant plus docile – donc charmant – avec Wetti qu'il lui avait menti et que la prévenance exceptionnelle de sa logeuse sortait de ce mensonge. Chaque matin, il faisait croire qu'il se rendait à l'Académie des beaux-arts. Plus d'une fois, lorsqu'il attendait des clientes à la gare, il avait cru voir apparaître Wetti au bout du quai, trompé par l'allure majestueuse d'une riche Polonaise ou d'une comtesse russe. Il avait appris à se calmer et à ne plus craindre l'arrivée inopinée de sa terrible logeuse qui, trop attachée à surveiller ce qui se passait sous son toit et ne s'autorisant qu'une rapide escapade chaque matin pour faire son marché, ne se permettrait jamais le moindre voyage l'éloignant de sa pension du 22, rue Felber, donc ne mettrait jamais les pieds dans une gare.

Lorsque Hitler avait du temps à perdre entre deux trains importants, il se rendait au café Kubata pour y découvrir la presse nationale laissée à la disposition des buveurs. Il faisait son apprentissage politique. Lui qui n'avait jamais lu que des livres, romans d'aventures, livrets d'opéra, ou recueils de Nietzsche et Schopenhauer, il découvrait l'actualité politique, il se forçait à comprendre les noms des partis, de leurs chefs, le jeu de la démocratie. Il déchiffrait tout avec une égale passion, ayant l'impression de devenir un homme.

Un jour, à la gare, un individu blond, élégant, raffiné, muni d'un extravagant fume-cigarette en ivoire, gainé dans un manteau d'astrakan cintré aussi brillant et chatoyant qu'une soie, jeta une revue en sortant du train. Sans s'en rendre compte, il rata la poubelle et la revue tomba aux pieds d'Hitler.

Hitler s'assit dans un coin et parcourut cette brochure qu'il n'avait jamais vue dans les présentoirs du café Kubata mais qu'il avait remarquée au bureau de tabac, 18, rue Felber, achetée par d'assez beaux hommes à la mise un peu précieuse. Elle s'appelait *Ostara* et portait un étrange signe qu'Hitler n'avait jamais rencontré mais qui lui semblait posséder une vraie valeur esthétique : une croix dont les quatre bras se tordaient par deux fois. En étudiant les articles, il découvrit qu'il s'agissait du svastika, la croix gammée, qui symbolisait anciennement le soleil chez les Hindous. Le directeur de la revue, un certain Lanz von Liebenfels, faisait de cette croix si riche en angles l'insigne du héros germanique.

Hitler s'absorba dans les pages d'*Ostara*. Avec stupéfaction, il découvrait une pensée nouvelle : Lanz von Liebenfels affirmait la supériorité de la race allemande aryenne sur toutes les autres. S'appuyant sur l'archéologie, il expliquait qu'une race supérieure, une race blonde, était descendue du nord de l'Europe, avait édifié les premiers monuments architecturaux de l'humanité, les dolmens et autres assemblages de pierres géantes, qui étaient à la fois des « gares », traces et repères de leur passage, mais aussi des autels de la religion solaire. Cette race blonde supérieure et hautement civilisatrice, race païenne qui portait un culte à Wotan, race dont Wagner avait reconstitué les dieux et héros dans ses opéras sublimes, s'était laissé envahir et délégitimer depuis par les autres races, toutes inférieures, mais nombreuses et sans scrupules, toutes brunes, qui avaient précipité l'Europe dans la décadence actuelle. Lanz von Liebenfels appelait au réveil de la race supérieure, elle devait reprendre le dessus, se préserver des autres et ne pas hésiter à les détruire. Avec précision, il proposait un programme médical et politique sans précédent : les blonds devaient imposer la stérilisation des hommes bruns, la stérilisation des femmes brunes, afin d'en être débarrassés dans deux générations ; en attendant, il fallait prendre des mesures urgentes : entamer, en Allemagne et en Autriche, la déportation de tous les dégénérés, malades incurables et groupes racialement impurs. Ainsi, avant que la terre entière soit purifiée, l'espace germanique serait désinfecté. Au premier plan des êtres dont on devait se débarrasser, Lanz von Liebenfels pointait les Juifs qu'il décrivait comme des rats sales, malodorants, infiltrés partout par les bouches d'égout, se soutenant entre eux, organisant de façon discrète la finance, l'industrie et la prostitution, véritables hommes-bêtes, responsables de tout ce qu'il y a de laid dans le monde et n'hésitant pas, eux, à la différence des Nordiques qui, trop fiers, ne s'en prennent pas aux autres races, à organiser la traite des blanches. Pour célébrer la race blonde, héroïque, créative, pour chanter les louanges des yeux bleus, seuls dignes de contempler l'univers, Lanz von Liebenfels avait créé un ordre, l'ordre du Nouveau Temple, et proposait, dans son vieux château de Werfenstein, situé au bord du Danube, des conférences et des cérémonies rituelles.

Hitler, fasciné, avait oublié le temps. Son cœur battait à toute vitesse, sa bouche se desséchait, ses yeux exorbités dévoraient la moindre miette de texte. Jamais dans la grande presse viennoise, globalement anti-allemande et profrançaise, il n'avait rencontré ces positions. Même dans le *Deutsches Volksblatt*, l'organe du parti chrétien social à l'antisémitisme affirmé, il n'avait pas trouvé cette logique extrémiste, cette systématisation, l'établissement d'un programme radical et rationnel découlant de la supériorité d'une race sur toutes les autres. Il fut saisi de vertige. Quelque chose de l'exaltation de Lanz von Liebenfels était passé en lui, comme une fièvre contagieuse.

Furieux, il referma la revue et déchiffra le prix imprimé à côté de la croix gammée.

– Quinze hellers pour une ineptie pareille ! ? Non seulement ça ne les vaut pas mais ça devrait être interdit de vente ! Saloperie !

Révolté par tant de sottise, choqué par la forme raisonnante, historiographique, quasi scientifique, que prenait le racisme délirant de l'idéologue, il alla jeter la revue à la poubelle.

– Voilà la vraie place de ce torchon !

Elevé par sa mère dans le respect des autres, Hitler avait

appris à mépriser les antisémites. Lui-même n'appréciait-il pas tendrement le docteur Bloch, médecin de famille, qui avait apporté tant de soutien à sa mère lors de sa maladie ? Il n'avait jamais jugé les gens en fonction du fait qu'ils étaient juifs ou non ; d'ailleurs il ne les repérait pas. A la lecture d'*Ostara*, il avait fait plus qu'éprouver à nouveau ce mépris du racisme enseigné par les siens, il avait ressenti de l'indignation. Il se sentait personnellement visé par les violences de Liebenfels : les blonds supérieurs aux bruns ! Alors il fallait qu'Hitler aussi subît une vasectomie et fût déporté on ne sait où... Quel dangereux tissu d'insanités !

Tendu, agacé, pas assez souriant pour inspirer confiance à ses belles clientes, Hitler se résolut à ne pas travailler et rentra au 22, rue Felber.

– Oh, Dolferl, vous voilà déjà ! s'écria, gênée, la logeuse qui somnolait dans sa chaise longue, rajustant son chignon au-dessus de son corps abandonné, beaucoup plus voluptueuse qu'elle ne pouvait se l'imaginer.

– Oui, le professeur de portrait était malade. Je suis revenu travailler dans ma chambre.

– Le professeur de portrait ? Décidément, vous apprenez des choses merveilleuses.

Hitler baissa modestement les yeux.

– Vous voulez bien prendre un thé avec moi ?

– Oui madame Hörl... euh... oui Wetti.

Wetti sourit en approuvant l'effort, comme une maîtresse d'école encourage un élève.

Ils passèrent dans l'appartement privé de Wetti, où aucun client n'entrait jamais.

Wetti évoluait avec une grâce lente de géante au milieu de ce salon petit-bourgeois ; en se penchant pour prendre un plateau, elle laissa ses seins gonfler inconsidérément son corsage ; en s'asseyant sur la chaise à pompons, elle se cambra et tendit sa croupe dans une attitude provocante qu'elle croyait digne puis porta sa tasse à ses lèvres, la huma à pleines narines, comme si elle allait avaler un morceau de choix.

— Savez-vous, mon cher Dolferl, que je suis furieusement curieuse de connaître vos dessins ?

Hitler s'empourpra.

— Oui... à l'occasion, peut-être. Pour l'instant, je ne suis pas content de moi.

— Trop modeste, dit-elle en baissant ses longs cils, dans l'attitude d'une femme qui consent.

— Non. Non. Pas modeste, lucide.

— Oh, c'est encore mieux, dit-elle dans un râle de poitrine qu'elle croyait bien élevé mais qui évoquait un cri d'alcôve.

Elle appuya ses coudes sur la table, se pencha vers Hitler, ses seins manquant de faire craquer son corsage.

— J'aimerais beaucoup, à l'occasion, poser pour vous.

Elle réfléchit, faisant une moue indécente avec ses lèvres.

— En tout bien tout honneur, bien sûr. Je poserais pour un portrait. Ainsi, vous pourriez vous entraîner...

Elle tortilla son doigt dans une boucle rebelle, ses yeux brillèrent : elle semblait émerveillée par l'idée qu'elle avait eue.

— Qu'en pensez-vous ?

Mais Hitler, effrayé, n'était plus capable de répondre.

Il venait de voir, sur sa table à ouvrage, une pile complète de la revue *Ostara*.

\*

Adolf, immobile, assis en tailleur sur son lit, la tête renversée, les yeux mi-clos, garnissait sa chambre de guirlandes de fumée lorsque son nom retentit dans la rue.

— Adolf ! Adolf ! Dépêche-toi ! Viens !

Il se pencha à la fenêtre et découvrit le docteur Bloch,

hilare, en tenue de soirée, cape, smoking et chapeau haut de forme, penché hors d'un fiacre pour l'interpeller joyeusement.

En un rien de temps, Adolf le rejoignit, couvert de sa redingote élimée, les gants de son père dans une main, sa vieille canne à pommeau biseauté dans l'autre.

Le fiacre roulait à travers la nuit. Le visage du docteur Bloch avait des couleurs bizarres, trop rouge aux joues, trop noir et brillant autour des yeux. Adolf ne l'aurait pas bien connu, il aurait juré que le médecin s'était maquillé. Le docteur Bloch buvait coupe de champagne sur coupe de champagne ; il en offrait au jeune garçon qui les ingurgitait aussi sans défaillir.

En chantant, ils arrivèrent dans un quartier lointain de Vienne qu'Adolf ne connaissait pas. La calèche s'arrêta au bord d'un canal qui rappelait Venise, toutes les maisons donnant directement sur l'eau.

Le docteur Bloch le fit monter dans une gondole. Sans troubler la surface des eaux noires, grasses et paisibles, ils parcoururent plusieurs de ces étranges rues, passant devant des palais illuminés d'où sortaient les murmures langoureux de barcarolles.

La gondole aborda aux marches d'un casino. Des éclats de rire tombaient des fenêtres. Les étoiles dansaient sur les flots.

Le docteur Bloch prit Adolf par la main. Ils pénétrèrent dans un vestibule de marbre qui s'envolait vers les étages par des escaliers monumentaux. Au premier palier, un groupe de femmes parées de plumes aux couleurs criardes foncèrent sur eux et pépièrent, volubiles, dans une langue qu'Adolf ne comprenait pas. Le docteur Bloch les laissait les toucher, les caresser, un sourire aux lèvres, sans y prêter plus d'attention que s'il s'agissait d'animaux familiers. Elles pressaient les bras, les hanches, les cuisses d'Adolf d'une façon qui lui déplaisait mais il décida de régler son comportement sur celui de son aîné.

Au deuxième palier, les femmes se dispersèrent brusquement. Le docteur Bloch fit entrer Adolf dans une chambre où plusieurs femmes, en chemise de nuit ou en combinaison, se livraient avec passion à des travaux de broderie, de tricot ou de couture.

L'une d'elles lâcha son ouvrage, porta ses mains à sa gorge et cria :

– Monsieur Hitler !

Elles hurlèrent toutes. Le nom d'Hitler ricochait de tête bouclée en tête frisée. Elles protégeaient leur visage avec leurs mains, comme s'il les menaçait de gifles...

Le docteur Bloch tenta de maîtriser la situation.

– Non, ce n'est pas monsieur Hitler, c'est son fils.

A cet instant, Adolf ressentit une intense douleur au bas-ventre. Il se plia en deux sous l'effet du coup. Une femme avait dû le cogner par traîtrise. Il s'effondra.

Lorsqu'il put enfin se redéplier, toutes les belles effrayées avaient disparu. Le docteur Bloch le considérait paternellement et répétait :

– Je t'assure que tu n'as rien. Tu es tout à fait normal. Tu n'as pas le droit de t'infliger des douleurs pareilles.

– Mais je vous assure que ce sont elles qui...

– Ttt... ttt.

– L'une d'elles m'a frappé, j'en suis sûr.

– Ttt... ttt... j'étais à côté de toi, je n'ai rien vu.

Adolf ne savait plus quoi dire, d'autant plus, qu'en vérité, il ne sentait plus rien de la douleur fulgurante. A douter même qu'elle eût seulement existé...

– Suis-moi.

Le docteur Bloch l'entraîna par la main dans une autre partie du palais. Après avoir gravi plusieurs étages, parcouru une quantité de vestibules, ils arrivèrent dans un petit boudoir où brillait la seule lumière d'une bougie.

Une femme dormait, lascivement allongée dans une méridienne, à peine couverte d'une blouse de soie rouge.

Adolf fut hypnotisé par la blancheur crémeuse de sa peau qui palpitait à la fois comme une surface et un appel des profondeurs, satin et pâte, qui appelait à caresser et à pétrir, une chair qu'on avait envie de saisir bien que sa beauté inspirât, dans le même temps, une crainte sacrée.

Le docteur Bloch se rendit près de la femme endormie, s'agenouilla devant elle et ordonna à Adolf de faire de même.

– Regarde. Et habitue-toi.

Dans les premières minutes, Adolf ne jeta que des œillades furtives, craignant que son attention, si elle se montrait trop insistante, ne réveillât la dormeuse comme un doigt brûlant.

Le docteur Bloch se pencha alors sur la femme et enleva lentement la blouse de soie.

La femme se retrouva nue, offerte, lascive, inconsciente, étalée dans son impudeur essentielle à quelques centimètres d'Adolf. Il sentit que son propre corps bouillait.

Le docteur Bloch saisit alors la main d'Adolf et l'approcha de la femme. Adolf résista d'abord, effrayé, craignant on ne sait quoi...

Mais, fermement, méthodiquement, le docteur Bloch maintint son étreinte, conduisit la main d'Adolf au sein calme de la dormeuse et y plaqua la paume...

Au contact de la chair moelleuse et chaude, Adolf eut une sensation éblouissante...

... et se réveilla.

Il lui fallut plusieurs minutes pour réajuster ses idées, comprendre qu'il n'était que dans le lit loué à madame Zakreys, admettre que la belle scène qu'il venait de vivre appartenait au rêve, que le docteur Bloch n'était pas venu le chercher ce soir, qu'il n'avait pas touché réellement la créature nacrée.

Il changea de côté sur sa couche, enfonça sa tête dans l'oreiller et se servit de la mémoire du songe pour vivre et revivre la scène jusqu'au matin.

Enchanté, il courut à l'Académie, ayant l'impression d'être un autre homme. Même si ce n'était qu'un fantasme, il avait connu une véritable initiation sexuelle pendant la nuit.

Au seuil de l'Académie, il s'arrêta, frappé.

« Si, comme je le prévois, vous recommencez à rêver, promettez-moi de revenir. »

Un frisson de désagrément lui parcourut le dos. Le satané médecin l'avait annoncé : il rêverait de nouveau. Ainsi, il devait le moment délicieux de cette nuit à cet insupportable petit homme qui lui avait fait repeindre ses chiottes !

Adolf, furieux, arriva en cours de géométrie avec l'envie de frapper. Tout le bénéfice de sa nuit venait de s'envoler. Il travailla de fort méchante humeur.

A l'interclasse, il sursauta lorsqu'il entendit un de ses camarades prononcer le nom du médecin.

Bernstein et Neumann, les deux élèves les plus brillants de l'école, se disputaient à son sujet.

– C'est le plus grand génie de notre époque, affirmait Bernstein. Grâce à lui, l'humanité va pouvoir se connaître et se guérir.

– Peut-être, répondait Neumann, mais je ne crois pas que la connaissance de l'inconscient favorise les artistes. Au contraire, elle risque de les supprimer. C'est une névrose qui fait l'artiste, c'est une névrose qui l'inspire et lui donne l'énergie créatrice. Je tiens à ma névrose et je ne veux pas qu'une meilleure connaissance de moi-même me change. Peu importe si je suis plus heureux ; je préfère être mal et continuer à peindre. D'autant plus que je suis heureux quand je peins.

– Mais, reprit Bernstein, rien ne te dit qu'une psychanalyse te rendra stérile. Sigmund Freud traite l'homme, pas l'artiste.

– Comment peux-tu distinguer l'homme de l'artiste ? s'indigna Neumann. Sigmund Freud joue avec le feu, il manque de recul.

– Pas du tout. Sigmund Freud a écrit sur l'art et...

Adolf demeurait abasourdi. Ce qui l'étourdissait le plus, c'était que les deux étudiants disent si naturellement « Sigmund Freud », comme ils diraient Richard Wagner ou Jérôme Bosch. Le docteur Freud, du 18, rue Berg, était-il si connu ? Adolf ne l'avait pris que pour un spécialiste de quartier alors qu'il semblait avoir produit des théories qui passionnaient la jeunesse intellectuelle. Adolf voyait bien, au respect terrorisé avec lequel les autres suivaient la polémique, qu'il n'était pas le seul à ignorer le rôle capital de Sigmund Freud, ni même à découvrir son nom entier.

Il ne saisissait pas bien la nature du débat mais il reconnaissait des mots entendus lors des conversations de Bloch avec Freud : pulsion, névrose, inconscient, censure...

En rentrant dans la classe qui reprenait, il se faufila auprès de Bernstein et lui demanda, d'un ton détaché :

– Le Sigmund Freud dont tu parles, c'est bien celui qui a son cabinet au 18, rue Berg ?

– Oui ! s'exclama Bernstein. Et je rêve d'aller le rencontrer un jour ! Dès que j'aurai de l'argent... Quoi ? Tu le connais ?

– Oui, oui, fit Adolf d'un petit air suffisant, c'est un ami de la famille.

Par sa réponse, il pensait éluder la question, non pas provoquer une telle réaction chez Bernstein. Le garçon ne le lâcha plus jusqu'au soir, s'intéressant enfin à lui, lui marquant de l'affection, et lui proposant mille services en échange d'une simple rencontre avec l'ami de la famille.

Adolf en demeura étourdi.

Ainsi ce médecin n'était peut-être pas le charlatan qu'il avait cru repérer ? Les indices s'accumulaient en sa faveur : le respect affairé du docteur Bloch, l'influence intellectuelle qu'il semblait exercer, l'affabilité de Bernstein à l'égard d'Adolf depuis qu'il le savait lié à Freud et puis, surtout, ce rêve ; ce rêve qu'il avait fait, dont il se souvenait, le premier depuis des années...

« Si, comme je le prévois, vous recommencez à rêver, promettez-moi de revenir. »

Lancinante, entêtante, toujours plus forte, toujours mieux prononcée, la phrase du médecin tournait dans sa mémoire et lui donnait mauvaise conscience.

Il prit sa décision : il y retournerait le lendemain. Il respecterait sa promesse.

Satisfait, il s'endormit en se félicitant de sa loyauté. Il en rajoutait dans les compliments qu'il s'adressait pour ne pas s'avouer que c'était tout autant par snobisme que désormais il se rendrait chez le célèbre médecin.

Le lendemain, les choses ne se passèrent pas comme prévu. Le docteur Freud se montra très froid, comme indisposé par son coup de sonnette joyeux, et, malgré l'enthousiasme d'Adolf qui lui annonçait comme une victoire le fait d'avoir rêvé, il ne lui accorda un rendez-vous que pour dix jours plus tard.

« Il ne m'aime plus », se dit Adolf en sortant.

En fait, l'avait-il jamais aimé ?

C'est un Adolf docile et coopératif qui se présenta, dix jours plus tard, dans le cabinet du docteur Freud pour lui raconter son rêve.

– Tout va bien, mon garçon, je crois savoir ce que vous avez.

Sigmund s'était levé, souriant, plus détendu que jamais. Il alluma un cigare sur lequel il tira avec volupté.

– J'ai compris pourquoi vous ne pouvez endurer la vue d'une femme nue sans vous évanouir. Et je peux même vous annoncer une meilleure nouvelle : dans quelques instants, sitôt que je vous l'aurai expliqué, vous serez guéri.

*

Les rapports entre Wetti et Hitler devenaient dangereusement fréquents. Il passait chaque jour une heure dans son salon étriqué. Après avoir bu le thé à l'orange et mastiqué les gâteaux au gingembre, Hitler sortait son carton à dessin, s'installait au bout de la pièce, à distance du modèle, et crayonnait en parlant d'art.

– Si loin mon cher Dolferl ? gémissait Wetti, langoureuse.

– Le moustique se brûle s'il s'approche trop de la flamme, répondait invariablement Hitler.

Tout aussi invariablement, Wetti, rougissante, émettait alors quelques petits cris qu'elle prenait pour des protestations polies mais qui devaient passer pour des aboiements pré-orgasmiques auprès de quiconque traversait le couloir.

Hitler avait posé une règle : Wetti ne devait pas regarder son portrait avant qu'il ne fût achevé. Il avait beau s'appliquer à gommer, à reprendre, à gommer, à déchirer, à reprendre, à gommer, Wetti s'acharnait à ressembler à une guenon sur son croquis. Pour impressionner sa logeuse, il la noyait de paroles, l'accablant avec ses théories sur l'art, se contredisant d'ailleurs d'un jour sur l'autre mais, peu importe, Wetti était sensible au fait qu'on lui parlât d'art – une conversation élevée digne d'une femme du monde – et elle n'écoutait pas le quart de ce qu'il lui disait.

Souvent, avec des airs mystérieux, elle lui promettait de lui faire connaître « ses garçons », « un jour », « s'il était sage », « bien sage », comme on annonce une visite au Saint-Graal. Hitler ne parvenait pas à savoir qui étaient « ses garçons », ni ce qui se passait lors de ces fameux dimanches après-midi qu'organisait Wetti.

Enfin, il eut droit à son carton d'invitation. Wetti le lui remit avec une moue appuyée, qui semblait signifier « je ne sais pas si vraiment vous le méritez mais je vous le donne quand même ». Puis elle repartit en chaloupant dans l'escalier, la croupe tanguant de droite à gauche, à droite pour provoquer les mauvaises pensées, à gauche pour les chasser. Au demi-palier, elle s'arrêta et dit d'une voix chaude à Hitler :

– Mettez vos plus beaux vêtements, mon cher Dolferl, « mes garçons » sont toujours très élégants.

Le jour dit, à cinq heures, Hitler descendit, la gorge serrée, au fameux thé dominical de Wetti qui semblait être l'orgasme de sa vie sociale.

La pièce bourdonnait des conversations des jeunes gens, tous bien habillés ainsi que l'avait annoncé Wetti, trop bien habillés même, sentant vingt parfums différents, suivant dix conversations à la fois, agités, rapides, tourmentés même lorsqu'ils arboraient un indéfrisable sourire, jamais vraiment à ce qu'ils disaient, le regard détourné par des détails qu'Hitler ne saisissait pas, des chasseurs à l'affût bien qu'il n'y eût, en apparence, ni chasse ni gibier.

Hitler fut bien accueilli. Des mains molles le pressèrent, on lui fit de petites places sur les canapés qui l'obligeaient à se coller aux hôtes. Il parlait peu, car incapable de soutenir un débit de paroles aussi rapide que les autres et, par conséquent, il souriait beaucoup.

Wetti trônait en reine des abeilles au milieu des faux bourdons. Entre deux macarons, ils se récriaient d'admiration sur sa beauté, sa grâce, s'esclaffaient démesurément à ses moindres reparties. Ils l'aimaient, ils l'adoraient, ils l'adulaient. Wetti, arrosée de compliments, chauffée de regards extatiques, s'épanouissait comme une rose trop mûre.

Hitler se sentait jaloux. Plus silencieux, plus balourd, plus compact que ces jeunes gens qui avaient toujours un trait ou une flatterie en bouche, il se demanda ce qu'il pouvait bien apporter à Wetti. Ce dimanche après-midi, si fulgurant, lui semblait ternir ses séances quotidiennes avec Wetti. Un jour, elle s'en rendrait compte... comme de sa nullité en dessin... elle le chasserait, assurément.

– Eh bien, Dolferl, tu as l'air sinistre. As-tu perdu quelqu'un ? Un deuil ? Une rupture ?

Werner, un grand blond aux lèvres enfantines, venait de s'asseoir auprès de lui. Un peu choqué d'être appelé d'emblée par son surnom, Hitler ne releva pas et se remit à sourire. Encouragé, Werner continua la conversation :

– Que fais-tu dans la vie ?

– Peintre.

– Ah, mais c'est toi le petit génie dont Wetti nous a parlé ?

– Ah bon ?

– Elle croit beaucoup en ton talent. Que peins-tu ?

– Des paysages. Des rues.

Un éclair étrange passa dans les yeux bleus pourtant placides de Werner.

– Et des nus ?

– Oui, des nus aussi, bien sûr, répondit Hitler avec aplomb, sentant qu'il marquait des points.

– Des nus... masculins ?

– Masculins. Féminins. J'aime les deux, affirma-t-il avec tant d'autorité que Werner en demeura bouche bée.

Le blond mit quelques secondes à s'en remettre. Puis, il se ressaisit, couvrit Hitler d'un œil admiratif – je sais apprécier les performances à leur juste valeur –, tortilla des fesses pour se faire une meilleure place dans le canapé, ce qui colla sa cuisse à celle d'Hitler. Il se racla la gorge.

– Connais-tu *Ostara* ?

Werner saisit la pile et la mit sur ses genoux. Il semblait prêt à la couver.

– Peut-être pourrais-tu dessiner pour notre revue ? Nous aimerions représenter les héros germaniques. Il faudrait les montrer torse nu, dans des combats fraternels...

Il rougissait en évoquant cela.

Hitler ne répondait pas. Mal à l'aise, il avait envie de dénoncer cette feuille antisémite mais il se limita à demander des informations :

– Pourquoi dis-tu « notre revue » ? Est-elle faite par vous, par les garçons qui sont là ?

Werner éclata de rire puis s'assagit, ne voulant pas donner l'impression de se moquer.

– Non. La revue est rédigée par Lanz von Liebenfels – entre nous, il s'appelle Adolf Lanz. Il s'est anobli lui-même pour faire genre – et c'est quelqu'un comme nous.

– Comme nous ?

– Oui ! Comme nous ici ! Même si l'on n'est pas d'accord avec ses délires sur les races et l'Allemagne, on aime tous son culte du héros. *Ostara* est devenu un signe de ralliement entre nous.

Hitler s'abîma dans cet « entre nous ». De quelle communauté pouvait parler Werner ? A quel groupe Lanz et tous ces jeunes gens appartenaient-ils ? La jeunesse ?...

Wetti passa près d'Adolf et lui murmura à l'oreille :

– Alors Dolferl, je vois que ça gaze avec Werner.

Elle leur tendit des biscuits et prit un air de réprimande tendre.

– Petits garnements, va !

Elle s'éloigna ou plutôt se déhancha entre les fauteuils en leur adressant un dernier clin d'œil appuyé.

Hitler sentit que son corps se changeait en plomb. Froid. Glacé. Immobile. Il venait de comprendre le malentendu.

On le prenait pour un inverti. Il était au milieu d'une réunion d'invertis. Il s'était fait piéger vivant dans une erreur.

D'un coup, il se dressa sur ses jambes.

– Je ne me sens pas bien. Je retourne dans ma chambre.

– Je t'accompagne, murmura Werner.

Tendu, frémissant comme peut l'être un tout jeune homme, au bord de la tétanie, Hitler franchit tous les barrages de la pièce, jambes, fauteuils, guéridons, poufs, plateaux, et parvint, essoufflé, dans le couloir. A sa propre surprise, personne ne s'était scandalisé de le voir partir sans mot dire.

A côté de lui, Werner éclata d'un rire pointu.

– Décidément, tu es rapide.

– Je monte me coucher.

– D'accord, je te suis.

Hitler fit quelques mètres dans l'escalier avant de se rendre compte qu'effectivement Werner le suivait. Il se retourna, indigné.

– Que fais-tu ? Où vas-tu ?

Werner, un instant déconcerté par le visage furieux d'Hitler, ne savait plus très bien comment réagir. Puis il crut comprendre qu'Hitler plaisantait.

Il parcourut les deux marches qui les séparaient.

– D'accord. Puisqu'avec toi, il faut être direct...

Et Hitler sentit qu'un corps se plaquait contre le sien et qu'une bouche cherchait la sienne.

Il ne crut pas à ce qui lui arrivait. *Vite ! Réagir*, se dit-il. *L'empêcher ! Le repousser ! Le pousser ! Tant pis s'il tombe ! Réagir ! Ne pas me laisser...*

Mais Werner s'était reculé, horrifié, en poussant un cri. Son plastron était couvert d'une boue jaunâtre et molle. Hitler venait de lui vomir dessus.

– Salaud ! Salaud ! Mais alors, c'était vrai que tu étais

malade ! Dolferl, Dolferl, réponds-moi, reviens, je ne t'en veux pas.

Mais Hitler s'était déjà enfui et réfugié dans sa chambre. Les trois verrous fermés, il tourna furieusement autour de son unique chaise.

Il ne savait pas ce qui le vexait le plus. Avoir été dragué par un homme ? Etre pris pour un garçon comme ça ? Ne pas avoir compris assez vite ? Ne pas avoir été capable de repousser Werner ? Lui avoir vomi dessus ? Tout lui était brûlure, humiliation.

Au fur et à mesure qu'il formulait ses pensées, qu'il inventait des réactions enfin appropriées, il se débarrassait de ses douleurs, il se recomposait. Bientôt, il ne lui resta plus dans l'esprit que l'essentiel : Wetti. Il ne fallait pas que Wetti pensât qu'il était comme ça... Wetti devait apprendre qu'Hitler n'appartenait pas au club des homosexuels.

Il voulait qu'elle éprouve ce soulagement – qui serait aussi le sien –, qu'elle soit persuadée que les compliments qu'il lui faisait, même s'ils étaient moins hyperboliques et plus rares, ses compliments à lui étaient sincères, ils venaient d'un homme, d'un vrai, d'un homme qui a un désir pour les femmes... le croirait-elle ? Comment la persuader ?

L'idée arriva, simple, rayonnante, lumineuse : il devait se déclarer à Wetti.

Il se brossa six fois les dents, entreprit une nouvelle toilette au bord de son lavabo, essaya puis repoussa ses quatre chemises, reprisa son caleçon et chargea tellement ses chaussures de cirage noir qu'elles laissaient des traces lorsqu'il marchait. Peu importait ! Rien n'était trop difficile ! Il fallait se préparer à convaincre Wetti.

Pour l'heure, le début du plan – la partie lavage – lui était clair, la suite plus obscure...

*Tant pis. Nous improviserons.*

Il se regonflait avec ce vocabulaire militaire.

*Nous descendrons. Nous attaquerons. Et nous verrons bien comment évolue la bataille.*

Il appréciait particulièrement le « nous ». En mettant ainsi plusieurs hommes en lui, il y avait peut-être des chances qu'il en reste un à l'arrivée.

A dix heures du soir, sachant que tous les garçons étaient partis et que Wetti, ponctuelle, allait se coucher, il descendit silencieusement.

Après quelques coups à la porte, il entendit une voix ensommeillée :

– Quoi ? Qu'est-ce que c'est ?

– C'est moi, Dolferl.

Il avait hésité, il avait failli dire Adolf mais avait craint, au dernier moment, que ça ne parût trop cérémonieux.

La porte s'ouvrit, laissant passer le visage inquiet de Wetti.

– Dolferl, vous allez mieux ? Werner m'a dit que vous étiez malade ?

Adolf faillit faire demi-tour au seul nom de Werner : son passé lui jaillissait à la gueule, cet horrible efféminé venait de se coller une deuxième fois contre lui, on ne le laisserait donc jamais en paix ?

Courageusement, il se raidit et décida d'ignorer la question.

– Wetti, j'ai quelque chose à vous dire.

– Quoi donc, Dolferl ?

– Quelque chose de très important.

Il n'arrivait pas à aller plus loin dans son discours et frappa du pied, agacé. Wetti se méprit et crut qu'il ne voulait pas parler sur le palier.

– Entrez, mon cher Dolferl, entrez. Mais surtout, ne me regardez pas, je me préparais à aller me coucher.

Hitler entra dans le salon avec elle.

– Eh bien ? Que se passe-t-il ? Vous me rendez folle d'in-

81

quiétude, dit Wetti dont le ton, les mots et les manières affectés étaient toujours en situation, mais surjoués, comme une actrice qui se livre à la première lecture d'une pièce.

– Je...

– Oui ?

– Je vous aime.

Wetti hésita un instant, la bouche ouverte, dans la peur de se tromper sur la prochaine réplique. Elle se décida pour un grand sourire maternel.

– Mais moi aussi, mon cher Dolferl, moi aussi je vous aime beaucoup.

Elle avait eu une légère hésitation en prononçant le « beaucoup ». Hitler en conclut qu'il pouvait aller plus loin.

*Exécution, les gars ! Le champ est libre.*

– Non, Wetti, dit-il en articulant exagérément, je ne vous aime pas « beaucoup », je vous aime.

Wetti se figea.

*Chargeons ! Faisons comme Werner avec nous ! Tous à l'attaque !*

Et, raidement, Hitler parcourut les deux pas qui l'éloignaient de Wetti et serra le grand corps encombrant dans ses bras.

Wetti, tel un ballon qui se dégonfle, glissa entre ses mains et s'effondra en sifflant sur le sol. Hitler était vidé de son étreinte, comme si rien n'avait existé.

Rampant sur le tapis, Wetti pleurait à gros sanglots.

– Dolferl... Dolferl... oh, je suis si déçue.

Hitler crut avoir mal entendu. Le bataillon de soldats réagit d'une seule voix en lui et s'exclama :

– Mais déçue par quoi, nom de Dieu !

Les beaux yeux humides et gonflés de Wetti contemplèrent lentement le jeune homme.

– Je pensais que vous étiez comme eux, comme mes garçons. Sinon jamais je n'aurais été... oh non jamais je n'aurais été si gentille avec vous... jamais je n'aurais posé... oh, mon Dieu... c'est si triste !

Ce qui suivit acheva de déconcerter Hitler. Wetti se mit à vagir pis qu'un nourrisson, presque incapable de respirer entre ses cris, la bouche grande ouverte, le visage écarlate, les paupières fermées, inondées par une crue de larmes.

Hitler alla réveiller madame Stolz, la voisine, lui confia Wetti, puis remonta chez lui, satisfait. Peu importait la réaction bizarre de Wetti, il lui avait montré qui il était. Il avait accompli son devoir d'homme. Il était content.

Il sombra dans un sommeil d'enclume.

*

— Mon cigare ne vous dérange pas ?

Le docteur Freud aspirait la fumée de son havane avec un clappement sec qui faisait songer à l'ouverture difficile d'un bocal à confiture.

— Dans votre songe, le docteur Bloch joue le rôle du père, mais pas un père tyrannique qui écrase son fils, non au contraire, le père bienveillant libéral, joyeux, attentif, qui fait pénétrer son fils dans le monde des adultes. Lorsqu'il vient vous chercher en calèche, il porte tous les insignes du plaisir : il exprime la fête avec son smoking, la gaîté avec son champagne, la légèreté avec ses chansons. La destination inconnue où il vous emmène, c'est la femme.

Freud pompa son havane. Il le trayait avec des bruits de bouche puérils, pressait le pis pour en extraire la fumée, l'avalait gloutonnement, suivait avec béatitude le trajet intérieur de la nuée lactée et semblait faire un rot dans ses poumons. Il avalait plus de fumée qu'il n'en rejetait. Où allait-elle ?

— Vous descendez ensuite de voiture pour monter sur une gondole. Les eaux plates, noires et tranquilles que vous allez parcourir sont l'image de votre sexualité.

— Pardon ?

— Vous vous êtes jusqu'ici refusé à toute vie sexuelle, vous avez endigué vos pulsions, tenté de les faire mourir, ou du moins de les endormir. Tel est l'état de vos désirs au début du rêve. Mais tel est l'état que vous souhaitez quitter en entrant dans le palais mystérieux.

Adolf frissonna de plaisir, il avait l'impression de revivre son rêve sur un autre plan, à un étage plus intellectuel. Sans les couleurs, sous une lumière blanche, vive, mercurienne, avec des volumes qui se réduisaient aux traits, et cependant il retrouvait ses émotions intactes, plus franches même, tranchantes, découpées.

— On pourrait croire que ce bâtiment est un bordel mais, dans votre logique, il s'agit plutôt de la maison des femmes, ou mieux encore, la maison de la Femme. Toute la bâtisse, obscure, sombre, secrète, avec des escaliers qui s'envolent on ne sait où, symbolise la Femme. Elle comprend trois niveaux que vous allez gravir, à l'issue de quoi, vous aurez effectué un véritable voyage initiatique.

Freud se pencha vers Adolf, les sourcils froncés.

— Soufflez.

Adolf, surpris, ouvrit la bouche et obéit. L'air recommença à circuler en lui. Il était tellement passionné par le récit de Freud qu'il en avait oublié de respirer.

— Le premier groupe de femmes que vous rencontrez, ces dames chamarrées qui vous pincent et vous asticotent sont des oiseaux, des perruches, exactement ce que les Grecs anciens appelaient des « barbares », c'est-à-dire ceux qui ne parlent même pas un langage humain. Pour vous, donc, la femme est l'étrangère absolue. Pour vous, la femme est un animal.

*Bon, allez docteur, assez tété, la suite !*

– Le deuxième groupe de femmes, reprit lentement Freud, exprime les conflits de votre histoire personnelle. Ces dames quasi déshabillées, donc prêtes pour l'amour, ces amantes en puissance, s'effraient en vous voyant arriver. Elles glapissent votre nom, et tentent de se protéger des coups que vous allez donner. Le docteur Bloch rétablit la vérité : oui, vous vous appelez bien Hitler, mais vous êtes le fils Hitler, non le père Hitler, on ne doit pas vous confondre. Vous avez toujours refusé de me dire du mal de votre père. C'est très louable, Adolf, mais cela vous fait souffrir. Vous feriez mieux de me raconter toutes les scènes de violence auxquelles vous avez assisté.

– Non... Je...

– C'est bien cela, Adolf, il ne battait pas que vous, vos frères et sœurs, il battait aussi votre mère ?

Adolf se tut.

Le docteur Freud considéra avec agacement son cigare froid, considérant comme une attaque personnelle cette soudaine extinction.

– La violence est donc pour vous le modèle de la relation amoureuse. Or, vous refusez d'être le bourreau des femmes, vous refusez d'être le bourreau de votre mère. Pour ne pas devenir un monstre dans votre rêve, vous ressentez une grande douleur à l'entrejambe : vous vous castrez. Plutôt être un ange qu'être un homme !

Bêtement, Adolf ressentit une joie ineffable à s'entendre décrit comme un bon garçon.

Freud pointa sur lui un doigt accusateur.

– Qui veut faire l'ange fait la bête. Pour l'instant, c'est vous qui souffrez. Mais si vous persistez, vous finirez par faire souffrir les autres.

– Votre cigare s'est éteint, gémit-il.

— Je sais, répondit froidement le praticien.

Tout s'agite dans l'atmosphère. Les émotions percent, volent, frétillent et se cognent entre les deux hommes.

— Au troisième étage, le docteur Bloch vous conduit à une femme presque nue. A cause de votre mère qui a tant souffert, vous ne pouvez vous empêcher de lier féminité et maladie : la femme repose, veillée par une simple bougie, sans réagir aux sollicitations du monde. Le docteur Bloch, en la déshabillant, vous explique qu'il est l'heure de devenir un homme : elle est à vous. Il vous force à la toucher. Lorsque vous palpez le sein, une chose fondamentale se produit : la femme ouvre les yeux et vous sourit. Cela veut dire qu'elle vous accepte. Mais cela signifie surtout que vous ne lui avez pas fait mal.

— Mal ? Mais je n'avais pas peur de lui faire mal.

— Si ! Cela vous procure une telle émotion que vous vous en réveillez. Avez-vous été nourri au sein ?

— Pardon ?

Adolf s'étonnait lui-même des difficultés qu'il avait parfois à communiquer avec le médecin. Ses questions l'irritaient et le surprenaient tellement qu'il se les faisait répéter pour avoir le temps de les accepter.

— Oui.

— Et votre plus jeune sœur, a-t-elle aussi été nourrie au sein par votre mère ?

— Non.

— Pourquoi ?

— Je ne sais pas. On a mis ma sœur en nourrice. Ma mère était... fatiguée.

— Oui, si fatiguée qu'elle fait, quelque temps plus tard, un cancer du sein, dont elle meurt. Et désormais, vous vous sentez coupable. Vous êtes persuadé que c'est vous, Adolf, qui, en suçant le sein de votre mère, l'avez vidée de sa force vitale. C'est faux ! Vous m'entendez, Adolf : c'est faux !

Adolf éprouvait un étrange soulagement. Une vigueur inconnue l'envahissait. Il respirait plus librement.

– Adolf, vous n'avez pas tué votre père, même si, comme tout garçon, vous avez souhaité sa mort. Ni votre mère. Ils sont tous les deux morts de mort naturelle. Aucune culpabilité ne doit engourdir et gâcher votre vie. Vous avez droit au bonheur.

Les larmes baignaient le visage d'Adolf sans qu'il s'en rendît compte. Elles le lavaient de son passé, de son angoisse, de ses douleurs. Elles faisaient sa toilette de nouveau-né.

Avec bonté, Freud assistait à la deuxième naissance de ce garçon. Sans un scalpel, sans une entaille, sans déchirer de chair et sans verser de sang, il avait guéri un individu désespéré ; un adolescent s'était couché sur son divan, un homme s'en relèverait. Un spectre disparaissait, le spectre de ce qu'aurait pu être Adolf Hitler sans thérapie. « Un malheureux sans doute, pensa Freud, un criminel peut-être. Qui sait ? Allons, ne nous flattons pas trop. »

Freud considéra le cigare éteint entre ses mains et pensa deux choses : premièrement que pour rien au monde il ne changerait de métier ; secondement qu'il devrait tout de même arrêter de fumer.

Il saisit une allumette démesurée et tenta de raviver le havane qui, désormais, tel un cadavre, puait froidement la cendre et refusait de se réanimer.

Une troisième idée illumina alors Freud :

– Et si j'essayais les Ninas ?

*

– Est-ce vrai, Dolferl, ce que vous m'avez avoué l'autre soir ?
– Ce qui est dit est dit, Wetti !
Hitler continuait à croquer Wetti sous son crayon rebelle.

– Me trouvez-vous belle ?

– C'est évident, nom de Dieu.

– Me désirez-vous ?

– Ce qui est dit est dit.

Lui-même découvrait la manière raide et militaire qui s'imposait à lui dès qu'il parlait d'amour. Ses intonations prenaient un tour tranchant, péremptoire, définitif, qui manquait certes de romantisme mais ni d'autorité ni de virilité. Wetti frissonnait rêveusement sous ses assauts verbaux.

– Mais vous savez bien que c'est impossible, Dolferl.

– Impossible ? Qu'est-ce qui m'empêcherait d'être amoureux de vous ?

Et il barra rageusement sa feuille : une conspiration de son crayon, de sa gomme et du grain du papier l'empêchait de fixer ce visage sur son carnet.

– C'est impossible, Dolferl, je ne peux pas me donner à vous, vous le savez bien.

Bien sûr qu'il le savait puisque Wetti remâchait son histoire tous les après-midi.

– Je ne peux me donner à vous car j'ai... j'ai définitivement renoncé aux hommes.

Et s'ensuivait invariablement l'épopée cuisante de son mariage raté. Cet homme sanguin et velu qu'on la força d'épouser. Ses baisers qui l'écœuraient pendant les fiançailles. Enfin, l'horrible nuit de noces, ce corps d'orang-outan qui lui déchirait le ventre, qui râlait, qui jouissait, qui giclait. Sa honte au matin lorsque le drap aux immondices fut exposé à la fenêtre. Sa décision d'en finir au plus vite avec cet homme, puis avec tous les hommes. Son propre corps qu'elle s'était mise à haïr depuis que la loi l'avait livré aux mains de son bourreau. Son désespoir. Son soulagement, enfin, le matin où l'on vint lui annoncer qu'elle était veuve.

88

— Vous comprenez, Dolferl, c'est trop tard. Même si je vous aime beaucoup, vous arrivez trop tard.

Wetti détestait tellement le désir des hommes qu'elle ne fréquentait plus que des homosexuels car elle les savait désintéressés. Ils célébraient sa féminité sans la souiller.

— Vous saisissez, Dolferl, je suis un peu leur mère, même si je n'ai pas encore vraiment l'âge.

Cette partie-là du récit plaisait moins à Hitler. Il avalait difficilement la proximité de ces invertis, et encore moins d'avoir été pris pour l'un d'eux.

— Wetti, ce que j'éprouve pour vous est fort et pur. Cela n'a rien à voir avec votre mari, ni les compliments mondains de vos petits amis. Je...

— Taisez-vous. Je ne veux pas vous écouter.

Elle s'alanguissait pour protester. Sa fausse fureur avait quelque chose, non pas de coquet, mais de troublé. Elle étirait sa phrase, elle ne la faisait pas claquer comme un refus, elle l'alourdissait de connivences, elle semblait dire derrière : « J'entends très bien ce que vous dites et cela ne me déplaît pas, au fond. »

Cette situation suffisait à combler Hitler. Dépourvu de toute expérience, il aurait été bien encombré par un consentement et n'aurait pas su comment s'y prendre. D'autant que son désir pour Wetti relevait plus de la pose que de la réalité. Il avait cru bon, ce dimanche fatal, de clamer haut et fort sa flamme afin qu'on ne le confondît pas avec les invertis. Une fois cette reconnaissance acquise, il n'éprouvait aucun besoin d'aller plus loin. Il était, à ses yeux, l'amant officiel de Wetti. Il l'était aux yeux des autres pensionnaires du 22, rue Felber. Il l'était, le dimanche, aux yeux des invertis. Et peut-être même l'était-il aux yeux de Wetti elle-même...

Par mille attentions, elle voulait faire oublier à Hitler ce qu'elle ne lui donnait pas. Celui-ci ne manquait pas d'en tirer avantage et lui faisait sentir, par l'expression outrée de son ardeur, à quel point il fallait qu'il l'aime pour endurer sa défaillance. Il en profita tant que Wetti se transforma, très vite, en mère et en servante.

Nourri par elle, blanchi par elle, il déchargeait de moins en moins de valises à la gare, juste ce qu'il fallait pour payer sa chambre et pour avoir quelques heures tranquilles bien à lui pendant que Wetti continuait à le croire à l'Académie de peinture.

Tout allait bien selon Hitler : il était donc un jeune peintre prometteur amant d'une belle veuve qui l'entretenait. Les apparences lui suffisaient et il aurait trouvé fort incongru que l'on grattât pour montrer que le peintre ne peignait pas, que l'amant ne couchait jamais avec l'amante, et que la veuve avare exigeait tout de même son loyer. Toute la réalité était recouverte par le regard qu'il posait sur elle, tel un manteau de neige.

Le seul problème qui s'obstinait à demeurer un problème était ce satané croquis.

— Je crois que ce portrait sera l'un des plus beaux jours de ma vie ! s'exclamait souvent Wetti avec son lyrisme niais emprunté aux romans de gare.

Hitler peinait de plus en plus à protéger son carnet. Wetti devenait entreprenante : elle s'approchait, elle l'agaçait, le poursuivait ; elle voulait découvrir le regard que son Dolferl portait sur elle.

Hitler eut un réflexe de survie. Il profita d'un moment d'inattention pour dérober une photo de Wetti rangée dans un tiroir. Il courut au Prater et fit son choix entre les artistes et les étudiants qui proposaient leurs services aux touristes. Il opta pour le plus vieux des portraitistes — cela l'humiliait moins — et lui tendit la photo de Wetti avec son carnet de croquis.

Une heure plus tard, contre quelques hellers, il possédait enfin l'objet.

Le soir même, il commença la séance en disant :

– Je crois que j'arrive au bout.

– Vrai ?

– Peut-être...

Pour parfaire la supercherie, il tenta de travailler un peu, crayonnant sur le portrait déjà exécuté. Au bout de trois minutes, il constata avec horreur qu'il était en train de détériorer le trésor si chèrement acquis.

– Et voilà !

Il bondit, se mit aux pieds de Wetti et lui offrit son image.

Wetti resta stupéfaite. Elle rougit, poussa quelques petits cris puis ses yeux se remplirent de larmes.

– Quelle merveille !

Elle s'était reconnue.

Folle de joie, elle ne voulut plus lâcher son poète jusqu'au soir. Elle lui fit la cuisine, alla lui chercher des cigares, reprisa son linge, lui servit un vieux marc de famille et, sur le coup de minuit, entreprit même de lui cirer ses bottes. Reconnaissante, persuadée d'être passée à la postérité, elle débordait d'énergie et s'investissait sans compter dans la seule chose qu'elle savait faire, l'activité ménagère.

A minuit et demi, elle s'arrêta de frotter, épuisée, le souffle court, resservit une liqueur à Hitler qui paressait dans un fauteuil et jeta un nouveau coup d'œil admiratif au croquis trônant sur le buffet.

– Dis-moi, Dolferl, ne suis-je pas un peu ta muse ?

Hitler, engourdi par les sucs de l'alcool et de la digestion, approuva de la tête.

– Tu es ma muse, Wetti. Ma muse.

*Elle a raison.*

*Muse, c'est bien plus joli qu'esclave.*

91

\*

Adolf H., dissimulé derrière un arbre rugueux, le manteau poudré de neige, attendait que la femme sortît. Il sautait d'un pied sur l'autre et, de temps en temps, il se parlait comme on se donne des claques, pour se réchauffer.

*Dès qu'elle passe, tu lui sautes dessus. Tu lui expliques simplement les choses.*

Il neigeait mollement. Les flocons assoupis flottaient à hauteur d'homme, indolents, pas vraiment décidés à tomber. Ils bouchaient la vue, s'accrochaient aux cils, entravaient les mouvements, mais, sitôt au sol, ils s'évanouissaient en liqueur noire, laissant une chaussée sombre et brillante.

*Dès qu'elle passe, tu m'entends ! Si tu attends une ou deux secondes, c'est foutu. Cela veut dire que tu te dégonfles et que tu ne le feras jamais.*

Adolf grelottait avec bravoure. Il accomplirait sa mission quoi qu'il arrive, c'était vital.

Depuis qu'il avait quitté le cabinet de Freud, il avait éprouvé des sentiments contradictoires mais toujours violents. D'abord, trois jours durant, il avait été dilaté par la joie ; guéri d'une culpabilité ancienne, aussi vieille que sa puberté, il avait déambulé en prisonnier libéré ; le monde lui était enfin ouvert. Puis, il avait découvert l'ahurissante solitude dans laquelle il avait vécu jusqu'ici : pas de parents, pas d'amis, pas de fiancée, pas de proches auxquels il se serait confié, aucun adulte qui lui servît de modèle. Pour protéger ses malaises et ses secrets, Adolf s'était isolé pendant des années, il avait construit une tour, coupée des voies d'accès d'où il dominait tout, une tour d'où il parlait, une tour d'où il se taisait, une tour où personne ne le rejoignait et dont maintenant il voulait sauter.

La femme sortit enfin de l'Académie, sanglée dans un manteau de velours noir. Elle avançait en tanguant sur ses bottines hautes et grêles, testant son équilibre, s'assurant à chaque pas que la chaussée n'était pas givrée. Cela rassura Adolf : le modèle n'avait plus l'arrogance crâne qu'elle dégageait sitôt qu'elle était nue.

Il bondit à côté de l'arbre.

– Madame, madame, j'ai quelque chose à vous demander.

– On se connaît ? demanda-t-elle.

– Je suis l'élève qui s'évanouissait toujours lors des cours de dessin. J'ai quelque chose à vous demander.

Le visage du modèle s'éclaira, l'adolescent lui rappelait de bons souvenirs. Elle avait aimé, après tant d'années passées à se déshabiller dans l'indifférence, que sa nudité fît l'effet d'une bombe. Chaque collapsus de l'adolescent, elle l'avait vécu comme une victoire. Elle regrettait qu'il ne vînt plus, elle avait retrouvé sa vieille routine, les positions inconfortables entre les exigences bêtes des professeurs fonctionnaires et les lazzis graveleux des morveux boutonneux.

Elle sourit pour l'encourager à parler, rêvant même une seconde que le garçon se pâmât et perdît ses moyens.

– Voilà. Il faut que je retourne en classe de nu car j'en ai besoin pour mon apprentissage et tout le monde se moque de moi. Il faudrait donc que je m'entraîne.

– Je ne comprends pas.

– Je vous paierai ce que vous demanderez. Il faudrait que vous posiez pour moi seul avant que je retourne vous dessiner en cours.

La femme réfléchit. Elle aurait spontanément accepté des heures supplémentaires bien payées, mais elle songea aux sentiments si forts, proches de l'orgasme, qu'elle avait éprouvés lors des pâmoisons du jeune homme ; elle ne se résolvait pas à supprimer l'éventualité d'un tel plaisir.

– Je peux te proposer quelqu'un.

– Pas vous ?

– Non, ma...

Elle se mordit les lèvres sur ce mot – elle avait failli dire « ma nièce » – et se reprit :

– Ma cousine. Dora. C'est aussi son métier.

Le modèle songeait à son prochain triomphe : l'adolescent retournait à l'école après avoir peint et repeint cette niaise de Dora, il se croyait guéri, mais lorsqu'elle, la femme, la vraie femme, la fatale, abandonnait son kimono, il était de nouveau pris de faiblesse. Quelle scène ! Quelle allure !

– D'accord, fit Adolf, qui, de toute façon, n'avait pas de plan de rechange.

Le lendemain, au café Mozart où flottait une odeur écœurante de lait caillé aux noix de pécan, il rencontra Dora. Il fut surpris : elle avait le même âge que lui.

– Tu as l'habitude de poser ?

– Oui, bien sûr.

– Combien prends-tu ?

La fille lui annonça une somme modique, ce qui n'inspira pas confiance à Adolf. Trop jeune, trop bon marché : il avait l'impression de se faire rouler.

Pourtant Dora était jolie, une peau neigeuse, des cheveux d'or roux, mais elle parlait avec la bouche mouillée, un étrange accent déformait ses syllabes, son nez était rougi par le froid, son manteau ridicule et ses mitaines atrocement trouées.

Il fut si difficile d'arriver à la faire entrer dans la chambre sans que madame Zakreys s'en rendît compte qu'Adolf n'eut d'abord pas le temps de songer à sa peur. Elle ne lui revint qu'une fois enfermé à clé avec la fille, lorsqu'il comprit qu'elle allait se déshabiller devant lui. Il nourrit le poêle pour augmenter la chaleur.

– Tu me donnes l'argent ? murmura-t-elle en enlevant son manteau.

*Encore un peu de répit*, pensa Adolf en cherchant les pièces.

Lorsqu'elle fut en sous-vêtements, elle saisit la monnaie, la fourra dans son sac, puis regarda Adolf avec une moue embarrassée.

– Je voulais te dire. J'ai un problème.

– Quoi ? s'exclama Adolf.

Il avait crié. Il se reprit et répéta à voix basse, comme si la fille n'avait pas entendu son cri :

– Quoi ?

Il avait tout de suite deviné qu'on lui refilait de la camelote ; il savait que cette fille avait une tare.

– Eh bien...

Elle hésitait.

Le cerveau d'Adolf moulinait les idées ; elle avait des plaques sur la peau, une jambe de bois, c'était la première fois, elle ne voulait pas poser nue... Quelle catastrophe allait-elle lui annoncer ?

– J'ai tendance à m'endormir lors des séances de pose.

Il n'en croyait pas ses oreilles. D'un geste, elle désigna le poêle fumant.

– C'est à cause de la chaleur. Dès qu'il fait chaud, je me sens bien. Donc je m'endors.

Et, d'un geste anodin, elle retira sa chemise et se montra entièrement nue.

La confusion paralysa Adolf. La fille, d'une beauté somptueuse, le regardait d'une façon implorante, comme une enfant en faute, toute à sa conversation, quasi inconsciente d'avoir achevé son effeuillage. Il n'y avait aucun rapport entre ces seins, ces fesses, ce ventre, ces cuisses, ce pubis et le visage inquiet, aucune commune mesure entre l'aplomb d'une silhouette ravageusement accomplie, féminine, péremptoire, et les yeux suppliants.

– Alors ?

Elle attendait une réponse.

Adolf avait perdu le fil de la conversation. Il sursauta et se rendit compte que le médecin avait raison : il n'était pas tombé évanoui. Il sourit, heureux de sa victoire.

– Alors ?

Le front de Dora se plissait d'inquiétude.

– Alors tout va bien ! s'exclama Adolf H., commentant son propre état.

Dora soupira d'aise.

– Quelle attitude veux-tu ?

Adolf s'affola. Même dans ses rêveries, il n'avait jamais imaginé aller si loin. Il bégaya :

– Comme tu veux.

– Alors, je te propose d'abord des attitudes couchées, comme cela, si je m'endors, ça ne te gênera pas.

Elle s'allongea sur le lit d'Adolf et appuya sa tête sur sa main.

Il s'installa à l'autre bout de la pièce et commença à crayonner.

*Toute ma vie, je dessinerai, peindrai et sculpterai des femmes,* pensa-t-il. *J'ai trouvé ma vocation.*

– Peux-tu poser assise, s'il te plaît ?

Dora ne répondit pas. Elle s'était endormie.

Adolf s'accroupit au pied du lit et la détailla. Comme dans son rêve initiatique, il se tenait tout près d'une femme assoupie.

Comme dans son rêve initiatique, il avait envie de toucher la femme assoupie.

Sa main se porta presque malgré lui au-dessus du corps qui l'invitait à la caresse : l'arrondi de l'épaule appelait la paume, le dodu des omoplates demandait l'effleurement, la taille étroite réclamait l'enlacement, les hanches commandaient d'être flattées, les fesses exigeaient d'être mignotées. Ses doigts se posèrent sur la nuque et Dora sursauta.

— Tu m'as touchée ? dit-elle en sortant du sommeil, assez mécontente. Tu n'as pas le droit.

— Je ne te touchais pas. Je te réveillais.

— Oh, pardon, fit-elle en baissant les yeux.

Adolf découvrait que ce visage, qui lui avait d'abord semblé joli mais banal dans le café Mozart, ne trouvait sa raison d'être qu'intégré à l'ensemble ; il donnait de la rondeur et du bon aloi à cette morphologie un peu longue et hautaine.

Dora sourit.

— Veux-tu que je change de pose ?

— Euh...

Elle roula sur le lit vers lui. Adolf avait les yeux à vingt centimètres de ses seins.

— Oui, très bien... Je vais te dessiner comme ça. Ne bouge pas.

Elle ne bougea pas.

Mais Adolf non plus.

Il venait de constater avec épouvante que ce qu'il pensait d'elle s'était dressé contre son ventre. S'il se relevait, elle allait découvrir le pieu qui déformait sa braguette.

— Qu'est-ce que tu fais ? dit-elle.

— Je pense.

Dora hocha gravement la tête, l'air d'approuver une terrible fatalité.

Il se passa du temps. Adolf se concentrait sur ce qui le gênait et cela avait pour seul résultat d'augmenter encore sa gêne.

— Et qu'est-ce que tu penses ?

— Que je n'ai jamais rien vu d'aussi beau que toi.

Les joues, le cou et la poitrine de Dora se marbrèrent de rose. Qu'on la détaille sous toutes ses coutures ne lui faisait plus rien, mais qu'on l'admire la flattait. Une onde de pudeur la parcourut : c'était comme si elle découvrait qu'elle était nue.

— Tu sais, si tu me paies je peux rester dormir ici cette nuit.

Adolf la regarda, interloqué. Croyant l'avoir choqué, elle tenta de se justifier :

— D'accord. Si tu veux, je reste et personne ne paie.

Adolf comprit seulement à cet instant ce qu'elle lui proposait. Il s'empourpra et détourna la tête : comment allait-il faire ? La panique lui coupait la respiration.

Dora s'approcha, lui tripota la mèche qui tombait sur son front puis colla ses lèvres aux siennes en le faisant rouler dans le lit.

Adolf, continuellement au bord de l'apoplexie, se laissa guider par les caresses de Dora.

Adolf découvrait tout. Il ne connaissait pas le corps de la femme, mais pas mieux le corps de l'homme pendant l'amour. Il était comme encombré de lui-même. Trop de choses saillaient en lui, y compris ses pieds, ses genoux, ses coudes, ses hanches. Il avait peur de faire mal et de mal faire.

La patience experte de Dora venait à bout de toutes les erreurs. Elle avait très vite compris qu'elle avait affaire à un puceau. Mais ce puceau était autrichien et peintre, ce qui impressionnait la petite Tchèque pauvre, simple modèle occasionnel. Elle avait l'impression de coucher avec l'Empire et l'Académie. La corvée se transformait en mission sacrée dont elle ressortirait anoblie. Elle s'efforça donc de transformer le gaillard effrayé, à l'ardente stupidité, en amant presque potable. Et, dans le même temps, elle vérifiait sa supériorité de femme ; bien qu'ils eussent le même âge, c'était elle qui dirigeait leurs ébats, c'était elle qui lui apprenait l'amour. Elle trouvait l'aventure plus agréable que fastidieuse car elle y regagnait un peu l'estime d'elle-même.

Adolf apprenait tout en essayant de faire croire qu'il savait déjà. Après la sixième étreinte, épuisé, il reposa longuement contre elle. Il lui semblait que, les deux dernières fois, il ne s'y était pas trop mal pris : cela l'autorisait à un accès de sincérité.

– Sais-tu que, pour moi, c'était la première fois ?

– Non ? s'étonna Dora.

– Si.

En fait, ce n'était pas un accès de sincérité, mais un accès de fierté.

Dora, reposant sur l'oreiller, les cheveux épars, les yeux au plafond, se demandait – sans curiosité excessive – si Adolf allait maintenant devenir tendre, comme certains hommes après l'amour, s'il allait remplacer les gestes par les mots et gazouiller pendant des heures des phrases douces et enflammées.

A son avis, ça ne devait pas être le genre d'Adolf qui alternait plutôt enthousiasme et abattement. En même temps, il s'agissait d'un baptême du sexe. Et la révélation rend toujours le puceau volubile. Il fallait voir. Il fallait attendre.

– Demain, j'irai acheter des fleurs, murmura Adolf.

« Tiens je me suis trompée, pensa-t-elle. Il est plutôt du genre délicat. Bonne surprise. »

– Oui, j'irai acheter un gros bouquet de fleurs.

Il devenait charmant. Aucun de ses amants, depuis l'âge de quatorze ans, n'avait jamais songé à lui offrir des fleurs.

– Et j'irai les offrir au docteur Freud.

– Quoi ?

– Le docteur Freud. Un médecin juif que je connais. Je lui dois le moment que je viens de passer.

Dora se retourna vers le mur verdâtre et, sans vergogne, agrippa tout l'oreiller pour elle. Elle ferma les paupières, désireuse de s'endormir au plus vite. Non, vraiment, le coup du médecin juif, on ne le lui avait encore jamais fait.

*

Wetti ne parlait plus que de ça.

– Dolferl dessine la journée, le soir, voire la nuit. Et quand il ne dessine pas, c'est qu'il lit Nietzsche, Schopenhauer, vous vous rendez compte ? Quel cerveau !

Hitler avait en effet voulu restreindre ses rapports avec Wetti au minimum nécessaire. Ainsi ne descendait-il qu'à l'heure du dîner. Il avait vite remarqué les effets bénéfiques de cette tactique : moins il donnait à Wetti, plus elle se dépensait pour lui. Elle trompait son attente en lui préparant des plats toujours plus raffinés, elle acquiesçait avec ravissement à toutes les théories qu'il lui servait au-dessus des veaux braisés et autres fondants au chocolat, elle tenait par-dessus tout à ce que les courts moments qu'ils passaient ensemble fussent réussis. La dernière gâterie avalée, il proposait toujours de remonter dans sa chambre afin de lire ; elle le suppliait alors de rester, lui proposant kirsch, liqueur de poire et cigare, couvrant de coussins le meilleur fauteuil du salon, y glissant son propre repose-pied ; Hitler maugréait, faisait mine de refuser, lui faisant bien sentir que le temps qu'il lui consacrerait à elle, simple mortelle, serait un temps arraché aux dieux des Arts et de la Pensée, puis finissait par consentir ; il descendait alors ses volumes et lisait, vautré et fumant, sous l'œil éperdu de Wetti. Lisait-il vraiment ? Son œil glissait, égaré, sur les mots couchés ; il ne les réveillait pas, il les laissait dormir dans le troupeau du paragraphe. Il était plus un gardien de livres qu'un lecteur. Rarement les pages s'animaient et se mettaient à parler. Lorsqu'elles le faisaient, Hitler entrait dans une sorte de transe. Il vibrait. Ce n'était pas les idées

100

mais les passions qu'il partageait. Il n'aimait pas les auteurs intelligents, il aimait les auteurs contagieux. Nietzsche et Schopenhauer lui transmettaient leur mépris des hommes ordinaires, l'infectaient de leur supériorité, lui communiquaient le virus critique. Quel besoin aurait-il eu d'élargir le cercle de ses connaissances ? Quand il ouvrait ces pages, il savait qu'il allait retrouver des émotions fondamentales, frémir d'indignation, trembler de suspicion. Il s'y masturbait l'esprit comme tout adolescent attardé revient sans cesse aux premières images qui créèrent l'excitation.

Wetti, assise en face d'Hitler, son ouvrage dans les mains, piquait du nez sur son large corsage ; chaque fois qu'il s'en apercevait, Hitler se raclait la gorge en signe de reproche et elle se réveillait, balbutiant des excuses sous son regard courroucé. Les soirs où il avait lui-même sommeil, il prétextait que la veille elle l'avait plusieurs fois dérangé dans ses méditations. Ainsi il maintenait le mythe de son inaccessibilité, préservant un caractère d'exception à ces soirées chez Wetti, même si, par calcul, il acceptait six invitations sur sept.

Wetti n'avait donc plus aucun doute : Hitler était un génie. Soit il parlait trop. Soit il se taisait trop. Comme l'excès lui semblait la marque du génie, l'impossibilité où elle était de le comprendre lui semblait la preuve, non pas de ses limites à elle, mais de sa démesure à lui.

A la gare, entre les arrivées de voyageurs, il réfléchissait à sa peinture. Troublé d'avoir eu tant de mal à croquer Wetti, lui qui pourtant avait su crayonner Guido un soir de colère, il en avait conclu que son inspiration devait être architecturale plus qu'humaine. Voilà pourquoi il rêvait toujours de monumental ! Il serait peintre des villes, des façades, des temples, des cathédrales. Cette révélation l'occupait intensément.

Comme d'habitude, il passa plus de temps à se convaincre qu'à essayer. Hitler aimait se rêver plutôt qu'être ; rêver qu'il faisait, plutôt que faire. Assis sur un chariot métallique, il déroulait sous son crâne la légende de sa vie, bruissante de mille éloges, mille compliments enivrants, beaucoup d'honneurs et une réputation universelle.

Parfois cela l'épuisait de passer de son rêve à la réalité, comme s'il devait constamment sauter d'un train en marche. Sur un coup de sifflet ou un crachat de vapeur, il devait dégringoler de l'Olympe et charger des malles lourdes et humiliantes sur son dos. Il en voulait aux voyageuses de le déranger sans se rendre compte de ce qu'elles interrompaient. La plupart du temps, il se montrait magnanime et ne leur faisait pas honte de leur ignorance affairée ; il souriait et jouait la comédie du brave garçon, surtout au moment du pourboire.

Il y eut des grèves de cheminots. Hitler ne chercha pas à comprendre si leurs revendications étaient légitimes ou pas ; il se trouva soudain avec beaucoup trop de temps inoccupé sur les bras ; il ne pouvait rentrer à la pension sous peine d'éveiller les soupçons de Wetti, et même ses rêveries ne suffisaient plus à remplir les longues journées vides. Il ne put faire autrement que se mettre à dessiner au bord du quai.

Il commença par faire des croquis de la gare. Malheureusement, le résultat avait toujours quelque chose d'incorrect dans les proportions, Hitler ayant du mal à maîtriser la perspective. Il en conclut que les gares constituaient un fort mauvais sujet et il déroba des cartes postales. A l'aide d'un calque, il commença à copier les principaux monuments de Vienne, les reporta ensuite sur du carton, repassa les lignes à l'encre de Chine, puis barbouilla par-dessus des couleurs à la gouache.

Hitler s'épargna de porter un jugement sur les résultats. Il avait posé une fois pour toutes qu'il était un génie de la peinture, et ce avant même de peindre. Si d'ordinaire, on part des tableaux pour remonter au peintre, induisant le génie à partir des œuvres, Hitler avait fait pour lui-même le raisonnement inverse : il était un génie, de droit divin, par principe ; cela ne perçait peut-être pas encore dans ses dessins mais, un jour, cela éclabousserait tout le monde.

Démarquant ses cartes postales, il besognait en s'appréciant sans cesse. Sur son calque, il repérait un souci de bien faire qu'il prenait pour de l'exigence. Dans l'étalage des couleurs, il manifestait une maladresse qu'il tenait pour de l'originalité.

Wetti s'émerveilla. Hitler n'y fit pas trop attention. Elle était là pour ça.

Il fut quand même très surpris lorsqu'un vendredi, un jour rendu noir et vacant par une grève, un homme se pencha par-dessus son épaule, regarda la peinture du Palais Trautson qu'il était en train d'achever et s'exclama pensivement :

– C'est très très bon. Je m'appelle Fritz Walter, je suis marchand d'art et je voudrais vous prendre dans ma galerie.

*

Adolf H. découvrait le goût amer de la victoire. Il était seul à se réjouir ; les autres élèves lui en voulaient d'avoir bousillé sa légende ; il leur avait ôté un de leurs plus riches sujets de curiosité, de conversation, de plaisanterie : ses fameuses syncopes. Seuls Neumann et Bernstein franchissaient cette barrière d'indifférence et continuaient à avoir des conversations théoriques avec Adolf ou plutôt *devant* Adolf car celui-ci se laissait prendre à partie par l'un ou par l'autre plutôt qu'il ne s'exprimait.

Il n'éprouvait aucun sentiment de solitude car il n'avait jamais pensé qu'il avait besoin des autres ; il venait de découvrir que certaines joies – sans doute les plus essentielles – ne peuvent être partagées, ni même racontées ; elles nous constituent au même titre que nos yeux ou notre colonne vertébrale ; elles font de nous ce que nous sommes. Adolf n'avait plus peur des femmes, mais cela il ne pouvait le dire ni aux hommes ni aux femmes.

Derrière l'arbre où, un après-midi, il avait attendu le modèle, c'était elle qui l'attendait ce jour-là.

— Une minute. Nous avons à parler.

Adolf eut peur en la voyant surgir. Depuis l'instant précis où il l'avait contemplée nue sans faiblir, le modèle l'accablait d'un mépris hostile. Elle semblait ne plus supporter qu'il la regardât. Lorsqu'elle était obligée de remarquer qu'il était là, un air ennuyé crispait ses mâchoires.

— Je te félicite, dit-elle d'un ton coupant qui signifiait le contraire. Il semblerait que tu sois devenu moins empoté avec les femmes.

Adolf regarda ses chaussures. Comment avait-il pu oublier qu'elle était la tante de Dora ? Elle allait sans doute lui demander de mettre un terme à leur relation.

— Cette petite idiote de Dora sera quand même, une fois, arrivée à réussir quelque chose. Etonnant.

Ne s'attendant pas à ce qu'elle critiquât Dora, Adolf releva le visage avec surprise.

— Vous couchez ensemble, bien entendu ?

Elle posait la question en s'indignant déjà d'une réponse qu'elle n'avait pas encore entendue.

— Oh, ne proteste pas, continua-t-elle, Dora ne sait faire qu'une chose, c'est s'allonger. Pour poser. Pour dormir. Pour faire l'amour. Toujours à l'horizontale, je ne vois pas comment elle changerait...

La remarque amusa Adolf par sa justesse. La molle Dora ne lui laissait pas le souvenir d'une femme debout.

— Donc, tu n'es plus puceau ?

Là non plus, elle n'attendit pas la réponse. Elle sourit d'un air cruel. Curieuse conversation, pensa Adolf, pas vraiment difficile à soutenir : le modèle questionne, répond et lit dans les pensées.

— Tu te demandes où je veux en venir, n'est-ce pas ?

Il se contenta de la regarder d'un air paisible.

— Voilà. J'ai une question à te poser.

— Et vous savez déjà la réponse ?

— J'ai mon idée.

— Alors pourquoi me la poser ?

— Pour que tu l'entendes.

Ils se jaugèrent. Adolf comprit qu'il avait quelqu'un de dangereux en face de lui, dangereux car intense, dangereux car imprévisible, dangereux car capable, sur un frémissement de cils, de devenir ami ou ennemi à vie. Il était rentré dans la cage de la panthère sans même avoir eu le temps de s'en rendre compte. Par son immobilité complète, il lui fit comprendre qu'il était prêt. Satisfaite, elle prit le temps de savourer sa question dans sa bouche avant de la lâcher.

— Est-ce que tu sais rendre une femme heureuse ?

— Quel intérêt ?

Elle cilla. Il venait de marquer un point. D'un puceau de la veille, elle n'attendait pas tant de cynisme.

— Oui, quel intérêt ? reprit-il. L'essentiel est que je sache être heureux, moi, avec une femme.

— Petit morveux, cracha-t-elle.

— Etre heureux avec une femme, ça y est, je sais.

— Pauvre larve, je suis certaine que tu es incapable de donner du plaisir.

Qu'est-ce que vous en savez ?

— Je sais que tu n'es qu'un homme et que Dora n'est qu'une putain. A vous deux, vous devez en rester à la gymnastique.

— Elle crie.

— Tu la paies ?

— Je vous dis qu'elle crie.

105

– Bien sûr qu'elle crie si tu la paies, c'est une bonne putain.

Sous les piques et assauts du modèle, Adolf déconcerté venait de perdre sa première tactique de défense : l'indifférence totale à la question posée. Traqué dans son orgueil de mâle, il était sorti du trou et voilà que maintenant il prétendait être capable de faire jouir une femme. Il allait perdre sur ce terrain. Vite. Revenir à la première position. Il prit une forte respiration et dit paisiblement :

– Faire jouir une femme, je n'en vois pas l'intérêt.

Le modèle comprit qu'elle ne le coincerait pas si aisément. Elle lui saisit alors le poignet.

– Ah, tu n'en vois pas l'intérêt ? Suis-moi.

Tiré par surprise, cherchant encore une réponse, Adolf la suivait. Plus moyen de s'arrêter désormais. Il n'allait pas subir le ridicule de se dégager en route. Le modèle le traîna jusqu'à un café qu'il ne connaissait pas. Une fois entrée, elle relâcha son étreinte mais ses yeux le contraignirent à s'asseoir avec encore plus de force coercitive que ses muscles.

– Regarde autour de toi, tu vas comprendre. Tu es dans un café d'artistes. Tous les assemblages possibles se trouvent autour de nous. Prends un verre. Tu es mieux qu'au zoo. Il y a une cage par table. Examine les couples et vois ce qui réunit tel homme à telle femme. Celui-ci doit sa jolie femme à l'argent ; elle couche avec le porte-monnaie. Celui-ci doit sa femme à son physique ; il est mieux qu'elle ; elle acceptera tout plutôt que de le perdre car il y aura toujours une autre qui en voudra. Celui-ci et celle-là sont du même niveau, tenus par l'habitude et les promesses : ce n'est pas bien solide. Celui-ci a du génie, il trouvera toujours une femme sans estime d'elle-même qui sera heureuse d'être l'esclave d'un grand homme. Celui-ci est moche, avare et mauvais baiseur, tu ne t'étonneras pas qu'il boive seul. Maintenant regarde un peu Vladimir.

Elle désigna un homme haut, un peu voûté, les cils broussailleux, le nez fort, les yeux très noirs, qui trinquait avec une très jolie femme.

– Vladimir n'est ni beau, ni laid, disons qu'il n'est pas repoussant. Vladimir n'a pas beaucoup de talent, il excelle tout au plus à fournir des gravures pour boîtes de chocolats. Vladimir va maintenant sur ses cinquante ans. Eh bien, il les a toutes eues ! Toutes ! Même les comédiennes riches, jeunes, belles, celles qui avaient le choix. Et, en ce moment, il est encore en train d'en tomber une.

La comédienne aux yeux verts souriait avec abandon à Vladimir, plus docile qu'un chaton du jour.

– Pourquoi ? Parce que Vladimir sait rendre une femme heureuse. Plus exactement, il ne les rend pas heureuses, il les rend folles.

Le modèle obligea Adolf à la regarder et le fixa. Il avait l'impression qu'elle l'ajustait, qu'elle allait tirer.

– Vladimir a le pouvoir. Le vrai. Celui qui ouvre toutes les portes et tous les coffres-forts. Il sait rendre une femme heureuse.

– Et alors ? dit crânement Adolf.

Entre eux deux, l'insolence devenait contagieuse.

– Tu ne comprends pas ?

– Je répète : et alors ? Cela nous mène où ? Pourquoi est-ce que tu me racontes ça ?

– Est-ce que je t'ai permis de me tutoyer ?

– Non. Pas que je sache. Mais moi non plus je ne t'avais pas donné l'autorisation.

Elle sourit, satisfaite du ton agressif qui rythmait leurs échanges.

– Voilà : je te propose de te l'apprendre, petit morveux.

– M'apprendre quoi ?

– A rendre une femme heureuse.

Il la dévisagea : elle le regardait avec haine. C'était irrésistible. *Si j'arrive à faire crier cette femme, cela signifie que j'y arriverai avec toutes.*

\*

Hitler n'en revenait pas.

Voilà maintenant plusieurs semaines que, le mercredi matin à huit heures, Fritz Walter, dans son manteau d'astrakan, ganté d'agneau noir, la joue lisse mais encore irritée par le rasage frais, fleurant bon la violette mêlée de lavande que les barbiers venaient de mettre à la mode, frappait à la porte, entrait de son grand pas de riche marchand d'art, commentait les œuvres de la semaine, les emportait dans sa galerie et lui donnait l'argent de la semaine précédente.

— Cinquante-cinquante, n'est-ce pas mon bon ami ?

Hitler approuvait de la tête. Il ne lui serait pas venu à l'idée de contredire cet esthète qui, outre les billets, lui apportait chaque mercredi la confirmation qu'il était un vrai peintre.

Les sommes n'étaient pas importantes mais Fritz Walter savait les justifier.

— Les clients sont très impressionnés lorsque je leur dis que vous n'avez que dix-sept ans...

— Vingt.

— Ah oui, vraiment ? Donc ils sont très impressionnés lorsque je leur révèle votre jeune âge. Mais en même temps, ils en profitent. C'est fatal. « Fritz, me disent-ils, tu nous vendras ton Adolf Hitler au prix que tu voudras dans quelques années mais, s'il te plaît, pour l'instant, laisse-nous faire des affaires. » C'est normal. Ça a toujours été comme ça. Mon travail, c'est de créer un désir, puis une attente. Mais mes clients ont confiance, ils savent que je ne les tromperai pas. C'est comme ça que j'ai commencé avec Klimt et Moser. Et maintenant, on s'arrache leurs œuvres pour des millions de marks. Eh oui, il faut savoir être patient. C'est très joli, ça, mon garçon, mais je préfère quand vous vous attaquez aux monuments connus. Les clients sont preneurs. N'ayez pas peur. Chez vous l'originalité ne vient pas du sujet mais du traitement. Ne vous retenez pas. Oui, les grands monuments de Vienne. Regardez Klimt, toujours des sujets classiques et pourtant, la peinture ne l'est pas. Ah, Klimt, je le revois, comme vous, hésitant, me regardant avec méfiance, pensant que je le baratinais parce que je croyais en son talent. Jeunesse ! Belle jeunesse ! Six tableaux ? Huit serait idéal. Ou alors les petits formats. Beaucoup de petits formats. Plus tard, quand vous serez bien établi, vous passerez au grand format. Comme Klimt. Toujours comme Klimt. Comme vous me le rappelez !

Lorsque Fritz Walter quittait la pièce les toiles sous le bras, Hitler demeurait ivre un bon moment. Rassasié de compliments, gonflé d'énergie, des bulles d'espoir éclataient dans sa tête. Un jour, il serait riche. Un jour, il serait Klimt. Lui qui connaissait très mal l'œuvre de ce grand peintre et qui avait d'abord détesté le peu qu'il avait vu avait totalement changé d'avis sur le fondateur de la Sécession : non, on ne pouvait absolument pas nier que Gustave Klimt fût un génie. Un génie discutable, certes, comme tous les génies, mais un génie. Un peu trop moderne aussi. Parfois. Un peu trop décadent. Un peu trop... mais un génie. Oui. Un génie indiscutable. D'ailleurs, Hitler s'en sentait très proche.

Dans les heures qui suivaient, Hitler, grisé, émerveillé d'être lui-même, se jetait avec ardeur sur son travail. En route pour le chef-d'œuvre !

Au milieu de l'après-midi, il dessoûlait. La monotonie des calques et des traits plusieurs fois repassés le rendait progressivement au réel.

Le soir, il avait la gueule de bois.

Par bonheur au dîner, Wetti lui donnait l'occasion de revivre les scènes. Il lui rapportait, d'abord exactement, les paroles du marchand puis improvisait librement sur les correspondances que Walter avait notées entre lui et Klimt. Il était intarissable pour se complimenter. C'était la part de son métier d'artiste qu'il préférait.

– Sais-tu, Dolferl, que Werner m'a assuré, dimanche après-midi, que la galerie Walter était l'une des plus renommées de Vienne ?

– Je le sais bien, dit Hitler en se rengorgeant.

– Vraiment la plus importante. Il était très impressionné que tu y sois exposé. Très, très impressionné.

En vérité, Wetti n'osait pas dire que Werner ne l'avait même pas crue.

Hitler accepta le compliment, bien qu'il vînt de Werner, cet horrible pédéraste qui avait osé le prendre pour l'un des siens.

– Bien sûr que la galerie Walter est la meilleure de la ville. Fritz Walter a découvert Klimt et Moser. Il faudra d'ailleurs que je m'y rende un jour. Voir comment ils accrochent mes toiles.

– Est-ce que je pourrai y aller avec toi ? Je serais tellement heureuse. Je t'en prie.

– Nous verrons.

Hitler n'était pas encore allé à la galerie parce qu'elle se trouvait à l'autre bout de la ville et surtout parce que Fritz Walter le lui avait formellement interdit.

– La galerie ? C'est la place des tableaux. Ce n'est pas la place du peintre. Vous, vous devez rester ici à travailler. Travailler. Toujours travailler. C'est le lot du génie. Laissez-moi m'occuper du commerce. A moi les tâches ingrates et vulgaires. Je vous défends, jeune homme, de vous rendre à la galerie. Ce pourrait être la fin de notre relation.

Les menaces avaient retenu Hitler dont le narcissisme se serait pourtant bien accommodé d'une promenade au milieu de ses toiles accrochées entre Gustav Klimt, Joseph Hoffman et Koloman Moser.

Un mercredi cependant, Fritz Walter ne vint pas.

Hitler attendit toute la journée, descendit quinze fois le guetter dans la rue, refusa de s'alimenter jusqu'au soir, où, sous prétexte d'une soupe aux champignons trop poivrée, il fit une scène épouvantable à Wetti.

Le lendemain, il diagnostiqua un refroidissement pour ne pas se rendre à la gare – l'Académie pour Wetti – et attendit encore.

Le vendredi, il se résolut à patienter jusqu'au mercredi suivant. Le samedi, il se mit au travail avec une application nouvelle, multipliant en quantité ahurissante les petites peintures jusqu'au mardi, espérant magiquement que ce zèle ferait revenir le marchand.

Mercredi suivant. Toujours pas de Fritz Walter, même attente vaine. Hitler abandonne tout travail. Il essaie de survivre jusqu'au mercredi suivant.

Mercredi suivant. Pas plus de Fritz Walter.

– Peut-être est-il parti à l'étranger ? Peut-être est-il en train de parler de toi à Berlin ? A Paris ? Qui sait ?

Wetti se pressurait le cerveau pour en extraire quelques hypothèses rassurantes. Plus inquiète de l'état physique du garçon que des raisons du marchand, elle tentait avec mille ruses de l'alimenter. Hitler, toujours excessif, avait cessé de boire et de manger ; il se laissait dépérir. L'admiration de Fritz Walter était devenue son fluide vital ; sans ce regard, il n'avait plus l'impression d'exister, il n'avait même plus envie de peindre.

Un matin, Wetti frappa à sa porte, gantée, chaussée, chapeautée comme pour une noce, et lui annonça sa résolution :

– Cela ne peut plus durer. Je vais me rendre à la galerie Walter et j'obtiendrai des explications.

Hitler, d'abord comateux, lorsqu'il parvint à comprendre ce que lui disait le grand travesti endimanché qui se tenait dans l'encadrement de sa porte, saisit les bras de Wetti pour l'arrêter.

– Non. Moi, j'y vais.

– Allons, Dolferl, tu sais très bien que Fritz Walter ne veut pas te voir à la galerie ; c'est quasi une condition de contrat entre vous.

– Je trouve qu'il n'a pas respecté son contrat en ne venant plus ici ; je peux donc prendre ce risque.

Hitler sembla si heureux à cette perspective que Wetti accepta. Ils iraient donc ensemble. Elle arriva même à obtenir qu'il se sustentât un peu avant leur expédition.

Le couple traversa la ville en tramway. Hitler flottait dans la vieille queue-de-pie paternelle si usée que le tissu lustré laissait apparaître la trame aux coudes, aux fesses et aux genoux, mais Wetti lui avait noué autour du cou une cravate à elle d'une soie bariolée et improbable qui, excentricité ajoutée à la pâleur mortelle des joues, faisait ressembler le garçon à un artiste maudit à peu près convaincant. De toute façon, harnachée comme un cheval impérial à ses côtés, elle était respectable pour deux.

Arrivés devant la galerie Walter, ils marquèrent un arrêt, impressionnés. L'or des lettrages, l'ébène profonde de la devanture, les lourds rideaux de velours qui, derrière les vitres, interdisaient au commun des passants même d'entraperce-voir-l'angle-d'un-bout-du-morceau-d'un-trésor, tout cela ins-pirait le respect. La sortie d'un acheteur, énorme cigare aux lèvres, et de son épouse, un nuage de vison où scintillaient des bijoux, accentua leur angoisse : la galerie Walter n'était

pas un endroit dont les gens comme eux franchissaient d'ordinaire le seuil.

– Après tout, c'est ma galerie. Mes tableaux sont exposés
là, dit Hitler pour se donner du courage.

Ils prirent leur respiration, montèrent les marches et pous-
sèrent la lourde porte. Un timbre cristallin d'une pureté trans-
perçante sembla leur crier qu'ils commettaient une erreur.

Un employé s'approcha, dissimulant sous une courtoisie
de gymnaste sa pointe d'étonnement envers ce couple bizarre.

– Nous venons voir les tableaux, dit Wetti sur le ton qui
lui servait à rabrouer les livreurs en retard.

– Mais je vous en prie : vous avez poussé la bonne porte,
répondit l'employé en s'inclinant.

Hitler jouissait intérieurement à l'idée de bientôt voir ses
œuvres sur les murs.

Lui et Wetti ne les trouvèrent pas dans les premières salles.
Ils les parcoururent pourtant plusieurs fois.

– Peut-être à l'étage ? murmura Wetti en désignant un
escalier.

Elle devait avoir raison. Les jeunes peintres devaient être
exposés à l'étage. L'apparition de petits formats dès le palier
sembla leur confirmer l'hypothèse. Ils sillonnèrent tout le
niveau, s'attendant au détour de chaque mur à une divine
surprise. En vain. Hitler devenait moite.

– Ils ont sûrement tout vendu.

Comme d'habitude, Wetti avait trouvé la solution. Hitler
lui sourit pendant qu'elle lui tapotait maternellement le bras.
Ils ne devaient pas se contenter de ces plaisirs. Ils étaient
venus prendre des nouvelles de Fritz Walter.

Ils retrouvèrent l'employé au bas de l'escalier.

– Monsieur Walter est-il ici ? demanda Adolf, désormais
très à l'aise car ravi d'avoir vendu toutes ses toiles.

– Monsieur Walter se trouve actuellement à l'étranger.

– Ah tu vois ! s'exclama Wetti en lui donnant un coup de coude triomphant, pas du tout dans ses manières distinguées habituelles.

Hitler nageait dans le bonheur.

– Et quand reviendra-t-il ?

– La semaine prochaine.

– Eh bien, dites à monsieur Fritz Walter qu'Adolf Hitler est passé et que je l'attendrai, comme chaque mercredi matin, à huit heures.

– Au 22, rue Felber, ajouta Wetti en rougissant, émue de citer sa pension sous des ors si prestigieux.

L'employé prit un air embarrassé.

– M'avez-vous dit Fritz Walter ?

– Oui.

– Je suis désolé, je parlais de Gerhard Walter.

– N'est-ce pas Fritz Walter qui dirige cette galerie ?

– Non, monsieur. Il s'agit de Gerhard Walter.

– Alors il a un fils !

L'employé rougit comme s'il avait entendu une obscénité.

– Non, je puis vous assurer que monsieur Gerhard Walter n'a pas d'enfants.

– Mais enfin, s'emporta Hitler, je rencontre tous les mercredis chez moi monsieur Fritz Walter qui vend ensuite mes toiles ici.

– Et vous vous appelez ?

– Adolf Hitler, répéta-t-il, hors de lui, à cet employé qui, depuis tout à l'heure, n'avait rien écouté.

Le vendeur ne se démonta pas.

– Je crois que vous faites erreur, monsieur... Hitler. Je ne doute pas de l'intérêt de votre travail mais je peux vous assurer que la galerie Walter n'a encore jamais exposé d'œuvres de vous.

Et sans attendre, il se retourna, ouvrit un registre qu'il lui mit, d'autorité, dans les mains.

— Voici le catalogue des deux dernières années. Comme vous le voyez...

Wetti prit un air indigné.

— Vous dites n'importe quoi, mon garçon. J'ai vu passer moi-même monsieur Fritz Walter sur mon palier tous les mercredis matin.

— Sur votre palier ? répéta ironiquement l'employé en parcourant l'accoutrement de Wetti depuis le chapeau exagérément plumé jusqu'aux bottines à boutons.

— Viens, Wetti. Ne restons pas ici.

Ils repassèrent le seuil sous le rire sardonique du timbre cristallin.

Un silence consterné alourdissait leurs pas.

Ils marchèrent sans but, suivant les mouvements des passants. Hitler préférait se taire plutôt qu'expliquer ce mystère. Il le subissait en bloc. Il avançait, étourdi, abasourdi. Lorsque son esprit commençait à émettre des hypothèses, à préciser la tromperie dont il avait été victime, il se mettait à souffrir tellement qu'il arrêtait immédiatement de penser, préférant un ahurissement global aux multiples pointes douloureuses des mises au point.

Ils débouchèrent sur le Prater.

Wetti se plaignit d'avoir les jambes fatiguées et demanda qu'on s'arrêtât dans un café. Hitler avait peur qu'une fois assis ils fussent obligés de parler.

Soudain, il crut avoir une vision. Il battit des paupières pour s'assurer qu'il ne rêvait pas. Non, c'était bien vrai. Cinquante mètres plus loin sur l'avenue, Fritz Walter, dans son fameux manteau d'astrakan, interpellait les passants pour leur vendre des tableaux qu'il avait étalés sur un banc. Par réflexe, il saisit le bras de Wetti, la fit pivoter et la catapulta dans le premier café. Quoi qu'il arrive, elle ne devait pas voir cela.

Au-dessus de deux chocolats fumants, il lui expliqua qu'elle ne pouvait laisser aussi longtemps la pension sans surveillance ; lui, avait encore besoin de réfléchir, il la rejoindrait plus tard. Il la conduisit – la porta quasiment – jusqu'au tramway, puis s'approcha de Fritz Walter.

Celui-ci n'avait rien perdu de son éloquence. En revanche, ce qui, dans la chambre d'Hitler, semblait une rhétorique de mécène devenait là le vulgaire bagout d'un bateleur. Il n'hésitait pas à apostropher les promeneurs, voire à les retenir par le bras.

Hitler se tenait derrière un arbre. Il attendait le soir. Il ne tenait pas à faire un esclandre en public. Il n'était pas sûr de contrôler ses nerfs, ni surtout d'avoir l'ascendant sur le fort et trapu Fritz Walter.

Lorsque la nuit descendit sur la chaussée et que la fréquentation du boulevard se raréfia, Hitler quitta sa cache et s'approcha.

Fritz Walter, par réflexe, le héla puis s'arrêta au milieu de sa phrase lorsqu'il le reconnut.

– Ah, Hitler...

Il le laissa avancer, tentant de lire sur son visage quel système de défense il allait adopter.

– Menteur, s'écria Hitler. Menteur et voleur.

– Voleur ? Pas du tout ! Je t'ai toujours apporté l'argent.

– Tu m'as fait croire que tu dirigeais la galerie Walter.

Fritz Walter lui éclata de rire au nez, un rire mauvais, un rire qui gifle.

– Si tu es assez crétin pour me croire, c'est ton problème. Penses-tu vraiment que la galerie Walter prendrait tes décalcomanies, non, mais tu le crois, tu es sérieux ? J'ai déjà assez de peine à les refiler aux touristes.

Hitler resta paralysé. Il ne s'attendait pas à cela : au lieu de se défendre, Fritz Walter attaquait. Il mordait fort.

– Mon pauvre Adolf, il faut vraiment avoir ta prétention pour croire une demi-seconde à ce que je t'ai dit. Chaque fois, j'en rajoutais une louche en me disant : non cette fois-ci, il va se rendre compte que je dis n'importe quoi, cette fois-ci, il va se foutre de ma gueule. Eh bien, non ! Jamais ! Tu gobais tout ! Et le Klimt ! Et le Moser ! Tu ne me contredisais pas, tu en redemandais, la bouche ouverte, comme maintenant, attendant une nouvelle becquée !

Hitler resta figé, les bras crispés le long du corps. Sa seule réaction fut de laisser couler ses larmes.

– Des problèmes, monsieur ?

Un agent de police s'approcha d'Hitler. Fritz Walter se calma.

– Ce monsieur vous embête, monsieur ? Il a tenté de vous escroquer ? Il ne vous a pas rendu votre monnaie ?

Le policier se mettait en quatre pour plaire à Hitler. Il avait visiblement très envie de mettre la main sur le marchand ambulant.

– Non, murmura Hitler.

– Ah bon, fit le policier, déçu. Mais s'il vous embête, il faut nous le dire. On le connaît bien, ce lascar. Ce n'est pas la première fois qu'on le coffrera. A croire qu'il aime ça, hein, le Hanisch.

Fritz Walter regardait le sol d'un air frileux, attendant que le policier eût fini. Celui-ci tourna encore autour de lui, l'œil soupçonneux, chercha dans l'étalage ce qu'il pouvait bien critiquer ou verbaliser. Puis faute d'avoir trouvé un os à ronger, finit par s'éloigner. Fritz Walter, sans plus de comédie, soupira avec soulagement. Il avait réellement eu peur. Presque timide, en le regardant par en dessous, il remercia Hitler de son silence :

— C'est gentil de n'avoir rien dit.

Hitler se sentait glacé.

— Hanisch, c'est quoi ?

— C'est mon vrai nom. Reinhold Hanisch. Je me fais appeler Fritz Walter parce que cela fait des années que j'ai la police au cul. Oh, pour des broutilles, mais enfin...

— Où étais-tu ce dernier mois ?

— En prison. Pour une vieille histoire de rien du tout. Sans importance.

Hitler aurait voulu avoir cinq ans, taper du poing, trépigner, exiger qu'on lui rendît ses anciennes illusions : il avait attendu Fritz Walter, le célèbre galeriste qui croyait en son génie, pendant un mois, et non pas Reinhold Hanisch qui purgeait une peine pour un vol minable dans une cellule.

— On va prendre un verre ? demanda Hanisch en lui tapant l'épaule.

\*

Adolf H. et le modèle se rendirent à l'hôtel Stella. Escalier étroit, tortillé, branlant, qui condamnait déjà à la promiscuité. Couloir couvert d'un tapis rose et grenat indécis, une langue chargée qui ferait la longueur d'un étage. Porte 66, bien qu'on lût 99 car, l'un des clous manquant, la plaque d'émail écaillé s'était retournée. Lit de fer un peu trop bas. Dessus-de-lit en patchwork cousu par une ouvrière daltonienne. Murs fuchsia déjà léprosés. Rien qui inspirât le désir et pourtant, Adolf, surexcité, se jeta sur elle. Elle ne lui apprit rien. Elle le laissa faire. Il s'épuisa sur elle. Elle ne le regarda ni froidement ni chaudement, elle semblait observer une bête curieuse. Il pensait l'épater par le nombre de ses assauts. Il avait joui cinq fois.

— Et toi ?

– Pas une seule fois.

Le lendemain, il refit le même score.

En vain.

Elle lui expliqua le sens du mot frigide. Qu'il se rassure. Elle n'était pas du tout comme ça. Cela venait juste de lui. Le lendemain, il s'économisa un peu. Il prit le temps d'étudier mieux ce corps et s'appliqua à jouer de tous les boutons et manettes qui sont censés provoquer la jouissance d'une femme. A la fin, elle concéda, bonne joueuse :

– En tout cas, ce n'est pas faute d'avoir essayé.

Les jours suivants, il continua à appliquer cette méthode. Il jouissait moins. Elle pas plus.

Il eut un accès de rage.

– Mais tu ne m'apprends rien ! Tu m'avais promis de m'apprendre à faire jouir une femme et tu ne m'apprends rien.

– Si. Je t'ai déjà appris que j'existe.

Deux jours passèrent pendant lesquels Adolf fut encore plus entêté d'elle qu'il ne l'aurait cru. Parce qu'elle refusait de lui dire son nom, il l'appelait Stella, comme l'hôtel où ils se rencontraient. Il songeait à des esquisses de sourire, à des frémissements de lèvres, à une onde de rougeur qui avait un instant parcouru sa poitrine. Il se remémorait une extase fugitive, une langueur rêveuse qui avait humecté le regard de Stella. Il s'y accrochait comme à des signes ; un jour, il parviendrait à lui faire ressentir quelque chose. Désarçonné, il songeait à l'inégalité des heures passées ensemble ; pour lui, il s'était toujours agi de moments de plaisir ; pour elle, pas. Il rêvait sur la différence des sexes, le mâle si facile et si fréquent dans la jouissance, la femme si rare et si imprévisible ; le mâle prodigue mais harassé, la femme avare mais inépuisable. Il ne comprenait pas pourquoi son désir, si visible, si tangible, si fort, ne passait pas de son sexe au sien. Il commençait à soupçonner qu'aucun procédé mécanique, caresse, pénétration, frottage, pilonnage, usure, ne transmettait le plaisir ; il devait y avoir un autre passage. Lequel ?

\*

Lorsque sur le coup de minuit, plein d'alcool, Hitler eut quitté Reinhold Hanisch – alias Fritz Walter –, il se demanda ce qui l'avait humilié le plus. Ne pas avoir été capable de lui casser la gueule ? Avoir accepté de boire puis avoir été obligé de remercier pour les bières ? Ou plutôt avoir consenti à laisser entrer en eux une connivence d'escrocs ? A l'écouter, lui et Hitler ne devaient pas se battre, mais se tenir les coudes : si Hanisch était un faux galeriste, Hitler était un faux peintre ; l'usurpation de l'un valait les décalques de l'autre. Tous deux utilisaient la ruse et la tromperie pour gagner leur vie ; par contre, entre eux, ils s'étaient toujours montrés honnêtes puisqu'ils avaient partagé l'argent au heller près.

Hitler marcha longtemps dans les rues de Vienne pour se purifier par l'air, la nuit et la fatigue.

Ce qu'il regrettait dans l'aventure Hanisch, c'étaient ses illusions perdues. Pendant plusieurs semaines, Hanisch lui avait apporté l'illusion de la reconnaissance, l'illusion de son avenir glorieux, l'illusion de la fortune proche. Pendant plusieurs semaines, grisé, intoxiqué, il avait eu la tête dans les nuages, touchant à peine le sol vulgaire de la réalité. Ces fumées-là, il en avait la nostalgie. Il ne pardonnerait jamais à Hanisch de lui avoir procuré son plus grand bonheur par un cynique mensonge.

La ville entière, des chaussées aux façades, semblait coulée dans un goudron luisant. Les quelques lumières jaunes qui surgissaient, poignantes, d'une fenêtre isolée ou d'un réverbère s'évanouissaient vite dans l'épaisseur des ténèbres, absorbées par la nuit, bues par les murs poreux, ricochant faiblement sur les trottoirs ridés avant de mourir dans le caniveau glauque.

En arrivant rue Felber, il avait déjà reconstruit son histoire. Il l'avait préparée pour Wetti. Non qu'il voulût rassurer Wetti et lui épargner une souffrance, mais il tenait à garder son estime, ce rêve de lui qu'elle partageait avec lui. Il prétendit avoir retrouvé ses camarades de l'Académie dans une brasserie. Hitler avait appris qu'ils étaient désormais trois victimes de Fritz Walter, évidemment les sujets les plus prometteurs. La manœuvre s'était déroulée de façon identique pour les trois. Il paraîtrait que Fritz Walter se serait enfui en France avec les tableaux où il les revendait pour des sommes ahurissantes, si, si. Il semblait même qu'ils étaient tous les trois très connus désormais, oui, très cotés à Montparnasse, le seul problème était qu'ils ne verraient sans doute jamais la couleur de l'argent. Ils comptaient d'ailleurs aller porter plainte dès cet après-midi tandis que le directeur de l'Académie allait faire pression auprès de l'ambassade de France.

Naturellement, Wetti goba l'histoire. Mais pas aussi bien qu'Hitler. Aucune de ses pensées n'était destinée à autrui, il se mentait d'abord à lui-même.

Il s'était si convaincu de jouir d'une certaine notoriété en France qu'il s'en fallut de peu que, dans les jours suivants, il ne s'en ouvrît aux belles voyageuses qui descendaient à la gare et dont l'accent mat et flûté révélait l'origine parisienne.

Par désœuvrement, il s'était remis à ses tableaux de monuments pendant ses heures aux bords des voies. Il aimait la routine bête des étapes successives, l'application demandée par le calque, la force fière des traits passés à l'encre de Chine, la patience bornée du coloriage.

Ce jour-là, il faisait un soleil réconfortant, on attendait quatre trains importants et Hitler se lançait, pour la première fois, dans la reproduction d'un grand format, une photo trouvée dans un journal, le sanatorium construit par Joseph Hoffman à Pinkensdorf, un bâtiment cubique et pas trop difficile à rendre. Hitler était si occupé, entre ses voyageuses et son dessin, qu'il ne remarqua à aucun moment la silhouette immobile, qui, trois quais plus loin, l'observa du matin jusqu'au soir.

Ce fut seulement vers sept heures que la silhouette s'approcha d'Hitler, qu'il releva la tête et qu'il découvrit Wetti.

Son visage tremblait de fureur. En une journée, elle avait eu le temps de passer par tous les sentiments, de la surprise à l'incrédulité, puis l'indignation, la déception, la honte, la révolte... A sept heures, elle en était à la colère et, pour cette raison même, avait fondu sur le garçon.

– Dès ce soir, je ne veux plus te voir dans mon salon. Et dès la fin de la semaine, tu disparais de ma pension.

C'était effrayant de constater à quel point Wetti devenait pragmatique. C'était si loin de son caractère rêveur que cela montrait l'ampleur du choc en elle.

– Et je te signale que tu me dois un mois et demi de loyer.

Sa bouche se tordit, agacée, piquée par la douleur.

– Et sois heureux que je ne compte pas les repas, les lessives, les repassages, la couture, toutes les idioties que j'ai faites pour toi parce que je croyais... parce que je croyais...

Son grand corps fut secoué de convulsions qui transportaient les larmes, mais elle résista.

– Parce que je croyais...

Hitler, paralysé, craignait ce qu'elle allait dire.

– Parce que je croyais... parce que je croyais...

Les mots, affolés, couraient sous le front d'Hitler. Certains transportaient avec eux leur réponse, d'autres pas. « Je croyais que tu m'aimais » était le plus aisément traitable. « Je croyais que tu étais à l'Académie » pouvait se guérir par un mensonge.

« Je croyais que, lorsque tu serais célèbre, tu m'épouserais... »
serait plus délicat.

– Parce que je croyais que tu étais un peintre, finit par
exploser Wetti.

*Non. Pas ça. Pas elle. Pas elle aussi. Rien à répondre. Je suis
un peintre. Et là, en ce moment, qu'est-ce que je suis en train
de faire ?* Justement, Wetti laissa traîner son regard sur la
photo de journal et le calque crasseux.

– Tu es... grotesque.

Elle tourna les talons et s'enfuit de la gare. Elle avait réussi
à ne pas pleurer. Le mépris avait retenu les larmes. Elle avait
su rompre dans le dédain, sans pathétique : c'était donc lui
qui était ridicule. Le cœur battant, écroulée contre un pilier,
soulagée, elle éclata en sanglots dans l'un de ses beaux mouchoirs trop richement brodés.

Hitler restait assis au sol, son matériel entre les jambes, le
visage cireux. Pour ne plus songer à l'horreur qu'elle avait
prononcée – « Je croyais que tu étais un peintre » –, il accablait d'insultes cette grande poule démesurée, encombrée de
son corps, incapable de lire un livre, ne fréquentant que des
homosexuels, cette boutiquière frustrée, qui ne savait même
pas qui était Gustav Klimt avant qu'il ne le lui apprît et qui,
maintenant, se permettait d'émettre des jugements artisti-
ques. Il lui devait un mois et demi de loyer ? Dommage qu'il
ne lui doive pas plus. Car il allait partir ce soir sans le payer.

Hitler avait retrouvé toutes ses forces. Qu'on ne s'illu-
sionne pas : c'est lui qui allait prendre l'initiative pour mettre
fin à une situation intolérable ! Il rompait !

A dix heures trente, il avait empaqueté ses affaires. Il descendit avec précaution au rez-de-chaussée, devant l'appartement de Wetti.

Malgré le rideau qui couvrait les petits carreaux de la double porte, on percevait que le salon devait être allumé. Hitler entendit des gémissements.

– Je suis déçue... si déçue..., marmonnait, assourdie, la voix humide de Wetti.

– Allons Wetti, je vous avais prévenue, vous n'aviez pas voulu me croire, vous avez attendu... alors maintenant, vous souffrez trop.

– Oh, Werner !

Piqué, Hitler se redressa. C'était donc cette immondice de Werner qui avait insinué le doute en Wetti.

– Très vite, ma chère Wetti, j'ai demandé à ce garçon... enfin vous savez... cet ami... qui, lui, est réellement étudiant à l'Académie, s'il y avait bien parmi eux un Adolf Hitler. Il m'a assuré que non.

Révoltant. Voilà à quoi s'occupait ce Werner depuis qu'Hitler avait repoussé ses avances salaces : il jacassait avec un autre dégénéré comme lui afin de détruire sa réputation. *Du beau monde. Vraiment. Très peu pour moi. Merci. Je vous laisse entre vous.*

Et Hitler quitta le 22, rue Felber, en rasant les murs, certes, mais, en lui-même, la tête haute. Il méprisait ce qu'il laissait derrière lui. Il n'éprouvait que du dédain pour cette petite-bourgeoise trop grande et trop avare qui se faisait consoler par un sodomite.

« Reinhold Hanisch. Il faut que je retrouve Reinhold Hanisch. Il me logera chez lui. »

Il se rendit à la taverne où ils avaient bu ensemble. Reinhold Hanisch y était, rouge d'échauffement, les yeux gonflés de bière.

– Ah ? Gustav Klimt, s'écria-t-il en voyant arriver Adolf Hitler.

Hitler ne releva pas, trop content d'avoir mis la main sur l'homme.

– Il faut que tu me loges. Une histoire avec une femme. Tu sais... j'ai dû partir.

– Mais pas de problème, mon garçon, ma maison t'est grande ouverte. Je te donne la chambre d'amis. Tu veux un verre ?

Rassuré, Hitler accepta de boire. Certes, il y avait quelque chose de vulgaire dans la bonne humeur d'Hanisch, son enthousiasme à la boisson, ses grandes tapes sur les épaules ou dans le dos, mais si ce devait être le prix d'une nuit tranquille... A une heure du matin, Hitler, épuisé de fatigue, comateux d'avoir tant bu sans rien manger, exigea qu'ils sortent et se rendent chez lui.

Hanisch récupéra un immense sac à dos derrière le comptoir et emmena Hitler avec lui. Il enjamba la barrière d'un jardin public non éclairé et s'allongea entre les bosquets noirs.

– Bienvenue dans mon palais. C'est là que je couche.

– Quoi ? Tu n'as même pas de chambre ?

Hanisch tapa le haut de son sac pour en faire un oreiller.

– Qu'est-ce que tu crois, Gustav Klimt ? Que c'est avec tes tableaux que je vais me la payer ?

*

Stella criait sous lui. A chacun de ses mouvements, elle répondait par un soupir ou par un spasme. L'instrument de chair s'était fait lourd entre ses mains, mais Adolf savait enfin en jouer, en tirer la musique attendue.

*Pourvu que je me retienne.*

Au lieu de profiter du spectacle de Stella feulante et libérée, il se força à fixer sa pensée sur autre chose ; pour qu'elle jouisse bien et longtemps, il fallait que lui s'ôte de cette jouissance et devienne un pur ressort, un mécanisme. *Surtout ne pas penser aux parties de mon corps qui sont en contact avec elle. Penser à autre chose. Vite.* Il devait s'absenter de son désir. Il bloqua son regard sur une tache du mur et, tout en ondulant des reins, se concentra sur son origine possible : de la graisse, une brûlure, un cafard écrasé ? Plus les solutions sordides se pressaient dans son esprit, plus il s'éloignait de ses sensations. *Ça marche.* Oui, un cafard, un énorme cafard écrasé par la chaussure d'un Tchèque, l'hôtel était plein de Tchèques. Quelqu'un qui était venu pour dormir dans cette chambre, pas pour faire ce que lui faisait en ce moment avec Stella, Stella qui ondoyait sous lui tant il...

Non...

Trop tard. La jouissance s'était rabattue sur lui, violente, écrasante. Il s'écroula sur Stella.

Elle eut encore quelques sursauts puis le rejoignit dans l'immobilité, son corps se défaisant dans le repos.

*J'ai gagné.*

Le silence rendait sa joie encore plus compacte.

Stella le repoussa lentement puis se releva, distante, muette. Elle le considéra avec encore plus de mépris que d'ordinaire. Adolf sentit qu'il allait rapidement souffrir. Il lui adressa un regard interrogatif, suppliant, celui qu'on est encore capable d'avoir juste avant le désespoir.

Elle sourit cruellement.

– Et tu y as cru ?

Elle commença à enfiler ses bas. C'est lorsqu'elle se livrait à cette minutieuse opération qu'elle lâchait toujours ses phrases les plus dures.

– Ta fatuité est sans limites. J'ai simulé.

– Très bien : j'arrête, cria Adolf H.

– Quelle différence ? Tu peux arrêter, tu n'as jamais commencé.

– J'arrête pour de bon, cette fois-ci. C'est définitif.

Il essayait de se convaincre. Combien de fois avait-il proclamé que tout était fini, qu'il abandonnait ce pari stupide, qu'il lui était indifférent de rendre une femme heureuse ? Le problème était que Stella, au lieu de protester, d'argumenter, de le convaincre, lui donnait raison. Il se sentait alors encore plus misérable et, pour retrouver un peu d'estime de lui, il revenait le lendemain.

Il revint donc le jour suivant. Cette fois, Stella ne feignit pas. Et les deux heures s'ajoutèrent à la longue liste de ses défaites.

Il persévérait incompréhensiblement. Ce n'était plus un défi, comme au premier jour, ni un pari, comme il l'avait cru ensuite, ni même une obsession, bien qu'il fût obnubilé par le corps de Stella. Il s'agissait désormais d'une émotion sourde et profonde, quelque chose de religieux. Le plaisir féminin était sa quête, Stella était son temple, la femme était son Dieu, ce grand silence auquel revenaient toutes ses pensées. Comme un homme de foi s'agenouille, il travaillait avec dévotion à obtenir la grâce.

Nuit et jour, il réfléchissait au plaisir. Comment l'éprouver, il le savait. Mais le donner ? Cela ne semblait pas contagieux.

Pendant un cours à l'Académie, il eut un éblouissement. Stella devait ressentir du désir pour jouir. Son plaisir n'avait rien d'organique, il n'appartenait plus à l'espèce. Adolf devait provoquer en elle un désir de lui.

Adolf comprenait soudain l'effet qu'il devait faire à Stella : un crabe vautré sur elle, en stupide état d'excitation, convulsif, agitant ses pinces dans le vide, un crabe qui lui était indifférent.

Ce lundi-là, il proposa à Stella de ne pas se rendre à l'hôtel mais d'aller boire un chocolat ensemble. Il fut surpris de la voir accepter sans barguigner. Ils devisèrent joyeusement, loin de leur guerre en costume de singe, ils s'amusèrent même. Le mardi, il proposa d'aller écouter un concert ; elle accepta aussi. Le mercredi, il l'invita à une promenade au zoo ; une fois encore, elle consentit, mais il y eut quelque chose d'inquiet dans son regard. A l'issue de la visite, elle lui demanda alors qu'ils se quittaient :

— N'irons-nous plus à l'hôtel ?

Pour la première fois, elle osait montrer une défaillance : elle craignait qu'Adolf ne voulût plus d'elle.

— Si, plus que jamais, répondit-il avec un regard lourd d'attente.

Rassurée, elle se recomposa un visage ironique.

Le jeudi, Adolf observa à la lettre le plan qu'il avait ordonné. Il se leva à l'aube, s'épuisa et marcha toute la journée, si bien que lorsqu'il rejoignit Stella dans la chambre d'hôtel, très fatigué, il fut incapable d'accomplir ses performances habituelles.

— Excuse-moi, je ne sais pas ce que j'ai, commenta Adolf pour achever de la perdre.

— Tu es fatigué ?

— Non. Pas plus que d'habitude.

Le vendredi, Stella et lui devaient se retrouver à cinq heures. A l'heure dite, il se dissimula dans le café d'en face, vérifia que Stella entrait bien dans l'hôtel et attendit. A six heures et demie, il fit le tour du pâté de maisons en courant et en respirant mal afin d'arriver essoufflé dans la chambre.

Stella sursauta en le voyant.

— Où étais-tu ? J'étais inqui...

Elle se retint d'avouer son inquiétude ; il n'y avait plus lieu ; puisqu'il était là désormais.

— J'ai été retenu à l'Académie. Le directeur. Rien de grave. J'aurais voulu te prévenir. Je... je suis désolé.

— Non, ça va, dit-elle d'un ton sec.

Après l'inquiétude, la fureur désormais la faisait bouillonner. Et elle s'en voulait de se découvrir si émotive.

— Tu es trop gentille de m'avoir attendu. C'est moi qui paierai les deux heures de la chambre.

— Il s'agit bien de cela, coupa-t-elle.

— Nous essaierons de faire mieux la semaine prochaine.

— Quoi ? Tu pars ?

Furieuse, elle l'attrapa par le col et le jeta sur le lit.

— Tu n'as plus envie ?

— Si bien sûr.

— Prouve-le.

— Mais une demi-heure, Stella, une demi-heure, ce n'est pas assez.

— Qui t'a dit ça ?

— Oh pour moi ça va, mais pour toi, Stella...

— Je ne m'appelle pas Stella mais Ariane.

Et elle commença à le déshabiller.

Quelques secondes, Adolf eut envie de rire, comme le spectateur qui voit arriver sur les planches la scène qu'il attendait depuis le début du spectacle, mais le désir puissant que Stella avait de lui le renversa. Pour la première fois, une force fondait sur lui, elle l'accaparait, le possédait. Il avait l'impression de devenir lui-même une femme.

Tout devint très sérieux entre eux. Pire. Tragique. Quelque chose de grand les redressait. Ils jouaient une scène essentielle. Leurs corps réagissaient. De brusques effusions passaient de l'un à l'autre. Des émotions extrêmes leur travaillaient la peau. Une sorte de communication, sans cesse interrompue, sans cesse reprise, les électrisait. Des étincelles de connivence. Chacun voulait faire sien le sexe inconnu et méprisé de l'autre. Ils se rapprochaient sans se joindre. Ils se fondaient sans se perdre. Ariane-Stella frémit, puis fut prise d'un tremblement effrayant. Adolf enfonça son regard dans le sien et ce fut là, dans son iris, aux miroitements de sa prunelle, à la

dilatation obscure de ses pupilles qu'il vit monter progressivement son plaisir et le sien.

*

— Bon, d'accord, je t'ai menti. Mais toi aussi, mon gars.
Et c'est même toi qui as commencé. Tiens, prends du saucisson. Tu me fais croire que tu sors de l'Académie... Qu'est-ce
que tu veux que je fasse, pour me mettre à ton niveau ? Je te
fais le coup du Fritz Walter, le Fritz Walter de la galerie Walter.
Tu gobes. On fait de jolies affaires. Pourquoi veux-tu que je
change ? Tu veux que je te fasse du mal ? Ton point faible,
c'est que tu es resté un petit-bourgeois. Non, calme-toi et
reprends du sauciflard. Ouais, parfaitement, tu raisonnes
comme ton père, comme un petit fonctionnaire, comme un
col-blanc qui se fait noter par ses supérieurs : il te faut des
diplômes, une carrière, de la reconnaissance. L'Académie de
Vienne ? Tu crois vraiment que Vinci et Michel-Ange sortaient de l'Académie de Vienne ? Tu crois vraiment qu'ils
voulaient donner des gages aux bureaucrates, qu'ils comptaient leurs points et leurs années dans l'administration ? T'as
froid aux yeux, Adolf Hitler, tu n'oses pas être à la hauteur
de tes rêves, tu vas tout rater si tu continues à raisonner de
travers. Travailler, qu'est-ce que c'est pour toi ? Suer assez
pour payer ta logeuse ? C'est pour les Wetti et les Zakreys
que tu existes ? Tu as tout faux, Adolf Hitler, travailler, pour
toi, ce doit être te perfectionner dans ton art. Tu n'as même
pas l'idée de l'immense peintre que tu vas devenir. Mais si.
Tu serais effrayé si on mettait là, devant toi, les toiles que tu
achèveras dans quelques années. Tu tremblerais. Tu serais pris
d'un respect sacré. Tu t'agenouillerais devant le génie et tu
baiserais le cadre. Eh oui, le meilleur du meilleur que tu fais
aujourd'hui n'a rien à voir même avec le moins bon de

demain. Crois-moi. Voilà ta route. Il n'y a que cela qui compte. Dormir ? C'est physiologique. C'est dans la nature. On ne peut pas faire autrement. T'en occupe pas. Un endroit où s'allonger, c'est bien suffisant. Il y a les parcs l'été, les cafés s'il pleut, et à l'automne les foyers de nuit rouvrent leurs portes pour l'hiver. Tout est prévu, Adolf Hitler, tout est prévu pour les génies comme toi. A condition qu'ils ne soient pas petits-bourgeois. Tu travailleras, tu approfondiras ton art, je vendrai tes tableaux et je m'occuperai de tout. Fais-moi confiance, nous aurons toujours à manger, à boire et à coucher. Fais-moi confiance, tu pourras chier, pisser et dormir. Quoi ? Propre. Oui propre. Se laver aussi. Est-ce que je pue ? Tu trouves que j'ai l'air d'un clochard ? On se baigne, on prend des douches dans les foyers de nuit. On désinfecte les vêtements chez les sœurs. Il y a le barbier, le mercredi matin, à l'Amicale sociale. Je connais tout. Je te dirai tout. Tous mes secrets. Donne-moi une tranche. La déchéance, ça ? Arrête, tu me fais rire. Déchéance, oui, pour tes idées de petit-bourgeois. Mais moi, j'appelle ça autrement : la liberté. Parfaitement. La liberté absolue. Nous sommes au-dessus de tout. Tu ne dépends de personne. Tu ne rends de comptes à personne. Libre. Il y a toujours une soupe à la rue Gumpendorfer. Il y a toujours une place à l'hospice si tu as une maladie qui se soigne. Tiens, parlons-en des maladies, je ne suis plus jamais malade depuis que je vis dehors. Si. Parfaitement. Dans les maisons bien chauffées, ce sont les microbes que tu chauffes. Avec une nourriture trop riche, ce sont les microbes que tu nourris. Dans la haute, il y a des femmes qui meurent d'un rhume, tu peux croire ça ? Moi, avec la liberté, je t'offre la santé, mon gars, et si quand même, par malchance, le microbe insiste, tu n'auras qu'à le noyer dans un verre de gnôle. C'est radical. Tout le monde sait ça, dans la science, mais les médecins et les pharmaciens ne le disent pas parce

131

qu'ils perdraient le tas d'or sur lequel ils sont assis. Eh, Gustav Klimt, je te parle. Merci. Et laisse-moi quand même du saucisson, sinon tu rôtiras en enfer. Bien sûr il y a les femmes, tu vas me dire, on attire les femmes avec le miel, comme les ours, et là tu ne vois pas où est le miel... je t'arrête immédiatement, Adolf Hitler, là aussi tu fais fausse route car tu manques de confiance : les femmes qu'on attire avec l'argent, les beaux habits, l'appartement en ville, le superflu, ce sont des femmes qui ne nous méritent pas. Ce sont des femmes qui cherchent une rente, pas un amant. Un artiste comme toi ne doit pas tomber dans ce piège. As-tu été heureux avec ta Wetti ? Franchement ? Est-ce qu'elle ne te tirait pas vers le bas ? Mmm ? Tout ce qu'elle voulait c'était la façade, de quoi se vanter devant ses amies, rien d'autre. Est-ce que tu pouvais lui communiquer tes doutes ? Quels ont été ses derniers mots ? Te réclamer de l'argent ? Elles sont presque toutes comme ça. Sauf la vraie, l'unique, l'inespérée, celle que tu rencontreras peut-être, que le destin te réserve, mais ne t'en fais pas, celle-là, elle te reconnaîtra. Même sous un tas d'ordures, elle te reconnaîtra. Celle-là, tu la mérites, elle te mérite. Les autres, oublie-les toutes. Si tu as besoin d'une femme, elles font le trottoir pour nous ; elles nous guettent dans le bordel. Elles t'attendent jour et nuit, Hitler, tu m'entends, jour et nuit. Tu donneras un billet, tu monteras et tu seras débarrassé de ta crampe, au revoir. Plié. Propre. Rangé. On dégage. Ton art, seul ton art compte ; toute ton énergie doit y être consacrée. Fameux ce saucisson ! Où est-ce qu'on l'a piqué déjà ? Faudra y retourner. Qu'est-ce que je disais ? Ton art. Rien que ton art. Les gens, c'est moi qui les affronterai ; je les interpellerai, je les agripperai, je leur ouvrirai les yeux sur tes œuvres, je les forcerai à les acheter, je me taperai tout le sale boulot pour que toi, dans ta noble solitude, dérangé par rien, tu puisses créer. Rien que créer. Je t'envie, Adolf

Hitler. Oui, je t'envie d'être qui tu es et d'avoir un ami comme moi. Tu te fous de tout, tu n'aimes personne – pas même moi qui te vénère –, tu as les yeux fixés sur ton idéal et tu accomplis l'art. Je t'en voudrais si je ne t'aimais pas. Je t'en voudrais si, misérable cloporte, je ne me dévouais pas à toi. Où est le vin ? Ah putain qu'il est rance ! Tiens, j'ai piqué des cartes postales tout à l'heure, ça te fera des idées. Faut pas se cacher la vérité, c'est l'été, c'est la meilleure saison pour nous. Non, faut y aller. Ne te retiens pas. Tu peux t'épanouir sur les grands formats dont tu as toujours rêvé, Gustav Klimt, à condition, bien sûr, que ce soit Belvédère ou église Saint-Charles, hein ? Tes tableaux voyageront dans le monde entier ; il y en a déjà qui sont accrochés à Berlin, Amsterdam, Moscou, Rome, Paris, Venise, New York, Chicago, Milwaukee. C'est incroyable, non ? Bon, on est bien à l'ombre ici, je crois qu'il serait temps de faire une petite sieste. Non, tu travailles déjà ? Tu as raison. Non, c'est que moi, tu comprends, je ne suis qu'un bonhomme ordinaire, je n'ai pas de mission, de passion, de... enfin, tout ce dont, toi, tu brûles. Je ne suis qu'un cloporte, moi, Adolf Hitler, un misérable cloporte. Alors une petite sieste avant d'aller gueuler sur les boulevards, ça me paraît nécessaire... Surtout avec cette chaleur... Quoi, monsieur l'agent ? Quoi les pelouses ? Les oiseaux peuvent s'y promener, les chiens peuvent y pisser mais les humains n'ont pas le droit d'y dormir ? On est dans un pays libre, oui ou non ? Merde.

*

L'amour des êtres mûrs pour les êtres jeunes se nourrit soit de haine, soit de bonté. Stella, à la suite d'une fausse manœuvre, était passée de la haine à la bonté.

Ils reposaient l'un dans l'autre, nœud de chair et de tendresse, au centre de cette chambre infecte, nauséabonde, cernés par les murs criards et délavés, menacés par le lustre borgne qui tremblait aux coups furieux du couple illégitime qui avait loué pour une demi-heure la pièce équivalente à l'étage supérieur. Adolf H. et Stella se taisaient mais leur silence était bien plein, craquant.

Adolf, lui, jouissait d'un bonheur rare qu'il ne savait pas encore éphémère : être un jeune homme dans les bras d'une femme mûre, c'est-à-dire pouvoir passer continuellement de l'état d'homme à l'état d'enfant, se faire respecter comme amant vigoureux et se faire pardonner ses petites maladresses. Avec avidité, il écoutait Stella lui raconter sa vie ; elle était riche d'expériences qu'il n'avait pas ; elle avait connu beaucoup d'hommes ; elle portait des regards de femelle sur les mâles.

Le client de la chambre supérieure poussa un hurlement de goret, la femme aussi – un cri où entrait sans doute plus de soulagement que d'extase – et les deux corps s'abattirent à grand fracas sur le sommier. Le lustre frémit de tout son faux cristal. Adolf et Stella éclatèrent de rire.

Aucun râle ne se comparait aux leurs. Aucun baiser n'avait la profondeur des leurs. La qualité de leur relation annulait la contagion de la laideur. Aucun rapport. Ils vivaient sur le mode de l'« aucun rapport ». Quoi qu'il se produisît autour d'eux qui ressemblât un tant soit peu à de l'amour, cela n'avait « aucun rapport ».

– Je dois rentrer, murmura Stella.

Elle avait même accepté de s'appeler Stella – comme l'enseigne de l'hôtel borgne – car Adolf l'avait toujours désirée sous le nom de Stella.

– Oui, il faut que je rentre.

Elle n'avait pas bougé. Adolf non plus. Délicieux moment

où l'on profite pleinement de ce que l'on va perdre. Moment de bonheur, enrichi de la nostalgie du bonheur.

– Allons.

Elle bougea une jambe. Adolf la couvrit de son corps pour la retenir et l'immobilisa. Il bandait déjà. Elle aussi avait envie. Pendant quelques minutes, fidèles à un rite qu'ils avaient institué, ils firent mine de refaire l'amour. Lorsqu'ils frôlèrent l'orgasme, elle glissa subitement hors du lit car ce qui comptait c'était de se quitter inassouvis avec au plus profond du ventre une tyrannique envie de l'autre.

Ils se saluèrent devant l'hôtel Stella et chacun repartit chez soi. Il n'avait jamais été question de cohabitation. Ils avaient fait leurs premières armes dans cette chambre ; de champ de bataille, elle était devenue leur jardin, une oasis où les minutes gouttaient lentement, différemment.

Adolf rentrait chez madame Zakreys. Depuis qu'il était heureux avec Stella, il travaillait beaucoup. Une sorte de lucidité lui avait ouvert les yeux ; il avait pris conscience de sa médiocrité dans le dessin, de sa pauvreté de coloriste, de sa paresse aussi. Il avait entrevu l'ampleur de sa tâche. Il devait rattraper son retard, un fort manque d'expérience ; certains, à l'Académie, se montraient déjà virtuoses ; lui parvenait tout juste à être correct. Depuis qu'il ne se faisait plus d'illusions, il se demandait même comment il avait pu réussir l'examen d'entrée. Dans son esprit, il était désormais persuadé d'avoir été classé dernier ; certains jours, consterné par ses travaux, il soupçonnait même une erreur : pour le faire rentrer, on avait dû lui comptabiliser les notes d'un autre. Enfin, peu importait. Il se rendait compte qu'il avait eu beaucoup de chance d'être admis ; par son sérieux et son acharnement sans complaisance, il tâchait maintenant de mériter cette chance.

En fréquentant Bernstein et Neumann, il avait aussi mesuré son indigence culturelle. Ces garçons-là lisaient ; lui

135

relisait. Ces garçons-là réfléchissaient ; lui rêvassait. Ces garçons-là discutaient ; lui s'enflammait. Entre l'excitation et
l'apathie, il ne connaissait pas de moyen terme mental. Jusque-là, il n'avait jamais analysé, étudié, pesé, contrebalancé,
argumenté.

Pourquoi découvrait-il tout cela en même temps ? Un bou-
chon avait sauté dans son cerveau, libérant un canal, l'irri-
guant diversement. Il n'était plus confiné en lui-même, il
s'était ouvert à la dimension des autres. En amour, il avait
dépassé son plaisir pour entrer dans la dimension du plaisir
partagé. En intellectualité, il avait quitté l'onanisme, cessé de
s'entêter, pour saisir ses limites, les repousser et entrer dans
la discussion. Toutefois, il lui était difficile de s'éloigner
autant de ses anciens réflexes. Si, pour l'amour, il avait déjà
la récompense de Stella, en art, il n'avait encore aucun résultat ; des notes sévères sanctionnaient ses efforts. Adolf se
tenait en queue de classe et tout ce qu'il trouvait pour
s'encourager à continuer, c'était l'idée abstraite, vacillante,
qu'il se donnait aujourd'hui, par sa sueur, le moyen d'avoir
un avenir d'artiste.

Stella, en rentrant chez elle, trouva devant sa porte le banquier qui la courtisait depuis des mois. Il l'attendait, un
bouquet de fleurs à la main, habillé d'un gilet ridicule, souriant sous son horrible moustache de morse, ostentatoire et
prétentieuse comme toute sa personne. Il sourit en la voyant
arriver car il était content de se faire voir.

— Voulez-vous bien aller à l'opéra avec moi ? J'ai réservé
ensuite chez Butenhof.

Elle accepta en baissant les yeux. Oui, bien sûr, il pouvait
lui faire la cour. Oui, bien sûr, elle l'épouserait. Cependant,
le morse pouvait attendre. A cet âge, ça ne vieillit plus, c'est
déjà vieux. Elle, elle se garderait Adolf le plus longtemps
possible, il était jeune ; le temps ne passait pas encore sur lui.

Jusqu'à quel âge un garçon est-il encore jeune ? Vingt-deux ans ? Vingt-trois ans ? Elle aurait alors... Peu importe ! Elle avait le droit de s'accorder une pause avant de vieillir.

*

C'était déjà la fin de l'été. Hitler voyait avec inquiétude les jours raccourcir et les marronniers mûrir leurs fruits. Le beau temps s'attardait complaisamment, ciel d'azur et crépuscules cuivrés, comme une coquette en robe d'apparat qui traîne à la porte du salon en souhaitant se faire admirer encore un peu. Chaque jour enchanteur était un coup de poignard au cœur d'Hitler : bientôt, le froid et ses complices – le gel, la neige, la nuit – allaient se répandre dans les rues de Vienne pour déranger, déloger, détrousser, appauvrir, affamer, voire tuer les vagabonds. Hitler avait beau se répéter le catéchisme de la liberté que lui servait Reinhold Hanisch, il redoutait de ne pas supporter la proche réalité.

Sans prévenir, il fit son paquetage et se rendit à la gare.

– Un ticket pour Zwettl.

Il alla se blottir sur un banc de bois, en troisième classe. Le wagon craquait de petites gens bruyants et empourprés. Ils avaient trop bu et les femmes, jouant leur rôle de femmes, poussaient des cris d'effroi à cause de la vitesse ou des bruits d'essieux stridents, ce qui provoquait le sarcasme ou la protection avantageuse des hommes qui jouaient alors leur rôle d'hommes. Hitler se sentit très loin de tout ça et fit celui qui dormait.

*Tante Johanna. Tante Johanna.*

Il se répétait ces mots comme une prière. Tante Johanna, la sœur de sa mère, allait peut-être le sauver. C'était elle qui gâtait Paula, la petite sœur d'Hitler. Pourquoi ne l'aiderait-elle pas lui aussi ? Certes, la dernière fois, il était parti en claquant

137

la porte, indigné qu'on ne prît pas son avenir artistique au sérieux. Que lui avait-elle proposé ? Ah oui, un poste d'apprenti boulanger à Leonding... ou bien de rentrer dans la bureaucratie, comme son père... Non, il avait préféré la misère à ces humiliations. En revanche, cette fois-ci, il ne devait pas s'emporter si elle lui reproposait encore ses solutions idiotes. Rester poli. Ne pas taper du pied. Dire qu'on y pensera. Ne pas quitter la pièce avant d'avoir obtenu quelques billets.

En face de lui, la paysanne épaisse et velue dont le gras menton ballottait à chaque cahot le regardait, les yeux ronds et mous. Quoiqu'il feignît de dormir, Hitler la voyait à travers ses cils.

*Que fixe-t-elle ? Mes chevilles ?*

Hitler fit semblant de s'éveiller, la fermière détourna la tête et il put regarder ce qu'elle regardait. Ses chaussures faisaient honte. Pas plus de forme qu'un vieux fromage, pourries, défaites, elles laissaient entrevoir le pied nu en plusieurs trous ; du cuir initial, il ne restait qu'un peu de carton bouilli ; elles puaient la misère.

D'instinct, Hitler les cacha sous la banquette.

Comment allait-il faire croire à sa tante qu'il réussissait avec des chaussures pareilles ? Du coup, il jeta un coup d'œil à ses vêtements : s'ils étaient propres, ils étaient trop avachis par l'usure, rapiécés, et çà et là ombrés de taches anciennes. Comment justifierait-il cela ? Car il était hors de question d'avouer un échec. Son cœur se mit à battre très vite.

Pour ne rien arranger, lorsqu'il descendit à Zwettl, il aperçut, sur un autre quai, son ami Kubizek. Pris d'une bouffée de honte, Hitler se détourna immédiatement, posa son sac sur son épaule afin de cacher son visage et s'enfuit de la gare en rasant les murs. August Kubizek avec qui il était parti de Linz pour Vienne. August Kubizek qu'il avait convaincu de tenter sa chance au conservatoire de musique et qui, lui, avait réussi du premier coup. August Kubizek avec qui il avait partagé la chambre de madame Zakreys jusqu'à ce qu'il partît au service militaire, et qui devait profiter d'une permission pour visiter ses parents. August Kubizek à qui Hitler n'avait pas eu le courage d'annoncer son second échec, à qui il n'avait plus écrit, et puis, de toute façon, comment correspondraient-ils puisque Hitler n'avait plus d'adresse fixe...

Sur la lourde voiture à chevaux qui l'emmenait dans le Waldviertel, chez la tante Johanna, Hitler se félicitait d'avoir brillamment échappé à ce nouveau danger. Il lui restait à trouver un discours pour abuser les siens...

Lorsqu'il sonna à la porte, il cherchait encore.

– Qui est là ? murmura une petite voix incommodée derrière le battant.

– Adolf.

– Adolf qui ?

– Adolf Hitler.

– Je ne te crois pas. De toute façon, je n'ai pas le droit d'ouvrir. Tralala...

Et il entendit l'enfant s'éloigner, insouciante, de la porte. Il n'avait pas prévu que sa sœur Paula aurait quitté le foyer Raubal pour visiter aussi sa tante.

Il se rua contre le battant et le couvrit de coups.

– Ouvre-moi. Je suis ton frère, Paula. Tu m'ouvres !

La petite voix gémit :

– Comment je sais que c'est toi ?

– Va à la fenêtre et regarde.

L'enfant apparut derrière le rideau, l'écarta, écrasa sa grosse face plate sur la vitre et ne parut pas convaincue. Hitler détestait cette gosse depuis toujours ; elle n'était pas en train d'améliorer son cas. Elle finit par revenir lentement derrière la porte.

– Tu lui ressembles un peu.

– Je suis ton frère.

– Non, mon frère est toujours bien habillé. Et puis mon frère, il aurait la clé de la maison.

– Paula, je vais me fâcher.

Dans son dos une voix l'interpella :

– Adolf ! Toi ! Ici !

Tante Johanna revenait des courses. Hitler, en se retournant, ne vit d'abord que l'extrême ressemblance avec sa mère, il eut un mouvement du cœur et faillit se jeter dans ses bras. Mais le regard objectif et froid qui l'inspectait de haut en bas retint son geste et lui confirma qu'il s'agissait bien de tante Johanna.

*Maman sans le regard de maman.*

Il se sentit plus nu que nu. Elle lisait tout sur lui : ses échecs, sa vie errante, son refus de pactiser avec l'ordre établi, son entêtement. Elle voyait et blâmait tout.

– Mon pauvre petit...

A la grande surprise d'Hitler, tante Johanna avait les larmes aux yeux et le serra contre elle.

– Si ta maman te voyait comme ça...

Hitler ne releva pas l'erreur – sa mère valorisait ce que Johanna condamnait – car il sentit, coincé contre les gros seins serrés dans un juste râpeux sur lesquels elle pressait sa tête, qu'il obtiendrait peut-être ses billets.

Elle le fit entrer, manger et boire avant de lui poser des questions.

– Alors, quels sont tes projets ? Es-tu revenu à des idées raisonnables ?

– Oui. J'abandonne la peinture.

Le visage de Johanna s'éclaira.

– Je vais devenir architecte.

Une ride fronça le front de Johanna. Oui, architecte, c'était un vrai métier, même s'il y avait du dessin. Elle aurait préféré maçon ou charpentier, cela lui paraissait plus sûr, plus tangible, mais pourquoi pas ? Architecte...

– Comment devient-on architecte ? demanda Johanna. Doit-on rentrer en apprentissage ?

– Non. Il faut faire des études.

Déçue, Johanna se tut. Elle soupçonnait tout métier qui exigeait des études de ne pas être un vrai métier. Pour elle, un étudiant était un garçon insolent qui buvait trop et voulait sauter sur les filles, rien d'autre...

– Ah...

– Oui. Et avant, il faut réussir un concours. Un concours que je suis en train de préparer.

Il pensa à ses tableaux de l'été, monotones copies des monuments viennois, et il trouva donc légitime d'ajouter :

– J'y travaille tous les jours.

– Ah...

Johanna était intimement persuadée qu'on lui annonçait une nouvelle catastrophe. Mais comment le prouver ?

– Et cela va te prendre du temps ?

– Quelques années. Cinq ans.

– Tu ne peux pas trouver plus court ?

– Si. Je peux toujours entrer dans l'administration, me mettre à boire et taper sur ma femme... Comme papa.

Johanna baissa les yeux. Hitler l'avait prise de court ; elle avait toujours plaint sa sœur d'avoir un mari si violent et ne pouvait donc pas le donner en exemple.

– Maman aurait aimé que je devienne architecte, murmura Hitler.

Sa pauvre sœur. La malheureuse avait toujours eu des idées de grandeur ; elle avait aussi toujours tout pardonné à ce fils qu'elle adorait. Johanna, au souvenir de sa sœur si douce, si affectueuse, se sentit soudain coupable d'être si lucide. Elle

141

regarda Hitler et se demanda si son malaise ne venait pas du fait qu'elle n'avait jamais aimé son neveu. Elle eut mauvaise conscience.

*Ma pauvre sœur qui me les a confiés. Fais un effort Johanna.*

– Si je comprends bien, tu es venu nous rendre visite. Tu vas repartir dans quelques jours à Vienne ?

– Il faut que j'y sois demain.

– Oh, quel dommage !

Johanna et Hitler se regardèrent. Ils savaient qu'ils mentaient tous les deux. Hitler ne voulait pas rester dans sa famille où il se sentait en exil ; Johanna envisageait mal d'avoir mauvaise conscience plusieurs jours.

– Oui, le travail... les examens...

– Bien sûr...

Si elle lâchait quelques couronnes, elle pourrait même le faire partir plus vite.

– Ça te dépannerait, sans doute, que je te donne un peu d'argent ?

– Oh, ce serait si gentil...

Johanna n'était pas une personne avare ; elle aimait se montrer généreuse, mais là, elle savait qu'il s'agissait d'autre chose : elle ne donnait rien, elle achetait sa tranquillité.

Elle disparut dans sa chambre. On entendit des bruits d'armoires, de tiroirs. Elle revint, souriante, avec une poignée de billets. Hitler ne cacha pas sa joie. Ils s'embrassèrent avec force, tous deux vraiment heureux d'être délivrés si vite l'un de l'autre.

De retour à Vienne, Hitler rejoignit Reinhold Hanisch dans les bosquets qu'ils considéraient comme leur appartement. Hanisch l'accueillit avec méfiance ; il n'avait pas apprécié qu'Hitler disparût ; il s'était vraiment inquiété pour son commerce – qui allait le fournir en tableaux ? – et il soupçonnait qu'Hitler avait tapé sa famille, bien que celui-ci soutînt le contraire.

Pendant la nuit, Hitler fut réveillé par un bruit ; il aperçut Hanisch, vingt mètres plus loin, qui s'était éloigné pour fouiller son sac. Fort heureusement, il avait gardé les couronnes avec lui et il se rendormit. Mais il se réveilla encore : cette fois ci, Hanisch, couché sur lui, le palpait sans vergogne, ne se cachant même plus.

— Je suis sûr que tu as rapporté de l'argent.

— Je t'ai déjà dit non.

Sans se gêner, Hanisch explorait toutes ses poches.

— Cinquante-cinquante, c'est la règle. Je suis sûr que tu caches ton or.

— Tu vois bien que non, dit Hitler en se relevant alors qu'Hanisch approchait de la poche fatale.

Il s'éloigna.

— Où vas-tu ? grogna Hanisch.

— Pisser.

Hitler se dissimula derrière un buis taillé et transféra les billets dans sa chaussure, entre la semelle et le pied.

Il revint et s'allongea. Hanisch le contemplait encore avec méfiance, réfléchissant aux cachettes possibles. Hitler se blottit en chien de fusil et songea, en s'endormant, qu'il ne tiendrait pas longtemps face aux investigations d'Hanisch. Celui-ci allait espionner ses moindres gestes et, s'il était encore bredouille, profiter de la prochaine expédition aux douches publiques pour le dépouiller.

Le lendemain, il se réveilla avec le sentiment de l'urgence : mettre l'argent à l'abri. Pas facile lorsqu'on n'a pas de toit. Les écorces, les pierres, les trous dans la terre ? Trop dangereux. La banque ? On n'a pas de compte en banque sans une adresse. Louer une chambre avec l'argent ? Il ne se l'offrirait que pour cinq semaines, après, il serait à la rue, il aurait besoin de toutes les connaissances d'Hanisch, clochard professionnel, lui. Alors ?

Lorsque Hanisch fut parti, à reculons, à contrecœur, faire son commerce sur le Prater, Hitler fonça dans une boutique de vêtements. Il allait tout dépenser. Il s'acheta d'abord un manteau et un pantalon ordinaires puis consacra l'essentiel de la somme à une tenue de soirée, habit noir à queue-de-morue, cape, chemise sans boutons, cravate de soie, attaches de nacre, souliers vernis. Les économies de tante Johanna avaient fondu. Il restait juste de quoi se payer une place de spectacle.

L'opéra de Vienne donnait *Rienzi*, la seule œuvre de Wagner qu'Hitler ne connaissait pas ; le destin lui souriait ; il aurait certes préféré réentendre pour la millième fois *Parsifal*, *Lohengrin* ou *Tannhäuser*, car il aimait reconnaître plus que découvrir, mais il ne pouvait faire la grimace à son cher Wagner.

Dès le premier acte, il fut soulevé par l'enthousiasme. Quoi ! On ne jouait jamais *Rienzi* alors que c'était le plus bel opéra du maître ! Quelle histoire ! Il s'identifia intensément au ténor héroïque, Rienzi, qui se dressait contre l'ordre établi. Rienzi, issu du peuple, acclamé par le peuple, aimé du peuple, chanté par le peuple, devenait le chef du peuple, mettant à bas une hiérarchie corrompue, aristocratique et mercantile. Rienzi était pur, idéal, au-dessus de tout. Il avait des compagnons d'armes et d'idées, mais ni ami ni femme ; la seule présence féminine à ses côtés était sa sœur ; il ne se laissait distraire par aucune des vulgarités qui ternissent les autres existences. Les chœurs étaient sublimes, ils exprimaient la voix unanime du peuple ; enfin la foule, cette somme d'épingles piquantes et divergentes, trouvait une unité, une harmonie, un sens. Hitler qui détestait les masses trouvait enfin la solution : les transformer en peuple autour d'un individu charismatique, unifier les cœurs autour du chef, leur inculquer son idéal, les harmoniser en leur faisant prêter serment au chef, prier avec le chef, louer le chef, le glorifier. Hitler n'écoutait plus un opéra, il vivait une expérience religieuse. Si les trois premiers actes racontaient l'ascension de Rienzi, les deux derniers en racontaient la chute. Cela n'atténua pas l'enthousiasme d'Hitler. Au contraire. Que Rienzi fût trahi, calomnié, le confirma dans son idée que les grands hommes sont toujours maltraités, que les génies vivent avec douleur. Enfin quand Rienzi – vaincu mais noble, battu mais héroïque – mourut, isolé, réfugié dans un Capitole dévoré par les flammes, Hitler vibra avec une intensité essentielle, profonde, qui engageait tout son être : *Voilà comment il faut mourir, seul, à la tête de tous, seul au-dessus de tous, le front toujours dans les nuages.*

Aux saluts, il applaudit les artistes avec démence : il les remerciait d'avoir chanté, il les remerciait d'avoir composé cette œuvre, il les remerciait de l'avoir révélé à lui-même. Que c'était beau, la politique, quand cela devenait aussi de l'art...

Il quitta son fauteuil sans peser sur le sol, heureux. Au fond, il avait encore le choix : l'architecture ou la politique. Oui ? Pourquoi pas ? L'architecture ou la politique... Pour l'instant, il n'avait rien manqué, il s'était juste trompé de chemin, il avait pris la route de la peinture qui n'était sans doute pas la sienne. Maintenant, il voyait plus clair. Tout recommençait. L'architecture ou la politique ? Peut-être même les deux ?

Dehors, devant l'opéra, au bas des marches, Reinhold Hanisch l'attendait pour lui casser la gueule.

*

– Est-ce que tu es amoureux de moi ?

– Bien sûr. Cette question !...

Stella sourit : Adolf H. n'avait pas répondu, il avait crié. Elle n'aurait jamais cru qu'un cri si déchirant pût sortir d'un homme à propos d'une femme. Voilà. Elle était fière. Dans sa vie, elle aurait obtenu ça. La passion absolue d'Adolf où la violence d'attachement le disputait à un désir sans fin ni frein.

– Et toi, est-ce que tu m'aimes ?

– Oh oui, dit-elle avec douceur, en savourant l'aveu.

Telle était l'évidence effrayante : elle aimait. Elle l'aimait d'autant plus qu'elle l'avait déjà sacrifié : les préparatifs de son mariage avec le banquier avançaient.

Ils marchaient autour du lac, comme tous les amoureux de Vienne. Stella remarquait que les gens ne portaient plus le même regard sur Adolf ; magnétisé par leur amour, il avait comme embelli et forci. Il attirait les femmes.

« Je lui ai donné le pouvoir sur les femmes. Elles se jetteront sur lui. »

Elle allait le quitter, le faire souffrir, mais elle lui avait donné les moyens de poursuivre une belle vie sans elle.

Ils allèrent se rafraîchir d'une glace sous un kiosque à musique. Une fanfare jouait les valses de *La Veuve joyeuse*.

– Quel est ton type de femme ?

– Toi. Rien que toi.

– Je suis sérieuse. Regarde autour de nous et dis-moi quelles sont les femmes que tu trouves bien.

Sans enthousiasme, Adolf promena une moue sur l'assistance et finit par en extraire deux jeunes femmes. Stella les regarda avec avidité. Elle serait donc trompée par ça... Comme elles étaient banales, tout de même.

– Je ne te donne même pas six mois pour être dans les

bras d'une autre. Je ne me fais pas d'illusions. Tu es jeune et je suis vieille.

— Tu n'es pas vieille.

— Peu importe, je le serai.

— Moi aussi.

— Moi avant toi.

« Comme il est beau, comme il est tendre, comme il est indigné. »

— Aucun homme ne peut se contenter d'une femme. Toi comme les autres.

— Tu parles des hommes comme tu parlerais des animaux. Je ne suis pas une bête, je peux me contrôler.

— Tu vois, tu parles déjà de sacrifice. Te contrôler... Te les couper et devenir morose afin de rester avec ta vieille Stella. Non merci, je ne veux pas de ta pitié.

Plus elle l'attaque, plus elle l'adore. Et ses réponses la ravissent. Elle vérifie qu'elle va lui faire beaucoup de mal.

— Stella, tu t'emportes pour rien. Si notre histoire s'interrompait, je peux t'assurer que ce serait de ta volonté, pas de la mienne.

Stella se calma subitement.

« On n'a pas le droit d'avoir autant raison sans le savoir. Le pauvre, s'il devinait ce que je prépare. »

Elle le regarda, et, d'un saut, mordit le lobe de son oreille, comme si elle voulait arracher une cerise de l'arbre.

— Je t'aime, dit-elle.

— Bien sûr que tu m'aimes. Et je t'aime aussi.

« Et comme j'ai du mal à supporter cet amour », ajouta-t-elle, pour elle, en soupirant.

*

L'hiver était arrivé comme une déclaration de guerre. Brusque. Terrifiant. Avide de morts.

Hitler et Hanisch s'étaient réfugiés dans un asile pour hommes. On avait le droit d'y passer la nuit mais on devait décamper au matin. Dans le couvent voisin, les sœurs servaient une soupe épaisse, bistre et brûlante. Le jour, ils tentaient de s'abriter dans des cafés ; mais comment ne pas s'en faire chasser lorsqu'on ne consomme qu'un thé toutes les quatre heures, qu'on s'encombre de grands sacs puants de pauvre, que les cheveux gras couvrent le col, que la barbe mange le visage, que les vêtements se défont de leurs formes, de leur trame et de leurs coutures, épuisés d'avoir été trop portés ? Hitler refusait si obstinément son déclin qu'il avait trouvé une solution : il devenait aveugle et sourd. Il ne voyait pas ses compagnons d'infortune se battre pour les lits du dortoir, ces poivrots, ces clochards, ces vagabonds, cette cohorte d'épaves bruyantes et malodorantes à laquelle il appartenait désormais. Il n'entendait pas les insultes que lui valait son attitude renfermée, la pitié des religieuses, l'indignation des bourgeois lorsque Hanisch et lui fouillaient les poubelles. S'il était descendu au sous-sol de la société, il ne voulait même pas le savoir. Il s'était absenté du monde et de lui-même.

Hanisch ne supportait plus ce partenaire taciturne qui continuait à refuser les opportunités d'argent offertes par la rigueur climatique. Hitler s'était bloqué. Même pour une ou deux couronnes, il excluait de dégager la neige, d'effectuer des livraisons. Il est vrai que, devenu squelettique, il n'y serait sans doute pas parvenu. Pour s'expliquer à lui-même sa patience, Hanisch se disait qu'il restait finalement un peu de bonté au fond de lui puisqu'il s'estimait responsable de ce compagnon donné par le hasard ; en vérité, il avait mis en dépôt quelques tableaux d'Hitler chez des encadreurs et des tapissiers juifs et il espérait bien que le commerce, malgré le mauvais temps et l'absence de touristes, pourrait ainsi continuer.

La nuit de Noël 1909, les sœurs insistèrent pour que tous les pauvres qui venaient s'alimenter et se réchauffer à leur chaudron assistent à la messe de minuit. De peur de ne pas être resservis le lendemain, ils acceptèrent et se rendirent en masse dans la chapelle du cloître.

Hitler, tapi dans un coin sombre, près de la crèche, se sentit retourner en enfance. Il se revoyait enfant de chœur, en aube blanche, portant les sacrements dorés ; il s'enivrait des chants d'adoration, retrouvant ses premières émotions polyphoniques ; il se rassurait au rituel immuable, à cet ordre que rien n'arrête ni ne dément – pas même le scepticisme –, cette cérémonie transmise intacte depuis des années et des années. Qu'avait-il fait, lui, pendant ce temps ? Il regarda l'Enfant Jésus, nu sur la paille, pétant de santé dans sa cire rose saumon. Il n'avait pas froid, le gamin, il souriait, il avait un père et une mère au-dessus de lui, des animaux domestiques, il pouvait croire à la tendresse du monde, à l'harmonie des choses, il pouvait encore espérer en l'avenir. Hitler, lui, ne pouvait plus. Il ne pouvait plus se déshabiller tant il avait froid. Il ne pouvait plus sourire – à qui ? Il pouvait encore tendre la main, mais personne ne l'attrapait plus. Sa vie était entrée dans un hiver dont il ne sortirait jamais.

Il se pencha sur ce Jésus insolent, ce gosse de riche pourri d'espoir et d'affection rôtissant comme une dinde de Noël sous la lumière dorée des cierges, il entendit son propre ventre qui gargouillait de faim et il cracha lentement.

\*

La lettre arriva un mercredi matin.

« Adolf,
Je suis obligée de te quitter. Rien de toi ne me fait fuir. Au contraire, j'ai passé les mois les plus heureux de ma vie avec toi. Je me suis fabriqué des souvenirs auxquels je repenserai toujours, même quand je serai une très vieille dame. Je pars. Ne me cherche pas. Je change de ville. Je change de nom. Je continue mon triste destin de femme. Tu demeures le seul homme que j'aie jamais aimé.
Adieu et merci,

Ariane-Stella. »


Adolf H. mit plusieurs minutes à lier les mots entre eux et à leur trouver une cohérence. Il n'arrivait pas à concevoir que Stella disparaisse. Il n'arrivait pas à admettre que Stella puisse lui causer de la souffrance. Il lisait et relisait la lettre comme un archéologue déchiffre un papyrus qui ne s'adresse pas à lui. Il cherchait l'erreur. Il espérait le moment où la clé de l'énigme lui arriverait, où il pourrait rire de cette bonne plaisanterie.

Mais ses lectures répétées finirent par délivrer le message : Stella le quittait définitivement et sans explication.

Comme s'il avait avalé un sac de ciment, Adolf demeura paralysé, lourd, compact. Il n'était plus qu'un bloc de souffrance. Il n'y avait même pas la place pour que s'infiltrât la colère, l'insulte ou l'indignation. Non. Une souffrance pétrifiante. Vivre sans Stella. Vivre sans se mêler au corps de Stella. Vivre sans l'amour partagé.

Puis la souffrance cessa de faire bloc et se fissura en mille petites pensées ; c'est toujours à ce moment, lorsque, après le choc, la souffrance s'allège et se disperse, qu'elle devient le plus douloureuse.

Adolf se rua contre les murs ; puis il y jeta son crâne. En finir ! En finir vite ! Comme tous les êtres trop démunis en face du mal, Adolf pensa immédiatement à la mort.

Dans un mélange confus d'altruisme et d'égoïsme, il voulait à la fois s'immoler au nom de l'amour et faire cesser dans l'instant sa détresse. Il s'ouvrit le front contre le bord de l'étagère et se couvrit le visage de sang. Il suffoquait. Accroupi le long de la cloison, il continuait à s'infliger des coups. N'importe quelle douleur dans le corps plutôt que cette douleur dans l'esprit. Plus il aurait de bleus, de blessures et de brisures, plus il transférerait la douleur dans sa chair, moins il souffrirait.

Après avoir porté une heure sa rage contre lui, il ressaisit la lettre et commença à l'interpréter. Stella le quittait pour se marier. Elle avait beau lui parler de son bonheur avec lui, visiblement ce bonheur ne suffisait pas. Elle ne lui reconnaissait qu'une qualité : la jeunesse.

Adolf se mit à pleurer doucement, lentement, presque au ralenti, comme si chaque larme était une lame de rasoir qui passait lentement sur sa paupière en la déchirant méticuleusement. Il peinait à respirer. La jeunesse était la seule qualité qu'il ne garderait pas. Il en concluait ce qu'il craignait depuis des mois : il n'était ni assez beau, ni assez riche, ni assez intéressant pour retenir une femme. Elle avait raison : il ne valait pas mieux qu'une toute petite lettre de rupture. Une notule...

Il s'accablait.

Stella ayant commis son forfait le 21 décembre 1909, Adolf quitta Vienne le 23 et fit à sa sœur, sa nièce Geli, sa tante Angela Raubal la bonne surprise de les rejoindre pour Noël. On lui joua le retour de l'enfant prodigue. Il fut fêté, embrassé, câliné. Alors qu'il pensait leur imposer une présence sinistre, il parvint assez bien à dissimuler son désarroi ; il se surprit. En fait, seul homme dans ce foyer composé d'une femme et de deux petites filles, Paula et Geli, il se sentait bien, il se réchauffait à l'élément féminin, il retrouvait un peu, sous forme douce, apaisante et affadie, les sortilèges de Stella.

De retour à Vienne, il mit une énergie nouvelle à son travail. Il croyait que c'était de la rage – *je vais lui montrer que je peux vivre sans elle* –, c'était de l'ambition – *je vais me montrer digne de la mériter*. Croyant souffrir toujours, il se recomposait ; il voulait devenir un homme capable de retenir Stella.

Le cours de nu, naturellement, le mettait en ébullition. Un modèle indifférent, à la plastique superbe, remplaçait Stella mais Adolf, lui, la dessinait en dialoguant en imagination avec Stella. Les répliques fusaient dans sa tête, il vivait les scènes d'explication ou de colère qu'il n'avait jamais eues avec elle. Même s'il gardait le fusain à la main, il ne faisait plus du croquis mais de l'escrime.

Le professeur Rüder, un colosse, véritable menhir humain surmonté d'une moustache, s'installa derrière Adolf et le regarda travailler. Puis il saisit les cartons d'Adolf et contempla les essais précédents.

– Dites-moi, mon garçon, qu'est-ce qui se passe ?

– Pardon ?

Adolf, interrompu dans une grande diatribe contre Stella, sursauta. Rüder soupesait les croquis, comme de la marchandise au poids.

– Qu'est-ce qui se passe ? Est-ce que vous ne seriez pas en train de devenir un peintre ?

Rüder écartait les feuilles en éventail.

– Regardez-moi ça : enfin des sentiments, enfin des émotions, enfin de la violence. Vous n'étiez que technique. Aussi neutre, bête et appliqué qu'une lentille photographique. Et maintenant... Eh oui, maintenant vous exprimez quelque chose. Mieux : vous vous exprimez par le dessin. Je vous le dis, mon garçon : jusqu'ici je n'ai jamais pensé aucun bien de vous mais, à partir d'aujourd'hui, je vous considère comme un peintre.

Rüder s'étonnait lui-même de ce qu'il disait. Il dodelina de la tête pour remuer et préciser sa pensée.

– Un peintre débutant, certes. Mais un peintre. Un vrai.

Il approuva du chef, satisfait de sa formulation.

Quant à Adolf, son cœur avait failli sortir de sa poitrine tant il était ému. Il se croyait très malheureux et venait de recevoir un compliment essentiel qu'il n'espérait même pas. Quelques mots l'avaient fait basculer de l'affliction à l'extase. Il s'étonnait lui-même de ce changement.

Pour la première fois, il venait de découvrir ce privilège dangereux qui gouvernerait sa vie : l'artiste sait faire son miel de tout, y compris des chagrins. Récupérateur universel, il peut demeurer un homme bien ou devenir un monstre qui souffre et fait souffrir les autres pour la plus grande jouissance de son art. Quelle voie Adolf emprunterait-il ?

*

– Je ne te crois pas.

– Juré, Hitler, c'est juré ! Je t'ai raconté beaucoup de craques mais cette fois-ci, c'est vrai. Sur ma mère et sur ma queue, je te le jure. C'est un foyer – tu m'entends ? pas un asile, un foyer –, oui, un foyer pour hommes, au nord de la ville. Tout propre. Tout neuf, avec tout le confort moderne. Construit par des Juifs qui ne savent plus quoi faire de leur argent, oui, les plus opulentes familles juives de Vienne qui nous ont bâti un palace parce qu'elles avaient mauvaise conscience. Le Ritz ! Le Carlton ! Schönbrünn pour toi et moi ! Je n'en croyais pas mes yeux. Au rez-de-chaussée, la bibliothèque. Au premier, des salons et une salle de lecture où, chaque matin, on nous sert toute la presse. Au sous-sol, des bains, le tailleur, le cordonnier, le coiffeur. Si, le coiffeur, je ne blague pas. Il y a une cantine où on te propose des repas, et aussi une cuisine si tu préfères te préparer ta bouffe.

– Et les chambres ?

– Exagère pas, tout de même. On a droit à un box. On doit le libérer tous les matins, même si on revient le soir. C'est la règle. Et tout ça pour cinquante hellers la journée.

– Tu crois qu'on peut ?

– On peut. Depuis que les tapissiers et les encadreurs veulent tes tableaux – qui a eu l'idée ? –, on est assez riches pour ça. Le Ritz ! Le Carlton ! A nous la grande vie !

Hitler dut s'avouer qu'Hanisch avait raison.

Comme ils avaient connu le pire, ils considérèrent le foyer pour hommes comme un hôtel de luxe, une promotion sociale due à leur réussite. Tout d'abord le foyer, quoique extrêmement modique, était payant, ce qui, écartant la lie de la lie, empêchait qu'ils aient à se reconnaître dans les épaves qu'ils côtoyaient auparavant. Ensuite, le foyer laissait transiter une population beaucoup plus variée, employés de bureau, enseignants, officiers à la retraite, artisans ; leur point commun était de vivre dans une gêne transitoire ; ils vaquaient entre deux emplois ; ils cherchaient un logement ; ils ne faisaient que passer. Hitler et Hanisch, eux, s'y établirent ; ce qui leur conféra un statut supérieur, un statut d'habitués, de vieux pensionnaires ; tout juste si parfois, par rapport aux nouveaux venus, ils ne se sentaient pas les hôtes. Installé au salon au bout d'une longue table de chêne, assis sur une chaise que personne ne lui disputait plus et que l'on désignait avec respect comme « la chaise de monsieur Hitler », il occupait ses journées à lire la presse et à peindre le minimum nécessaire pour gagner sa vie. Sécurisé, il avait renoué avec sa paresse ancienne ; il rêvait beaucoup et Hanisch devait le houspiller pour obtenir qu'il produisît plus, d'autant que son nouveau cycle, *Les Scènes de la vieille ville*, se vendait assez bien chez les commerçants qui avaient besoin d'illustrations bon marché. Un jour, Hanisch, désespéré par tant de mollesse, lui mit un concurrent dans les jambes. Il avait convaincu un certain Neumann, peintre juif, trouvé en train de caricaturer les clientes des cafés, de venir travailler au foyer. Manque de chance, Hitler se toqua de lui et ils passèrent des heures entières à parler d'art ensemble, ce qui ralentit la production de l'un comme de l'autre.

Les gens du salon, ceux qui restaient la journée au foyer, comme Hitler et Neumann, se prenaient pour l'élite du lieu, une sorte d'intelligentsia dans ce monde précaire de tout petits bourgeois déçus et affolés.

Comme une plante en serre refait des fleurs, Hitler avait renoué avec l'ambition. Il ne voyait plus son avenir dans la seule peinture – *Cet art est mort, mon cher, à cause de la photographie* –, il s'imaginait architecte. Ainsi justifiait-il à ses yeux ses perpétuelles copies de monuments et son incapacité à croquer un visage. Quand Neumann lui rappelait qu'un architecte devait avoir un très bon niveau en mathématiques, Hitler haussait les épaules et affirmait comme une évidence :

– Bien sûr que je vais me mettre aux mathématiques. Bien sûr.

En attendant, il n'avait jamais ouvert un livre d'arithmétique ou d'algèbre. Comme toujours, l'idée lui suffisait.

L'émotion éprouvée à l'écoute de *Rienzi* demeurait forte en lui ; la tentation politique s'était renforcée à la lecture quotidienne de la presse ; Hitler vibrait pour Schönerer. Dès son adolescence, il s'était servi de Schönerer pour se quereller avec son père. Schönerer était un Autrichien fasciné par l'Allemagne ; effrayé par tout ce qui n'était pas allemand dans son pays, il militait pour la réunion de l'Autriche avec le Reich ; à treize ans, Hitler avait aimé reprendre cette critique de l'Etat autrichien pour agacer son père qui l'avait servi toute sa vie. Par la suite, confronté aux multiples ethnies se croisant et s'assourdissant dans Vienne la cosmopolite, il avait aimé se rassurer en pensant, comme le clamait Schönerer, qu'on était supérieur lorsqu'on était allemand. Il sympathisait aussi avec ses attitudes, l'anticatholicisme, l'antilibéralisme, l'antisocialisme, bref son opposition à toutes ces doctrines mal connues où Hitler ne trouvait pas sa place. Mais c'était un détail, un tout petit détail presque inavouable, qui avait transformé Hitler en partisan acharné de Schönerer : l'idéologue affirmait qu'il fallait rester célibataire jusqu'à vingt-cinq ans afin d'être en bonne santé et de garder toutes ses forces physiques et mentales pour la race germanique. Ses principes d'hygiène avaient ravi Hitler qui les pratiquait déjà malgré lui ; il y avait trouvé la justification scientifique et morale de son comportement ; la chasteté d'Hitler ne devenait plus un problème mais une vertu, ainsi que son peu d'appétit pour la viande et l'alcool que Schönerer soupçonnait également d'inviter à la débauche. Schönerer le justifiait. Schönerer était son Rienzi.

– Alors, pourquoi n'adhères-tu pas à son mouvement ? lui demandait parfois Hanisch, obligé de subir cet enthousiasme.

– Mais je vais le faire... je vais le faire..., disait Hitler pour éluder la question.

Pourquoi ne militait-il pas ? Il se sentait instinctivement incapable de rejoindre un groupe. Militer, c'était comme prendre des cours, une activité lucide, réelle et compromettante. Hitler préférait rêver.

156

Et puis l'antisémitisme de Schönerer le choquait. L'anti-sémitisme était d'ailleurs un de ses plus grands problèmes politiques : pourquoi tous les hommes qu'il admirait follement étaient-ils antisémites ? Schopenhauer, Nietzsche, Wagner, Schönerer... Tous, au milieu de belles et nobles réflexions, se vautraient dans cette haine si basse. Cela déconcertait Hitler. Il ne voyait pas le lien entre l'antisémitisme de Nietzsche et le reste de sa pensée. *Idem* pour Wagner... Comment ces génies pouvaient-ils se laisser ainsi aller ? Il leur pardonnait cette haine accessoire, parasite, périphérique, mais il s'étonnait que cela revînt aussi fréquemment.

Au salon, il intervenait parfois dans les discussions politiques. Il se retenait d'abord de le faire pour ne pas casser le personnage qu'à force de silence et d'isolement il était parvenu à construire, maintenant à distance les gens, ne laissant personne s'approcher trop près. Mais, parfois, sa retenue craquait, il se sentait obligé d'intervenir en entendant proférer des bêtises ; il écrasait son crayon sur la table, se dressait d'un bond et se mettait à tempêter avec véhémence, le corps tanguant, emporté par la houle de son indignation. Les mots sortaient difficilement, hachés, hurlés, excessifs.

Il n'obtenait qu'un silence gêné. Personne ne lui répondait. Lorsqu'il se taisait, un long vide suivait ; puis, après un temps décent, les bavardages reprenaient sur des sujets anodins comme si rien ne s'était passé. Hitler était assez lucide pour comprendre qu'il n'avait aucun don d'éloquence. A sa grande tristesse, il n'était pas convaincant. Sa flamme ne chauffait que lui. On ne l'écoutait pas, on le subissait. On attendait que la crise passât. On lui faisait sentir qu'on ne lui en voulait pas trop – peut-on reprocher à un unijambiste de boiter ? – mais qu'on apprécierait mieux qu'il se tût. La dernière fois qu'il s'emporta ainsi – c'était pour défendre ses amis juifs du foyer et les marchands juifs qui lui achetaient ses toiles –, il se sentit si humilié par le regard consterné de ces messieurs à la fin de son intervention, comme s'il s'était lâché une diarrhée sous lui, qu'il se rassit en se promettant de ne plus jamais prendre la parole en public. Ce jour-là, dans sa tête, Hitler renonça pour toujours à la politique.

On ne faisait que passer au foyer pour hommes. Deux jours. Une semaine. Jamais plus de quatre mois. On y accostait le temps de se ressaisir, de trouver un logement, de reprendre un emploi. Le foyer, dans ses statuts, se voulait un tremplin pour une réinsertion, pas un refuge. Hitler, lui, arrimé à ses rêves, bien installé dans ses habitudes, menant une vie bourgeoise dans un hospice pour pauvres, allait y demeurer quatre ans.

*Révélations*

— LA guerre est déclarée.
Un grand silence accueillit la nouvelle. Neumann,
Bernstein et Adolf H. la laissaient se propager entre eux
comme on observe l'action lente d'une substance injectée par
une seringue dans un corps : va-t-elle redresser ou abattre le
patient ? Va-t-il vivre ou mourir ?

Ils s'attendaient à cette guerre. Depuis quelques semaines à
Vienne, la chaleur n'était plus celle de l'été mais celle, accablante, lourde, langoureuse, qui précède l'orage. L'Empire
craquait de toutes parts. Les tensions chauffées à blanc entre
les Slaves et les Autrichiens devenaient intolérables. Tout
devait logiquement s'embraser. On n'attendait que le prétexte, l'étincelle. En fait d'étincelle, ce fut la foudre : le 28 juin
1914, des Serbes avaient assassiné l'archiduc François-Ferdi-
nand à Sarajevo. Mais la pluie et la tempête ne suivirent pas.
Depuis quatre semaines, les nuages s'accumulaient, l'air devenait bas, l'atmosphère oppressante. Les hommes couraient
dans les rues de Vienne avec le sentiment d'être écrasés sur
la chaussée, de se mouvoir dans un lourd cauchemar, suant,
tremblant, s'essoufflant, conscients d'avoir contracté une fièvre tropicale. Le cataclysme approchait. Les uns éprouvaient
de l'inquiétude, les autres de l'impatience. Tous à bout de

161

nerfs regardaient le ciel et l'imploraient de donner libre cours à sa fatalité. Ce jour, 28 juillet 1914, les nuages crevaient enfin, la pluie se déchaînait, l'ouragan déboulait.

– La guerre est déclarée.

C'était Neumann qui avait rapporté la nouvelle de l'Hôtel de ville. Il avait couru et refusé de réfléchir avant de la transmettre à ses deux amis.

Les trois jeunes gens ne s'étaient plus quittés depuis l'Académie. Ils s'étaient donné le prétexte de l'intérêt pour habiter ensemble – comment vivre de son art à vingt-cinq ans ? –, mais l'amitié seule avait provoqué leur réunion. Très différents quant à leurs goûts picturaux, littéraires, philosophiques, ils n'étaient d'accord en rien, discutaient de tout, échangeaient avec passion leurs points de vue jusqu'à des heures tardives, et l'on pouvait dire que cette mésentente exhaustive était le principe même de leur entente.

– La guerre est déclarée.

Pour une fois, les trois peintres tombèrent d'accord : c'était une calamité. Peut-être pas une calamité pour l'Autriche. Peut-être pas une calamité pour leurs contemporains. Mais une calamité pour eux.

Demain, ils seraient mobilisés. Après-demain, ils s'exposeraient au combat. Qu'ils vivent ou qu'ils meurent, peu importe, ils ne disposaient plus d'eux-mêmes. Leurs efforts des précédentes années, la tentative laborieuse et honnête d'apprendre leur art, la constante lutte pour repousser leurs limites – limites de leur main, de leur œil, de leur imagination –, leurs volontés tendues, leurs discussions, tout cela était rendu au néant. Inutile. Superflu. La guerre allait tout niveler par le bas. Ils n'étaient plus que de la chair. Deux pieds deux mains. Cela suffisait à la nation. De la chair. Chair à canon. Bonne à tuer ou à se faire tuer. Viande et os. Rien d'autre. Des bipèdes armés. Pas plus. Pas d'âme, ou juste assez pour pisser de peur. Les individus singuliers qu'ils essayaient d'être, ils devaient les remiser au vestiaire d'une caserne, le temps d'aller batailler ou mourir. Tout ce pour quoi ils s'aimaient et s'estimaient les uns les autres, tout ce par quoi ils tenaient les uns aux autres, tout cela apparaissait désormais comme ridicule, civiquement odieux, patriotiquement irrecevable. Leur avenir ne leur appartenait plus, il appartenait désormais à la nation.

Pire qu'une déception, la guerre devenait pour eux une trahison. Trahir leur idéal artistique pour devenir fantassin. Trahir des années d'études pour transporter une mitraillette. Trahir ce long travail de construction de soi pour se réduire à un numéro dans un corps d'armée. Et, surtout, trahir cet ajout généreux de nouveaux êtres au monde qu'est l'activité créatrice, pour s'enrôler dans une tuerie généralisée, une œuvre de destruction, la fuite en avant dans le vide.

— Peut-être que la guerre ne durera pas longtemps ?

Adolf avait proposé cette atténuation de leur peine. Mais le silence qui accueillit cette remarque montra qu'elle n'avait pas d'effet.

— J'imagine que c'est le genre de connerie que l'on dit chaque fois.

Ils allèrent dans la cuisine où Neumann ouvrit une bouteille de vin. Ils buvaient pour que la parole revînt.

En vain. Parce qu'ils éprouvaient tous la même rage glacée, pour la première fois le trio n'avait plus lieu d'être. Ils aimaient partager leurs différences, pas leurs similitudes. Même leur amitié venait d'être abattue. Ils n'étaient plus que des corps, trois corps assez sains et valides pour être tués. Ils pouvaient devenir camarades, mais plus amis ; *camarades* car la camaraderie n'est que le partage d'une situation commune ; plus *amis* car l'amitié suppose qu'on s'aime pour ce qu'on a de différent non pour ce qu'on a de commun.

Dehors, des cris commençaient à monter. Les jeunes gens s'assemblaient pour manifester leur joie d'entrer dans la guerre. Ils chantaient. Ils hurlaient. Des slogans de victoire ou de haine envers l'ennemi couraient de bouche en bouche, peu à peu à l'unisson, bruyants, exaltés. Accablants.

Adolf fut le premier à réagir.

— Je vais voir une femme !

Les autres le regardèrent, un peu surpris. Le trio reprenait. Ils n'étaient pas d'accord.

— Qu'est-ce que tu veux faire ? dit Neumann.

— Coucher avec une femme. N'importe laquelle.

— Coucher ou te faire consoler ? dit Bernstein.

— Me faire consoler de quoi ? Coucher parce que c'est ce que je sais faire de mieux et que, dans quelques jours, je ne sais plus si j'aurai l'occasion d'exercer mon art.

Ils rirent.

Neumann annonça qu'il allait, lui, parcourir les rues pour voir comment les gens réagissaient.

— Après tout, un jour de déclaration de guerre à Vienne, je n'aurai peut-être pas d'autres occasions d'en vivre un.

Il regretta sa phrase quand, au regard des autres, il comprit qu'elle faisait surgir le spectre de la mort proche.

— Et toi ? dit-il à Bernstein.

— Moi ? Je vais peindre, peindre et peindre jusqu'à ce qu'on m'arrache de mon chevalet.

Bernstein avait parlé avec une flamme triste. Il était le plus doué des trois. Adolf et Neumann n'en éprouvaient aucune jalousie ; au contraire, ils étaient les premiers à l'admirer, le prendre en exemple, se féliciter qu'il atteignît si vite de tels sommets. Bernstein était devenu leur maître et leur enfant ; leur maître car Bernstein savait d'instinct faire ce que les autres devaient apprendre ; leur enfant car Bernstein, sujet à des crises de dépression, avait maintes fois eu besoin de leur confiance inconditionnelle pour se remettre au travail. Bernstein exposait déjà chez un des meilleurs galeristes de Vienne et c'était lui, depuis quelques mois, qui faisait vivre le trio sur un plus grand pied.

Adolf et Neumann le regardèrent s'éloigner vers l'atelier. Adolf eut un frisson. Il se tourna vers Neumann.

– Penses-tu la même chose que moi ?

– Au sujet de Bernstein ?

– Oui.

– Oui.

Ils étaient consternés. Si Bernstein était si doué, si Bernstein s'était réalisé si vite, n'était-ce pas parce qu'il était voué à une mort jeune ? La Providence, grande faiseuse de mauvais coups, ne lui avait-elle pas préparé un traquenard ? Un destin éclatant et tragique ? Comme Pergolèse, Mozart, Schubert ? Le cœur d'Adolf se serra. Non. Pas Bernstein. Certes, il avait déjà réalisé quelques chefs-d'œuvre. Mais il en réaliserait de plus grands encore. Non. Pas lui. Léonard de Vinci a eu droit à plus de soixante ans. Bernstein devait avoir au moins ça. Mon Dieu. S'il vous plaît. Pas d'injustice. Pas Bernstein.

– S'il y a une justice, c'est moi qui dois mourir le premier... Ce ne serait pas une grande perte, dit Adolf.

– De toute façon, il n'y a pas de justice.

Neumann avait répondu d'un ton sourd, les dents serrées. Adolf le regarda avec soulagement.

– Tu as raison. Il n'y a pas de justice. Tout est loterie. La naissance, la mort, le talent. Et c'est tant pis pour nous.

Adolf dévala les marches de l'atelier et s'enfonça dans la foule vociférante.

Il voulait retrouver Isobel. Ou Leni. Ou Margit. La première de ces belles femmes qui serait libre de le recevoir, il lui ferait superbement l'amour. Il ne ressentait pas d'autre nécessité.

Adolf aimait tellement le plaisir qu'il ne fréquentait que des femmes de plaisir. Isobel, Leni ou Margit étaient toutes mariées, tenaient à leurs époux et ne se donnaient à Adolf que parce qu'il savait leur faire éprouver des sensations inconnues. Protégées par leur mariage, bien décidées à ne rien changer à leur situation, elles s'abandonnaient d'autant plus à cet amant si savant qu'il ne prétendait pas s'imposer dans leur vie. Adolf était leur parenthèse, le secret de leurs après-midi, une sorte d'animal avec lequel elles devenaient animales. Adolf, lui, après que Stella l'avait quitté, avait vite compris que le refuge de ses plaisirs serait la femme adultère. La putain opérait comme un ingénieur froid, souvent maladroit, jamais concerné. La jeune fille était trop préoccupée d'elle-même, trop obsédée par le don qu'elle faisait de sa jeunesse pour faire une bonne partenaire. La coquette révélait seulement une jeune fille vieillie devenue collectionneuse. La célibataire aguerrie, quand elle ne cachait pas un mâle dominateur, recherchait plus l'époux que l'amant. Bref, seule la femme mariée baignait dans une féminité tempérée ; établie socialement, mais pas encore blasée, initiée sexuellement, mais pas vraiment épanouie, familière de l'homme, mais toujours curieuse, elle se montrait reconnaissante à l'amant de passage d'être l'amant et de passage.

Adolf sonna chez Isobel. Une bonne l'introduisit en guettant les environs comme s'il se fût agi d'un espion. Isobel l'accueillit.

Isobel avait reçu un don : deux jambes hautes et longues, fuselées, lissées, fichées dans le sol comme deux lances vibrantes. Une divinité sauvage aux actions violentes et au goût de sang couvait sous l'élégante bourgeoise bruissante de soie. Le boudoir sentait l'ellébore noir. C'était lourd, capiteux, légèrement écœurant. C'était encourageant.

Isobel, voyant Adolf, eut les larmes aux yeux.

– Mon pauvre petit...

Elle ouvrit les bras et le pressa avec tendresse contre sa poitrine. Il s'abandonna contre ses seins.

— Mon Adolf chéri, je vais te perdre... Tu vas partir à la guerre... tu seras blessé peut-être...

Adolf ne la laissa pas continuer. Il ne fallait pas que son chagrin fût excessif. Adolf la voulait attendrie, pas désespérée. Il voulait se retrouver nu contre ce corps majestueux inventé pour le plus grand bonheur des hommes.

Il se laissa aller à la fureur de son désir. Il la déshabilla presque brutalement, colla sa bouche contre la sienne pour la faire taire et engagea l'amour comme un combat.

Introduit en elle, montant, descendant, Adolf ne pouvait s'empêcher d'être assailli par mille pensées. S'il allait mourir dans quelques semaines ? Etait-ce possible de mourir alors qu'on se sent si vivant ? Qu'est-ce qu'il regretterait le plus s'il mourait ? Les femmes. L'amour avec les femmes. La peau des femmes ? Quoi ? Rien d'autre ? Son travail de peintre ? Il n'était pas un grand peintre, il le savait. Enfin, pas encore. En tout cas, il n'y avait pas de preuve tangible, encadrée, sur toile, que l'humanité allait perdre un génie. En revanche, il regretterait son rêve. Oui. Son rêve d'être un grand peintre. C'était sa part noble. La part de lui qu'il aimait. Comment était-il possible qu'Isobel eût le ventre si doux ? Pourquoi ne pouvait-il pas rester tout le reste de sa vie ainsi, le sexe planté dans la chair chaude et humide d'Isobel ? Si un obus devait le tuer, qu'il le tue maintenant. Dans cette position.

Il jouit. Son sexe se rétractait. L'angoisse refluait en lui.

Il était renvoyé à sa solitude.

— Viendras-tu me voir lorsque tu auras une permission ?

Isobel était contente. Adolf partait rejoindre un univers d'hommes, mais elle avait fait son devoir de femme. En quelque sorte, elle aurait son rôle de patriote, elle aussi, dans cette mobilisation générale. Le repos du guerrier. La paix qui justifie qu'on fasse la guerre.

– Je reviendrai, Isobel, et tu devras me consacrer tous tes après-midi.

– Je me débrouillerai, mon chéri.

Tu parles, qu'elle se débrouillerait ! Son vieux mari ne serait jamais envoyé au front ; elle allait avoir le bonheur de le conserver, avec la volupté de le mépriser chaque jour plus. Sûr qu'elle se libérerait pour son permissionnaire ! Elle ferait son effort de guerre.

– Je te donnerai tout mon temps.

Elle était à l'avance émue par son dévouement. Elle s'exaltait à l'idée des efforts qu'elle ferait pour tromper son mari. Elle voyait la preuve de sa rigueur morale et patriotique dans les mensonges qu'elle inventerait alors.

Adolf se rhabilla. Il se sentait de nouveau morose. Il n'y avait donc plus qu'une seule solution : aller rejoindre Leni.

Puis Margit.

*

– Hourra !

Le cri avait explosé au-dessus de la foule. Une bombe de joie.

2 août 1914. La place de l'Odéon n'avait jamais rassemblé tant de monde. Depuis le premier jour, Munich souhaitait entrer dans la guerre. Le soir même de l'assassinat, le 28 juin, le peuple avait donné de la voix : on avait saccagé le Café Fahrig parce que l'orchestre avait refusé de jouer l'hymne *La Sentinelle du Rhin* qui faisait battre les cœurs patriotes. Ensuite, la foule avait déchiré deux femmes parlant français. Chaque jour, les journaux de toutes tendances, même de gauche, avaient proclamé le désir d'entrer dans la guerre. Qu'attendait-on ? Les lois de l'Alliance y conduisaient. Les peuples qui parlaient allemand devaient s'unir contre les

autres. Cet été-là voyait fleurir comme jamais le sentiment de la nation. Une renaissance disaient certains, une résurrection disaient d'autres. Les hommes palpaient ce qui les réunissait plus que ce qui les divisait. Le Kaiser avait dit à Berlin : « Je ne connais plus aucun parti, je ne connais que des Allemands. » Et Louis III de Bavière, enfin, engageait son pays dans le combat.

Hitler exultait avec la foule, cédant avec volupté à la contagion émotionnelle. Chaque slogan, chaque chant, il le reprenait, jetant sa voix parmi les dizaines de milliers d'autres. Il ne s'entendait plus, il n'entendait que le grand cri unanime, cette vocifération inhumaine, presque métallique, il s'y lançait, il s'y fondait, il s'y serait totalement perdu s'il n'avait pas encore tenu à lui-même par une mucosité qui lui grattait la gorge. Son corps n'était plus qu'une membrane agitée par la foule qui vibrait des gestes et des échos des autres. Lui qui s'était toujours refusé au moindre contact physique, voilà qu'il se laissait pénétrer par une foule entière, remplir la bouche, les oreilles, le cerveau, le cœur, pressé, laminé, accablé, étouffé, aveuglé, perdant l'équilibre, reprenant son souffle, jaillissant d'un bond au-dessus des corps pour s'y réengloutir ensuite. Il s'offrait sans retenue, sans pudeur, sans calcul à ces milliers d'êtres parce qu'ils n'étaient pas des individus mais un peuple.

Hitler se trouvait à Munich et il se voulait allemand. Même si ses parents avaient fait l'erreur d'être autrichiens et de le faire naître en Autriche, Hitler savait qu'il était allemand. C'était la seule naissance acceptable, noble, digne de lui. Il ne pouvait pas appartenir à une nation plus petite, moins puissante que l'Allemagne.

La foule eut encore quelques secousses. Puis s'imposa le calme qui suit la jouissance. Chacun revint à soi, comprit que la réunion était finie, et l'on s'éparpilla dans les rues.

Hitler se joignit à un groupe qui chantait *Pas de plus belle mort au monde* en se dirigeant vers une taverne. On l'accepta sans une seconde d'hésitation. Il suffisait de partager l'ardeur pour être admis. On but. On dit sa haine de l'ennemi. On clama la grandeur de l'Allemagne. On annonça une victoire rapide et définitive. On but.

Les compagnons d'Hitler, de jeunes bourgeois, brûlaient d'enthousiasme. Elevés dans l'argent, la sécurité, les devoirs de leur classe, ils avaient failli périr d'ennui. Ils avaient cru que l'héroïsme n'appartenait qu'au passé et aux contes, qu'ils ne connaîtraient jamais l'exaltation de l'action ; ils avaient ressenti la nostalgie des grands périls et, à dix-huit ans, ils s'étaient estimés finis. Avec la guerre, l'avenir leur était restitué. Ils frémissaient d'impatience. Ils allaient connaître l'aventure. On but. La guerre les avait guéris comme un remède miraculeux. Elle leur rendait leur jeunesse, la vigueur de leur corps, le bouillonnement du sang, des jambes pour courir, des bras pour se battre, pour tirer, pour étrangler. Elle leur redonnait leur sexe, le premier, le viril, le seul qui monte au combat. Elle leur offrait la grandeur, l'idéal, le dévouement. On but. Qu'ils vivent ou qu'ils meurent, ils étaient déjà bénis par la nation. On but.

Hitler approuvait toutes ces pensées parce qu'il était en humeur d'approuver. Pourtant, au contraire d'eux, il allait fuir l'insécurité, l'aventure, la misère et l'inadaptation sociale.

Que faisait Hitler à Munich ? Il rééditait son échec de Vienne.

Après quatre années passées au foyer pour hommes, il avait enfin eu l'âge – vingt-quatre ans – de toucher l'héritage de son père. Il avait reçu huit cent dix-neuf couronnes et quatre-vingt-dix-huit hellers, liquidation de l'héritage issu d'Aloïs Hitler, prononcée par le tribunal d'arrondissement de Linz le 16 mai 1913. Sans prévenir ses compagnons de foyer afin de s'épargner les frais d'une fête, il disparut, investit une partie de l'argent dans un billet pour Munich et le reste dans la location d'une chambre en compagnie d'un représentant de commerce rencontré dans le train. Muni de son argent, n'attendant plus rien des notaires, il n'avait pas laissé d'adresse derrière lui, espérant échapper ainsi à ses obligations militaires en Autriche. Par le biais des fiches de police, l'administration autrichienne l'avait retrouvé en Allemagne. Il avait plaidé son cas en prétextant qu'il était un artiste rêveur et trop obsédé par sa mission pour remplir les papiers en temps et en heure. Ensuite il avait jeûné pendant quinze jours avant de se rendre, chancelant, à la garnison de Salzbourg où on l'avait réformé, en février 1914, pour faible constitution physique.

A Munich, il avait racheté des cartes postales et repris ses copies. Très vite, en parcourant les restaurants et les magasins, il avait trouvé des acquéreurs. La galerie Stuffle, sur la place Maximilian, avait même décidé de vendre quelques toiles, surtout à cause des sujets – l'hôtel de ville, le Théâtre national, les vieilles cours et les marchés – et du prix modique qu'en demandait Hitler. Ne songeant même plus à progresser, il pratiquait sa peinture sans aucune passion, en petit boutiquier qui gagne sa vie. Il comptait plus qu'il n'imaginait : entre cinq à vingt marks le tableau, s'il en plaçait ne serait-ce que douze, cela lui faisait quatre-vingts marks par mois, dont il fallait enlever six marks de loyer, trente marks de nourriture car un mark lui suffisait pour deux repas par jour, cinq marks de matériel, il lui restait encore de quoi se tenir propre, se payer des journées à lire la presse dans les cafés et deux ou trois soirées debout à l'opéra. Lorsqu'il avait besoin d'une rasade de rêve, il se disait qu'il avait le choix, pour son avenir, entre l'architecture et la politique. A qui lui aurait demandé, il n'aurait avoué que l'architecture, pas la politique, car il se savait trop maladroit pour parler en public. Mais personne ne le lui demandait...

La lente arrivée de la guerre l'a modifié. Intoxiqué de presse, parlant peu, lisant beaucoup, il s'est installé dans un monde qui n'existe pas, ou seulement dans les salles de rédaction, un monde composé de quelques traits simples, politiques pour la plupart, où Guillaume II tutoie François-Joseph, où Louis III de Bavière joue le rôle du riche cousin de province, où le Français est impérialiste, l'Anglais arrogant, le Serbe assoiffé de sang, un monde aux contours clairs et aux couleurs primaires dont le schématisme se veut le sens de l'essentiel, dont le simplisme flatte l'intelligence ignorante du lecteur, dont la répétition passe pour la vérité, dont le dynamisme est propagande. Puisque toute la presse souhaitait la guerre, qu'elle fût offensive ou défensive, Hitler avait, un jour, au-dessus d'un café au lait, décidé lui aussi que la guerre était nécessaire. Il l'avait voulue. Puis désirée. Puis attendue car les gouvernements tardaient. Du coup, lui qui avait échappé à ses obligations militaires, il avait explosé de joie – un mélange d'exacerbation et de fierté d'avoir eu raison avant eux – lorsque François-Joseph d'Autriche, puis le Kaiser Guillaume et enfin Louis III de Bavière avaient lancé leurs hommes dans le combat. Il ne lui fallait pas moins que la guerre pour sortir de sa solitude rageuse, se sentir en sympathie avec d'autres hommes. Et, surtout, il ne lui fallait pas moins que la guerre pour alimenter son idéalisme.

– Le patron vous offre la tournée, les gars.

Les jeunes gens firent un ban d'honneur au patron en le remerciant pour sa générosité, trop ivres pour percevoir que l'aubergiste offrait sa bière surtout par mauvaise conscience, celle de l'homme qui resterait à l'arrière.

On se quitta en s'embrassant. On se promit de se retrouver au front. On se jura de manger ensemble de la cervelle de Français. On se répéta encore une fois les noms pour ne pas les oublier. L'alcool agrandissait tout, les voix, les émotions, les embrassades, mais faisait aussi tout rouler dans le caniveau de l'oubli.

Le lendemain, Hitler avait mal au crâne, un souvenir confus de la veille et l'envie irrépressible de retourner dans ce monde vivant, chaleureux, où les hommes communiaient avec enthousiasme.

Il se précipita dans une caserne avec son livret militaire et, profitant de la confusion générale, il tenta sa chance. Le sergent recruteur, dépassé par la foule et cuvant lui-même une cuite noire, ne prit pas la peine de bien regarder ses papiers et Hitler se garda bien de lui préciser qu'il était autrichien. Le cœur battant à tout rompre, Hitler ressortit, ébloui, dans la cour ensoleillée : il était parvenu à se faire inscrire dans l'armée allemande.

Il renaissait. Il s'était fait rebaptiser. Voilà, il était désormais soldat et allemand. Il avait gagné de l'être.

Les jours suivants, il fut intégré à une caserne pour suivre une formation accélérée. Il marchait au pas. Il nettoyait les douches. Il tirait au fusil. Il grimpait. Il rampait. Levé à six heures, couché à neuf, il faisait le don total de son corps, de son temps et de son énergie. Le soir, il avait droit à double ration : rôti de porc et salade de pommes de terre. Il n'avait jamais si bien mangé. Pour l'instant, il tirait sur des cibles ; bientôt il aurait le droit de tirer sur des hommes.

– Merci au ciel de m'avoir permis de vivre une telle époque ! murmurait-il chaque soir en se hissant, fourbu, sur sa paillasse.

\*

Par un soir d'automne, le train débarquait à Bazancourt, petite ville de la Champagne, une troupe de soldats frais.

L'invraisemblable prenait forme, là, sur le quai : Adolf H. était au front. Ces dernières semaines, à la caserne, pendant qu'on essayait de le transformer en soldat, pendant qu'on tentait de lui ôter toute personnalité et toute initiative, il avait cru se trouver piégé dans un de ses songes.

La petite gare joyeuse semblait un décor d'opérette. Le dernier, il mit le pied sur les planches des passerelles.

Ses camarades s'étaient figés. Ils tendaient l'oreille. On percevait déjà, aussi bas que l'horizon, le grondement lointain, sourd, du front. Un roulement mat. On aurait cru que la campagne soufflait une haleine lourde.

– Rassemblement ! En colonne par quatre !

Adolf fut presque soulagé par la cascade d'ordres. Cela couvrait l'inquiétante rumeur. Leurs lourds souliers à clous sonnèrent sur la route. Eux aussi dominaient le bruit. Comment avaient-ils pu s'alarmer d'un ronflement si faible et si peu réel que d'autres sons plus anodins suffisaient à étouffer ? Ils ne devaient pas se laisser emporter par l'imagination, c'était elle qui sécrétait la peur.

Le ciel prit une couleur de prune. La troupe devait encore traverser plusieurs villages. Elle passait devant des paysans français qui, sur le pas de leur porte, les regardaient avec une curiosité anxieuse. Des bandes de poules caquetaient, indifférentes. La terre devenait noire. Les reliefs s'éteignaient. Avant que l'obscurité ne fût totale, la troupe s'arrêta dans une grange.

En se délestant de ses sacs et de ses armes, Adolf aspira goulûment la touffeur du foin. A se trouver ainsi au milieu de cette grande fermentation chaude, il retrouvait des sensations d'enfance, liées au jeune âge de l'insouciance. Des soldats évoquèrent des souvenirs plus gaillards. On rit, on mangea, on but.

Mais dès qu'on leur donna l'ordre de se reposer, toute la détente due à la bière et à la potée au lard s'évanouit. Ils entendaient la canonnade. Le grondement grave et continu se précisait, il se diffractait en coups séparés, en déferlante

174

nourrie, en batteries énervées, en silences suivis d'explosions de violence. La symphonie métallique du front délivrait ses odieuses nuances, sa dynamique de mort. Ils peinèrent à trouver le sommeil.

Le lendemain, un soleil radieux les réveilla. Des alouettes s'élevaient dans le ciel calme. On n'entendait rien d'autre que la nature à l'aube. Adolf se demanda si, la veille, il n'avait pas encore cédé aux caprices de son imagination.

Ils reprirent la route. Dans deux heures, ils devaient arriver à leurs tranchées. La Champagne était belle, odorante. Adolf retrouvait le plaisir des promenades avec sa mère.

Puis la nature commença à devenir inquiétante. Des trous, des abris écroulés, des arbres fendus. Les champs étaient scalpés : plus d'herbe, la terre rouge à vif. Un réseau incohérent de tranchées abandonnées déchirait les espaces. Le crépitement sec de fusillades sortait de taillis lointains. La nature semblait malade.

A grande vitesse foncèrent vers eux, venant du front, deux vieilles camionnettes dont le moteur toussait. Lorsqu'elles passèrent près de lui, Adolf eut l'impression que des cris étouffés sortaient des bâches. Puis arrivèrent les blessés, à pied, par un, par deux, puis par brochettes, toujours plus nombreux, tanguant, claudiquant, qui sur un bâton, qui sur deux, qui soutenu par les autres. Traînant une cheville raide, tirant une jambe inerte, désarmés, les vêtements ouverts, les cheveux collés par la peur, ils regardaient les nouveaux arrivants. Ils fixaient ces corps frais, intacts, valides. Ils s'étonnaient. Est-ce possible de marcher si aisément ? semblaient demander les paupières cernées. Adolf détourna la tête.

Venaient maintenant les blessés atteints au visage. Ils avaient le front barré de pansements ou la mâchoire soutenue de gazes brunies par le sang coagulé. La fièvre commençante faisait saillir leurs yeux. Ils dévisageaient d'un air crâne les nouveaux. Ils semblaient dire : « Ose me regarder ! Ose me dire que je suis blessé. » La souffrance creusait leur visage d'hommes, mais leur tête, rendue énorme par les bandages, leur donnait aussi l'aspect de monstrueux bébés.

Les civières à leur tour remontaient le chemin, portées par de grands gaillards sains dont la prestesse commençait à sembler une scandaleuse exception. Certains gisants grelottaient sous un tas boueux de vêtements ; d'autres tenaient sur leur ventre des tampons d'ouate d'où le sang et les viscères continuaient à déborder ; d'autres crispaient leurs mains sur les montants de bois, comme si ce qu'ils craignaient, après les balles, c'était d'être versés sur le chemin pierreux ; d'autres stagnaient dans un calme effrayant, laissant la vie s'échapper par une blessure. Tous levaient les yeux vers les nouveaux venus. Quoi, encore intacts ? semblaient-ils dire. Et pour combien de temps ?

Enfin, le bataillon approcha du camp et découvrit les blessés neufs, ceux qui n'étaient pas encore parés du costume du blessé, sans bandages, sans turbans, sans pansements ni odeur d'iode. Un sergent à l'épaule grasse et blanche creusée par un éclat d'obus. Un soldat fendu au ventre qui tenait encore ses intestins dans ses mains. Un adolescent sans nez, trou béant au milieu du visage où bouillonnait le sang, où l'air faisait des bulles.

Médecins, infirmiers et brancardiers couraient de l'un à l'autre. Les cris ajoutaient leur désordre. Certaines plaintes étaient insoutenables.

La troupe de réservistes avait rejoint son régiment. Adolf aperçut tout de suite Neumann et Bernstein. Ils se jetèrent dans les bras les uns des autres.

– Oh, les gars, je suis si heureux. J'avais tellement peur que vous soyez... blessés...

Il avait failli dire « morts », il s'était retenu juste à temps. Mais Neumann et Bernstein, tout à leur joie, n'avaient même pas relevé.

176

— Bienvenue en enfer ! s'écria Bernstein.

Et ils riaient.

— Bienvenue aux candidats à la blessure, à l'infirmité, à la mort, dit Neumann. Comme tu le vois, les lauréats précédents repartent.

Et ils riaient.

— Il n'y a que deux manières de rester. Survivre ou crever.

— Fais ton choix.

Et ils riaient...

Adolf n'osait pas leur dire qu'il les trouvait bizarres, différents. Oh, ce n'était pas seulement l'uniforme crotté de boue, ni leurs barbes de prophètes, c'était ce teint jaune, un peu cireux, c'étaient les cernes violets, c'était...

— La dysenterie, dit Neumann en plissant les yeux.

— Pardon ?

— Ce que tu vois, ce sont les effets de la dysenterie. Nous avons l'estomac brûlé. Je passe une heure accroupi tous les jours. Je ne sais même plus pourquoi je remonte mon froc.

Adolf fut choqué. Jamais Neumann n'avait dit « froc » auparavant ; jamais il n'avait mentionné qu'il possédât des intestins ; jamais il ne se serait évoqué en train de...

— Tu t'habitueras, conclut Neumann, qui, décidément, lisait dans les pensées.

Le capitaine ordonna le rassemblement. Il passa devant ses hommes, leur expliqua les heures à venir, leur promit le baptême du feu pour la nuit prochaine.

— Et maintenant, qui est artiste dans ces rangs ? Qui est musicien ou peintre ?

Adolf, ravi à l'idée qu'on allait peut-être lui donner une fonction digne de lui, fit un pas hors de sa colonne.

— N'y va pas, souffla Bernstein.

Le capitaine s'approcha et sourit à Adolf.

– Corvée de patates ! On a besoin de mains expertes à la cuisine !

Il repartit. Neumann et Bernstein riaient devant le regard piteux d'Adolf.

Après la sieste, Adolf retrouva ses amis qui voulaient lui expliquer comment se protéger au combat.

– La guerre tu peux peut-être la faire si tu es myope ; mais pas si tu es sourd. C'est par l'oreille que tu détecteras les dangers. Comme tous les nouveaux, tu vas te crisper sur les sons les plus volumineux, ceux des grandes caisses à charbon. Tu auras tort. C'est de l'orgue. C'est du cérémonial. C'est de la pompe. Ça fait de l'effet mais ça tombe toujours trop loin. Ton oreille doit surveiller les sifflements, tout ce qui miaule, qui chuinte ou qui gazouille ; ce sont les fusants, pas les percutants que tu peux éviter, toutes les billes qui bondissent hors du shrapnell, la grenaille d'après l'explosion, les éclats qui fendent l'air avant de te fendre la carotide. Donc, tu m'entends Adolf : ni les orgues ni les timbales, mais la harpe et le piccolo... Est-ce clair ?

Neumann attendait une réponse. Adolf, sonné, branla du chef.

– De toute façon, tu resteras avec nous, dit Bernstein.

Adolf guetta le crépuscule. Sa vie des dernières semaines convergeait vers cette nuit. Bien qu'au fond de lui il la refusât toujours, il l'attendait avec impatience. Peut-être serait-ce sa dernière nuit sur la terre ? Il avait besoin de sens et cette nuit donnait un sens à l'abandon de son art, à sa mobilisation, ses mois de dressage, son voyage en train, ses retrouvailles avec Bernstein et Neumann. Il entrait dans un espace sacré.

Enfin le ciel s'éteignit, les couleurs se noircirent.

Les ténèbres gagnaient.

Un sifflement. Une fusée s'alluma dans le ciel et répandit

sa lumière spectrale. Temps arrêté. La terre semblait du mercure. Rien ne bougeait, comme si le paysage était aux aguets.

L'obscurité revint encore plus drue.

Soudain, le feu commence. De tous côtés, les canons ronflent, les mitraillettes crépitent. Fusées blanches. Fusées rouges. Fusées vertes. Adolf ne distingue plus les pétarades des pièces allemandes des explosions fracassantes venant des obus ennemis.

– Baisse la tête, crie Neumann.

Au-dessus de lui des essaims de balles et divers projectiles passent dans tous les sens, frelons en quête de victimes, incohérents, sifflants, chuintants, perfides.

Un soldat à côté de lui pousse un cri. Un éclat vient de lui rompre le cou. Le sang jaillit de l'artère, vif, fluide, comme impatient. L'homme s'écroule. Est-il mort ?

– Par ici.

D'où vient l'ordre ? Adolf suit Bernstein. Après quoi courent-ils ? Où vont-ils ? Ils marchent sur quelque chose de mou. C'est un ventre. Celui d'un tireur effondré. Il ne sent plus rien. Ils continuent.

Giclement de terre devant lui. Une grêle de mottes. Un obus s'est planté non loin. Il n'a pas explosé.

– Continuez !

Où vont-ils ? Là où c'est plus sain ? Là où c'est plus horrible ?

Au-dessus de la tranchée roule un feu continu, l'air crépite de nuées d'acier. Adolf ne comprend pas. Elles viennent de toutes les directions, est, ouest, nord, sud. Est-ce que tous le monde se tire dessus ? Y a-t-il quelqu'un qui dirige tout cela ? Y a-t-il un plan ? Ou le jeu consiste-t-il à faire le plus de morts ?

Ça ronfle. Ça vrombit. Ça crève.

– Position de tir !

Adolf se colle à la paroi. Il faut tirer. Sur quoi ? Il ne voit rien. Devant lui ? Là ? Il tire.

Un mitrailleur vient de reprendre son poste non loin de lui. S'installant confortablement derrière son engin de mort, comme un banquier à son bureau, il canarde avec assurance.

Adolf est soulagé de constater qu'il tire bien du même côté que lui.

– Par ici !

Encore un ordre. D'où viennent-ils ? On prend un autre boyau. Où va-t-on ? Adolf suit Bernstein. On tourne. On tourne encore. Droite. Gauche. Droite. Droite. Il ne sait plus s'il est désormais proche ou loin de l'ennemi.

Le vacarme est moins assourdissant ici. Ou est-ce qu'on s'habitue ?

– Ecoute bien, lui dit Bernstein à l'oreille.

Adolf commence à démêler les bruits. Il perçoit d'abord les rugissements du canon, puis le gémissement de l'obus en vol. Chute. Trois secondes après l'écrasement de l'obus se produit une énorme explosion. Il a l'impression qu'une bande épaisse d'oiseaux fonce sur lui, une horde sifflante et gazouillante. Des centaines d'éclats pleuvent sur le sol.

Il sourit à Bernstein pour le remercier. *Formidable. Maintenant je pourrai prévoir ma mort trois secondes à l'avance.* Leurs faces sont verdâtres sous l'éclairage livide des fusées.

Le feu repart avec violence. La terre tremble. C'est l'apocalypse. Des hurlements jaillissent des tranchées. Les soldats tombent. Les madriers croulent. Les sacs explosent. Adolf ferme les yeux. Comment se protéger lorsqu'on est dans le cratère d'un volcan en éruption ?

– Par ici.

Quoi ? Encore un ordre ? Y a-t-il quelqu'un qui prétend comprendre quelque chose à ce qui se passe ?

Il y a deux cadavres à l'entrée de la sape. Il faut les enjamber. Deux cadavres. Presque étonnant qu'il n'y en ait pas plus.

Les obus se font plus lourds ici. Le sol a un tremblement plus ample, plus appuyé.

– Par ici !

Dédale. Course. D'autres cadavres à enjamber. Ils sont couverts de terre, pris dans un chaos de planches et de sacs. On continue.

Dans ces boyaux, moins d'explosions, mais les salves sèches des mitrailleuses, les pétarades des fusils. Cela paraît un soulagement après l'ouragan. Serait-on retourné à l'arrière ?

C'est le contraire. Leur groupe vient d'arriver tout près de l'ennemi.

– On va attaquer.

On parle d'envoyer quelques hommes avec des grenades qui passeraient en rampant sur le côté, les autres faisant feu frontalement.

Pendant le conciliabule, un soldat pousse un cri. Une petite boule noire crachant un jet fusant d'étincelles arrive sur son ventre. La grenade explose. Il s'effondre : ses intestins ont giclé sur les autres.

Adolf voit surgir un visage au-dessus de lui, visage énorme, vert sous la lune voilée, les yeux ronds, écarquillés d'angoisse et de cruauté. Adolf hurle et tire. L'homme s'affale, étonné. Son bras pend dans la tranchée.

Bernstein et les autres bondissent et canardent le commando qui arrivait sur eux.

Adolf, terrifié, regarde son mort, son premier mort. Il se souvient de son regard : il avait l'air d'avoir aussi peur que lui. Adolf se met à frissonner convulsivement. Les frissons le parcourent comme autant de balles rebondissant sur lui.

– Ne réfléchis pas. Viens. Et tire.

C'est Bernstein qui l'a saisi et l'empêche d'entrer en transe. Adolf s'adosse à la terre et tire, plein de rage. Il est sauvé. Il n'a plus peur. Il a la furie.

— Ils sont cuits. Par ici maintenant.

Toujours des ordres. D'où viennent-ils ?

Adolf s'accroche à Bernstein. Il ne réfléchit plus. Il veut tuer pour ne pas être tué. Il veut être le plus violent possible. Oui. Le maximum de violence. Sinon, c'est la mort.

— Vous, par là.

Ils sont six, dont Bernstein et Adolf. Ils doivent ramper sur cette zone et lancer des grenades sur le mitrailleur ennemi. Ils doivent faire vivement, se tenir au sol pour éviter la mitraille, cesser de bouger dès qu'une fusée éclairera le champ.

Ils se hissent hors du trou. Les Français, ne semblant pas les remarquer, ne réagissent pas.

Ils rampent.

Ils avancent avec sûreté.

Soudain un gémissement, un choc.

— Un obus ! murmure Bernstein.

Mais l'obus se fige dans la terre sans exploser. Les hommes attendent quatre secondes, dix secondes, vingt secondes, puis, soulagés, se mettent à ramper.

Un autre obus arrive. Adolf l'entend distinctement. Il vient de derrière eux. C'est un obus allemand. Quelle idiotie : il va mourir sous un obus allemand !

Une fournaise rouge. Les sifflements. Adolf se colle au sol. Il serre la terre comme une mère. Il l'embrasse pour qu'elle le protège.

Des hommes crient. Ils sont touchés.

Adolf n'ose y croire. Il n'a mal nulle part.

— Bernstein ?

— Ça va. Et toi ?

— Ça va.

Mais, alerté par les cris, le feu d'artillerie français reprend. Ils tirent dans la mauvaise direction. Ils n'ont pas encore décelé le commando.

– Suis-moi.

Bernstein s'est levé et s'est mis à courir. Adolf le suit. Ils courent à perdre haleine.

Un obus éclate. Puis deux autres.

Un bombardement se déclenche. Des fusées éclairantes montent de partout et grésillent sous leurs parachutes de soie. Les mitrailleuses crépitent. Les balles virent vers eux. Ils ont été repérés.

– Plonge.

Bernstein a sauté dans un grand trou d'obus. Adolf s'y laisse tomber.

Cela se déchaîne au-dessus d'eux. Contre leurs corps, la paroi tremble comme s'ils étaient à l'intérieur d'une mine qui s'écroule.

Adolf entend un cri au bord du trou. Un homme dégringole sur lui. Adolf le reçoit sur le dos. Le corps est lourd, trop lourd, et, dans l'étroitesse de l'entonnoir, il n'a pas la place de bouger.

Adolf ne peut plus réfléchir. Il a trop peur. Ce mastodonte qui agonise contre lui achève de lui détruire les nerfs. L'homme tressaille puis se colle à lui comme une grosse ventouse, inerte, encore plus lourd. Il doit être mort. Qui est-ce ?

Adolf a un cri de désespoir. Ça pue. Ses fesses le brûlent. Son pantalon est trempé. Il vient de faire une diarrhée sous lui. Cela lui paraît plus grave que tout ce qui a précédé. Il gémit comme un enfant.

– Bernstein, je me suis fait dessus.

Bernstein sourit avec tendresse.

– C'est le baptême du feu. On est tous passés par là.

Adolf se tait.

Que ça finisse tout de suite ! A quoi sert que dure cette nuit ? *De toute façon, nous sommes condamnés. Aujourd'hui, demain, dans dix jours ou dix secondes, nous crèverons salement. Pourquoi attendre ? S'il y a une prière à faire, c'est celle-là. La mort, vite.*

Qui prier ? Dieu... Adolf n'y a jamais cru, et ce n'est pas dans cette tuerie qu'il va changer d'avis. Bernstein ? Oui, s'il devait prier quelqu'un, ce serait Bernstein. Mais Bernstein n'est qu'un pauvre bonhomme comme lui, un peu de chair nue et frémissante sous un orage d'acier. Comment échapper à ce cataclysme avec une misérable peau d'homme ?

Adolf bout d'angoisse et de colère. Angoisse que ça n'aille pas assez vite, que lui et Bernstein mettent trop longtemps à mourir. Colère contre les deux camps, les Français qui les mitraillent et les Allemands qui les bombardent. Personne ne dirige cette guerre. Tout le monde la subit. On ne voit pas sur qui on tire. Les ennemis comme les camarades n'ont le temps d'avoir un visage qu'une fois morts. Cela dépasse toute mesure humaine. L'homme y met la force de son industrie, tous les produits de la métallurgie, mais, tel l'apprenti sorcier, il ne contrôle plus rien de ce qu'il a déclenché. Maintenant l'acier et le feu, comme par vengeance, semblent sortir d'eux-mêmes des entrailles de la terre.

A la lèvre de l'entonnoir, les balles font sauter des éclaboussures de terre. Pourvu qu'on ne leur lance pas de grenades.

Adolf se surprend à vouloir vivre de nouveau. Il regarde Bernstein qui le regarde aussi. Ils éprouvent la même émotion. Ils attendent l'heure de s'enfuir hors de ce trou. Leurs sentiments sont forts mais ils ne sont pas à eux. C'est l'instinct de vie qui passe en l'animal. C'est l'instinct de vie qui transforme tout en combat sans fin.

Le bombardement s'éloigne puis s'atténue.

Adolf, toujours accablé par le cadavre qui bloque son dos, sent un apaisement, la détente qui suit l'orage. Il est vidé par la tension nerveuse. Il se sent presque en forme.

Un trait clair se dessine à l'horizon.

– Vite, le jour va se lever. Sortons.

Bernstein se coule hors du trou. Adolf doit d'abord se défaire de son fardeau. Quand le colosse chute sous lui, il hésite un instant à regarder son visage puis se force à le reconnaître : ce mort est l'un des six membres du commando. Ses yeux jaunes, à demi ouverts, semblent d'ambre. Un point rouge marque le front. Le sang a coagulé sur les moustaches. Il l'abandonne à la flaque et suit Bernstein.

Adolf a le sentiment idiot de retourner à la maison, en sécurité. Pourtant la ligne creuse regorge de corps suppliciés. Certains tireurs sont vivants, d'autres morts ; ils se tiennent dans la même position, debout, contre la paroi, face à l'ennemi ; seule l'immobilité totale, rigide, permet de distinguer les morts des vivants.

L'aube apporte sa lueur grise. Des alouettes s'élancent, insouciantes, insupportables, dans un frétillement qui rappelle désormais à Adolf les projectiles de la nuit.

Il regarde le champ qui les sépare de l'ennemi. Trous. Ferraille. Eclats. Cadavres. Membres répandus. Et, au milieu, quelques blessés, qui, dans différentes langues, gémissent et appellent au secours.

Bernstein s'approche de lui et lui malaxe virilement l'épaule. Adolf sourit. Il met toute sa reconnaissance dans son sourire car il ne trouve pas les mots. Grave, Bernstein comprend et lui envoie une bourrade. Ils ont les larmes aux yeux.

Bernstein, pour ne pas céder à l'émotion, tourne ses yeux vers le charnier d'où montent les plaintes et explique :

– On va les laisser crever.

– Franchement, Bernstein, tu ne crois pas qu'il vaut mieux quitter cette guerre mort que vivant ?

Bernstein s'alluma une cigarette. Il ne fumait pas à Vienne.

– Le problème de l'homme, c'est qu'il s'habitue à tout.

– Tu crois ?

– On appelle même ça l'intelligence.

Il avala la fumée et grimaça. Visiblement, il détestait le tabac. Il s'accrocha à son idée.

– Nous venons de passer une nuit intelligente, dans un environnement intelligent, en profitant des derniers produits de l'intelligence technique et industrielle. Quelle orgie d'intelligence !

Un blessé lançait un cri déchirant, qui semblait plus appartenir à un enfant qu'à un homme. Bernstein jeta sa cigarette au loin.

– Ah, voici mon petit chéri.

Un gros chat tigré à l'oreille arrachée venait d'apparaître, cambré, ronronnant, sur la poutre extérieure de la tranchée. Il se trémoussait sous les compliments de Bernstein.

Il finit par descendre et se frotter contre ses bottes. Adolf remarqua qu'il n'avait plus qu'une demi-queue. Bernstein descendit à son niveau et lui caressa le plat triangulaire du crâne. Le chat semblait prêt à exploser de volupté.

– Ce matou-là passe d'un camp à l'autre. Il a des amis des deux côtés. Je sais que je ne suis pas le seul homme de sa vie et, crois-moi si tu veux, je le supporte très bien.

Bernstein souriait à Adolf en disant cela.

Pour la première fois, Adolf avait enfin le sentiment de retrouver le Bernstein qu'il connaissait à Vienne. Il s'agenouilla et cajola aussi le chat éclopé qui l'adopta immédiatement.

– Ce matou-là ne fait pas de différences entre les câlins français et les câlins allemands, murmura Bernstein. Il n'a rien compris à la guerre.

– C'est-à-dire qu'il a tout compris.

Les deux amis se sourirent enfin, comme autrefois, complices, au-dessus du félin en pâmoison.

*

Hitler éprouvait pour la première fois les bienfaits de la haine. Maintenant que l'ennemi était désigné, il respirait plus largement. Les Slaves ? Des brutes assoiffées de sang. Les Anglais ? Des serpents froids et cruels. Les Français ? Des impérialistes avides et arrogants. Voilà les seules nuances qu'apportait son exécration. Ce qui était bien ? L'Allemagne et rien que l'Allemagne. Ce qui était mauvais ? Tout le reste. Il avait enfin trouvé une conception du monde. Il ne perdait plus de temps à réfléchir. Qu'un camarade lui vantât un vin de France ? Il lui répliquait que rien ne surpassait les vignes du Rhin. Qu'un autre insistât en évoquant un délicieux fromage français ? Il le traitait de traître. Qu'on lui parlât du courage de l'ennemi ? Il rétorquait qu'il ne fallait pas confondre courage et barbarie. Les réponses lui venaient aisément ; lui qui avait toujours été lourd et lent dans la conversation, il devenait une fontaine à phrases, à opinions, à slogans. Généreux. Inépuisable. Il avait compris qu'en face de toute question posée, il faut être partial. Le bonheur était à ce prix. La tranquillité aussi. Hitler venait de se défaire du doute, de la nuance, de toutes ces exigences que ses vieux professeurs avaient sottement associées à l'intelligence critique et qui ne lui apparaissaient désormais que comme des symptômes de dégénérescence. Ces intellectuels étaient des cerveaux desséchés, vides de sensations, déconnectés du cœur. Des malades. Des vieillards. Des mourants. Des faibles. Oui, Nietzsche avait raison. Des faibles qui essayaient d'entraîner les forts et les sains dans leur faiblesse en faisant passer leur mode de pensée débile pour l'esprit de vérité. La vérité ? Quel besoin avait-on de la vérité ? Pourquoi pourchasser une vérité qui se montrerait favorable à l'ennemi ? Rien à faire. Nous ne devons poursuivre que la vérité qui nous est favorable. A nous. L'Allemagne au-dessus de tout. De tout.

Après quelques semaines de formation, Hitler et les autres « enragés volontaires » avaient quitté Munich et suivi le Rhin pour s'acheminer vers l'ouest. En présence du fleuve, Hitler éprouva une émotion quasi religieuse. Le Rhin avançait, large et majestueux, dans sa belle eau verte, des bois se levaient comme des grands rideaux sombres sur des villages paisibles, inondés de soleil, enguirlandés de fleurs, d'où jaillissaient un clocher, un chant de cloche, un vieil air de piano. C'était l'Allemagne, son sang émeraude, son Graal. Il allait se battre pour défendre cela. Sa poitrine devenait trop étroite pour contenir son enthousiasme. *Pourvu que l'Allemagne ne gagne pas trop vite.* Lorsqu'il arrachait la presse aux crieurs de journaux et qu'il lisait, en gros titres, l'annonce des victoires ou la glorification des héros, l'amertume ajoutait sa goutte d'aigreur à sa joie sincère. Chaque nouveau triomphe l'inquiétait. Arriverait-il trop tard au front ?

Le train les déposa en Flandre par une nuit froide et humide. Lorsque la troupe marchait pour rejoindre le baraquement près d'Ypres, une explosion retentit, un obus passa au-dessus d'eux et explosa à l'arrière de leur colonne. Eclairs... Eclats. Dix hommes moururent sur-le-champ. La fumée et la poudre ne s'étaient pas encore dissipées qu'Hitler hurlait déjà :

– Hourra !

Deux cents gosiers répétèrent immédiatement :

– Hourra !

Hitler exultait : ouf, il n'était pas trop tard.

Ils arrivèrent à la frontière où crépitaient les balles, bourdonnaient les canons, s'époumonaient les officiers, vagissaient les blessés, agonisaient les corps tombés hors des tranchées, et là, dans une cagna de fortune aux planches mal jointes, bercé par le bruit de la guerre, Hitler dormit enfin du sommeil du Juste arrivé à temps.

Le lendemain, il se leva et bondit admirer la vie du camp.

Sortant de kilomètres de tranchées, de boyaux et de sapes, les brancardiers, la nuque rouge et suante, apportaient en hâte les soldats tombés cette nuit-là et triaient les morts et les blessés.

Médecins et infirmiers ne perdaient pas une seconde. Derrière eux : on piquait, on amputait, on évacuait. Déjà des bâches de tente recouvraient les morts d'un linceul ; un secrétaire inscrivait les noms des disparus, un autre allait écrire aux familles ; un sergent redistribuait leurs bottes, leurs armes et leurs ceinturons, tout ce qui n'avait pas été endommagé. Arrivaient alors les officiers du génie, l'ingénieur des fortifications, l'ingénieur des eaux ; professionnels, ils ne considéraient le champ de bataille qu'en fonction de leur seule spécialité ; ils donnaient leurs ordres aux groupes de travailleurs ; il fallait creuser, recreuser, édifier des abris, en réédifier d'autres, fondre des appuis de béton, en refondre de nouveaux, menuiser, étayer, relever, niveler, ravaler, terrasser, excaver, forer de nouveaux puits, fouir de nouveaux écoulements pour les eaux, réparer les anciens, fermer des feuillées, en ouvrir d'autres. Les détachements de travailleurs, des vieux plutôt branlants, envahissaient les galeries comme des fourmis afin de tout nettoyer. Les chefs d'artillerie vérifiaient que les mitrailleuses n'étaient pas enrayées. L'officier de protection contre les gaz déclenchait une fausse alerte pour vérifier que tout le monde était pourvu d'un masque et engueuler ceux qui mettaient plus de quinze secondes à le mettre. Le courrier arrivait. Les cuisiniers livraient une bassine de pain trempé dans le lait chaud. Tout cela était admirable, une merveille d'organisation. Hitler était conquis par cette intelligence, cette mobilisation de toutes les compétences, cette société parfaite, cette société totale.

Il avait été nommé estafette du 1er bataillon du 2e régiment d'infanterie. Il était chargé de communiquer les ordres de l'état-major aux soldats. Il obéissait à l'adjudant Hugo Gutmann, un bel homme brun aux moustaches lustrées, au torse avantageux – larges épaules et taille étroite –, à l'œil clair, au verbe haut, le sous-officier idéal, un sous-officier comme on en voit sur les gravures, et qu'Hitler idolâtrait déjà.

– Dites aux hommes que le baptême du feu aura lieu dans quatre jours.

Quatre jours, ça allait être une attente insupportable.

Hitler occupa son temps à parler avec des soldats au front depuis plusieurs semaines. Il s'attendait à recueillir des récits héroïques, il rencontrait surtout des hommes simples, rouspéteurs, occupés par les détails de la vie quotidienne – l'heure de la soupe, la qualité de la soupe – ; il fut d'abord déçu. Puis il constata que ces hommes n'aimaient pas parler des nuits de combat. *Normal ! Ils ne se dupent pas de paroles comme les gens de l'arrière. Ils sont dans l'action, eux !* En les observant mieux, il constata qu'ils changeaient en effet lorsque la nuit tombait : de maussades, ils devenaient vifs, la fatigue les lâchait, une électricité nouvelle tendait leurs muscles, leurs yeux s'allumaient. Hitler devenait d'autant plus jaloux et impatient.

Enfin, le crépuscule se fit sur le quatrième jour.

On annonça une attaque. Il ne s'agirait pas de s'embusquer dans une tranchée, mais de sortir. D'avancer dans la plaine. De surprendre l'ennemi par le côté. De gagner du terrain. La nuit serait décisive.

Hitler se jeta dans la mêlée.

Il n'était pas en première ligne – les estafettes ne le sont jamais –, mais il colportait les ordres essentiels, la bataille ne se ferait pas sans lui.

Le feu roulant commence. Il pleut des obus dans les ténèbres. On entend à peine le gazouillement des fusées éclairantes qui envoient de temps en temps leur lumière.

Les hommes quittent le boyau pour entrer dans les bois. Les Français ne sont pas loin. On entend des salves.

Hitler transmet les ordres. Il faut longer le bois.

Il court. Il crie. Il court. Il jure.

Des coups partent. Des balles se figent dans les écorces. Des camarades gémissent et tombent.

Il court.

Il se sent grand. Il est immense.

Il court.

Il est devenu un guerrier. Il charge. Il ne craint rien. Il n'a pas peur de la mort, il va la donner. Il est le guerrier absolu.

Il court. Il plonge. Il rampe. Il se relève. Il court.

Il n'est plus lui, il n'est plus que réflexes ; son corps est plus intelligent que lui ; son corps sait tout ; son corps sent tout. Il est un. Un enfin. Un élan. Rien qu'un élan. Tout un élan. Un élan qui le meut et le dépasse. La puissance monte au maximum en lui. Incandescente.

Il court.

La vie est intense. Plus intense qu'elle ne fut jamais. Avant, il n'a connu qu'un insipide néant. Maintenant il existe. Il surexiste.

Il court. Il tombe. Il jure. Il rit. Il court.

Tout son sang s'est mobilisé. Tous ses nerfs sont à l'affût. Une énergie concentre en lui des ressources inconnues. Il n'a jamais vu si bien, ni entendu si finement. Jamais ses sens n'ont eu cette acuité. Il est un géant.

La bête s'est réveillée en lui. Elle est belle, la bête. Rapide. Inépuisable. Instinctive. Millénaire. Elle est forte, la bête. Elle se jette au sol, esquive une balle, tire, se redresse. Un flair énorme, la bête. Elle évite toujours la mort. Elle la donne d'un coup sûr. Et souple. Et vive.

Oui, en lui, l'homme meurt. La bête le remplace.

Il court. Il tire. Il court.

C'est le feu. C'est la charge. C'est l'extase de la charge. *Je suis heureux. Je n'ai jamais été aussi heureux. J'existe enfin. Merci, mon Dieu, de m'avoir fait connaître la guerre.*

\*

Désormais, Adolf H. exécrait les oiseaux. C'était un des effets du front. Depuis quelques semaines, son oreille tressaillait à chaque bruit, scrutait dans le moindre déchirement du silence la présence d'un grand péril ; son corps se tendait au gazouillement de canari que faisaient les fusées éclairantes annonciatrices du combat ; son corps plongeait au chantonnement frais et léger d'une balle qui s'égare, s'aplatissait aux sifflements perfides des shrapnells, se trempait d'angoisse aux chuintements létaux qui suivaient l'explosion d'un obus ; bref les oiseaux, même au plus beau d'une matinée paisible et ensoleillée, ne pouvaient plus émettre un son qui ne lui signifiât la mort.

Ce jour-là, il faisait sur la Champagne un temps à croire au paradis terrestre. Adolf, Neumann, Bernstein et quelques autres avaient eu droit à un répit. Ils étaient allés s'installer dans un pré, le long d'un ruisseau.

Les hommes se baignaient, nus, dans l'eau claire. Le prétexte était de se laver ; la vérité était qu'ils avaient besoin de retrouver un corps qui servirait à autre chose qu'à faire la guerre. Comme ils étaient fins lorsqu'on les dépouillait de leurs uniformes, manteaux, guêtres, genouillères, besaces, armes ! Comment certains arrivaient-ils à porter tout cela ?

Adolf se laissait porter par la rivière, légèrement à l'écart. Seul Bernstein ne s'était pas baigné, restant assis, habillé, sur la berge, mâchant des brins d'herbe tandis que son chat écorché se frottait avec amour contre ses bottes. Adolf regardait les jeunes corps qui l'entouraient. La nudité devenait, elle aussi, à son tour, un uniforme. Même peau blanche, même cambrure vigoureuse des reins, mêmes biceps saillants, mêmes grands pieds naïfs, même sexe enfoui dans une toison triangulaire, mêmes testicules ballottants, inutiles, égarés. Des animaux. *La nuit, je ne me bats pas comme un Autrichien contre des Français, je ne me bats même pas comme un homme contre d'autres hommes ; je me bats comme une bête contre la mort. Je sauve ma peau. Je tire contre la mort, je balance des grenades à la mort, pas à l'ennemi. Le jour, je suis une bête aussi. Je n'attends rien que de digestif. Manger. Passer une heure sur les feuillées, le cul à l'air à me vider d'une diarrhée. Puis manger. Dormir un peu. Manger. La vie s'est réduite à la vie. A la lutte pour la vie.*
  Il sortit de l'eau et alluma une cigarette. *Ah, si ! Je suis plus qu'un animal puisque je fume. Un rat ou une girafe ne fument pas, que je sache ? Merci l'armée.* On leur distribuait tous les jours de quoi s'humaniser, se mettre au-dessus de la brute. Cinq cigares. Dix cigarettes. Une carotte à chiquer. A eux d'échanger ensuite. *Ah oui, ça aussi, le troc, c'est la marque d'une condition supérieure. Je nous sous-estimais. Pardon.* Il s'assit, nu, à côté de Bernstein. Le chat voulut, par réflexe, s'astiquer contre ses cuisses mais sursauta, horrifié, en découvrant qu'Adolf était mouillé.
  La grimace féline les fit éclater de rire.
  – Les chats ont horreur de l'eau.
  – Comme toi, visiblement, dit Adolf à Bernstein.
  – Oh, moi, c'est un peu plus compliqué.

Bernstein avait détourné la tête pour qu'Adolf ne posât plus de questions.

Neumann les rejoignit, cabriolant et sautillant, tellement joyeux que sa nudité paraissait enfantine. Adolf admira une fois de plus le contraste entre sa peau trop pâle et sa barbe trop noire, trop luisante, qui encadrait un nez fier et frémissant : Neumann semblait être dessiné à l'encre de Chine.

— J'aimerais que vous me racontiez votre vie jusqu'à l'âge de quarante ans, s'écria Bernstein en grattant le ventre dodu du chat.

— Qu'est-ce que tu racontes ? D'abord, pourquoi ne te baignes-tu pas ?

— Ah, ne t'y mets pas aussi, Neumann. C'est une épidémie en ce moment. Tout le monde doit faire la même chose. Tout le monde doit aller à la guerre. Tout le monde doit se faire tuer au feu. Tout le monde doit manger la même merde. Tout le monde après est incapable d'en fabriquer, de la vraie merde. Tout le monde doit aller se baigner. Tout...

— Stop. J'ai compris. J'arrête. Quel est le jeu ?

— Le jeu consiste à dire ce qu'on doit faire entre aujourd'hui et l'âge de quarante ans. Comme nous ne sommes pas sûrs d'être encore vivants demain matin, je trouve que ça serait bien d'imaginer. Pourquoi se priver ? D'accord ?

— D'accord, dit Neumann.

— D'accord, dit Adolf.

— Qui commence ?

La réflexion se montrait difficile. Ils auraient répondu aisément quelques mois plus tôt, mais, la guerre ayant imposé son présent intensif, ils n'étaient plus en rapport avec leur passé ni leur avenir. Chacun dut faire un effort pour se rappeler qui il était, et ce qu'il attendait d'une vie qui serait plus qu'une simple survie.

— A moi ? dit Adolf lorsqu'il fut sûr de ne couper l'inspiration à personne.

— Va.

— Va.

— Si la guerre s'arrête demain, je veux retourner à Vienne avec vous, passer plusieurs jours à préparer pour nous trois les meilleurs plats de la terre, puis continuer mon travail de peintre. Je n'ai pas trouvé mon style. Je suis toujours en train de copier quelqu'un. J'ai trop de maîtres, Bernstein compris. J'ai l'admiration qui vire à l'absence de personnalité. Je voudrais dépasser mon état de caméléon.

— Que deviens-tu à quarante ans ? demanda Bernstein.

— Un peintre sûr de ses moyens, qui gagne bien sa vie, dont les bons collectionneurs ont déjà des petites toiles et ambitionnent les grandes.

— Et ta vie privée ?

— Du plaisir. Rien que du plaisir. Beaucoup de femmes qui me sont très attachées. Peut-être un peu plus jeunes que moi, histoire de changer par rapport à aujourd'hui. Des femmes. Oui, il me faut le pluriel.

— A toi, Neumann.

— Ecoutez les gars, c'est très simple : à quarante ans, je suis devenu le plus grand décorateur de théâtre d'Autriche et d'Allemagne réunies. On ne peut plus monter un Wedekind, un Debussy ou un Richard Strauss sans moi, si ce n'est que je coûte très cher.

— Et ta vie privée ?

— Privée de rien, justement. Une épouse fidèle qui m'idolâtre, me vénère, me fait six enfants, les torche et les élève elle-même. Quelques maîtresses riches qui ne résistent pas à mon talent. Des actrices pour la plupart. Et une grande union épistolaire avec une femme mystérieuse, lointaine, qui ne songe qu'à protéger mon génie.

– Rien que ça ?

– Je brosse à gros traits.

Ils éclatèrent de rire. Neumann avait décrit le contraire de ce qu'il était pour l'heure. A ce point près qu'il adorait concevoir des décors de théâtre.

Adolf se tourna vers Bernstein.

– Et toi ?

– Moi ? J'espère que j'aurai achevé enfin une toile qui soit digne d'être regardée.

– Mais tu l'as déjà fait ! Vingt fois ! protesta Adolf.

– On n'interrompt pas, c'est le jeu. L'argent ? J'en gagnerai sûrement.

– Mais tu en gagnes déjà. En fait, tu as déjà tout.

– Peut-être. En tout cas, à quarante ans, j'espère surtout que je ne vous mentirai plus.

Adolf et Neumann regardèrent Bernstein avec douleur. Cette fois, il ne plaisantait pas. Ses lèvres tremblaient.

– Tu nous mens, toi ?

– Vous êtes mes meilleurs amis et je ne suis toujours pas capable de me montrer nu devant vous.

– Nu ? Ça ! Tu plaisantes ! Quel intérêt de se montrer nu ? Tu es pudique, c'est tout.

– Voire pudibond !

– Ce n'est pas grave !

Malgré les protestations d'Adolf et Neumann, Bernstein baissait les yeux. Il cachait mal les larmes qui agaçaient la peau rougie de ses paupières.

– Je ne suis pas capable de me montrer tel que je suis avec vous. Pas capable de vous dire que, lorsque nous parlons de femmes, je fais semblant.

– Semblant de quoi ? Tu n'as pas les mêmes goûts que nous, c'est tout. Tu préfères les femmes maigres.

— Non, reprit Bernstein. Je fais semblant d'avoir les mêmes goûts que vous. J'aime les hommes.

Adolf et Neumann se turent.

Effrayé, Bernstein releva la tête, croyant qu'ils n'avaient pas compris.

— J'aime le sexe des hommes.

Adolf et Neumann opinèrent pour qu'il se rassurât : ça y est, ils avaient saisi, inutile d'en rajouter.

Un couple de faisans jaillit d'un boqueteau embroussaillé. Dans la rivière, les hommes pestèrent d'être désarmés. Ils virent les deux rôtis partir dans un vol courbe vers le sud.

Adolf et Neumann continuaient à se taire. Au milieu de cette campagne idyllique où grondait cependant, à la lisière du paysage, la menace du front, il leur semblait que l'aveu de Bernstein était à la fois énorme et sans importance. Certes, ils frémissaient d'avoir été amis intimes avec un être qui dissimulait une telle part d'inconnu mais ici, dans ces champs où l'on alignait chaque matin de jeunes cadavres, cela devenait ridicule de se choquer ! Comme c'était vain, les frottements de peaux, lorsqu'on ramassait chaque jour des chairs ouvertes, qu'on allongeait sur des civières les candidats à la gangrène, à l'amputation ! Comment pouvait-on faire de la discrimination entre les êtres en fonction de quelque chose d'aussi futile, privé, sans conséquence ? Comment Adolf et Neumann avaient-ils pu penser une seconde valoir mieux que Bernstein, leur maître, leur enfant, leur idole, parce qu'ils se sentaient bien, eux, entre les cuisses d'une femme ?

Adolf mit fin à la tension en embrassant Bernstein.

— Tu es notre ami. Tu as bien fait de nous le dire. Il n'y a rien de honteux.

Neumann fit de même.

Bernstein tremblait encore, entre le bonheur et la crainte.

— Vrai ?

— Vrai.

— Vous ne me trouvez pas dégoûtant ?

— Non. On aimerait bien que tu te laves un peu. Mais non.

Bernstein baissa la tête, comme pris en faute.

— J'attendais que les autres soient partis. Ils me faisaient de l'effet. J'avais peur que...

— ... ça se voie ?

Ils éclatèrent tous les trois de rire. C'était fini. Ils n'étaient plus séparés. De ça aussi, ils pouvaient rire.

\*

— A qui appartient ce chien ?

— A l'estafette Hitler, mon adjudant.

— Dites-lui de venir me voir.

L'adjudant Hugo Gutmann entra dans le poste de commandement en grattant sa belle tête de sous-officier.

L'estafette Hitler était bien le dernier homme qu'il aurait imaginé en train d'adopter un chien errant. Il n'avait rien à lui reprocher, au contraire, l'individu avait toujours montré de la vaillance, de l'obéissance, du courage. Hitler se comportait comme un parfait soldat, accomplissant sa tâche d'agent de liaison avec plus de célérité et d'efficacité qu'aucune autre estafette, revenant toujours intact à l'état-major, le message transmis ; d'ailleurs il l'avait fait nommer caporal. Mais c'était cette perfection même qui le rendait quelque peu inquiétant. Hugo Gutmann avait l'impression que le patriotisme avait étouffé tous les autres sentiments en Hitler. Solitaire, ne recevant pas de courrier, n'éprouvant pas le besoin d'exercer cet humour des tranchées qui rend l'horreur supportable, l'estafette condamnait les farces, les conversations grivoises. Hugo Gutmann, qui adorait les femmes – et les femmes le lui ren-

daient bien –, avait par hasard entendu cet échange qui l'avait
stupéfié :

– Alors, Adi, tu es sûr que tu ne viens pas voir les filles
avec nous ?

– C'est ignoble ! C'est scandaleux ! Vous allez coucher avec
des Françaises ou des Belges ! Mais où donc mettez-vous votre
honneur d'Allemand ?

– Pas là. Ça nous démange. Allez viens, Adi. De toute
façon, il y a aussi de bonnes Allemandes au bordel.

– Non, je n'ai pas de temps à perdre.

– Arrête. Tu ne vas pas nous faire croire que tu vas lire
encore ton Schob...

– Schopenhauer ! Si !

– Dis donc, Adi, alors c'est vrai ce qu'on dit ? Que tu n'as
jamais aimé une fille ?

– Je n'ai pas de temps à perdre avec ce genre de chose et
ce n'est pas demain que je m'y mettrai.

Hugo Gutmann en était resté le pied en l'air, le souffle
coupé. L'estafette Hitler ne se rendait pas compte qu'il était
grotesque. Tout au contraire, il se sentait plein de lui-même,
mieux que dans son bon droit : dans sa supériorité. Il écrasait
ses camarades du haut de sa chasteté. Gutmann avait frémi :
heureusement que ses chefs n'étaient pas ainsi. Le cas échéant,
il aurait craint leurs ordres. Comment peut-on commander
les hommes si l'on n'appartient pas soi-même à l'humanité ?
Il lui semblait, à lui, Hugo Gutmann, que sa légitimité venait
de ce qu'il était comme ses soldats, ni plus courageux, ni plus
lâche, travaillé par les mêmes désirs, habité par la même
vulgarité, commun, ordinaire, mais juste un peu plus qualifié.

En s'approchant de la fenêtre, il vit le chien se précipiter
joyeusement vers son maître. Le terrier avait l'arrière-train
déporté de bonheur. Hitler semblait subir cette contagion. Il
s'accroupit, sourit, et tapota tendrement la bête. Ensuite, il

la fit jouer en envoyant une branche au loin. Enfin, il lui apprenait à faire le beau lorsqu'on vint le prévenir qu'il était convoqué.

Hugo Gutmann se lissa la moustache, dubitatif. Après tout, il s'était trompé. Ce Hitler avait quelque chose d'humain. Tant mieux. Mais cela n'arrangeait pas ses affaires. Par principe, il ne voulait pas tolérer d'animaux. Cependant, si ce Hitler avait besoin d'aimer quelque chose et d'être aimé... Diable ! On allait voir !

– Mon adjudant.

Gutmann regarda saluer le caporal Hitler, flottant dans la toile de ses vêtements tant il était squelettique, le teint plombé, les yeux enfoncés, la moustache en bataille : un pauvre gars. Allait-il lui enlever son seul bonheur ?

– Estafette Hitler, je vous ai convoqué pour... vous annoncer que... je vous ai proposé pour la Croix de Fer.

Le visage de l'estafette s'illumina, la peau tendue par l'émotion. Un battement d'incrédulité agitait ses cils.

– La Croix de Fer de seconde classe, naturellement. Pour la première classe, nous verrons... plus tard.

Gutmann se détourna, presque gêné par l'ampleur de l'émotion qu'il avait provoquée.

– Vous pouvez disposer.

– Merci, mon adjudant. Le jour où je recevrai la Croix sera le plus beau jour de ma vie.

– Je n'en doute pas. Vous la méritez, Hitler, vous la méritez. Ce chien, là-bas, il est à vous ?

– Oui, mon adjudant. Je l'ai trouvé entre les tranchées, il était perdu. Je suis en train de le dresser.

– Très bien. Très bien.

– Je l'ai appelé Foxl.

– Très bien. Très bien. Du moment qu'il ne gêne pas la compagnie, je crois que... je peux tolérer... votre compagnon.

– Je l'aime. Il n'obéit qu'à moi.

Gutmann s'assit. Il se mit l'index devant la moustache, fit semblant de la lisser pour se donner une contenance, partagé entre la pitié et l'envie de rire. « Je l'aime. Il n'obéit qu'à moi. » Le pauvre diable, à force d'obéir, avait besoin de donner des ordres à son tour. Hitler jouait l'adjudant, le chien le soldat. Comment n'y avait-il pas pensé plus tôt ? Une compensation... Pas de l'amour, non, mais une compensation.

Gutmann sentit que la moquerie qui faisait partie de son caractère léger allait lui faire perdre son sérieux. Dans deux secondes, il allait pouffer... Il sortit son mouchoir de sa poche et fit semblant d'éternuer.

– A vos souhaits, mon adjudant.

Cet Hitler avait vraiment le don des phrases idiotes : « A vos souhaits, mon adjudant. » Du coup, Gutmann éternua encore une fois.

– Merci, estafette Hitler. Vous pouvez vaquer.

– Vous avez perdu ça, mon adjudant.

Hitler se baissa pour ramasser un bout de tissu qui était tombé de la poche de l'adjudant sur le carrelage. Il reconnut une kippa.

Gutmann, confus, agrippa sa calotte et la fit disparaître. Il ne tenait pas à ce que ses hommes connaissent son origine. C'était en tant qu'Allemand qu'il les dirigeait, pas en tant que Juif. Il y avait suffisamment de racisme spontané dans les classes populaires pour que cela pût entamer son autorité.

Il regarda Hitler qui souriait toujours, pas du tout troublé par ce qu'il venait de découvrir. « Une chance ! Je ne suis pas tombé sur un antisémite ! Hitler est une sorte de mécanique inhumaine, mais il n'est pas antisémite. »

– Merci. Vous pouvez disposer. Bien sûr, tout ce qui s'est dit dans ce bureau doit rester confidentiel. Je parle de ma proposition pour la Croix de Fer, naturellement.

Lorsque Hitler rejoignit son chien, il semblait que celui-ci avait déjà compris que son maître allait avoir la Croix de Fer : il lui faisait la fête. Hitler lui raconta dans l'oreille plein de détails sur son entrevue, puis il vanta les mérites de l'adjudant Gutmann. Comme Hitler aimait l'armée, il était amoureux de l'adjudant Gutmann, incarnation parfaite de l'officier, beau, élancé, puissant, la voix vibrante, le verbe élégant. Comme d'habitude, Foxl lui accordait une attention un peu désordonnée, mais il semblait être de son avis.

Hitler se réjouissait d'autant plus qu'il venait d'achever les trois jours de repos imposés aux agents de liaison et que, dès le soir, il repartait en mission pour trois nuits.

Pour se préparer à l'assaut, il sortit son petit carnet olive et révisa ses additions. Depuis le début des hostilités, il avait tenu les comptes de son régiment : plus de quatre-vingts pour cent des hommes étaient morts. Ils étaient arrivés trois mille six cents. Ils demeuraient six cent onze. Certes, il y avait des morts qu'il faudrait décompter, résultat d'une erreur : les régiments de Saxe et du Wurtemberg avaient tiré sur les Munichois en les prenant pour l'ennemi anglais. Bavure. On n'allait pas leur en vouloir plus que ça. D'ailleurs, ceux qui devaient être le plus furieux – les cadavres – n'étaient plus en état de protester. Tout de même. La saignée était importante. Or ce qui fascinait le plus Hitler, ce n'était pas la perte, mais ce qui restait. Ou plutôt *qui* restait.

Il avait échappé à tous les dangers. Comment se faisait-il que les balles ne l'atteignaient jamais ? Pourquoi les projectiles jaillissant des fusants passaient-ils toujours à côté de lui ? Pourquoi les obus l'évitaient-ils aussi ? Il était bien obligé, à force, de se poser la question.

Deux semaines plus tôt, en plein jour, alors qu'il se trouvait assez loin du front, près de l'état-major de Fromelles, alors que le bombardement, assourdi, semblait être assez mou, il s'était dirigé vers la voiture du colonel List pour l'examiner. Le chauffeur, allongé dans l'herbe à vingt mètres du véhicule, l'interpella en chemin. Hitler s'arrêta, discuta trente secondes. Un obus détruisit la voiture. A l'endroit même où il aurait été censé se trouver s'il n'avait pas répondu au chauffeur, il n'y avait plus que des débris de tôle, des pièces de moteur éparses et une fumée noirâtre qui montait des pneus en feu.

Hasard ?

Quelques nuits plus tard, comme, accompagné de Schmidt et Bachmann, il courait entre les tranchées pour transmettre un ordre, fut-ce par hasard, aussi, que l'incroyable se produisit ? Le tourbillon de feu n'épargnait personne. La terre tremblait sous les pulsations des canons. Des étincelles crépitaient dans l'obscurité. Des stridences déchiraient l'air et venaient planter l'acier dans les arbres et les chairs. Les trois estafettes, à tout instant, se plaquaient contre le sol, les épaules et la tête sous le sac, en faisant la tortue. Ils subissaient un tir groupé : fusants et percutants les rasaient en rafales. Hitler roula sur le côté droit. Une seconde à l'avance, il comprit au miaulement toujours plus aigre que l'obus allait terminer sa trajectoire sur lui. Une chute pesante secoua la terre à côté de sa main droite. Il reçut de la glaise. L'obus n'explosa pas.

Pourquoi justement cet obus-là n'explosa-t-il pas ? Hasard ?

Ne devrait-on pas parler plutôt de protection ?

Oui. Une étrange protection qui entourait Hitler d'une cuirasse étanche ?

Ce soir-là, les Anglais et les Français ouvrirent les hostilités avec force et puissance, ils semblaient décidés à mener une bataille enragée.

Hitler attacha son chien derrière le bâtiment de Fournes

où s'était installée la logistique administrative et se rendit dare-dare à Fromelles. Là, on envoya Hitler, Schmidt et Bachmann à un poste de commandement avancé. On dépêchait toujours les estafettes par groupe pour être sûr que le message passerait quand bien même l'une d'elles serait touchée.

Avec difficulté, ils s'acquittèrent de leur mission. En pénétrant dans le bâtiment, Hitler fut saisi d'un pressentiment, quelque chose de vague et de fort à la fois. Il perçut en lui, à un mauvais goût dans la bouche, à la faiblesse d'une lampe à huile, qu'un malheur s'annonçait. *Mon Dieu, si nous allions perdre la guerre cette nuit ! Ou bien c'est Foxl. Quelqu'un a détaché Foxl. Non, c'est la guerre. Je ne sais pas.* Il sortit, un peu désorienté, du bâtiment et aspira puissamment l'air frais de la nuit pour se remettre.

L'explosion le jeta à terre.

Un obus venait d'atteindre le poste de commandement. Il avait éclaté à l'intérieur du local. Une boucherie. Corps saignés. Crânes traversés. Poitrines défoncées. Jambes coupées. Il y avait là beaucoup d'hommes, des téléphonistes, des estafettes, deux capitaines, un commandant. Schmidt et Bachmann y étaient restés, on ne les distinguait même pas dans la bouillie des autres. On mit deux heures à sortir tous les corps et leurs morceaux. Les brancardiers écrasaient en passant des caillots panés de poussière. Des lambeaux de peaux restaient collés aux pans de murs encore debout.

Cette fois-ci, Hitler ne pouvait plus hésiter. Il savait. Son immunité ne venait pas du hasard. Il était protégé. La Providence lui avait donné le pressentiment étrange qui lui avait fait quitter le lieu. Un pacte s'était conclu entre le ciel et lui qui lui permettrait de faire cette guerre. De la gagner. Et d'en sortir vivant.

L'adjudant Hugo Gutmann arriva, consterné, sur les lieux.

Hitler, en le voyant, tressaillit. Il venait d'obtenir une confirmation supplémentaire. Il avait craint, un instant, que son chef se trouvât aussi déchiqueté dans les décombres. Si l'obus avait épargné l'adjudant Gutmann, cela signifiait qu'Hitler aurait bien sa Croix de Fer.

Le sort lui déroulait le tapis rouge. Il retrouvait l'ivresse de son enfance, ce sentiment que rien ne résisterait jamais à son énergie.

Non, il en avait la preuve, la preuve répétée : il n'appartenait pas au hasard. Le ciel l'avait distingué. Son étoile lui montrait un chemin. Il n'était pas comme les autres : il avait un destin.

*

Le froid était aussi meurtrier que le feu.

Les mottes de terre gelées tuaient autant que les éclats d'obus lorsqu'elles redescendaient au sol. Depuis le début de la nuit, les projectiles s'acharnaient sur cette colline chauve, calcinée, couverte d'hommes glacés, de blessés et de cadavres.

Une rafale venait de surprendre Adolf H., Neumann et Bernstein. Heureusement, elle avait été tirée trop court ; elle se contenta, dans un bruit aigre, de leur projeter des mottes d'argile givrée à la figure.

– Raté ! dit Bernstein.

– Dommage ! dit Adolf.

Tel était le rituel ironique : à chaque danger esquivé, les trois hommes faisaient semblant de marquer leur désappointement.

– Raté !

– Dommage !

C'était leur manière de savourer cette victoire – la leur, pas celle de l'Allemagne –, de demeurer en vie.

Adolf s'en réjouissait sans s'en étonner. Alors qu'il voyait des soldats, chaque soir, se livrer à l'irrationnel, prier, se signer, prononcer des formules, palper des amulettes ou leurs autres porte-bonheur avant d'entrer dans le combat, lui ne croyait plus en rien. *Tout dépend du hasard. On ne prie pas le hasard. Il n'arrive rien que de fortuit. On est fortuitement affecté dans tel régiment. On est fortuitement à dix mètres ou à deux centimètres de l'obus. On naît fortuitement. On meurt fortuitement.* Adolf, ne croyant en rien, n'attendait rien. Chaque nuit, son corps réagissait de lui-même aux évènements, se plaquant devant le danger, par réflexe. Adolf le laissait faire, ce corps, sachant que son esprit ne servirait à rien. Il n'avait donc plus qu'une doctrine : l'indifférence.

Bernstein et Neumann partageaient la même philosophie. Ils avaient plongé dans un océan de fatalisme. Arriverait ce qui arriverait ; eux n'attendaient plus rien. Cela aurait été à désespérer si ce n'était pas espérer, justement, qui donnait de la douleur. Ce désespoir froid, souple, adapté, était seul secourable.

– Raté.

– Dommage.

La veille, Adolf s'était pour la première fois opposé à Bernstein et Neumann. Et cela, un instant, lui avait paru plus grave que le reste de la guerre.

Lors d'une attaque de boyau, Adolf avait fait un prisonnier. Son premier prisonnier. Le garçon de dix-neuf ans était tombé à genoux devant lui et, bien qu'Adolf ne comprît pas le français, il avait saisi que l'ennemi implorait sa grâce. Adolf avait eu le choix ; il aurait pu l'exécuter. Mais il y a une grande différence entre tirer des ombres au loin et abattre un homme à bout portant dont les yeux vous implorent, dont l'haleine vivante vient toucher la vôtre. Adolf avait capitulé. Un autre soldat aurait sans doute agi comme lui, mais pour une autre raison : chaque prisonnier rapportait une prime de capture. Adolf l'avait épargné parce que l'artilleur n'était plus un danger pour lui et que là s'arrêtait son code de combattant.

Lorsqu'il ramena le prisonnier, tous les soldats se mirent à l'insulter, à lui cracher dessus, à déverser sur un visage enfin identifié leur haine de l'ennemi. Toutes les caractéristiques de ce garçon étaient persiflées, tournées en ridicule, rendues grotesques. En quelques minutes, de normal et banal qu'il était, il devint monstrueux aux yeux de tous.

Neumann et Bernstein arrivèrent et ajoutèrent leurs voix au concert de sarcasmes.

— Vous avez vu sa bouche ? Petite. Cruelle. Ce serait la bouche d'un serpent si les serpents avaient une bouche.

— Et le pantalon ? Bien rouge, bien repassé par maman. Elle va être triste, maman, d'apprendre que son petit chéri est devenu prisonnier des méchants Boches.

— Pas vous ! Non ! Je vous en supplie : pas vous.

Adolf s'était interposé, outré, les jambes écartées, comme pour barrer tout accès à son prisonnier.

— Non pas toi, Bernstein. Pas toi, Neumann. D'abord, vous pouvez lui parler français puisque vous le savez.

— Je ne sais plus le français. J'ai oublié le français dès le 28 juillet 1914.

Adolf était horrifié. La guerre lui prenait ses amis encore vivants.

Il alla confier son prisonnier à l'officier qui les parquait. A la sortie du baraquement, Bernstein et Neumann l'attendaient pour se justifier.

— Adolf, nous sommes là depuis un peu plus longtemps

que toi, et, crois-nous, nous avons compris un peu plus de choses que toi.

– La haine et la mauvaise foi sont nécessaires.

– Il faut devenir grégaire Adolf, adopter les lois du troupeau, devenir con, sinon tu deviens fou ou tu désertes.

– Nous aussi nous avons besoin de pensées bien basses, bien fausses, bien vulgaires. Sinon...

– Désolé, répondit Adolf. Je ne veux pas accepter que la guerre vous change à ce point.

Bernstein et Neumann baissèrent la tête, piteux, leur silence embarrassé témoignait qu'ils donnaient raison à Adolf. Mais de là à l'avouer...

Cette nuit, les trois amis reprenaient le combat avec, entre eux, ce petit déchirement qui les rendait moins soudés.

Une poutre vient de céder derrière eux aux pressions répétées des obus. Le tir se concentre sur eux. Il faut évacuer le boyau.

Ils sautent dans une galerie adjacente.

Bloquée aussi.

Ils sortent des tranchées et courent.

Une explosion. Un flamboiement. Un sifflement.

Adolf, en une fraction de seconde, entrevoit un éclat qui plane vers lui. Il éprouve une douleur intense dans l'estomac. Il n'ose pas y croire. Il a senti un choc d'une telle brutalité qu'il pense être coupé en deux. Il continue à courir. Il y arrive. Il n'ose pas se servir de ses mains pour toucher son estomac. Il a trop peur. Il court encore. Il a le courage de porter ses mains sur lui. La veste rêche est trempée. Il sent du sang couler entre ses doigts. Il doit admettre qu'il est blessé.

A cet instant une balle l'atteint dans les côtes. Curieusement, il a le temps de voir, avec précision, une touffe de drap vert s'envoler.

Un éclair l'éblouit et le prive de la vue.
Il chancelle.
Il tombe.
Il est mort.

*

*Douce nuit,*
*Sainte nuit,*
*Tout est calme*
*L'enfant rit.*

Les chants montaient avec ferveur sous les étoiles. Tremblantes d'émotion, les voix des hommes s'étonnaient elles-mêmes d'être mélodieuses. Elles échappaient aux cris – cris des ordres, cris de peur, cris de douleur –, elles faisaient taire tous les bruits métalliques – fusillades, canonnades, mitraillages –, elles avaient subitement vaincu la guerre et, fragiles, mal assurées, elles n'arrivaient pas à croire que, devenant musique, elles avaient cette autorité. Elles déployaient leurs harmonies entre les deux camps. Plusieurs langues apportaient leurs paroles, mais, par le miracle pacificateur de la musique et du nombre, les *Holy Night*, *Stille Nacht* et *Douce Nuit* se fondaient en une seule phrase, harmonique, palpitante, déchirante, qui célébrait Noël. Le ciel était froid, la terre gelée, mais les hommes se réchauffaient à l'hymne. Une ferveur toute différente, presque féminine, s'exaltait dans ces poitrines viriles, le chant s'arrondissait, les timbres s'enivraient de leur sensualité, le souffle se nourrissait de lui-même en tenues longues, aériennes, flottantes et, derrière ces sons graves, sous le chœur des soldats poilus et crottés, on entendait soudain un chœur d'enfants.

Hitler était furieux. Retiré dans sa cagna, il se bouchait les oreilles. De tout son être, il désapprouvait cette trêve de Noël spontanée entre les troupes allemandes, britanniques et françaises qui s'étaient retrouvées dans le no man's land d'entre les tranchées, pour se serrer la main et entonner des cantiques. Ses pieds tapaient le sol de rage.

— Il ne saurait être question de choses pareilles en pleine guerre !

Foxl, le cul sagement à terre, regardait Hitler, sans bien comprendre, en se grattant l'oreille.

\*

— Embarquez-le !

Adolf H. revint à lui juste au moment où les brancardiers soulevaient la bâche dans laquelle il saignait. Il eut le temps d'apercevoir Neumann et Bernstein qui couraient à côté de la civière, tenant sans doute à accompagner leur ami jusqu'à l'ambulance. Il voulut leur parler, leur faire signe qu'il était toujours vivant mais aucun son ne sortit de sa bouche, aucun de ses membres ne répondit. Adolf ne comprenait pas : intérieurement, il criait et leur accrochait le bras ; cependant rien de tout cela n'avait l'air de se produire.

— Eh, regarde ! Il a rouvert les yeux !

Bernstein et Neumann, dans l'ambulance, se penchèrent avec émotion au-dessus d'Adolf. On voyait leurs larmes vaciller aux bords de leurs paupières. *Est-ce que c'est si grave ? Ils ont l'air bouleversés. Est-ce que je meurs et que je ne m'en rends pas compte ?* C'était curieux, Adolf n'avait pas mal et se sentait paisible. Depuis plusieurs mois même, il n'avait pas éprouvé une telle quiétude. *M'ont-ils piqué ? Drogué ?*

— Tout va bien se passer, Adolf. Tu vas être soigné.

— On va se retrouver bientôt, ne t'inquiète pas.

– Tiens bon dans les semaines qui viennent. Serre les dents et tout ira bien.

– On viendra te voir en permission, tu entends ?

– On viendra et l'on se retrouvera tous les trois. Tu entends ?

– On t'aime, Adolf.

– On t'aime. Il nous entend, tu crois ?

Adolf n'arrivait pas à répondre, mais il leur souriait de toutes ses forces. Percevaient-ils au moins son sourire ? Ou bien demeurait-il livide, creusé, sans expression, ainsi qu'il l'avait vu faire à tant de blessés ? Avait-il cette raideur grise des gisants, lui aussi ? Pourtant, il lui semblait qu'il était plus présent que jamais. Ses sens percevaient avec acuité son poids dans la toile, l'odeur du chloroforme, les traits contractés de ses deux amis au-dessus de lui.

– Descendez, la voiture part ! cria l'ambulancier.

Bernstein et Neumann disparurent de sa vue. Alors Adolf se rendit compte qu'il n'était pas dans son état normal ; il venait de passer dans un autre monde, un monde où la guerre n'existait plus, où il ne s'inquiéterait plus, où ses muscles ne seraient pas tétanisés par l'angoisse, un monde doux, confortable, duveteux, où le temps semblait faire la sieste, éternel. Il était encore vivant et il quittait les boyaux de la mort. Tous les autres sentiments – douleur ou tristesse de quitter ses amis – étaient écrasés par un immense soulagement.

La vieille camionnette crachotait et tanguait sur les routes défoncées par le gel et les bombardements. Avec les cahots, la douleur revint. Sa chair se mit à se déchirer dans tout son corps. Le froid le faisait grelotter. Ou était-ce la fièvre ?

Rendu à la réalité par la souffrance, Adolf découvrit qu'il y avait trois ou quatre brancards superposés de chaque côté, surveillés par deux infirmiers assis.

Le chauffeur commença par jurer à chaque pan défoncé de

la route où butaient ses pneus, comme s'il insultait le chemin à cause du mal qu'il infligeait à ses voyageurs, puis, quand la chaussée fut plus lisse, il se mit à fredonner un air viennois.

La douleur s'estompait et resurgissait. Adolf devenait une vague. Parfois, les soubresauts le berçaient, parfois ils le roulaient cruellement sur une blessure. Il flottait.

A travers une fente de la bâche, il apercevait une étoile, une seule, qui scintillait dans le ciel sombre et froid. Il eut l'impression que cette étoile n'était là que pour lui. Elle était son espoir. Droite et blanche. Impassible.

Le chauffeur traversait la nuit en chantant à tue-tête. L'émotion submergeait Adolf. Il pleurait doucement. C'était l'effet de la valse viennoise : elle était si gaie qu'elle pinçait le cœur d'une tristesse infinie.

\*

Hugo Gutmann avait désormais peur de lui.

Hitler se tenait au fond de la pièce, raide, écarlate, imbu de son bon droit et refusant de se taire.

– C'est un déserteur ! Je vous assure que Schöndorf est déserteur !

L'adjudant laissa l'estafette Hitler vitupérer car il devenait encore plus violent si on le forçait à se taire. Comme toujours lorsqu'il était ennuyé, le sous-officier vérifiait du doigt le bon lissé de sa moustache. Rien ne le rassurait plus que de se toucher ou de s'apercevoir, bien fringant, dans un miroir.

La guerre traînait en longueur. Depuis plusieurs mois, les ennemis se disputaient la même bande de terrain, avançant de vingt mètres, reculant de cent. De part et d'autre, les hommes s'usaient ; à force d'être agrippés sans cesse aux mêmes positions, ils avaient le sentiment d'être pris au piège dans une cage dont ils ne sortiraient jamais, à moins de mourir. Le commandement avait confirmé ce mauvais présage en faisant l'erreur de ramener les blessés, une fois soignés, sur les mêmes champs où la mort les avait, la première fois, épargnés ; ils avaient donc l'impression qu'on les reversait là pour que la mort, cette fois, réussît son travail. Du coup, la mutinerie grondait. Du coup, même de bons soldats tentaient de déserter.

Hugo Gutmann les comprenait, bien qu'il dût les condamner. N'avait-il pas lui-même rêvé d'échapper à tout cela ? Peu de fuyards avaient disparu discrètement. Beaucoup s'étaient fait arrêter et fusiller. Quelques-uns venaient de trouver une voie d'évasion plus subtile : la blessure qu'ils s'auto-infligeaient et qui nécessitait qu'on les évacuât à l'arrière.

L'agent de liaison Hitler avait une telle faim de combattre pour son pays qu'il aurait été le dernier à soupçonner des soldats. Malheureusement, on lui avait révélé un jour la tricherie et, depuis, furibond, il remettait en question l'authenticité de toute blessure. Chaque matin, il arrivait avec les ambulanciers et menait l'enquête. Il avait d'ailleurs trouvé un moyen redoutable de distinguer la mutilation infligée par soi-même à bout portant : une trace de poudre restait sur la peau ou le tissu.

Ce critère s'était imposé pendant plusieurs semaines – malgré les dénis de certains –, envoyant quelques hommes en prison pour des années. Cependant, des soldats irréprochables, des braves, étaient venus protester auprès de l'état-major : dans un corps à corps avec l'ennemi, le bout portant survenait aussi et l'on ne pouvait faire des traces de poudre un critère de simulation. L'état-major, craignant cette fois une mutinerie d'importance dans cette guerre qui s'éternisait, avait reculé et abandonné ses investigations.

Hitler en devint enragé. Il aimait sa solution – il aimait les solutions simples – et ne supportait pas qu'on ne l'appliquât plus. Du coup, il soupçonnait désormais tout le monde

213

de blessures antipatriotiques. Il questionnait les corps agonisants, il se penchait avec scepticisme sur les os apparents au
milieu de chairs en bouillie, il devenait l'inquisiteur au milieu
du personnel soignant. Les médecins, outrés, avaient
demandé à son adjudant de le tenir à l'écart. Hugo Gutmann
venait de s'acquitter de cette mission.

— Si on laisse s'installer un tel relâchement, on va finir par
démoraliser l'armée allemande, protestait Hitler.

— Estafette Hitler, on ne moralise pas les gens par la terreur.

— Me reprochez-vous mon enthousiasme ?

— Je ne vous reproche rien. Vous êtes un caporal dont
l'Allemagne est fière ; votre Croix de Fer en est la preuve. Si
tout le monde avait votre foi en la patrie, nous ne suspecte-
rions personne. Cela dit, je vous donne un ordre : interdiction
d'aller le matin vous pencher au-dessus des blessés ; vous
devez laisser les équipes médicales faire leur travail. Compris ?
Sinon, je vous mets au trou. Vous pouvez disposer.

— A vos ordres, mon adjudant.

Hitler salua, tourna les talons et prit la porte.

Epuisé, Hugo Gutmann se laissa tomber sur une chaise et
alluma une cigarette. Quel fanatique ! Par chance on maîtrise
ce genre d'hommes par l'obéissance aux ordres. Imaginons
que ce soit lui qui les donne... Il frissonna et trouva que son
tabac avait un goût de cendre.

*

L'hôpital.

Est-ce que ce bâtiment haut et sombre avait toujours été
un hôpital ? N'était-ce pas un couvent ? Ou une école religieuse ? En tout cas, les sœurs, colombes blanches et prestes,
y volaient toujours, de salle en salle, dans un bruissement de
cornettes, secourables aux plaintes sans fin qui retentissaient

214

nuit et jour, impuissantes souvent, autoritaires quand il le fallait, disponibles toujours.

L'hôpital.

Adolf H. venait de comprendre quelque chose. Il était dans les coulisses de la guerre, il voyait la réalité du décor, ce que cachaient les faux murs, sur quoi donnaient les fausses fenêtres, oui, c'était bien ici, l'hôpital était la réalité de la guerre.

Toutes ces bâtisses réquisitionnées et transformées en centres de soins, toutes ces sœurs arrachées à la contemplation pour devenir infirmières révélaient que la guerre était la plus grande artiste de ce temps. Première cause de mortalité, elle inventait des raffinements pour ceux qu'elle ne tuait pas. Elle sculptait comme un génie baroque, enlevant une jambe à celui-ci, deux à celui-là, un bras, un coude, variant la taille des moignons, déchirant les visages, ennemie de la symétrie, rendant une peau rouge, violacée, brûlée, en pâlissant une autre par l'hémorragie interne, en verdissant une troisième par la gangrène, ayant horreur du lisse, préférant l'écorché, le recousu, les croûtes, les cicatrices, les plaies purulentes qui ne se referment pas, grande faiseuse d'esquisses, de brouillons, capable de jeter en une seconde dans le trépas un travail pourtant bien avancé, fantasque, insoucieuse, injuste, insatiable, sans limites d'imagination ou d'énergie.

Adolf H. était tombé amoureux de sœur Lucie. Son regard s'accrochait à elle, comme le tournesol poursuit le soleil. Dans la grande salle, sœur Lucie, lumineuse, s'affairait de lit en lit. Il aimait sœur Lucie parce qu'elle était une erreur. Dans ce charnier bouillonnant de cris et de souffrances où la mort sournoise venait continuer son œuvre destructrice, sœur Lucie restait joyeuse. Une erreur. La joie. Un ange aux enfers. Une erreur. La joie.

Lorsqu'elle se penchait sur lui en souriant, il avait l'impression qu'elle brillait. C'était incroyable. De la lumière ajoutée à la lumière. Et sa peau, tendue par le sourire, n'était plus de la peau mais de l'éclat. Adolf était persuadé que tout contact avec sœur Lucie lui faisait plus de bien que n'importe quelle piqûre. Il était décontenancé par une femme de vingt ans qui ne cherchait pas à plaire mais à qui chacun semblait plaire. Il en perdait ses repères d'homme de plaisir au point que lorsqu'il remarqua qu'un duvet ombrait à peine sa lèvre supérieure, il eut honte de son observation, comme s'il avait proféré un juron.

Il avait été opéré. On lui avait retiré une balle et un éclat d'obus. On craignait des infections internes, voire des hémorragies. Il n'était pas sauvé. Loin de là.

A cause des crises de fièvre, il suivait en pointillé l'activité de l'ancien réfectoire transformé en dortoir. Il avait malgré tout assez de lucidité pour comprendre deux rites effrayants : la lettre et la chambre du fond.

Lorsqu'un blessé était en train de s'éteindre, sœur Lucie s'approchait de lui et lui disait allègrement :

– Ne croyez-vous pas que ce serait bien d'écrire un petit mot à votre mère ?

En général, le blessé ne comprenait pas qu'il dictait ses dernières paroles, une lettre qui serait ensuite tachée de larmes, une lettre qui serait pliée et dépliée cent fois, cette lettre que sa mère porterait des années sur elle, comme un objet précieux pour garder contre ce corps quelque chose de son fils défunt. Avec l'émotion de penser aux siens, avec l'aide de sœur Lucie qui lui soufflait avec grâce les mots manquants, le mourant s'épuisait à cette tâche.

Quelques heures plus tard, selon un rite immuable, des infirmières faisaient rouler son lit hors de la pièce, et, d'après les légendes qui couraient, l'isolaient dans une chambre au fond du couloir qu'on avait surnommée le « mouroir », pour que l'on n'entendît pas ses cris d'agonisant.

Dirait-il, un jour, à sœur Lucie qu'il l'aimait ? Qu'il l'aimait comme on aime lorsqu'on est enfant ? Sa présence lui faisait du bien. Il captait quelque chose du bonheur qu'elle irradiait. Comment réagirait-elle s'il lui disait : « Je vous aime » ? Elle trouverait sans doute cela très naturel et répondrait, sans broncher : « Je vous aime aussi. » Pourquoi ne vivrait-on pas toujours à ce niveau-là d'humanité ? Pourquoi fallait-il descendre si bas pour rebondir à cette hauteur ?

Justement, la sœur Lucie arrivait vers lui.

Il allait lui parler. Mais avant qu'il ouvrît même la bouche, elle demanda d'une voix claire :

– Vous ne voudriez pas écrire une petite lettre à votre mère ?

*

Hitler était furieux. On lui avait infligé une permission. Il avait protesté mais Hugo Gutmann s'était montré inébranlable.

– Le règlement est le règlement, estafette Hitler, vous avez le droit de prendre une permission.

– Je veux rester au front.

– Vous avez le devoir de prendre une permission.

– Le devoir ? A quoi serai-je utile à l'arrière ?

– Mmm... vous vous referez des forces.

– Je vais très bien.

– Je vous trouve un peu maigre... Vous vous referez donc des forces et vous retrouverez les vôtres...

Là, Hugo Gutmann, se rappelant qu'Hitler ne recevait jamais de courrier, sentit qu'il avait gaffé. Il se ressaisit et affirma d'un ton péremptoire :

– Vous remonterez le moral du peuple allemand.

Hitler lui prêta subitement attention. Ravi, Gutmann

comprit qu'il avait trouvé le bon argument et se lança dans une improvisation maladroite.

– A l'arrière, le peuple fournit aussi un effort de guerre, il fabrique de la nourriture, des munitions, des armes, il forme de nouveaux soldats. Il a besoin qu'un vétéran, comme vous, vienne témoigner que tout cela est utile, vienne raconter l'héroïsme de nos troupes, vienne rapporter de vive voix nos... décisives victoires.

Sur son élan rhétorique, il avait risqué cette dernière affirmation, aussi ridicule que fausse, sachant que si un seul soldat pouvait encore croire que l'Allemagne gagnait la guerre, c'était l'estafette Hitler.

Les yeux écarquillés, les traits tendus, la bouche ouverte, Hitler approuva goulûment. Il acceptait cette nouvelle mission.

– Bien mon adjudant. Je partirai en permission.

– C'est bon, vous pouvez disposer. Vous prendrez le train de demain.

Gutmann vit s'éloigner l'estafette Hitler avec soulagement. Il était heureux de lui avoir donné son dernier ordre avant plusieurs semaines.

De toute façon, Gutmann était las de donner des ordres. Donner des ordres, c'était sa manière à lui d'obéir. Et il était aussi las d'obéir.

*

« Cher Bernstein et cher Neumann,

ou

Cher Neumann et cher Bernstein,

Je ne sais par lequel de vous deux commencer, moi qui dois finir.

On m'a demandé d'écrire à ma mère, ce qui signifie que je dois avoir plus de quarante de fièvre et très peu d'heures à vivre. Pas de chance, n'est-ce pas ? Mourir à vingt-six ans. Et n'avoir même plus de famille à qui confier mes dernières pensées. Mais cette infortune devient si banale aujourd'hui. Je crois même n'avoir pas le droit de me plaindre. Après tout, je meurs dans un lit propre et blanc avec au-dessus de moi le beau visage de sœur Lucie. Je ne pourrirai pas dans la boue, entre deux tranchées ; les vivants ne verront pas les gaz gonfler mon ventre, ne supporteront pas l'odeur de ma décomposition, ne seront pas obligés, plusieurs semaines après ma mort, à la faveur d'une récupération de terrain, de me couvrir de chaux vive pour que je pue un peu moins. Je suis gâté : j'ai une mort propre, une mort à l'hôpital.

Mes amis, j'écris ce petit mot pour vous dire que je vous aime, que je pars avec la fierté de vous avoir connus, l'orgueil d'avoir été choisi et apprécié par vous, et que notre amitié fut sans doute la plus belle œuvre de ma vie. C'est étrange, l'amitié. Alors qu'en amour, on parle d'amour, entre vrais amis on ne parle pas d'amitié. L'amitié, on la fait sans la nommer ni la commenter. C'est fort et silencieux. C'est pudique. C'est viril. C'est le romantisme des hommes. Elle doit être beaucoup plus profonde et solide que l'amour pour qu'on ne la disperse pas sottement en mots, en déclarations, en poèmes, en lettres. Elle doit être beaucoup plus satisfaisante que le sexe puisqu'elle ne se confond pas avec le plaisir et les démangeaisons de peau. En mourant, c'est à ce grand mystère silencieux que je songe et je lui rends hommage.

Mes amis, je vous ai vus mal rasés, crottés, de mauvaise humeur, en train de vous gratter, de péter, de roter, de chier des diarrhées infinies, et pourtant je n'ai jamais cessé de vous aimer. J'en aurais sans doute voulu à une femme de m'imposer toutes ces misères, je l'aurais quittée, insultée, répudiée. Vous pas. Au contraire. Chaque fois que je vous voyais plus vulnérables, je vous aimais davantage. C'est injuste, n'est-ce pas ? L'homme et la femme ne s'aimeront jamais aussi authentiquement que deux amis parce que leur relation est pourrie par la séduction. Ils jouent un rôle. Pire, ils cherchent chacun le beau rôle. Théâtre. Comédie. Mensonge. Il n'y a pas de sécurité en amour car chacun pense qu'il doit dissimuler, qu'il ne peut être aimé tel qu'il est. Apparence. Fausse façade. Un grand amour, c'est un mensonge réussi et constamment renouvelé. Une amitié, c'est une vérité qui s'impose. L'amitié est nue, l'amour fardé.

Mes amis, je vous aime donc tels que vous êtes. Neumann, trop beau, trop brun, trop intelligent, trop doué, trop secoué par le doute, je t'aime. Bernstein, je t'aime quand tu boudes, quand tu peins, quand tu râles, quand tu fais des saletés avec d'autres hommes. Oui, tous les deux, je vous aime dans tous vos états.

Ne souhaitez pas que je survive à cette nuit. Car si je vous revois, je vous dirai tout cela de vive voix, les yeux dans les yeux, et vous serez terriblement gênés. S'il y a un paradis, une vie après la vie, je vous y attends ; je veux vous y voir arriver très très vieux, très très riches, couverts d'honneurs, avec vos toiles exposées dans les musées du monde entier ; prenez votre temps, je serai patient. S'il n'y a rien, que du néant, j'y échapperai en pensant à la force des sentiments qui nous ont unis et, tant pis pour le néant, je vous attendrai quand même.

Pour toujours votre ami,

Adolf H. »

*

Hitler détestait cette permission forcée.

De retour à Munich, il avait ressenti un rude choc : les

gens n'éprouvaient pas cette exaltation qui était la sienne au front. Ils étaient moroses, déprimés, prêtant une large oreille aux mauvaises nouvelles, suspectant les victoires annoncées de se réduire à de la propagande gouvernementale. Le quotidien devenant difficile à cause des privations, ils souhaitaient tous que la guerre finisse vite.

— Non, il ne faut pas que la guerre s'achève, il faut que l'Allemagne soit victorieuse. D'ailleurs, elle est en train de gagner.

Les visages l'écoutaient avec scepticisme. Hitler avait l'impression, lorsqu'il clamait sa foi, qu'on le considérait comme un grand malade dont il fallait supporter les sautes d'humeur ; après tout, il allait retourner au casse-pipe, il avait bien le droit de croire que c'était pour gagner...

Dans quelques brasseries, il était arrivé à faire sortir quelques Munichois de leur réserve méfiante ; cependant, cela avait été pour les entendre accabler les Prussiens – comme le voulait la tradition en Bavière – ou pour se plaindre de l'invasion des Juifs dans l'administration et les bureaux. Hitler, qui admirait son adjudant Gutmann, qui avait vu plusieurs Juifs mourir bravement au front, et tout autant de Prussiens, ne supportait pas ces généralisations hâtives et préférait quitter les discussions.

Il s'était renfermé dans le silence et comptait impatiemment les jours qui le séparaient des tranchées.

Il en avait quand même profité pour faire visiter Munich à son chien Foxl qui avait beaucoup aimé.

*

— Restez, sinon je hurle !

Sœur Lucie, comme si elle n'avait rien entendu, borda une troisième fois le lit et tapota l'épaule d'Adolf H.

221

– Je reviens dans une demi-heure.

– Restez, sinon je hurle !

– Allons, ne soyez pas enfant.

– Ah ! Ah !

Adolf n'avait pas besoin de se forcer pour crier ; au contraire, il lui suffisait de se laisser aller ; il avait mal, il avait peur. Il se tordait dans son corps étroit, dans ce lit étroit, dans cette chambre étroite, au fond de ce couloir étroit. Il savait bien qu'il allait mourir.

– Ah ! Ah !

– Adolf, arrêtez.

– Restez.

– Non. Je dois...

– Ah ! Ah !

Sœur Lucie devint écarlate. Elle tira la chaise et s'assit, presque boudeuse, auprès du malade. Adolf tenta de se contrôler, parvint à se taire et lui sourit.

– Merci.

– Vous devriez avoir honte : c'est du chantage.

– Oui, oui, je vais mourir, mais avant il faut que j'aie honte.

– Adolf, je n'ai pas dit cela.

– Que je dois avoir honte ? Que je vais mourir ?

– Allons, il faut prier.

Adolf fixa sœur Lucie, les yeux pleins de larmes.

– Mais prier qui ? Prier quoi ?

Sœur Lucie eut alors un de ses sourires qui réchauffaient les malades.

– Je vais vous apprendre.

– Combien d'heures me reste-t-il à vivre ?

– Je disais que j'allais vous apprendre à prier.

– Combien ai-je de temps pour apprendre ? Est-ce que ça suffira ?

– Vous avez le temps.

— Je veux savoir la vérité. Si vous me la dites, j'apprendrai à prier.

— Encore du chantage ?

— Que disent les médecins ?

— Ils peuvent se tromper.

— Que disent-ils lorsqu'ils se trompent ?

— Que vous ne passerez sûrement pas la nuit.

Elle avait dit cela avec son assurance limpide. Adolf se sentit presque rassuré. Il avait clairement identifié et localisé l'ennemi : cette nuit.

— Sœur Lucie, voulez-vous bien passer cette nuit avec moi ?

— Vous n'êtes pas le seul...

— Voulez-vous ?

— Je ne suis pas censée...

— Voulez-vous ?

— Dans un sens, ce qui vous arrive est important et...

— Voulez-vous ?

— Peut-être pourrais-je vous apprendre à prier ?

— Voulez-vous ?

— Oui.

Elle avait rougi comme une jeune mariée. Saisissant ses deux mains sur les draps, elle les serra avec force.

— Je suis heureuse d'être auprès de vous.

— C'est cela, la prière ?

— Oui. Il faut se concentrer sur le bonheur. Ecarter l'obscurité et trouver la lumière.

— J'ai mal. J'ai peur. Je ne vois rien.

— Si. Il y a toujours de la lumière. Qu'est-ce qui vous paraît un bonheur dans cet instant ?

— Vous.

— Ah, vous voyez. Et puis ?

— Vous. Vos mains. Votre sourire.

— Vous voyez. Il y a toujours de la lumière.

« Concentrez-vous sur moi puisque, ce soir, je suis votre lumière.

– Sœur Lucie, je ne crois pas en Dieu.

– Ce n'est pas grave. Il a tout prévu.

Elle se pencha tout près de lui.

– Vous sentez la force que je vous donne ?

– Oui.

– C'est de l'amour.

Adolf se tut et s'emplit de l'énergie qui émanait de sœur Lucie. Il avait l'impression d'être une fleur chauffée par une lampe, il se sentait dangereusement faible et pourtant il se disait que, peut-être, sous ce feu, il pourrait, s'il avait le temps, se reconstituer un peu... mais aurait-il le temps ?

– Ne réfléchissez pas. Ne fléchissez pas. Prenez toute cette force sans réfléchir. Allez ! Prenez ! Prenez !

Elle avait dit cela d'un ton lourd, violent, comme une femme qui fait l'amour. Adolf commença à se laisser pénétrer par cette force.

– Allez ! Prenez ! Allez !

Ce n'était plus sœur Lucie, la légère sœur Lucie qui voletait d'un lit à l'autre avec grâce, c'était une femme tout entière occupée à sa tâche, au travail qui épuisait ses chairs. Elle voulait mettre un homme au monde.

– Il faut prier maintenant. Demandez à Dieu de vous donner la force.

– Pourquoi trois ? On était bien tous les deux.

– Pas de persiflage. Demandez à Dieu de vous donner la force de passer cette nuit. Moi, de toute façon, je le fais.

Adolf commença à avoir une perception indistincte de la chambre, de sœur Lucie, de lui. Etait-ce cet afflux de force qui le troublait ? Ou bien était-il en train de mourir ainsi que l'avaient prévu les médecins ? Sa conscience avait des interruptions, elle trébuchait, elle glissait de ce monde-ci dans

224

d'autres plus anciens, plus familiers, ensuite elle se ressaisissait, se rétablissait, puis rechutait. Adolf se rendait compte qu'il ne vivait déjà plus qu'en pointillé. Il profita d'un moment de conscience pour s'accrocher à une bouée et se mit à prier :

– Mon Dieu, donnez-moi la force. Je ne suis pas certain de croire en Vous, surtout ce soir où ça m'arrangerait bien. Peut-être justement parce que ça m'arrangerait bien. Bref, mon Dieu, ça tomberait bien, si Vous existiez, que Vous Vous penchiez sur moi et que Vous m'aidiez à me relever. Je n'ai pas vraiment envie de mourir. Je ne sais pas ce qu'est la mort, c'est peut-être très bien, une bonne surprise que Vous m'avez réservée, non, je ne critique pas, mais le problème est que je ne sais pas très bien ce qu'est la vie. Je n'ai pas eu le temps. Voilà. C'est juste ça. Un petit peu plus de cette vie que Vous m'avez déjà donnée. J'en ferai bon usage. Oh, bien sûr, c'est le genre de promesse qu'on fait dans ces cas-là. J'ai autant d'intérêt à la faire maintenant que je serai impatient de l'oublier demain. J'imagine que Vous avez l'habitude, depuis le temps, qu'on se rapproche de Vous dans la détresse et qu'on s'éloigne de Vous dans la santé. Ce sont les hommes, ça... D'ailleurs, c'est une des choses qui m'empêchent de croire en Vous : je n'arrive pas à croire que Vous Vous intéressiez encore aux hommes. L'humanité, c'est trop minable, ce n'est pas digne de Vous. Pourquoi Vous Vous occuperiez de crétins lâches, ingrats, sales et qui se tapent dessus ? Mmm...

– Dieu est amour.

Adolf sursauta. La sœur Lucie avait répondu. Parlait-il tout fort ou bien lisait-elle dans ses pensées ?

– Dieu est amour.

L'avait-elle dit ou avait-il rêvé qu'elle le disait ? Ou bien était-ce Dieu ? *Mon pauvre Adolf, tu es en plein délire. Tu ne sais plus ce qui vient de toi ou des autres.* Ballotté par les vagues de la fièvre, Adolf s'agrippait à ce discours qu'il appelait sa prière et dont il ne savait pas s'il était à une voix, deux ou même trois. Un homme agonisant retrouve l'état d'un nouveau-né : l'indistinction fondamentale, l'incapacité à démêler ce qui est soi et ce qui est autre, l'impossibilité de savoir si le sein est à soi ou à la mère, si la bouche qui embrasse tout l'univers aveugle lui appartient ou non, si le pli douloureux du drap est sculpté dans la colonne vertébrale ou extérieur à elle, si les mots, les sentiments et les idées qui se présentent sont en soi, au-dessus de soi, à part soi... Adolf rejoignait cet océan infini et tumultueux où la conscience surgit de la matière, s'y noie, s'y reflète, s'y engouffre, s'y épuise, s'étend, fait la planche, voit le phare, ne le voit plus, disparaît dans les ténèbres d'une lame de fond, en ressort sans comprendre...

– Adolf ! Adolf !

Quelqu'un l'appelait.

– Adolf !

Il lui fallait nager beaucoup encore pour rejoindre la voix qui lui parlait. Il finit par ouvrir les yeux et découvrit sœur Lucie dans la gloire du matin.

– Adolf. Vous avez passé la nuit. Vous êtes sauvé.

Et sœur Lucie, triomphalement, poussa le lit hors du mouroir, fit ouvrir les battants de la salle commune et, au milieu d'une haie d'honneur constituée d'éclopés, de gazés et d'amputés, faisant glisser la couche sur ses roulettes, elle réintégra Adolf H. au milieu des blessés, comme on redonne son sceptre et son trône à un roi au retour de l'exil.

\*

Bombes. Balles. Obus. Nuit déchirée d'éclats.

Hitler courait. Il transmettait les ordres, donnait des coups de feu. Il était heureux d'avoir retrouvé le front. Le combat était sa maison, l'armée sa vraie famille.

Bombes. Balles. Obus. Nuit déchirée d'éclats.

Hitler aimait la guerre parce qu'elle l'avait soulagé de tous ses problèmes. Elle lui donnait à manger, à boire, à fumer, à dormir, à penser, à croire, à aimer, à détester. Elle avait pénétré tout son être, corps et âme. Elle l'avait déchargé de lui-même, de ses insuffisances, de ses doutes. Elle lui avait procuré une raison de vivre, et même une raison de mourir. Hitler adorait donc la guerre. Elle était devenue sa religion.

Bombes. Balles. Obus. Nuit déchirée d'éclats.

Il était inépuisable parce que sa haine de l'ennemi était inépuisable. Il était courageux parce qu'il pensait que ce serait son voisin et non lui qui mourrait.

Bombes. Balles. Obus. Nuit déchirée d'éclats.

Hitler aimait la guerre parce qu'elle l'avait révélé à lui-même. Il était heureux, depuis ce retour de permission, parce qu'il avait maintenant la foi. Oui. La première nuit, dans les tranchées, il avait eu une révélation. Une vraie. La première de sa courte histoire. Il avait découvert que la guerre est l'essence même de l'existence.

*

– Dieu ? Oui... bien sûr... Mais faut-il appeler ça comme cela ?

Adolf H. contemplait pensivement le soleil amorcer sa descente derrière l'horizon. Il aimait le moment où la nature devient un artiste inspiré, risquant des colorations aberrantes, osant des ciels vert pomme, orange, braise, risquant toutes les teintes de son nuancier en l'espace d'une demi-heure.

– C'est toujours ça, le problème de Dieu : faut-il l'appeler Dieu ?

Sœur Lucie avait répondu avec énergie à Adolf, mais elle savait très bien qu'il ne l'écoutait que par politesse et qu'il ne réfléchissait qu'avec paresse, trop occupé, comme chaque soir lors de leur ultime promenade, à observer les enluminures du firmament. Pouvait-elle lui en vouloir ? Il revenait de si loin. L'amour qu'elle portait à ce blessé – dans le secret de son cœur, elle disait « son » blessé – comportait toutes les indulgences.

– Ça y est. Maintenant, il passe la terre à l'encre de Chine, dit Adolf.

Effectivement, arbres, clôtures et maisons se contractaient en des danses d'ombres chinoises. Un bleu fort et dru leur faisait un fond opalescent. Comment définir ce bleu ? Un bleu Nattier ? Un bleu de roi de France ? Curieux de penser cela, non ? Le ciel n'est pas français mais ce bleu-là l'était. Un bleu français du dix-septième ou du dix-huitième siècle.

– Non, ma sœur, je ne sais pas ce qui s'est passé cette nuit-là. Oui, j'ai prié Dieu, comme vous me l'avez demandé, mais n'était-ce pas un moyen de mobiliser toutes mes forces pour lutter ? N'était-ce pas simplement une révolte de toutes mes forces d'homme ? Une guerre contre la mort menée par ma conscience et ma carcasse ?

– C'était aussi cela.

– Et vous voulez appeler ça Dieu ? Ce n'est peut-être qu'humain. Rien qu'humain.

– Et ma prière à moi ? En même temps que la vôtre ? Au-dessus de la vôtre ?

– Peut-être y a-t-il une énergie vitale qui passe d'un corps à l'autre ? Vous m'avez donné votre énergie vitale.

– En somme, vous cherchez à expliquer cette nuit par notre seule action, à vous et à moi ?

– Oui, ma sœur, je nous vois comme un couple.

– Pas de badinage. Je constate juste que vous êtes un ingrat

228

qui multiplie les peut-être, les hypothèses et les explications conditionnelles pour éviter de faire face à Dieu et de manifester sa gratitude.

La sœur Lucie avait dit cela sans colère ni amertume. Elle était si persuadée que, durant cette nuit de fièvre, il s'était produit un miracle qu'elle n'avait aucune impatience qu'il le reconnût. Elle savait que la vérité s'imposerait, mais qu'il fallait du temps à la vérité pour faire son chemin dans un esprit aussi dur que celui d'Adolf H.

– Cependant, Adolf, si tout était effort humain pendant cette nuit, comment expliquez-vous que cela ait réussi ? A ce compte-là, le même désir de vivre et la même énergie devraient l'emporter toutes les nuits dans tous les lits de l'hôpital.

– Sœur Lucie, vous appelez divin tout ce qui réussit et humain tout ce qui rate.

Elle rit. Au fond, elle aimait cette résistance d'Adolf, cela faisait la force inépuisable de leurs conversations. Auraient-ils eu autant de choses à se dire s'ils avaient été d'accord ?

– Vous ne voulez pas croire en Dieu parce que vous êtes trop orgueilleux pour éprouver de la reconnaissance.

– Orgueilleux, moi ? Au contraire. Je ne pense pas que je suis assez important pour que Dieu se déplace.

– Tout homme est également important aux yeux de Dieu. Il prend soin de chacun.

– Ah, oui ? Alors il devrait se rendre un peu plus souvent au front. Les soldats agonisent pendant des jours parfois avant que la mort ou un ambulancier ne les ramassent. Votre Dieu, sœur Lucie, j'ai du mal à y croire pendant cette guerre. Je ne l'imaginais pas aussi amateur de carnage.

– Ce sont les hommes qui se font la guerre entre eux. Rien qu'eux. N'allez pas mêler Dieu à ça, s'il vous plaît.

Elle avait raison, Adolf, le savait et y pensait sans cesse.

Les animaux se mangent mais ils ne se font pas la guerre. Depuis le début du conflit, il comptabilisait ce qui différenciait les hommes des bêtes ; pour l'instant, il avait trouvé le tabac, l'alcool et la guerre. Trois manières de se tuer plus vite. Au fond, l'homme se distinguait de l'animal par une impatience de la mort. Un jour, sœur Lucie lui avait rappelé l'autre caractéristique humaine : le rire. Adolf, pour une fois, s'était accordé avec elle. Seuls les hommes éprouvaient cet irrésistible besoin de se moquer les uns des autres.

– Vous marchez mieux.

– Oui. Bientôt je me porterai si bien qu'on pourra me renvoyer au combat. Grâce à vous, sœur Lucie, je vais pouvoir resservir et faire un mort très présentable.

Sœur Lucie se mordit le doigt.

– Ne dites pas cela. J'aimerais tant vous garder.

Il la regarda avec tendresse.

– Poussez-moi dans les escaliers... Jetez-moi du haut de la tour.

Elle sourit, comme rassurée par l'absurdité de ce qu'il proposait.

– Ne me tentez pas.

Il rit. Elle aussi.

Il s'appuya plus fort contre son bras.

– Vous savez que, lorsque je partirai, je serai triste d'aller au front, certes, mais d'abord triste de vous quitter.

– C'est le destin des infirmières et des convalescents. Vivre de grandes heures ensemble et ne plus jamais se revoir, dit-elle avec une allégresse forcée.

– Vivre de grandes heures ensemble et ne jamais les oublier, corrigea Adolf.

Le regard de sœur Lucie se brouilla. Ses lèvres se mirent à trembler.

– Jamais. Moi non plus, je n'oublierai jamais, Adolf.

– Dieu, c'est un problème de nom. Est-ce que c'est le nom qu'il faut donner à la guérison ? J'en doute. Par contre, je sais très bien nommer ce que vous m'avez donné, du premier jour au dernier, et pendant cette terrible nuit : c'était de l'amour.

Sœur Lucie détourna son visage pour cacher son émotion.

– C'est mon devoir d'aimer.

– Ça, je l'ai bien compris. Et je le fais mien. Je vous aime, sœur Lucie.

Sœur Lucie eut un sursaut.

– Je vous aime, Adolf.

Ils laissèrent ces paroles faire leur chemin en eux. Ils se sentaient moins seuls au monde. La nuit leur paraissait moins grande, moins épaisse autour d'eux.

La cloche du réfectoire envoya son appel grêle.

– Rentrons. Appuyez-vous sur moi.

Ils marchèrent l'un contre l'autre, avec tant de cohésion, tant d'harmonie, qu'ils auraient pu croire qu'en cet instant, comme dans le silence précédent, leurs deux corps ne faisaient plus qu'un.

En passant le porche, en retrouvant la lumière jaune qui allait les rendre à eux-mêmes et les séparer, sœur Lucie murmura à l'oreille d'Adolf, juste avant de disparaître :

– Par bonheur, vous avez dit : « Je vous aime sœur Lucie », sans le « sœur », je crois que j'aurais perdu pied.

*

La guerre s'enlisait.

Elle continuait à produire chaque nuit autant de cadavres mais tous ces morts ne servaient à rien. Le front bougeait de quelques mètres, puis rétrogradait une semaine plus tard, les hommes s'épuisant à défendre des bandes de terre qu'ils ne connaissaient pas avant le conflit et auxquelles ils devaient désormais donner leur vie. L'absurdité de cette situation ajoutait son poids à la lassitude et, sous le ciel bas et vaseux d'où suintait la lumière morne du Nord, tout enthousiasme avait disparu. Il ne demeurait que la routine de l'horreur.

Hitler et Foxl, eux, n'avaient rien perdu de leur dynamisme. Ils s'étaient découvert une nouvelle passion commune : la chasse aux rats.

Plus d'une fois, au milieu de la nuit, ils s'étaient fait surprendre par une horde de rats. Les rongeurs arrivaient, bondissant, couinant, débouchant de leur cachette en nombre tellement inconcevable que le sol devenait une pelisse vivante, grouillante, informe, sifflante, d'où surgissait çà et là une petite mâchoire robuste ou un œil jaune acide infiltré de haine, tapis lustré et mouvant qui emportait sur son passage tout ce qui pouvait se manger, pain, sacs, conserves, viscères ou membres déchiquetés des cadavres. Les soldats détestaient d'autant plus les rats qu'ils savaient qu'en cas de blessure mortelle, ces charognards seraient leurs premiers croque-morts et se jetteraient sur eux pour les déchirer avec leurs dents.

Hitler et Foxl occupaient donc leurs heures libres, hors du service d'estafette, à chasser le rat chacun à sa manière. Foxl suivait la technique classique du fox-terrier, Hitler y mettait des raffinements techniques. Il déposait un petit bout de pain en guise d'appât puis s'allongeait non loin, pointait son fusil et pulvérisait la bête lorsqu'elle arrivait. Plus jouissive encore était sa tactique numéro deux qui consistait à répandre de la poudre autour du leurre, poudre récupérée dans les obus non éclatés, et y mettre le feu lorsque les bêtes s'approchaient : il avait alors le plaisir de les voir brûler vives. D'une simple occupation, c'était devenu une obsession et Hitler s'était promis, à force d'acharnement, d'arriver à la solution finale : l'extermination définitive de tous les rats du front.

Ce jour-là, Hitler s'apprêtait à reprendre son service. Lui et Foxl, après un bon après-midi de chasse, parcouraient la tranchée qui les reconduisait au premier poste de commandement lorsqu'un tintement de boîte de conserve les fit s'arrêter.

Un rat bondissait d'un remblai, traînant après lui un piège d'acier qui l'avait blessé sans l'achever. Il s'enfuyait vers l'ennemi dans un grand vacarme affolé. Foxl sauta hors du boyau et pista la proie.

– Foxl, ici ! Foxl reviens !

Le rat, ivre de rage et de douleur, courait dans tous les sens, emmenant Foxl dans son délire.

– Foxl, au pied ! Foxl, ici !

Un coup de feu retentit. Foxl eut un jappement de surprise et s'abattit sur le côté.

Le rat continua seul à détaler entre les lignes françaises et allemandes.

– Foxl !

Hitler passa la tête hors de la tranchée pour voir ce qui était arrivé à son chien. Deux balles firent alors éclater le sac de terre voisin, manquant son crâne de peu. L'ennemi lui tirait dessus.

– Salauds ! Salauds !

Il se recroquevilla dans le boyau. Il entendait son chien gémir. Foxl était blessé. C'était insupportable. Il fallait faire quelque chose. Mais quoi ? La nuit tombait. Il mit son casque au bout de son fusil pour vérifier que l'ennemi le guettait toujours et il le monta au-dessus de lui. Une balle vint dans la seconde se ficher dans le métal.

– Salauds !

L'obscurité s'était faite. La première fusée éclairante s'épanouit au ciel et, de son parachute de soie, envoya sa lumière verte, signe de reprise du combat.

Le bombardement commença.

Les ténèbres devinrent folles. Ce fut un déchaînement. Une frénésie.

Hitler ne bougeait pas.

Toute l'artillerie allemande s'était déployée autour de lui. On tirait. On mitraillait. On hurlait. On tombait. Hitler se sentait incapable de rejoindre son poste. Dans les rémissions du feu, il entendait Foxl gémir. Il était paralysé par la douleur de son chien.

— Salauds, bande de salauds, murmurait-il entre ses dents.

Au milieu de la nuit, les cris de Foxl changèrent. Il hurlait à la mort. Il avait compris qu'il allait agoniser, seul, cette nuit, sous le ciel déchiré par l'acier et le feu.

Hitler pleurait. Il n'osait même pas appeler son chien, il préférait que Foxl se crût seul, il préférait que la bête ignorât que son maître, impuissant, se trouvait à quelques mètres de lui, terré dans un trou.

Au matin, la plainte se fit plus fine, plus aiguë, plus déchirante. Foxl était sur le point de mourir mais appelait encore. Hitler se mit les mains sur les oreilles.

— Salauds ! Pas les animaux ! Les hommes autant que vous voulez, mais pas les animaux !

Lorsque le feu cessa à l'aube, il entendait encore un halètement plaintif. Autour de lui, les brancardiers couraient en ramenant des monceaux de blessés et de morts.

Il parvint à se redresser, prit son fusil, passa la tête hors du trou pour localiser Foxl et tira.

La plainte se tut enfin. Foxl était mort. La haine s'engouffra en Hitler pour prendre la place du chagrin. Il se mit à vitupérer contre l'ennemi :

— Bande de salauds ! Vous ne gagnerez jamais la guerre,

vous m'entendez, jamais ! L'Allemagne viendra boire votre sang, vous vous agenouillerez devant elle, vous deviendrez nos esclaves, Paris sera allemand ! Je vous hais ! Je vous hais. Je me vengerai et rien ne sera assez fort pour ma vengeance. Je vous hais ! Salauds !

Puis il se mit à tirer sans discernement sur les lignes françaises, espérant toucher l'homme qui avait tué Foxl, sans penser une seconde qu'il pût déjà être mort.

Les infirmiers durent se mobiliser à quatre pour le maîtriser et le médecin-chef lui administra une piqûre de calmant.

*

Dorés par un soleil languide, Adolf H., Bernstein et Neumann paressaient auprès du baraquement de l'état-major. Cela sentait le goudron, la sieste et la sueur des pieds.

– Nous allons perdre la guerre.

Neumann venait de lire tous les journaux récupérés dans les poubelles des officiers.

– Nous ? s'exclama Bernstein. Je ne fais plus partie d'aucun « nous », à part « nous trois ». Pour moi, sortir de la guerre vivant, c'est l'avoir gagnée. Si je reviens du front, je vous préviens d'ailleurs que je ne serai plus autrichien, ni même d'aucun pays. Apatride et pacifiste, voilà comment je rentrerai.

– Il va falloir tenir encore quelques semaines, ajouta Adolf, inquiet.

Depuis qu'il était retourné au combat et qu'il avait eu la joie de retrouver ses amis vivants, il craignait à chaque instant qu'il leur arrivât quelque chose. Leur groupe s'était reformé, rendu plus fort des dangers traversés, toujours muet sur les sentiments qui l'unissaient, seule parcelle d'humanité dans ce monde qui perdait le cœur et la raison.

– La guerre n'est plus une guerre à la mesure de l'homme,

continua Adolf. C'est une guerre de métal, de gaz et d'acier, une guerre de chimistes et de forges, une guerre d'industriels où nous, pauvres tas de chair, nous ne servons plus à combattre mais à vérifier que leurs produits tuent bien.

— Tu as raison, dit Bernstein. C'est une guerre d'usines, plus une guerre d'hommes. Celui qui gagnera sera celui qui aura craché le plus de ferraille. Nous, nous ne comptons pour rien. Quand j'ai vu arriver les premiers tanks, ces tonnes d'acier qui passent partout et écrasent tout, j'ai compris que nous étions inutiles. A quoi bon avoir du courage et de l'adresse devant une machine qui, de toute façon, te résiste et t'anéantit ?

— Qu'est-ce que vous racontez ? s'exclama Neumann. A vous entendre, vous ne feriez la guerre que si vous pouviez tuer à bout portant, les yeux dans les yeux. C'est ça ?

— Oui.

— Eh bien moi, je suis ravi de ne pas voir sur quoi je tire, de mitrailler dans le lointain, de jeter des grenades dans la direction qu'on m'indique. Si j'avais des hommes en face de moi, je ne sais pas si j'y arriverais.

— N'importe comment, dit Bernstein, je ne veux pas faire de guerre. Je ne veux plus faire partie d'aucune nation.

— Il faudra bien que tu vives quelque part, objecta Adolf.

— Quelque part, oui, mais dans un pays, pas dans une nation.

— Quelle différence ?

— Un pays devient une nation quand il se met à détester tous les autres pays. C'est la haine qui fonde la nation.

— Je ne suis pas d'accord, dit Neumann. Une nation, c'est un pays qui s'organise pour t'assurer de vivre en paix.

— Ah oui ? Y aurait-il des guerres s'il n'y avait pas de nations ? Que faisons-nous ici ? Parce qu'un Serbe a tué un Autrichien, l'Allemand et l'Autrichien font la guerre au Français, à l'Anglais, à l'Italien, à l'Américain, au Russe. Tu peux m'expliquer ça autrement que par une logique de haine ? Le nationalisme est une névrose fatale, mon bon Neumann, et, pour parler comme le docteur Freud, il devient une psychose irréversible lorsqu'il vire au patriotisme. Si tu admets le principe de la nation, tu admets le principe d'un état de guerre permanent.

Ils écoutèrent le grondement du front au loin. Le paysage se tenait aux aguets. Comme d'habitude, l'acier se déchaînerait pendant la nuit.

– Après la guerre, j'irai m'installer à Paris, déclara Bernstein.

– Paris ? Pourquoi Paris ?

– Parce que c'est là que la peinture moderne s'invente depuis trente ans.

– A Montmartre ?

– Non. C'est dépassé. A Montparnasse. Je loue un très grand atelier rue Campagne-Première et je m'installe.

– Dis-moi, tu as l'air de bien connaître tout ça.

– J'ai mes relations.

Bernstein se tut mystérieusement. Adolf et Neumann, connaissant la pudeur maladive de leur ami quant à ses amours, n'insistèrent pas.

Bernstein releva la tête et sourit à pleines dents.

– Qui m'aime me suive ! A Montparnasse ?

– A Montparnasse !

– A Montparnasse !

Et les trois amis riaient, heureux à l'idée bienfaisante que leur avenir leur fût restitué.

« En attendant, il va falloir tenir », songea Adolf avec angoisse.

\*

– En arrière vite !

La troupe se replia. La tranchée étant pénétrée par les Anglais à ses deux extrémités, les Allemands se résolurent à l'abandonner et coururent se mettre à l'abri dans le boyau suivant.

– A gauche ! Celui-ci est pris aussi. A gauche ! Vite !

On partit à gauche.

En cette nuit d'octobre 1918, le régiment de l'estafette Hitler se trouvait pour la troisième fois depuis 1914 sur cette même terre boueuse. Après avoir été leur villégiature de repos, le village de Comines était devenu le champ de bataille. Les Anglais avançaient pied à pied.

A part Hitler, tout le monde savait que la guerre, après quatre ans de maladie chronique, allait maintenant sur sa fin. L'Allemagne reculait. En quelques mois, elle venait de perdre un million d'hommes, d'épuiser ses réserves de vivres, de munitions et de moral.

Hitler refusait d'envisager une défaite de l'Allemagne parce qu'il s'était identifié à l'Allemagne. Comme il n'était pas envisageable que lui, Hitler, l'invincible, le brave, l'énergique, le constant miraculé pût être atteint, l'Allemagne vaincrait. Pour juger la situation, il ne retenait que les éléments qui pouvaient alimenter sa conviction : l'effondrement du front russe, la débâcle italienne, et enfin sa Croix de Fer de première classe, remise le 4 août dernier par le lieutenant Hugo Gutmann, récompense exceptionnelle pour un simple caporal. Alors ? N'était-ce pas une preuve que la guerre progressait ?

– Dans le bosquet, vite ! A couvert !

Il commençait à trouver anormal de n'être qu'un matricule au milieu de huit millions d'hommes. Etait-il à sa place ? Etait-il juste que lui, qui pouvait rendre tant de services à sa patrie, fût un simple caporal au front, exposé au geste fortuit de n'importe quel nègre d'en face ?

– Rampez jusqu'à la lisière ! Vite !

Il n'avait pas remplacé son chien Foxl car il ne voulait pas redonner à l'ennemi l'occasion de le faire souffrir autant.

– Attention : gaz !

L'alerte au gaz rebondit de soldat en soldat. Gaz. Gaz. Gaz. Chacun se protégea d'un masque.

Les attaques au gaz se multipliaient. On disait, dans les troupes allemandes, que les Anglais chargeaient leurs obus d'un nouveau produit, le gaz moutarde, une substance insidieuse qui se montrait différemment toxique selon les individus. Chacun apprenait par ses souffrances ce que le poison produisait sur lui. C'était un raffinement qui effrayait.

Hitler avait du mal à respirer dans la poche étroite de son masque. Il était malaisé de reprendre son souffle et de se contenter de cette petite provision d'atmosphère plus de dix minutes.

A l'avant, Hugo Gutmann profita d'une fusée éclairante pour faire signe à ses hommes de garder leurs masques.

Ils étaient pris sous une pluie d'obus chargés de gaz et l'absence totale de vent empêchait que les nappes ne se dispersent. Les casques pointus émergeaient de cet océan laiteux comme des poissons volants.

Hitler n'y tenait plus. Même en se forçant à respirer de la façon la plus avaricieuse qui soit, il sentait son corps manquer d'oxygène et faiblir dangereusement. Que pouvait-il faire ? Il avait désormais le choix entre mourir d'étouffement dans son masque ou d'empoisonnement par les gaz.

Devant lui, plusieurs hommes se levèrent et arrachèrent leurs protections.

– Courez ! Fuyons les gaz ! Vite !

Hugo Gutmann, voyant ses hommes céder à la panique,

enleva aussi son masque pour leur ordonner de fuir ce terrain mortifère.

Hitler commença à s'élancer avec son masque, puis, sentant qu'il s'asphyxiait, le jeta et galopa encore plus vite.

*Je suis invincible. J'échappe aux balles. Aux obus. Aux gaz. J'échappe à tout. Ma bonne étoile continue à me protéger à la hauteur de ma valeur. Je m'en sortirai.*

Il se hâta sur plusieurs centaines de mètres et, constatant que les hommes tombaient autour de lui, il conclut qu'une fois de plus sa cuirasse d'invincibilité avait joué son rôle.

Il finit par rejoindre le lieutenant Gutmann dans un fossé défendu par leur artillerie.

– Comment allez-vous, caporal Hitler ?

– Très bien, mon lieutenant.

Hitler s'enfonça allègrement dans la zone arrière, plus épargnée par la rage des bombardements.

A six heures du matin, il sentit que ses yeux chauffaient.

A six heures et demie, ils brûlaient.

A sept heures, ils lui paraissaient des charbons ardents.

A sept heures et demie, Hitler soupçonna qu'il avait peut-être respiré des gaz.

A huit heures, alors que le jour se levait, les ténèbres se firent autour d'Adolf Hitler. Il comprit qu'il était devenu aveugle.

Il tomba sur place. Où ? Il ne voyait plus rien et hurla :

– Mes yeux ! Les gaz ! Mes yeux !

Ses orbites étaient en feu alors que le reste de son corps lui semblait engourdi dans la glace. Il brûlait et frissonnait à la fois. Il comprit qu'on le déposait sur une civière.

Une main prit la sienne.

– Je crois que la guerre est finie pour vous, Hitler.

Il reconnut la voix du lieutenant Gutmann.

Cette phrase le paralysa : la guerre finie pour lui ? Qu'allait devenir la guerre sans lui ? Et le front sans sa flamme ? Et l'Allemagne sans sa foi ? Il eut envie de protester, de nier sa cécité, d'exiger qu'on le laissât là, mais ses forces ne lui répondirent pas.

« Tu mourras par où tu as péché... »

Par-dessus les cahots de la camionnette puis les sifflements du train, la phrase entendue dans son enfance lui revenait avec le flux et le reflux des fièvres.

« Tu mourras par où tu as péché. »

Il était peintre. Il perdait les yeux. Il ne peindrait plus et son infirmité l'excluait du front. S'il ne mourait pas, qu'allait-il devenir ?

\*

Adolf H., Neumann et Bernstein savaient qu'ils menaient sans doute leur dernier combat. Ils le livraient sans le livrer, à peine présents à ce qu'ils entreprenaient, comme s'il se fût agi de la répétition d'une pièce et non du spectacle réel.

Ils auraient eu envie de s'économiser, mais le déchaînement des forces ennemies ne le permettait pas. Ils auraient eu envie de se protéger, mais l'entraînement de la violence les obligeait à se battre. Ils auraient eu envie de se faire porter malades, mais ils avaient été attirés, une ultime fois, en esthètes, par la splendeur inutile du dernier combat.

La pleine lune favorisait les vols d'avions. Les obus pleuvaient avec force, démontrant à chaque instant la force matérielle écrasante de l'ennemi.

– Tenir jusqu'à l'aube, se répétait Adolf.

Les fantassins français arrivaient de toute part. Il fallait reculer. Les trois amis se séparèrent au gré des ordres et des circonstances.

Adolf traversa cette nuit en somnambule. Du guerrier, il

avait les gestes routiniers, les excellents réflexes, mais son esprit était déjà ailleurs, au lendemain, au surlendemain, à la paix.

– Tenir jusqu'à l'aube.

Plusieurs fois, il constata avec indifférence que son compte avait failli être bon. Les balles le rasaient. Les shrapnells envoyaient leurs nuées contre lui. Il s'en moquait.

– Tenir jusqu'à l'aube.

Il eut peur que son détachement prématuré ne lui jouât un tour. Il tenta de se forcer à avoir peur. En vain.

– Tenir jusqu'à l'aube.

L'aube était là, enfin, porteuse de promesses. Le vacarme commença à faiblir à mesure que croissait la lumière.

Adolf marcha longtemps pour rejoindre l'ultime poste d'état-major arrière.

En s'approchant, aux mines grises des officiers, il sut qu'il avait raison. On venait de l'annoncer officiellement : la guerre était perdue.

Il s'assit sur un banc de ferme et s'offrit aux rayons du soleil. Il prit un bain de lumière. Les feux pâles de l'hiver le chauffaient avec lenteur, lui procurant la détente d'une longue douche, le lavant de quatre années de sueur, d'angoisse, de peur mortelle. Cette aube enfin était une aube véritable, celle qui décide d'un jour nouveau. Sa vie et son avenir lui étaient restitués.

Neumann vint le rejoindre. Il s'assit sans un mot. La même force passait en eux. Ils savaient qu'ils étaient heureux.

Les blessés de la nuit commençaient à arriver.

Les valides aidaient les impotents. Deux brancardiers amenaient un tas de chair gémissant sur une civière.

– Piqûre, cria l'infirmier avec une expression d'épouvante.

Le médecin s'approcha et marqua un temps d'arrêt devant l'horrible spectacle. Il détourna les yeux, saisit le bras de l'homme et lui injecta du calmant. Adolf et Neumann s'approchèrent. Le soldat avait eu le visage arraché. Il n'avait plus d'yeux, plus de nez, plus de bouche. Et pourtant, il vivait. Dans cette bouillie de viande, parmi ce sang qui coulait, il y avait encore une bouche qui voulait parler, un menton qui s'agitait par habitude, un garçon qui cherchait à appeler ses camarades, mais il ne sortait plus de cette charpie humaine qu'une compote de sons.

– Regarde sa main, dit Adolf.

Le soldat portait une bague d'argent à l'annulaire. C'était Bernstein.

\*

– C'est une intoxication à l'ypérite. Vous allez retrouver la vue petit à petit.

Le docteur Forster rassurait le blessé au milieu des plaintes, dans la grande salle commune.

– Contrairement à ce que vous sentez, vos yeux n'ont pas été détruits et vous n'êtes pas atteint de véritable cécité. Il s'agit d'une conjonctivite très aiguë accompagnée d'un gonflement des paupières.

Hitler l'écoutait, mais avait du mal à le croire. Il demeurait punaisé dans les ténèbres. Il savait qu'il se trouvait à l'hôpital de Pasewalk, mais il n'en avait rien vu, il comprenait qu'il était soigné par le docteur Forster, mais il ne pouvait dire si celui-ci était brun, blond ou roux, il connaissait tous ses voisins de chambrée par leurs noms, leurs voix et leurs récits et c'était pour lui une intimité intolérable que de coucher parmi tant de corps et de visages inconnus.

– Peut-être voyez-vous déjà. Sans doute même. Je vous impose un bandage complet par prudence.

– Mais les mains, docteur, pourquoi est-ce que vous m'attachez les mains au lit ?

– Je ne veux pas que vous vous frottiez les yeux. Si vous le faisiez, alors vous risqueriez d'enflammer les globes et les paupières au point de rendre la cécité définitive cette fois-ci.

– Je vous jure que...

– C'est pour votre bien, caporal Hitler. Pensez-vous que j'aie envie de mettre des menottes à un héros ayant reçu la Croix de Fer de première classe ? Je veux vous voir guérir parce que vous le méritez.

Hitler se tut et consentit. Le docteur Forster savait qu'on obtenait l'obéissance d'Hitler si on le flattait judicieusement. « Curieux homme, pensa-t-il, capable de tout endurer si on le reconnaît comme un être exceptionnel. Etrange courage fondé sur une estime de soi défaillante. Rarement vu un ego aussi fort et aussi faible à la fois. Fort car il se pense le centre absolu du monde, truffé de certitudes inébranlables, persuadé de penser toujours juste. Faible car il a un besoin dévorant que les autres distinguent ses mérites, le rassurent sur sa valeur. Tel est le cercle vicieux des égocentriques : leur ego demande tant qu'ils finissent par avoir besoin d'autrui. Ce doit être épuisant. Il vaut mieux n'être qu'un simple égoïste. »

Le docteur Forster quitta la salle pour rejoindre l'équipe médicale qu'il essayait de convertir aux nouvelles méthodes d'investigations mises au point par le docteur Freud à Vienne.

Le voisin de lit d'Hitler, un certain Bruch, dit de sa voix sifflante :

– Pas de pot, mon gars ! Si tu guéris, tu ne pourras même pas avoir une pension d'invalidité. Dommage ! Pour un peintre, devenir aveugle, ça pouvait rapporter un joli petit magot à vie.

Hitler ne répondit pas. Il ne savait pas, à cette heure, ce qui le décourageait le plus : perdre la vue ou entendre ces réflexions de couards profiteurs.

– Camarades, la révolution approche, commença Goldschmidt.

Hitler soupira d'impatience. Goldschmidt le Rouge allait les polluer tout l'après-midi avec ses discours marxistes. Tout allait défiler : la réussite de la Révolution russe, l'ère nouvelle de liberté et d'égalité, le dynamisme des travailleurs qui prenaient enfin leur vie en main, la dénonciation des capitalistes qui tuent et affament, etc. Hitler éprouvait des sentiments ambigus par rapport à cette nouvelle idéologie ; il n'avait pas encore pris position, faute de réussir une synthèse. Certains points lui plaisaient, d'autres pas. Il appréciait la dénonciation de la bourgeoisie des villes, les phrases contre les profiteurs, la Bourse, la finance mondiale. Mais il avait été choqué par la grève des munitions déclenchée par les syndicalistes en vue d'obtenir une paix anticipée et il résistait fortement à l'internationalisme. Cette doctrine d'origine juive et slave voulait abolir les différences entre les nations et établir un ordre supérieur qui ne tienne plus compte des patries. Alors, songeait Hitler, à quoi bon cette guerre ? Alors ce ne serait plus une supériorité d'être allemand ? Allait-on mettre à bas la monarchie ? Deux ou trois fois, il avait voulu participer à la discussion qui passionnait tous les blessés de Pasewalk mais, à son habitude, maladroit, confus, sans autorité, il n'était pas parvenu à se faire entendre et avait rapidement préféré se retrancher dans le silence.

Le lendemain, il sentit une pression douce sur sa main.

– Caporal Hitler, nous allons vérifier que votre vue revient. Je vais vous enlever vos bandages. Attention, serrez les dents, ce peut être douloureux.

Hitler eut tellement peur du résultat qu'il faillit demander qu'on le laissât sous ses compresses et ses gazes. Et s'il ne voyait plus ?

Mais le visage du docteur Forster lui apparut dans un

monde flou et piqueté de points rouges. Le visage du clinicien était étonnamment gros, jeune et rose ; il s'était laissé pousser un collier de barbe et avait mis des lunettes pour se vieillir mais les petits poils follets roux et la rondeur étonnée des verres contribuaient encore à le rajeunir, lui donnant l'aspect d'un nourrisson déguisé en étudiant.

– Je vois, dit Hitler.

– Combien ai-je de doigts ? demanda Forster en en montrant trois.

– Trois, murmura Hitler en pensant qu'on le prenait vraiment pour un crétin.

– Suivez le parcours de mon index.

Hitler suivait la main qui allait de droite à gauche, de haut en bas. Cela produisait de douloureuses contractions de son visage. Il grimaça.

– Tout va revenir petit à petit, ne vous inquiétez pas.

– Est-ce que je pourrai recevoir la presse ?

– Oui, mais je doute que vous arriviez à lire.

– Il le faut. Ici, je n'entends que des ragots sur la situation de l'Allemagne. J'ai besoin d'informations.

Le docteur Forster lui posa deux quotidiens sur son lit et s'éloigna. Hitler constata avec dépit que les caractères formaient une ligne continue et tangente qu'il n'arrivait pas à déchiffrer. Il soupira d'agacement.

– Camarades, s'écria Goldschmidt, des révolutionnaires viennent d'arriver dans cet hôpital. Il s'agit de marins qui se sont mutinés. Nous devons leur manifester notre soutien.

Hitler regarda ses camarades de chambrée qui s'animaient autour de l'intervention de Goldschmidt. Tiens, il n'avait pas remarqué avant de voir leur physique que Goldschmidt, Bruch et cet autre efflanqué, là-bas, les trois leaders rouges de la salle, étaient tous juifs. Quel rapport cela avait-il ?

Un pasteur fit irruption et le silence se fit. Son visage affligé était porteur d'une mauvaise nouvelle.

— Mes enfants, dit-il d'une voix tremblante, l'Allemagne a capitulé. La guerre est perdue.

Un silence prolongea ces paroles. Chaque blessé se disait qu'il avait souffert et combattu pour rien.

— Nous devons donc nous en remettre à la merci des vainqueurs et prier Dieu de compter sur leur magnanimité.

Ça, c'était encore plus cruel : perdre, c'est une chose, mais obéir à son ennemi, c'en est une autre. Un destin d'esclave était promis à l'Allemagne.

— Ce n'est pas tout, ajouta le pasteur. La monarchie est tombée. Le Kaiser se retire. L'Allemagne est désormais une république.

— Hourra ! cria Goldschmidt.

— Hourra ! renchérit Bruch.

— Taisez-vous ! cria un amputé.

Si le pasteur avait voulu ajouter quelque chose, il ne le pouvait plus : la chambre était devenue une assemblée où les parlementaires s'envoyaient des insultes à la figure.

Hitler, les larmes aux yeux, pensa qu'il allait immédiatement mourir. Il se retourna sur son oreiller et sanglota autant que pour la mort de sa mère ou l'agonie de Foxl. *L'Allemagne ne peut pas tomber de si haut. Moi non plus.*

Soudain, l'obscurité se fit autour de lui. Il leva les mains devant lui et les agita : il ne les voyait plus. C'étaient des ténèbres brun sombre, la couleur même de l'argile où il s'était couché pendant quatre ans, qu'il avait défendue pendant quatre ans, embrassée quand le bombardement se déchaînait. Il était devenu terre, rendu à la terre. Sûr, il devait être mort.

— Mes yeux ! Mes yeux !

Il s'était mis à hurler.

Des infirmiers se précipitèrent pour l'empêcher de se frapper les orbites. Le docteur Forster accourut, lui fit une piqûre calmante et exigea qu'on le mît seul dans une petite chambre à part.

Hitler sombra dans un état paradoxal, une indignation interrompue d'évanouissements. Il entendait, lointaine, sans la comprendre, la discussion où s'affrontaient le jeune docteur Forster et le doyen Steiner, chef de l'hôpital militaire à Pasewalk.

— Je vous dis que c'est une réaction psychologique.

— Arrêtez de brandir votre psychologie à tout bout de champ, Forster. Vu l'ampleur de sa conjonctivite récente, une crise de larmes a suffi à la réactiver. Il s'agit de la même cécité que précédemment.

— Je vous assure que non. Il s'agit cette fois-ci d'une cécité toute différente. Le patient refuse de voir. Il veut nier que la guerre est perdue. Il s'agit d'une cécité d'origine hystérique. Professeur Steiner, je vous demande la permission de pratiquer l'hypnose sur ce patient.

— Je vous l'interdis.

— Mais pourquoi ?

— Je ne crois pas à vos procédés de charlatan.

— Si vous n'y croyez pas, c'est que vous les estimez inoffensifs. Laissez-moi donc essayer.

— Non. Mon hôpital ne sera pas transformé en baraque de fête foraine. Vous laisserez le patient retrouver tout seul la vue.

Le professeur Steiner claqua la porte, ne doutant pas d'être obéi.

— Vieux crétin, murmura Forster entre ses dents.

Pour lui, il s'agissait d'un conflit de générations : la vieille garde médicale ne supportait pas les avancées de la nouvelle et refusait tout en bloc. Il s'approcha d'Hitler qui gémissait en se débattant sur sa couche.

– C'est trop tentant.

Oui, vraiment, qu'est-ce qui pouvait l'empêcher de faire ce qu'il voulait avec ce patient ? Pas cette antique barbe de Steiner qui devait déjà être retourné chez lui siroter son schnaps, lui laissant, comme chaque nuit, la responsabilité complète de l'hôpital.

– Tant pis. J'y vais. Un jour, il sera bien obligé de reconnaître que j'ai raison.

Il sortit son carnet où il faisait la comptabilité secrète des malades qu'il soignait avec sa méthode, la suggestion hypnotique. En quatre ans de guerre, il y avait déjà noté trente-cinq noms dont il s'attribuait la guérison. Le caporal Hitler serait sans doute le dernier avant qu'il n'allât ouvrir son cabinet privé à Berlin.

Il ferma la porte à clé puis se pencha au-dessus de l'homme. Pratiquer l'hypnose sur un patient aveugle n'était pas chose aisée. Il peinait. Enfin, après vingt minutes, il sentit qu'il avait gagné son attention et commençait à se faire obéir.

– Levez la main gauche.

Hitler leva la main gauche.

– Frottez-vous l'oreille droite.

Lentement, la main gauche d'Hitler alla chercher l'oreille droite puis la frotta.

– Très bien. Maintenant, vous allez graver dans votre mémoire tout ce que je vous dis. Ce sera votre table de la loi pour les années à venir. Si vous êtes d'accord, baissez légèrement la tête.

Hitler opina. Forster sentit qu'il avait établi le contact hypnotique.

– Adolf Hitler, l'Allemagne a besoin de vous. Elle est malade, comme vous. Elle doit guérir, comme vous. Vous ne devez plus vous cacher la vérité, vous ne devez plus vous obscurcir les yeux, vous devez redevenir lucide. Croyez en votre destin, Adolf Hitler, cessez de vous aveugler et votre aveuglement cessera de même. Retrouvez la foi, Adolf Hitler, croyez en vous. De grandes choses vous attendent, un monde à reconstruire, une vie à accomplir. N'hésitez plus jamais. Ne soyez jamais ébranlé par les événements. Poursuivez votre route. Pas de doutes. L'avenir est à vous. Au matin, je veux, quand vous vous réveillerez, que vous ayez retrouvé l'usage de vos yeux. L'Allemagne le veut. Vous le devez à l'Allemagne.

Il se pencha au plus près du blessé.

— Faites-moi signe que vous avez compris. Relevez la tête.

Hitler releva la tête.

— Je vous laisse reposer, Adolf Hitler. Je viendrai vérifier au matin que vous m'avez bien obéi.

Il rouvrit la porte et laissa son patient dans l'obscurité.

Après une demi-heure, Hitler se releva brusquement sur sa couche. Il demeura assis, dépassé par la force de ses pensées. C'était un tumulte d'idées qui déferlait dans son esprit, mais ce torrent lui faisait du bien ; il avait le sentiment que tout devenait clair.

— Gutmann, Bruch, Goldschmidt... tous juifs. Nous avons perdu la guerre à cause des Juifs. Comment ne m'en suis-je pas rendu compte plus tôt ? Ah Gutmann, je revois ton air embarrassé quand j'ai ramassé ta kippa ; et moi, crétin, qui ne comprenais pas ta traîtrise. La guerre a été perdue parce que l'état-major était plein de Juifs comme toi et qu'on ne peut pas être à la fois allemand et juif. Nous étions commandés par des traîtres. Ils étaient dans tous les camps, tous les pays, ils ne croient en rien parce qu'ils sont juifs. Ils mangent à tous les râteliers parce qu'ils sont juifs. Ils infectent notre sang et nos nationalités. Des Juifs au front, des Juifs à l'arrière qui prenaient d'assaut l'administration et la politique, qui organisaient des grèves de munitions. Mais la finance, mais l'économie ne sont-elles pas juives ? Il n'y a de noble que la possession d'une terre. Ils y ont substitué la Bourse et les sociétés d'actionnaires. Bien joué ! Ils ont sapé et rongé notre monde à notre insu. Maîtres des apparences. Maîtres des masques. Oh, Schopenhauer, pardon. Je ne comprenais pas pourquoi tu écrivais que les Juifs sont « les maîtres du mensonge ». Ils sont doubles, allemands en apparence, juifs au fond. Pardon Nietzsche, pardon Wagner ! Je n'avais pas saisi l'ampleur de votre perspicacité... Vous auriez dû m'éclairer par votre antisémitisme. Au lieu de cela, je me détournais de vos haines, je les trouvais hétérogènes. Pardon ! J'étais moi-même infecté de culture juive, d'universalisme, d'examens critiques. Ils ont dévitalisé l'intelligence allemande en faisant de nous un peuple de professeurs sourcilleux, d'érudits qu'on encense dans le monde entier. Quelle tartuferie ! Quel piège ! La véritable éducation doit être celle de la force et de la volonté ! Ah, colonel Repington, tu as beau être un officier anglais, tu n'avais pas tort lorsque tu déclarais dans les journaux : « Sur trois Allemands, il y a un traître. » Tu as raison. Un traître et deux imbéciles. Un Juif et deux naïfs abusés, roulés dans la farine, badigeonnés jusqu'au museau de culture juive. Mais, désormais, je suis là. J'ai foi en moi. Je montrerai le chemin. Je braquerai ma torche sur les tranchées qui grouillent de rats, je montrerai le réseau souterrain qui nous engloutira si nous ne réagissons pas. Après tout, cette défaite sera une bonne chose pour l'Allemagne. Une vraie crise qui mettra au jour le virus jusque-là invisible. Pardon Nietzsche ! Pardon Wagner ! Pardon Schopenhauer ! Vous m'aviez déjà dit cent fois ce que je reçois ce soir comme une révélation. Une illumination. Les médecins ont beau nous prévenir, on se méfie plus de la peste que de la tuberculose. Car la peste est spectaculaire, ravageuse, rapide, alors que la tuberculose est silencieuse et chronique. Du coup, l'homme domine la peste alors que la tuberculose le domine. Il nous fallait cette catastrophe. Maintenant les microbes sont démasqués. Il faut organiser la guérison. Je serai le médecin de l'Allemagne. J'éradiquerai la race juive. Je les dénoncerai, les empêcherai de se reproduire et les évacuerai ailleurs. Qu'ils aillent salir ce qui n'est pas allemand. Je ne faillirai pas. J'ai confiance en ma mission. Ce soir, je dis adieu à la tiédeur. La tiédeur, la modération, ce sont des ruses juives. Je serai systématique, énorme et sans nuances. Regardons l'univers : est-ce qu'il y a de la place pour l'esprit critique ? Non. Tout est régi par la force. La lune tourne autour de la terre parce que la terre est la plus forte. La terre tourne autour du soleil parce que le soleil est le plus fort. L'attraction, c'est le règne de la force. L'homme ne peut se retrancher de l'univers. J'avancerai droit et sans faillir. J'ai compris ma mission.

A huit heures, le docteur Forster entra dans la chambre, tira les rideaux et réveilla l'endormi. Hitler ouvrit les yeux. Il suivit les rayons du soleil qui coulaient de la lucarne au lit. Il sourit au docteur Forster. Il voyait.

Le médecin sortit, s'appuya sur le mur du couloir, dégaina son petit carnet secret et inscrivit avec satisfaction ces trois petits mots : « Adolf Hitler : guéri. »

*

« Chère Lucie,

Comment aurais-je pu imaginer que ce retour à la paix serait si décevant ? Durant quatre ans, sous le feu des tranchées, à l'hôpital auprès de vous, j'ai retendu mon énergie en songeant à *L'après*. *L'après* qui succéderait à toutes ces horreurs, *l'après* qui justifierait que nous ayons tenu envers et contre tout. *L'après* est arrivé. Il est creux. Il est vide. Il est douloureux.

Après avoir enterré Bernstein, nous sommes revenus à

Vienne, Neumann et moi. Ce fut insupportable, nous avions le sentiment d'être cloués encore vivants dans nos souvenirs. Bernstein était partout, à l'atelier que nous avions récupéré, dans ses tableaux que nous avons pu de nouveau admirer, dans les cafés où nous allions ensemble, à l'Académie des beaux-arts qui nous a demandé de prononcer l'éloge de notre "valeureux camarade mort au combat", comme si nous avions envie de célébrer le soldat Bernstein... Nous avons retrouvé notre monde mais c'est une restitution faussée. Tout nous blesse dans la Vienne de 1919 : sa splendeur – comme si elle n'avait pas été affectée par la guerre –, sa nouvelle jeunesse – je viens de réaliser que j'ai trente ans –, sa xénophobie accentuée qui peut faire craindre d'autres guerres, ses perpétuelles discussions intellectuelles auxquelles je n'ai plus la force de m'intéresser après quatre ans de barbarie.

Neumann m'a inquiété dès le décès de Bernstein. La perte de notre ami lui a fait tant de mal que ses nerfs, ébranlés, incapables de supporter un tel choc, ont transformé le chagrin en haine. Il a d'abord vitupéré contre la guerre, le commandement, les docteurs impuissants. De retour ici, il a tourné sa haine contre ceux de l'arrière, les planqués, les profiteurs, ceux qui avaient eu le culot de travailler et de prospérer pendant que Bernstein était transformé en chair à canon. Lorsque nous allons dans les ateliers et chez les marchands, il n'a que des mots durs contre ces croûtes "qui ne valent pas une esquisse de Bernstein". L'autre jour, j'ai dû le maîtriser alors qu'il entreprenait de tuer aux poings un collectionneur qui avait eu le malheur d'avouer qu'il ignorait qui était Bernstein. Lui-même étonné de s'être laissé aller à un tel accès de violence, il a convenu avec moi qu'il ne pouvait continuer ainsi. Depuis lors, il m'a donné l'impression de s'être calmé jusqu'à ce que je découvre que, de cette agressivité, il avait

fait un tout autre usage et que... mais cela, je vous le raconterai ensuite.

Il m'est arrivé une chose étrange. J'ai vécu une nuit aussi
extraordinaire que celle passée avec vous dans la petite chambre des agonisants.

Revenu à l'atelier, j'ai constaté que ma main, mon œil,
mon esprit, et je ne sais quoi encore, s'étaient rouillés. Comme
un pianiste qui revient de vacances, j'ai fait des gammes :
croquis rapides, natures mortes, copies de maîtres. J'ai gâché
du papier et de la toile pour retrouver ma technique. Au
fond, j'étais assez heureux d'effectuer tous ces travaux qui
avaient la poubelle comme destination car cela m'évitait de
songer aux deux problèmes majeurs du peintre : le style et le
sujet.

Ainsi que je vous l'avais expliqué, sœur Lucie, je suis un
peintre qui a beaucoup de talent et pas du tout de génie. Je
manque de singularité. C'était le problème sur lequel je butais
à l'orée de la guerre : j'avais développé une grande habileté
technique tout en ne sachant absolument pas quoi en faire.
Un multimilliardaire qui n'aurait aucun désir d'acheter. Un
dictionnaire de huit mille pages qui n'aurait rien à dire.
Certes, j'exprimais parfois des sentiments dans mes toiles,
mais des sentiments conventionnels sous une forme conventionnelle.

Une nuit, découragé par ma stérile virtuosité, je me laissai
aller à faire n'importe quoi. Je crayonnai au hasard, accro-
chant des éléments incongrus les uns aux autres, ainsi que
notre imagination le fait pendant nos rêves. Il y avait de
l'amusement à faire cela, et de la rage aussi, rage de rompre
avec la perfection académique. Je dessinai une bonne sœur
– peut-être était-ce vous sœur Lucie – qui volait au milieu
d'un nuage de mouettes. Les mouettes blanches en triangle
attaquaient une escadrille parallèle d'obus noirs et menaçants.

Dessous, il y avait une grande plage champagne à marée basse. Dans le ciel, je mis les étoiles de mer et, dans le sable, les étoiles du ciel. J'ajoutai quelques rochers sur la grève, des rochers doux et huileux dont certains, sous mon trait, se transformèrent en femmes nues, lascives, offertes, d'autres en couples faisant l'amour. Je ne comprenais rien à ce que je faisais, mais je jubilais comme un gosse qui réalise une mauvaise farce. Puis, des pierres, je fis sortir de minuscules phoques, des bébés phoques aux grands yeux expressifs, petits êtres blancs, ronds et émouvants que je ne peux pas définir autrement que par "mignons". Sitôt que j'eus affublé le dernier du dernier poil de sa moustache, j'éprouvai le besoin de les assassiner. Oui, vous m'entendez bien, ma sœur, je pris mes couleurs et je me mis à trouer de blessures rouges ce que j'avais mis tant de temps à parfaire ; j'ajoutai même des flaques de sang. Ensuite, je peignis une immense girafe. Ne me demandez pas pourquoi, je serais bien incapable de vous répondre ; disons que le tableau avait besoin d'un élément vertical et que la girafe vint jouer cet office, d'ailleurs je ne la finis pas ; à la place de ses pattes, je dessinai la base de la tour Eiffel. Je sentis le besoin de remplir le haut droit de ma toile et, au lieu d'un astre, je composai un soleil horloge, une création monstrueuse et hybride qui chauffait et indiquait le temps à l'aide de multiples cylindres, vis, poulies, roues dentées, un mécanisme dont la construction m'absorba comme si elle était vitale.

Je réalisai tout cela avec les pinceaux les plus fins, un soin maniaque, celui qu'on met à l'exécution d'un sale tour. Enfin, je nommai le tableau : *Encore un verre ? ou le bruit qui me rendit insomniaque.* Sur le moment, mon titre me fit tellement rire par sa cocasserie imbécile que je décidai de l'intégrer dans le tableau et que je l'inscrivis en majuscules au bas de la toile. Epuisé mais satisfait, je n'eus même pas la force de monter me coucher, je m'endormis sur la banquette qui autrefois servait aux modèles.

En me réveillant, j'aperçus Neumann qui examinait la toile dans la lumière du jour. La honte me tomba dessus et je fis semblant de dormir encore. Mais Neumann ne partait pas. Il restait en face du tableau, il l'examinait, il l'étudiait.

– Je sais, c'est ridicule ! lui lançai-je de loin.

Il ne répondit pas.

– Ça m'a pris comme ça, me justifiai-je. J'ai fait ça sans réfléchir, pour me soulager. Ça partira à la poubelle, comme tout le reste. Neumann, pose ce tableau et arrête de te foutre de moi.

– Sais-tu que c'est excellent ?

Je vous passe, chère sœur Lucie, l'engueulade que nous avons eue alors. Nous nous sommes crié dessus pendant plusieurs heures car je n'arrivais pas à admettre qu'il prît au sérieux une pochade exécutée lors d'une nuit de désœuvrement ; je ne supportais pas non plus qu'il admirât ce qui ne m'avait rien coûté et que, par là, il méprisât tous les efforts dont j'étais parfois si fier. Lui, de son côté, s'indignait de mon aveuglement.

– Crétin, tu viens de faire ta première œuvre originale et tu refuses de t'en rendre compte. Tu viens de réaliser une peinture freudienne, une œuvre qui laisse s'exprimer l'inconscient, qui fonctionne par associations libres et qui exprime de façon moderne tes sentiments. Tout est réussi : le contraste entre la facture – académique, voire "pompier" – et la poésie sauvage, excentrique ; le rapport du titre au tableau, le...

– Mais ce titre ne veut rien dire !

– Qu'est-ce que tu racontes ? *Encore un verre ? ou le bruit qui m'a rendu insomniaque* est bien évidemment le récit de ta guerre. Tu as combattu en Champagne, d'où le verre et la couleur de la plage... Et le bruit qui t'a rendu insomniaque, c'est celui des obus. Ton tableau décrit l'horreur que t'inspire la guerre.

C'était incroyable. Il expliquait tout alors que j'étais persuadé d'avoir répondu à des pulsions incohérentes. Il commentait la montre industrielle qui mange le temps des hommes, la girafe tour Eiffel qui témoignait de mon attirance profonde pour la France, le combat égal du Bien et du Mal dans l'affrontement des oiseaux et des obus, etc. Je me taisais au fur et à mesure qu'il m'éclairait sur ce que j'avais fait.

Il conclut ainsi :

– Jusqu'ici, tu n'as pas été fichu d'être un peintre parce que tu croyais qu'il fallait tout maîtriser. Cette nuit, tu es devenu un peintre parce que, pour la première fois, tu t'es laissé aller. Tu as eu le sentiment d'être incohérent alors que tu exprimais un sens qui te dépassait. Pour moi, le peintre Adolf H. est né cette nuit.

Ebranlé, je cessai de protester et je me décidai à retenter l'aventure. Au bout de quelques semaines, j'ai bien été obligé de reconnaître que Neumann avait raison. J'avais, sans m'en rendre compte et presque par mégarde, enfin trouvé ma voie.

Cette nuit-là m'a donc ramené à l'autre. La nôtre, sœur Lucie. Dans les deux cas, la nuit de guérison, la nuit de création, j'ai été incapable de comprendre ce qui arrivait. Chaque fois que quelque chose d'important passe par moi, il faut que les autres – vous ou Neumann – me nomment ce qui m'arrive. Plus je suis gâté, plus je suis ingrat. Je n'arrive pas à admettre facilement que Dieu existe ou que l'inspiration me vient. Il est vrai que tout n'est qu'interprétation et que nous sommes libres de décider si une nuit a été mystique ou médicale, inspirée ou délirante. Cependant, puisque Neumann m'a convaincu quant à ma peinture, j'ai décidé, chère sœur Lucie, que je me laisserai donc convaincre par vous quant à ma foi. J'admets la part de l'autre dans la constitution de mon destin. Je vous écouterai, vous et Neumann. Pour l'heure, ce n'est qu'une volonté, donc chose fragile, mais, comme vous le dites dans votre dernière lettre, la graine finit bien par produire un fruit.

Est-ce la joie de devenir enfin le peintre que j'avais toujours rêvé d'être ? Je me suis enfermé dans mon travail sans plus prêter attention à ce qui m'entourait. Une tragédie se nouait autour de Neumann que je pouvais encore arrêter et que, indifférent, je ne voyais même pas. Il a fallu que... Mais reprenons ce récit dans l'ordre.

Tous les signes m'avaient pourtant été donnés, que j'aurais dû interpréter, lier, afin d'empêcher l'inéluctable. Neumann traversait, lui aussi, une période difficile sur le plan artistique. A la différence de moi, il fourmillait d'idées mais peinait à les réaliser. Il était atteint du vice théorique : son énergie partait dans la conception, il ne lui en restait plus pour la réalisation. C'est ce qui le rendait si brillant et stimulant dans la conversation et si décevant quand il montrait un de ses rares dessins. De retour à Vienne, il décida de guérir de ses épuisements doctrinaires pour se colleter enfin avec la matière. Il s'enferma dans l'atelier.

Un jour où il avait accepté que je m'y rende, je constatai l'ampleur des dégâts. Neumann avait fait du Bernstein, du sous-Bernstein en vérité.

– Tu ne trouves pas ça génial ? me demanda-t-il avec une fièvre suspecte.

– C'est... étonnant.

– Regarde ce détail, là, à gauche. On dirait presque du Bernstein.

– Ça, tu as raison, on dirait vraiment du Bernstein.

Il rougit de plaisir. Comment lui expliquer que ce que nous admirions tous deux chez Bernstein, je ne l'admirais plus chez lui ? Comment trouver le courage de lui montrer que le détail d'exécution qui rendait Bernstein unique et génial ne devenait qu'un pâle maniérisme sur sa toile ? Je ne franchis pas l'obstacle. J'eus tort sans doute. J'aurais peut-être pu alors enrayer la descente aux enfers.

Neumann me demanda s'il pouvait occuper la chambre de Bernstein. J'y consentis. Il se mit ensuite à ressortir de vieux vêtements de Bernstein et à les mettre, par jeu. Cela m'attendrit. Puis il sortit le soir dans des lieux que je ne connaissais pas. Malgré les chuchotis et sa discrétion, je l'entendais parfois rentrer en compagnie, mais au matin la personne avait invariablement disparu.

Je dus m'absenter quelques jours pour aller embrasser ma tante Angela, ma sœur et ma nièce. Revenant plus tôt que prévu, j'entrai dans l'atelier sans avoir la prudence de frapper pour lui offrir des confitures de la campagne et là je découvris Neumann, nu, en train de caresser un homme, tout aussi nu. Leur position allongée était sans équivoque...

Je bafouillai, je crois même que je m'excusai, puis j'allai m'enfermer dans mon atelier. Tout s'éclairait : Neumann se prenait pour Bernstein. Incapable de faire le deuil de notre ami, il avait décidé de le faire vivre en lui.

Quand nous fûmes seuls, je remarquai qu'il ne se sentait même pas gêné par ma découverte ; au contraire, l'ayant surpris en flagrant délit d'identité bernsteinienne, je l'avais confirmé dans son nouvel être. Il exultait.

Je me montrai très dur. Alors que je m'étais tu, mi par indifférence, mi par respect, pendant plusieurs semaines, je l'accablai.

– Bernstein est mort. Tu ne le feras pas revivre en l'imitant. Tu te fourvoies. Tes peintures sont nulles. Et je suis sûr que tes amours sont nulles aussi car tu es un homme à femmes. Tu te mens gravement à toi-même. Et à moi. J'ai l'impression d'avoir perdu mes deux amis, Bernstein à la guerre, et Neumann au retour. Ils ont disparu tous les deux.

Il n'a pas protesté.

Il est resté prostré. Puis, après deux heures de silence, il m'a simplement dit que j'avais raison.

Il est retourné dans son atelier.

Lorsque j'entendis le bruit d'une chaise qui tombait, j'ai compris immédiatement. J'ai défoncé la porte. Il venait de se pendre.

Je l'ai pris dans mes bras, comme vous, sœur Lucie, vous faisiez avec moi, et je lui ai parlé toute la nuit.

Je lui ai dit qu'il ne devait pas retourner son chagrin contre lui. Que maintenant, après cet acte, du chagrin, il n'en avait plus et qu'il devait réapprendre à vivre. Je lui ai dit qu'il n'y avait qu'une seule manière de survivre à cette guerre, c'était de l'oublier. Il s'était laissé rattraper par le passé, par Bernstein, par l'horreur. Nous devions poser une croix là-dessus, comme nous l'avions fait en Champagne sur la tombe de notre ami, et passer à autre chose. Oubli. Amnésie. Se griser de nouveauté. S'enivrer de modernité. Ne plus jamais regarder en arrière. Bernstein, nous l'avons à peine connu. La guerre, nous ne nous en souvenons plus.

A l'aube, Neumann éclata en sanglots et je sus que j'avais gagné. Nous partons – nous fuyons ? – tous les deux dès ce soir, et pour toujours, à Paris. Certes, Paris était encore une idée de Bernstein, mais ce n'était qu'une idée ; ni son fantôme ni son souvenir ne nous suivront là-bas. Neumann se rétablira. Je vous enverrai ma nouvelle adresse dès que j'en aurai une.

Ironie de la vie : ce matin nous avons fini de graver la plaque commémorative comportant les noms des élèves morts au front qui sera posée dans le hall de l'Académie des beaux-arts. Nous avons inscrit : SE SOUVENIR TOUJOURS. Et nous partons ce soir avec une tout autre devise : *oublier à jamais*.

Votre Adolf H. »

*

Revenant guéri de Pasewalk, Hitler retrouva sa caserne dirigée par des conseils ouvriers. La Bavière avait voulu faire sa révolution sur le modèle de Moscou. A la tête de Munich la Rouge se trouvait Eisner, un socialiste, journaliste, d'origine juive. Assassiné au bout de quelques mois par un jeune aristocrate, il laissa le pays sombrer dans le chaos et l'anarchie. Au printemps, les troupes contre-révolutionnaires de la Reichswehr et des corps francs étaient venues rétablir l'ordre, punissant les principaux responsables par la mort et condamnant les autres à soixante ans de prison.

Hitler avait flotté au gré des évènements, habité par une seule obsession : tout faire pour rester dans l'armée. Ainsi avait-il été rouge puis blanc, révolutionnaire puis contre-révolutionnaire, avec un opportunisme cohérent. Sa survie avait été difficile. Deux ou trois fois, on l'avait obligé à prendre la parole publiquement et à galvaniser les troupes : il avait dû défendre les idées sociales-démocrates et, à son habitude, il n'était pas parvenu à retenir l'attention des auditeurs, se faisant rapidement bousculer hors de l'estrade, humilié. Et voici qu'après le retour de la droite, la seule occasion de rester dans l'armée était de devenir « agent de propagande ». Il s'était inscrit, la mort dans l'âme, n'ayant le choix qu'entre ça ou la démobilisation, c'est-à-dire la rue.

Après cet épisode rouge, l'armée, en la personne du capitaine Mayr, s'était en effet assigné comme priorité de rééduquer ses troupes, de leur enseigner une pensée correcte : le nationalisme et l'antibolchevisme. Le capitaine Mayr avait réquisitionné des locaux à l'université de Munich et tentait de former des personnalités capables d'endoctriner ensuite les autres. Pour l'heure, il leur faisait suivre des cours d'histoire politique et d'histoire économique.

Tout était parti d'un simple incident.

L'historien Karl Alexander von Müller, un homme à la maigreur et à la barbe tout aussi aristocratiques que son nom, ramassait ses dossiers à l'issue de son cours et s'apprêtait à quitter l'amphithéâtre quand il remarqua une animation inhabituelle.

Un groupe s'était formé autour d'un des élèves, un des plus âgés, maigre et insignifiant, dont Müller ne se rappelait pas le nom, mais qui le frappait toujours par sa tête de pauvre chien perdu, fatigué, prêt à suivre le premier maître qui lui promettrait une écuelle.

L'homme était subitement transformé. D'une voix basse et gutturale, il parlait, s'indignait, et tout le monde écoutait. Alexander von Müller s'approcha. Sans s'en rendre compte, il écouta aussi.

L'homme montrait un don étrange, celui de forcer l'auditoire à lui prêter l'oreille et à partager ses émotions. Il venait de subir une véritable métamorphose. Ses yeux bleu délavé de timide, d'habitude baissés, s'ouvraient, ils devenaient bleu mystique, ils semblaient déchiffrer au loin, dans l'horizon, des vérités qu'eux seuls percevaient et que la voix délivrait ensuite avec force. L'homme parlait comme un prophète, un inspiré. Il semblait contraint, malgré sa lassitude, de dire ce qu'il avait à dire, contraint par l'honnêteté, dévoué, alors qu'il aurait préféré se taire. Son corps souffrait, déchiré, emporté, secoué par la violence des révélations qui le traversaient ; il devenait un corps de saint, un corps stigmatisé. La gorge aussi donnait l'impression qu'elle ne parviendrait pas au bout du message qu'elle avait à délivrer. Quelle meilleure preuve de bonne foi ? pensa Karl Alexander von Müller en expert. Comment mieux convaincre qu'on a raison sinon en montrant qu'on est en train de mourir pour sa vérité ? L'orateur avait quelque chose d'un martyr. Il brûlait. Il se consumait pour témoigner. Et pourtant, il y avait une énergie continue, fusante, crépitante qui irradiait de lui ; il semblait même que cette énergie augmentait au fur et à mesure qu'il parlait. Puis que cette énergie se transmettait à l'assistance.

Karl Alexander von Müller se surprit à approuver l'homme en même temps que les autres. Il en rit intérieurement. « Voilà un véritable orateur populaire. »

Puis, il subit la contagion, perdit sa distance critique, et se mit à opiner de la tête chaque fois que l'homme martelait une nouvelle pensée. L'ensemble formait une virulente diatribe contre les Juifs que l'homme détestait, qu'il accusait de tous les maux, qu'il voulait éliminer de l'Allemagne.

Une idée séduisit Karl Alexander von Müller. Le stagiaire assurait que son antisémitisme, tout récent, ne se fondait pas sur l'émotion, mais sur les faits ; du coup, il distinguait un antisémitisme affectif, qui conduit aux pogroms et autres violences inefficaces, et son antisémitisme à lui, l'antisémitisme « rationnel », qui visait à éradiquer les Juifs du territoire allemand. Avec lui, on se sentait autorisé à être antisémite, cela devenait une attitude objective, scientifique, moderne.

Soudain Karl Alexander von Müller s'ébroua pour éloigner ces idées de lui : c'était absurde ! L'homme annonçait en fait quelque chose de pire qu'un pogrom, il lançait un appel à une violence inimaginable et même lui, Karl Alexander Müller, professeur d'université, avait failli se faire piéger par cette rhétorique. « Décidément, cet homme est remarquable. »

Il courut au bureau directorial, ramena le capitaine Mayr dans la salle et le fit assister à la scène.

– Formidable, vous avez raison, ronronna Mayr.

– Qui est-ce ? dit Müller.

– Le caporal Hitler, du régiment List.

Mayr, en connaisseur, admirait le travail, les yeux mi-clos, en gros chat satisfait.

– Il a tout. Une gueule. La véhémence. Nous allons l'utiliser.

Lorsque le groupe se dissipa, ils allèrent trouver le caporal Hitler.

– Vous êtes un orateur-né, dit Mayr.

– Moi ? Mais...

Hitler faillit protester, rappeler qu'il n'avait jamais été capable de parler en public puis il se retint, se souvenant au dernier moment que sa pitance dépendait de son engagement.

– Bravo, ajouta Karl Alexander von Müller. Maîtrise du discours. Rupture des rythmes. Echauffement. Fougue. Partage des émotions. Vous avez déjà un métier extraordinaire.

Hitler faillit encore se récrier en précisant qu'il était juste intervenu spontanément lorsqu'un des élèves, à la sortie du cours, avait pris la défense d'un Juif et que ça, non, il ne pouvait pas le supporter.

– Nous vous engageons comme officier instructeur pour rééduquer moralement l'armée. Vous commencez la semaine prochaine. Félicitations.

– Félicitations.

Ils lui serrèrent la main et s'éloignèrent.

Hitler les regarda partir, le cœur battant. Ainsi, il avait finalement raison ! Il avait toujours pensé qu'il savait parler, qu'il pouvait faire partager ses convictions aux foules, mais quelque chose, jusqu'ici, l'avait empêché d'accéder à lui-même, quelque chose le grippait, le retenait, le rendait ridicule et peu convaincant. Aujourd'hui, la résistance avait sauté. Il avait exprimé son horreur des Juifs et sa soif de vengeance après cette défaite humiliante. Aujourd'hui, il était enfin devenu l'homme qu'il pensait être. La haine lui avait donné le don de l'éloquence.

*Le dictateur vierge*

« Je démissionne.

Vous êtes allés contre les vœux des militants en remettant le destin du parti ouvrier national-socialiste à un homme dont les idées sont incompatibles. Je ne saurais plus longtemps appartenir à un pareil mouvement. Mon départ est irrévocable.

Adolf Hitler. »

Les hommes du comité se dévisagèrent avec lassitude.

– Ça y est : la prima donna a une nouvelle crise de nerfs.

– La diva Hitler nous épuise.

– Combien de fois a-t-il démissionné déjà ?

– Et puis tant pis, qu'il s'en aille ! Le Parti a existé sans lui. Il existera après lui.

Un silence dubitatif suivit cette remarque. Chacun essayait de se convaincre que cela pouvait être vrai. Quel autre tribun avaient-ils ? Qui saurait transformer la moindre réunion publique en spectacle de cirque exaltant ? Qui pourrait déclencher des acclamations sans fin ? Qui provoquerait spontanément des adhésions ? Qui parviendrait à débloquer les fonds ? Qui allait-on afficher pour appâter le public ?

— Je sais ce que vous pensez mais n'exagérez pas son importance. Hitler n'était qu'un tambour.

— Oui, mais quel tambour ! Nous n'en avons pas de meilleur.

— On ne va pourtant pas donner la direction du Parti à un tambour.

— Je vous signale que nous l'avons déjà fait. Nous la lui avons proposée deux fois.

— Et, chaque fois, il l'a refusée.

— Pourquoi ?

— Pourquoi quoi ? Pourquoi la lui avons-nous proposée ? Ou pourquoi l'a-t-il refusée ?

De nouveau, le silence s'installa. Hitler avait décliné la direction du Parti sous prétexte qu'il n'avait aucun don pour l'organisation. Le comité avait trouvé cette attitude honnête. Il se demandait maintenant si Hitler n'avait pas agi ainsi pour obtenir davantage.

— Il est fou. Se rend-il compte de ce qu'il risque si nous acceptons sa démission ?

— Mais nous l'acceptons.

— Taisez-vous ! Il va se retrouver seul et être obligé de fonder un nouveau parti.

— Et alors ? C'est son problème.

— Comme d'habitude, il joue le tout ou rien. Pas de compromis.

— Nous non plus, nous ne ferons pas de compromis. Qu'il parte. Bon débarras. Adieu.

— Certes, mais imaginez qu'il crée son mouvement. Il va réussir. La majorité de nos militants vont le suivre. Surtout s'il joue les martyrs, ce qu'il joue très bien...

— Et alors ! Qu'est-ce que vous proposez ? On ne va quand même pas se coucher devant lui !

*La part de l'autre*

Quelques jours plus tard, le 29 juillet 1921, Hitler devenait le chef unique du parti national-socialiste.

Il regardait la foule qui l'acclamait, debout, il s'offrait tout entier à ses cris, à son hystérie, à ses caresses. Il songeait au chemin parcouru en trois ans, depuis son statut de propagandiste dans l'armée jusqu'à celui de tribun politique, depuis ce groupuscule qui se réunissait dans les arrière-salles lugubres des cafés, sans cartes, ni tampons, ni imprimés, ni affiches, ce groupuscule au fonctionnement démocratique qui comportait alors autant de membres du comité que de militants, jusqu'à cette foule qui le plébiscitait, lui reconnaissait la stature de chef, encadrée par un service d'ordre aussi musclé qu'armé, et qui portait haut ses bannières. Hitler était particulièrement fier de l'insigne nazi, son ultime tentation artistique : le svastika noir ressortant sur un cercle blanc, entouré d'un fond rouge afin d'attirer les gens de gauche.

– *Heil Hitler !* Vive notre chef !

Il savait tout le mal que les politiciens et les journalistes disaient de lui : un agitateur, une tête brûlée, une éphémère célébrité provinciale, un caporal grossier qui n'a en rien la stature d'un chef d'Etat. Lui qui était si prompt à insulter les chanceliers et les ministres, lui dont la langue vipérine tuait plusieurs personnalités officielles par discours, il avait d'abord très mal supporté d'être traité de même. Les critiques avaient blessé la chair de son ego nouveau-né mais déjà démesuré. Il avait trouvé incongru que les « hommes sérieux » ne s'aplatissent pas devant lui en même temps que les foules, injuste que les quolibets soient proportionnels au succès. Puis il avait saisi ce qu'il pourrait tirer d'être ainsi dévalorisé : si on ne le voyait pas venir, on ne se méfierait pas assez de lui. *Les centristes et la droite traditionnelle croient s'être débarrassés de moi en me traitant de fanatique ; mais je ne suis pas fanatique ; en revanche, c'est mon intérêt qu'ils le croient. Les cadres de*

269

*notre mouvement me trouvent mou et hésitant devant certaines décisions ; c'est ce qui me permet de les jouer les uns contre les autres sans qu'ils s'en aperçoivent. Toutes ces baudruches sont tellement persuadées de leur importance qu'elles n'imaginent pas une seconde que je les manœuvre comme des marionnettes. Je sais par quelles viles passions elles sont toutes agitées. Viser bas, c'est viser juste.*

Hitler avait aussi compris quelque chose qu'il ne dirait jamais à personne : il ne s'adressait qu'aux sentiments négatifs des foules. Il réveillait leur colère, leur haine, leur rancœur, leurs déceptions, leurs humiliations. C'était facile, il les trouvait d'abord en lui. Les gens l'idolâtraient parce qu'il s'exprimait avec le cœur, mais ils n'avaient pas repéré qu'il s'agissait seulement de la face noire du cœur.

Ce secret, Hitler l'avait découvert presque à ses dépens.

La première fois, il s'agissait de célébrer l'union de deux jeunes gens heureux. Hitler n'avait rien préparé, comptant, à son habitude, sur le feu de l'improvisation ; il avait levé son verre au-dessus de la table des noces et commencé à balbutier. Comme il se savait lent à s'échauffer, il ne s'était pas inquiété. Mais après quelques minutes, rien ne vint sinon une gêne engourdissante doublée d'un sentiment d'imposture. Il s'en tira en entonnant une chanson viennoise qu'il parvint, avec difficulté, à faire reprendre aux convives déçus. Il se rassit, mortifié. Avait-il perdu son don ? Le lendemain, inquiet, il s'était agrippé à un prétexte futile lors d'une réunion du comité pour prendre la parole et se lancer dans une longue diatribe. Ouf, tout était revenu. Il ne s'était agi que d'une panne momentanée.

La seconde fois lui permit de comprendre ce qui se passait. On lui avait demandé de prononcer un éloge funèbre ; le mort était une brave personne dont il n'y avait à dire que du bien, ce qui rendit Hitler une nouvelle fois muet ; il feignit d'avoir un malaise pour échapper à sa tâche. Ainsi son don demandait des émotions agressives pour pouvoir se déployer.

Hitler, quoique sanguin, s'était très froidement observé. A travers ses expériences, il avait compris comment se déployait son charisme : gratter les rancœurs, enlever les croûtes, aviver les cicatrices, bien faire saigner pour ensuite proposer des solutions très élémentaires, la simplicité de la solution devant être proportionnelle à la douleur provoquée. Il ne fallait pas raffiner. Il fallait désigner. Montrer du doigt les boucs émissaires : le Juif, la France, la Grande-Bretagne, la république, le bolchévisme. On pouvait parfois assimiler les boucs émissaires afin d'obtenir plus d'effet : ainsi le Juif et le bolchevique, confondus en un judéo-bolchevique, assuraient une superbe acclamation finale, le bouquet étant obtenu par l'amalgame Juif-bolchevique-républicain. Bien sûr, au dernier moment, il fallait substituer à ces haines une valeur flamboyante afin que les participants puissent se sentir investis et répandre un discours optimiste à l'extérieur ; Hitler revenait alors à l'Allemagne, ce par quoi il avait commencé son discours, ce par quoi il le concluait, donnant ainsi l'impression de n'avoir pas parlé d'autre chose.

*Heil Hitler !* Hourra ! Il quitta la tribune avant la décrue des applaudissements, enfila son imperméable en se laissant congratuler par quelques subalternes, emprunta rapidement la sortie des artistes, s'engouffra dans la voiture et fit signe au chauffeur de démarrer.

D'un air distrait, il regardait Munich en se demandant si la salle battait encore des mains en espérant son retour sur la scène. Il soupira avec mélancolie. Il valait toujours mieux s'éclipser en laissant les auditoires sur leur faim, c'était le principe même de la séduction. Ses retards et ses départs précipités faisaient autant pour sa légende que ses discours.

– Paul, nous allons chez madame Hofmann.

Il avait droit à un peu de repos après l'agitation de ces derniers jours. Une nouvelle fois il venait de recevoir la preuve que la Providence s'occupait de lui. Les évènements avaient tourné en sa faveur ; ses colères, ses bouderies, sa démission lui avaient valu la présidence du Parti avec tous les pouvoirs. Certes, il l'avait *souhaité* mais il ne l'avait pas *calculé* ; il avait plutôt agi par dépit, risquant le tout pour le tout. Ses ennemis allaient croire qu'il était un stratège hors pair. Il savait désormais que, quoi qu'il arrivât, il devait suivre ses impulsions, fussent-elles dangereuses. Quelque chose dans le ciel le récompensait et lui confirmait son statut de fils préféré.

Les pneus firent gémir le gravier. Hitler alla sonner à la vaste maison bourgeoise aux fenêtres garnies militairement de fleurs en pots.

– Dolphi ! Je n'osais pas y croire !

Hitler fit un baisemain à Carola Hofmann, tâche dangereuse car il fallait viser adroitement le seul espace de peau qui ne fût pas hérissé de bagues coupantes ou de bracelets trop lâches et trop lourds

– J'ai préparé des gâteaux.

Carola Hofmann cliquetait et rayonnait en regardant son protégé. Depuis qu'il faisait de la politique, Hitler avait plusieurs « mères », des dames mûres qui l'admiraient et le soutenaient financièrement, émues par le contraste entre l'orateur puissant et l'homme privé timide, maladroit, d'une politesse empruntée pleine de ronds de jambe à la viennoise. Chacune s'imaginait le troubler et considérait cet homme jeune et prometteur comme un chaste amant idéaliste, avide de compagnie féminine. Aucune n'avait soupçonné qu'il recherchait en elles plus des mères que des maîtresses. De toutes ses protectrices, Carola Hofmann, veuve d'un directeur d'école, était sa préférée. Elle prêtait sa maison aux réunions et, surtout, dans l'intimité, elle confectionnait le Strudel pommes-raisins-pruneaux le plus vanillé et le plus caramélisé de toute la Bavière.

– Alors, les avez-vous matés, tous ces vilains garçons ? demanda Carola qui avait gardé de son époux ce langage rassurant d'instituteur.

– Pleins pouvoirs, dit Hitler, la bouche pleine.

Elle opina, comme s'il venait de lui rapporter un excellent carnet de notes. Son vieux cou ployait dangereusement sous le poids de sa tête et surtout d'un chignon aussi large qu'un vase de nuit, crêpé, laqué, vernis, une sorte de casque permanent qui inspirait un respect terrifié.

– Et quelle sera la prochaine étape ? Si, si, resservez-vous, je l'ai fait pour vous mon cher Dolfi. Prochaine étape, donc ?

– Transformer la section de gymnastique en section d'assaut. Nous avons besoin d'une organisation paramilitaire.

– Très bien. Il va falloir appeler ce vilain Röhm.

Carola Hofmann n'appelait le capitaine Röhm que le « vilain Röhm » à cause de son visage défiguré par les obus. Il était d'usage, ici, qu'Hitler protestât :

– Carola, il a été blessé au front en servant l'Allemagne !

– Oui, je sais, mais je ne peux pas m'empêcher de penser qu'il serait laid même sans blessure.

– C'est un brave patriote.

– Oui, oui... mais il y a quelque chose que je ne sens pas chez ce garçon...

Hitler attaqua sa troisième part de gâteau, estimant qu'il avait suffisamment défendu Röhm. Il aurait très bien pu nommer, lui, ce qui gênait Carola : Röhm était allergique aux femmes. Dans sa nostalgie du front, son culte de l'héroïsme, son adoration de la communauté virile, Röhm trouvait un moyen d'exprimer ses désirs déviants pour les mâles. Depuis qu'il avait découvert cela, Hitler avait décidé d'utiliser sans vergogne cette grande gueule qui possédait des stocks d'armes et savait commander des troupes car, par la connaissance de son secret, Hitler pensait avoir prise sur lui.

– Pour quand prévoyez-vous le putsch ?

« Putsch » était devenu un des mots préférés de Carola, bien qu'il lui posât d'insolubles problèmes de dentier en lui faisant chaque fois frôler le décrochage ; mais il semblait que le danger attirait l'intrépide vieille dame car elle multipliait les occasions de prononcer ces consonnes explosives.

– Le plus tôt possible, Carola. Je suis impatient. Impatient pour l'Allemagne.

– Bon garçon, bon garçon, fit-elle en ronronnant.

Dans le même temps, les militants nazis s'éparpillaient dans Munich, à peine remis du discours étincelant de leur chef, en se demandant où il était allé reposer son génie.

L'orateur attaquait sa cinquième part de strudel en face d'une Carola Hofmann attendrie jusqu'aux larmes.

– Un peu de crème, peut-être ?

*

– Bonjour. Je m'appelle Onze-heures-trente.

La gamine s'assit à califourchon sur une chaise et fixa les deux hommes avec ses yeux ronds. Du bout des lèvres, elle souffla sur la mèche de cheveux noirs et rebelles qui tombait sur sa paupière droite, l'empêchant de voir. La mèche se souleva, légère, se divisa momentanément en cheveux puis retomba exactement à la même place. Onze-heures-trente fit une petite moue qui signifiait : « Vous avez vu, j'ai essayé pourtant », et sourit, révélant deux rangs de dents fraîches et perlées.

– Ça fait un an que je vous regarde et que j'ai envie de vous parler.

– Ah bon ?

Adolf H. et Neumann s'étonnèrent de n'avoir pas remarqué plus tôt la jeune fille. Elle leur était familière sans qu'ils puissent en dire plus.

– Vous venez souvent à La Rotonde ?

– Je veux ! Je travaille depuis quinze mois à la cuisine. Hier, j'ai donné ma démission, rendu mon tablier. Je ne ferai plus la larbine.

– Quinze mois ? dit poliment Neumann.

– Oui, quinze mois. On voulait me mettre en salle mais je me cachais à la cuisine en me disant que j'allais peut-être grandir.

Adolf et Neumann constataient qu'elle était effectivement minuscule. Ravissante, potelée, proportionnée, mais minuscule.

– Oui, continua-t-elle, jusqu'à hier j'ai espéré une poussée de croissance parce que j'en avais un peu assez de regarder les gens bien droit dans les narines.

Elle souffla sur sa mèche qui se haussa puis se remit aussitôt en place.

– Rien à faire. Je voulais être une grande jument, je serai une petite caille.

– C'est charmant, fit Adolf, sincère, en souriant.

– Oui, c'est charmant... Je suis mignonne, bien roulée, bien ourlée et bien finie de partout, rien à dire, mais le problème c'est que ça va pas avec mon caractère ! Ben oui, j'aurais voulu être grande pour être une froide, une dédaigneuse, une snob, le genre qui fait tourner les hommes en bourrique rien qu'en se taisant. Vu mon gabarit, faut que je me résolve à me montrer joyeuse, enjouée, pétillante, bonne fille quoi ! Ça aurait été moins fatigant d'être une salope. Seulement, il faut le physique en conséquence.

Les deux hommes éclatèrent de rire.

– C'est vrai, la Greta Garbo, par exemple, continua Onze-heures-trente avec fureur, peut-être qu'elle est conne comme une huître, peut-être qu'elle dort les yeux ouverts quand vous croyez qu'elle vous regarde, peut-être qu'elle bâille plus souvent qu'elle ne sourit, eh bien personne ne s'en préoccupe ! Non. On lui fait crédit parce qu'elle est grande. Moi qui suis une paresseuse, ça m'aurait arrangé d'être une géante. Alors hier, je me suis dit : « Ma fille, c'est pas à vingt ans que tu vas prendre cinquante centimètres de plus. Si tu continues à espérer ça au-dessus de tes fourneaux, non seulement tu vas rester petite mais tu vas virer cruche. Faut que tu parles aux deux Boches. »

Adolf et Neumann se regardèrent, mi-intrigués, mi-amusés. Ils n'arrivaient pas à imaginer le rôle qu'ils pouvaient jouer dans la tête de...

– Comment vous appelez-vous déjà ?

– Onze-heures-trente. J'y suis : ça vous gêne que je vous aie traités de Boches ? Pourtant, dans ma bouche, c'est pas méchant. C'est seulement que j'ai toujours dit comme ça. « Boche », ça se dit vite, comme un nom de chien, ça peut être affectueux, y'a pas besoin de se défoncer la mâchoire comme pour dire « Al-le-mand ». Enfin, moi je trouve.

Visiblement, cela seul importait à ses yeux. Elle considéra que les deux hommes lui avaient pardonné et leva le bras en l'air.

– Garçon !

Le serveur de La Rotonde s'approcha, réticent.

– Garçon, un chambéry-fraisette.

Il marmonna quelque chose d'indistinct et disparut. Onze-heures-trente pouffa.

– Ça le fait chier que je lui donne des ordres, lui qui m'a gueulé dessus pendant des mois. Au fait, vous me l'offrez, mon chambéry-fraisette ? Parce que j'ai pas d'argent sur moi.

Adolf approuva des yeux. Il était charmé par le sans-gêne

joyeux de la jeune femme. Et il avait du mal à détacher ses yeux de sa poitrine car si tout était petit chez Onze-heures-trente, pas la poitrine. Deux seins magnifiques, hauts, galbés, agressifs s'ils n'avaient pas été aussi ronds, qui semblaient tendus vers la main d'Adolf. Onze-heures-trente remarqua le regard fasciné d'Adolf et eut un petit mouvement de paupières lui signifiant qu'elle appréciait l'hommage.

– Qui êtes-vous ? demanda Neumann.

– Tu me vouvoies ? Comme un flic ?

Elle avait sursauté, blessée. C'était lui faire insulte que de la vouvoyer ; c'était l'exclure ou lui dire qu'elle était laide.

– Qui es-tu ? reprit Neumann avec douceur.

– Je suis votre nouvelle copine.

– Je ne savais pas que nous avions une nouvelle copine.

– C'est pour ça que je suis venue vous le dire.

Les deux hommes éclatèrent de rire. Onze-heures-trente savait s'imposer de façon irrésistible.

– D'accord, dit Adolf.

– D'accord, dit Neumann.

– Ah, vous voyez ! Allez, on trinque !

Ils choquèrent leurs verres puis burent une longue gorgée.

– Tu es notre nouvelle copine et quoi d'autre ? demanda Adolf à Onze-heures-trente en faisant des efforts pour ne pas regarder sa poitrine.

– Je suis aussi la femme de ta vie.

Une stupeur délicieuse engourdit Adolf. La fille avait énoncé cette énormité avec une telle évidence qu'il sentit qu'elle avait raison. Pour incongrue et inhabituelle qu'elle fût, la phrase s'imposait, une lumière allumée dans une pièce obscure ; elle révélait une intimité ancienne, future, quelque chose qui ne demandait qu'à être dit pour être, et qui désormais existait de façon ravageuse, un élan.

Adolf résista un peu pour la forme :

— Mais... mais... on ne se connaît pas.

— Mieux que ça : on se reconnaît.

Le frisson d'évidence reparcourut Adolf dans les épaules et sur la nuque.

Il regarda Onze-heures-trente. Elle le regardait aussi. Le jour était clair et bleu, le soleil éclaboussait les trottoirs où glissaient les passants pour lui échapper, l'air avait quelque chose de minéral, de figé, du quartz sec, on respirait sans peine.

Adolf et Onze-heures-trente ne se lâchaient plus des yeux. Pour la première fois, Adolf avait l'impression d'être au centre de l'univers. La terre, les gens, les nuages, les tramways, les étoiles, tout cela tournait autour de lui.

— C'est incroyable, n'est-ce pas, dit Onze-heures-trente.

— Quoi ? demanda Adolf, soudain inquiet.

— Sentir ce qu'on sent toi et moi. Non ?

— Si.

Il n'était donc pas fou. Elle éprouvait bien ce qu'il éprouvait. Ou alors ils étaient tous deux gagnés par la même folie. Dans ce cas, cette folie devenait la norme et peu importait ce que les autres pensaient !

Il tendit ses paumes ouvertes au-dessus de la table. Les petites mains vinrent s'y placer naturellement. Tout s'ajustait. Ses doigts la recouvraient jusqu'aux poignets dodus. Il pressentit ce qu'allait être leur entente dans un lit...

Elle entrouvrit la bouche et lui aussi au même instant, comme s'ils s'embrassaient. Elle frissonna.

Du coin de l'œil, il remarqua la mine ironique de Neumann. Gêné, il se força à redescendre sur le territoire lourd de la banalité.

— Allons... allons... il est sûr que nous allons faire quelque chose ensemble, mais ne nous emballons pas.

Se pinçant les lèvres, il s'en voulut d'avoir parlé. Il allait

tout pourrir. Normaliser, c'est gâcher. Pourquoi ne pouvait-il
s'en empêcher ?

Onze-heures-trente se tourna vers Neumann.

– Es-tu mon copain ?

– Oui.

– Alors, si tu es mon copain, tu veux bien me laisser un
peu avec Adolf ?

– Mais...

– Tu ne vois pas que ça le dépasse ce qui lui arrive ? Tu
ne vois pas qu'il ne se laisse pas aller parce que tu es là ? Tu
ne trouves pas que c'est humiliant pour toi, qui es mon
meilleur copain et son meilleur ami, de tenir la chandelle ?
Tu ne mérites pas ça.

Mouché, confus, manipulé, encombré de son corps et de
sa présence, Neumann battit en retraite au fond du café, régla
les consommations et sortit.

Onze-heures-trente se retourna vers Adolf, souffla sur sa
mèche qui se replaça immédiatement, haussa les épaules et
sourit.

– Te rends-tu compte de la force qu'il m'a fallu ? Moi aussi,
j'avais peur du ridicule. J'ai mis un an à me décider à traverser
la salle pour te dire ce que je savais.

– Ce que tu sais ?

– Que toi et moi, c'est du costaud.

Adolf, par réflexe, voulut encore protester mais céda de
nouveau devant l'évidence.

Il avait l'impression qu'il connaissait Onze-heures-trente
depuis des années, qu'il avait déjà fait l'amour avec elle, qu'ils
possédaient des centaines de souvenirs ensemble.

– C'est curieux, dit-il, je te vois avec le recul que j'aurai
dans dix ans. Tu es la mémoire de mon avenir.

– Incroyable, hein ? Moi ça a été pareil. Putain, j'en ai cassé
de la vaisselle, derrière la porte, là-bas, en pensant à toi.

Il la regarda en essayant de la cerner, de s'en faire une vue objective, de l'enfermer dans le cadre d'un tableau : il n'y parvenait pas. Elle lui échappait.

– On y va ? demanda-t-elle.

– Où ça ?

– Je ne sais pas.

– D'accord.

Ils se levèrent. La main d'Adolf s'ajusta parfaitement à l'épaule d'Onze-heures-trente, d'emblée à la bonne hauteur, sans tension ni fatigue d'aucune sorte ; une prédestination.

– Je ne sais pas où l'on va, murmura-t-il, mais ce qu'il y a de sûr, c'est qu'on y va.

Elle frissonna et ils se lancèrent dans la rue comme on se jette à l'eau.

Les hautes façades de plâtre du boulevard Montparnasse et les arbres se tenaient au garde-à-vous devant le couple en lui offrant une haie d'honneur. Les pollens s'agitaient au-dessus du cortège en une volée de cloches déchaînées, Paris improvisait un air de fête et les enfants dansaient le long des bancs.

– Ça serait bien qu'on ne couche pas tout de suite ensemble, dit Onze-heures-trente, comme ça on pourra se souvenir qu'il y a eu un moment « avant ».

– Oui, ça serait bien.

– On pourrait attendre une heure, ou deux, non ?

– Oui, bien sûr, approuva Adolf à qui, subitement, une ou deux heures parurent un temps interminable.

Onze-heures-trente poussa un petit soupir de soulagement, presque enfantin, tout à fait surprenant chez une fille qui avait l'air si dessalé. Adolf en conclut qu'elle souhaitait sans doute que son histoire avec lui ne ressemblât pas aux autres.

– D'où es-tu ? De Paris ?

– Presque. De Lisieux.

Adolf sourit en songeant que si Onze-heures-trente, les cheveux en casque, sans chapeau, dans une robe souple qui laissait voir ses jambes, avait l'air si parisienne, c'était justement parce qu'elle ne l'était pas ; elle en avait endossé l'uniforme.

– Où est Lisieux ?

– Un village de Normandie. On y fait du beurre, du fromage et des saintes. Autant dire que j'avais rien à y faire. A quatorze ans, je suis montée à Paris.

Il la regarda avec attendrissement : on aurait pu croire qu'elle avait quatorze ans tant sa peau était fraîche, jeune, née de la veille, tendue du matin même.

– J'ai fait de petits boulots. Le plus long, ça a été sauveuse d'âmes.

– Sauveuse d'âmes ?

Adolf s'arrêta. Il n'imaginait pas Onze-heures-trente habillée en bonne sœur, occupée à sauver des âmes.

– Je ne comprends pas. Tu as plutôt un physique à perdre des âmes qu'à les sauver.

Onze-heures-trente lança sa tête en arrière et partit d'un rire énorme, à gorge déployée, comme si elle avalait un sabre en se trémoussant. Adolf la regarda, partagé entre l'envie de la mordre parce qu'elle se moquait de lui, et celle de lui faire l'amour car l'indécence de ce rire la rendait encore plus désirable.

Elle s'appuya contre lui pour reprendre son souffle.

– Sauveuse d'âmes, c'est de la cordonnerie, mon grand Boche. L'âme, c'est la partie de la semelle qu'on peut récupérer et utiliser pour une nouvelle chaussure.

Elle le regarda de bas en haut.

– C'est sûr qu'il faut être pauvre et français pour savoir ça.

– Eh oui, dit Adolf, moi je suis allemand et pauvre.

– Ça va, ça va. De toute façon, je ne suis pas Rothschild

non plus. Par contre, j'ai trouvé un truc qui va me rendre riche.

– Ah oui ? Qu'est-ce... que c'est ?

– Tu ne crois pas que je vais te livrer mes secrets comme ça ? Tu sauras si tu le mérites.

– Et les garçons ?

– Quoi, les garçons ?

– En as-tu eu beaucoup depuis que tu es à Paris ?

– A partir de quel nombre tu m'acceptes ?

– De toute façon, je t'accepte.

Elle lui sauta au visage et déposa un baiser.

– Deux ? Trois ? Dix ? Vingt ? insista-t-il.

– Je ne suis pas bonne en calcul mental.

– Et tu as été souvent amoureuse ?

– Ah non, ça alors ! Jamais !

Elle réagit avec indignation, outrée qu'on pût penser qu'elle avait le cœur facile. Adolf ne put s'empêcher de s'étonner de cette vertu inhabituelle qui se définissait par le cœur et non par le sexe.

– J'ai hâte de voir tes tableaux, dit-elle. Depuis un an, j'entends certains clients en parler.

– On en parle plus qu'on ne les achète.

– C'est pas grave, ça commence comme ça. Dans dix ans, tes prix seront multipliés par vingt.

Adolf eut envie de répondre « qu'est-ce que tu en sais ? » mais il garda les mots dans sa bouche car, de toute évidence, elle le savait. Il soupçonna alors qu'elle avait dû travailler avec des peintres.

– As-tu déjà posé comme modèle ?

– Moi ? Non. Pourquoi ?

– Tu es jolie et tu travailles à Montparnasse. Tous les peintres passent à La Rotonde.

– Oui mais de là à ce qu'ils me remarquent. Tu avais fait attention à moi, toi ? Tu m'avais demandé d'être modèle ?

Adolf baissa le nez, il s'en voulait déjà de ne pas avoir remarqué Onze-heures-trente plus tôt.

– De toute façon, ajouta-t-elle joyeusement, je n'ai pas du tout envie qu'on me peigne en petite, je veux qu'on me peigne en grande, comme une géante. Alors, comme la plupart des peintres me dessineraient comme ils me voient, et non comme je me pense, ça n'est pas la peine.

– J'avais l'impression, à t'entendre parler, que tu connaissais un peu le monde des arts.

– Cette évidence ! J'ai pris des cours. Je peins.

Adolf éclata de rire. On ne pouvait pas imaginer ce petit bout de femme de l'autre côté du chevalet en train de s'exercer à cet art ingrat.

Onze-heures-trente le regarda avec horreur. Dès qu'il aperçut son visage défait, il coupa court à son hilarité.

Livide, Onze-heures-trente serrait les poings pour se retenir de le frapper.

– Crétin ! Pauvre type prétentieux ! Je t'annonce que je suis peintre et ça te fait rigoler. Est-ce que je rigole moi, devant tes ongles pleins de couleurs et tes cheveux pleins d'huile ?

– Non, non, calme-toi. Je... je... je voulais dire... J'ai été surpris... parce que les quelques femmes peintres que je connais ne sont pas aussi jolies que toi.

– Oui, oui. Jolie égale idiote. Intelligente égale moche.

– Excuse. Je ne voulais pas dire ça. Je regrette mon rire. C'était idiot de ma part.

– Ça, pour être idiot, c'était idiot. Enfin, il n'y a pas besoin d'être très intelligent pour faire de la peinture, c'est connu.

Adolf demeura sans voix. Jamais une femme ne s'était montrée aussi insolente avec lui et, loin de l'agacer, cela l'excitait... Il ne s'ennuyait pas avec Onze-heures-trente.

– Pourquoi t'appelles-tu Onze-heures-trente ?

– Et voilà une question idiote ! Adolf, tu baisses, tu rampes, tu te spécialises dans l'infirmité mentale ! Respire, reprends de l'altitude, mon grand. Est-ce que je te demande pourquoi tu t'appelles Adolf, moi ? Non.

– Je m'appelle Adolf parce que ma mère m'a appelé Adolf.

– Moi, je me suis baptisée Onze-heures-trente. Je suis la mère de mon nom.

– Et avant ?

– Mon premier nom ? Si je voulais qu'on le connaisse, je l'aurais gardé.

– Pourquoi Onze-heures-trente ?

– Plus tard, tu comprendras pourquoi.

Elle frémit.

– S'il te plaît. On avait dit qu'on se donnerait une ou deux heures. Les deux heures où Adolf et Onze-heures-trente s'aimaient, mais n'avaient pas encore fait l'amour.

– Viens voir ma peinture.

Il la prit par la main et se pressa en direction de son atelier. Il s'arrêta brusquement.

– Ou alors, nous allons voir tes œuvres à toi.

– Les miennes ? balbutia Onze-heures-trente.

– Oui. Montre-les-moi.

Onze-heures-trente dégagea sa main et se mit à brailler sur Adolf.

– C'est un peu fort ça ! On ne croyait pas il y a une minute que j'étais peintre et maintenant on veut voir mes œuvres ! Tu te retournes trop vite, mon coco, je ne suis pas une femme comme ça. Je n'ai pas encore eu le temps d'oublier l'offense.

Puis, elle ajouta avec un filet de voix :

– En fait, je débute, j'ai des idées mais je n'ai presque rien à te montrer.

Adolf l'embrassa sur les deux joues. Elle marmonna pour elle-même :

– C'est vrai, quoi, je n'ai que vingt ans.

Elle releva la tête pour lui demander avec passion :

– Au fait, tu as quel âge ? Cela fait des mois que je me le demande.

– Trente et un ans.

Elle siffla d'admiration.

– Trente et un ans. C'est excitant comme tout, ça ! Alors, si je m'y prends bien, je t'aurai encore dans mes bras quand tu auras quarante ans ?

– Pour l'instant, je n'y suis toujours pas dans tes bras.

– Minute ! Donc je t'aurai aussi à quarante ans. Non, c'est important, tu comprends, parce que, pour moi, c'est à quarante ans qu'un homme est le plus beau.

– Qu'est-ce que tu en sais ?

– Je le sais, c'est tout, coupa-t-elle d'une voix sèche. Et puis ne te plains pas de mes lubies parce que j'ai des copines de mon âge, vois-tu, qui te trouveraient déjà un peu trop mûr pour elles. Mûr voire blet.

– Blet ?

– Pourri quoi ! Tombé au pied de l'arbre. Même plus bon à ramasser.

Elle réfléchit, souffla sur sa mèche qui, dans l'instant, l'aveugla de nouveau.

– Pourquoi ne coupes-tu pas ta mèche ?

– Qu'est-ce qu'il y a ? Tu ne l'aimes pas ?

– Si, si. Je... t'apprécie comme tu es. Mais cette mèche a l'air de te gêner pour voir à droite.

– Qui t'a dit ça ? Et pourquoi supposes-tu que je veux voir à droite ?

– Rien. Mais tu souffles toujours dessus pour l'écarter.

— Et pourquoi est-ce que ce ne serait pas souffler que j'aime, plutôt que voir ? Tu es vraiment bizarre comme Boche.

Elle le regarda avec attention.

— Tu as de belles narines. On va voir tes peintures ?

En montant l'escalier qui conduisait chez lui, Adolf espérait que Neumann avait eu le bon goût de leur laisser l'appartement.

Effectivement, sur le sol de l'entrée, gisait un mot indiquant que ce soir Neumann resterait chez Brigitte, sa maîtresse du moment, qui avait été celle d'Adolf quelques jours auparavant car, souvent, les conquêtes d'Adolf finissaient dans les bras de Neumann qui était beaucoup plus beau qu'Adolf mais assez piètre dragueur.

Onze-heures-trente reconnut tout de suite parmi les nombreuses toiles échouées contre les murs, celles qui avaient été peintes par Adolf. Elle les contempla un long moment de ses petits yeux ronds grands ouverts. Il apprécia son silence. Pour lui, rien n'était plus décourageant que les compliments immédiats. Il avait la prétention de réaliser des œuvres qui demandaient du temps pour faire leur effet dans l'esprit, il ne pensait pas mériter des : « Que c'est joli ! Comme c'est intéressant ! Quelle beauté ! », ces épithètes superficielles distribuées par une mondaine traversant au pas de charge les couloirs d'une exposition canine.

Non seulement Onze-heures-trente se tut, mais elle n'épuisa pas vite son plaisir d'observation. Après une heure et demie accroupie devant les étoiles sans prononcer un mot, elle se retourna vers Adolf et dit simplement :

— Je suis très heureuse de les avoir vues.

Elle s'approcha de lui et le regarda avec encore plus d'admiration que les œuvres.

— Si tu me fournis un escabeau, je me propose de t'embrasser.

– Je peux me baisser, aussi !
– Oui, si ce n'est pas trop te demander.
Autour des lèvres chaudes, il eut l'impression de s'abreuver à un torrent.
– Baisse les rideaux, s'il te plaît.
– Il n'y en a pas.
– Alors ferme les volets, Adolf, fais quelque chose. Nous avons cours de sculpture ce soir. On met les mains, on ne met pas les yeux.
– Mais je veux te voir.
– Quel impatient ! Et demain ? Et après-demain ? Alors, sculpture ?
– D'accord. Sculpture.
La nuit se déroula dans un émerveillement constant. Il y avait un mélange d'audace et de timidité en Onze-heures-trente qui rendait Adolf tour à tour audacieux et timide. Onze-heures-trente, à la différence des autres femmes qui étaient passées dans ce lit, ne jouait pas l'extase. Elle n'avait pas, en se déshabillant, endossé le rôle de l'amante prête à être satisfaite. Quand les étreintes d'Adolf l'irritaient ou même lui faisaient mal, elle ne se gênait pas pour le lui dire et Adolf, guidé par cette franchise inouïe, sut ainsi trouver plusieurs fois les chemins de leur plaisir.

Au matin, Adolf la regarda dormir, pliée contre lui, en fœtus ; il s'attendrit devant cette jeunesse que le sommeil, à son insu, rendait à l'enfance, joues rondes, lèvres boudeuses, paupières sans un pli.

Les premiers rayons du jour arrivaient sur eux et lui confirmaient la blancheur éblouissante de cette peau qui, dans la pénombre bleue océane de la nuit, lui était déjà apparue comme une nacre vivante et chaude.

Il ne voulut pas la réveiller en l'étreignant mais éprouva le besoin de la voir totalement. La posséder par la vue sans

287

qu'elle le sache. Un viol doux et purement visuel. Un viol de peintre. Ce serait sa récompense de l'aube.

Il souleva le drap sans qu'elle bronchât car elle dormait profondément. Ce qu'il découvrit le stupéfia.

Il se leva, sentit qu'il allait crier tandis que les larmes lui montaient aux yeux.

Il courut se réfugier dans le minuscule cabinet de toilette et s'assit, d'abord pour calmer son émotion, ensuite pour en profiter.

Il n'aurait jamais imaginé cela.

Le drap était couvert de sang. Onze-heures-trente lui avait fait le cadeau de sa virginité.

*

La fin de semaine approchait et Hitler avait depuis toujours décidé qu'il faudrait réaliser le putsch un samedi, lorsque toutes les administrations seraient fermées. Certains proposaient d'attendre encore. Hitler refusa. Attendre plus, c'était renoncer.

– Vous êtes du genre à retarder votre montre chaque fois qu'il est midi moins cinq, c'est intolérable ! L'Allemagne ne peut plus attendre.

Depuis quelques semaines, il avait pris l'habitude de faire exprimer ses sentiments par toute la nation : « L'Allemagne est fatiguée » signifiait qu'Hitler voulait changer de sujet ; « l'Allemagne a faim » indiquait qu'Hitler reprendrait bien du dessert. Ceux qui auraient été disposés à sourire de cette nouvelle mégalomanie auraient dû renoncer car, désormais, il régnait une telle attitude d'adoration inconditionnelle autour du chef que le moqueur aurait subi des représailles.

Hitler avait laissé se construire un culte autour de sa personne. Son époque, parce qu'elle venait de voir tomber les monarchies, parce qu'elle apprenait sans enthousiasme le terne régime parlementaire, avait besoin d'un homme fort, d'un César venant du peuple. Mussolini, le Duce, depuis que ses Chemises noires avaient marché sur Rome et arraché le pouvoir, était devenu le modèle avoué d'Hitler. Dans ses discours, il s'était mis à souhaiter l'arrivée d'un semblable grand homme providentiel qui sauverait l'Allemagne. L'ivresse que cette idée avait procurée aux foules l'avait convaincu que c'était une bonne idée. Qu'était une bonne idée pour Hitler ? Une idée qui faisait de l'effet. Celle-ci déclenchait à tout coup des vagues de plaisir. Normal, d'ailleurs. La masse – fût-elle composée d'hommes – était féminine ; lui promettre un époux l'exaltait au plus haut point. Il appelait donc de ses vœux ce grand homme qu'il ne nommait point, dont il semblait rêver aussi, jouant les hérauts, les prophètes, le Jean-Baptiste qui, les pieds dans le Jourdain, annonce et attend ardemment le Messie.

Ainsi qu'il l'avait prévu, certains jeunes militants vinrent lui exposer en privé leur conviction : Hitler était lui-même le Sauveur qu'il annonçait. Pas Jean-Baptiste mais Jésus. Il avait dissimulé son ravissement pour protester. Cela ne calma pas les jeunes exaltés, qui voulaient à tout prix avoir raison. Hitler choisit alors de placer les plus têtus à des postes-clés du Parti. Ainsi distingua-t-il Rudolf Hess, bourgeois sec et broussailleux, issu d'une famille nouvellement ruinée, peinant à trouver sa place dans la société de l'après-guerre ; membre de la société Thulé, il avait fait des études de géopolitique à l'université et assurait avec une belle rhétorique qu'Hitler était le dictateur attendu par l'époque et l'appelait « l'Homme » ou même « le Führer ». Il confia à Hermann Göring, le beau capitaine aviateur aux manières exquises, aux irrésistibles yeux bleu pâle et aux chaussettes de soie rouge, la direction des sections d'assaut, le groupe de gymnastique transformé en petite armée diligente.

Il amplifiait désormais ses discours messianiques en sachant que ces jeunes gens, dans la foule, murmuraient son nom.

– Le Mussolini allemand s'appelle Adolf Hitler.

Il avait encore feint de s'indigner en voyant arriver ces pancartes qu'il avait tant espérées et qui confirmaient que sa tactique avait pris.

Il pouvait maintenant compter sur la fidélité inconditionnelle de gens très différents, qu'il fréquentait séparément, ce qui lui permettait, en créant un lien unique avec chacun, de les utiliser les uns contre les autres à l'occasion.

– Nous n'attendrons pas plus ! Exécution ! L'Allemagne ne veut pas devenir rouge.

Hitler frissonnait de joie, ce matin-là. Sa vie devenait un opéra, il marchait vers son sacre, il serait le Siegfried des temps modernes, le putsch allait enfin lui donner le pouvoir.

Le 8 novembre 1923 vers dix-huit heures, Hitler, Göring et une poignée d'hommes armés firent irruption dans la brasserie Bürgerbräu où le gouvernement de Bavière tenait une réunion publique.

Hitler grimpe sur une chaise. La bourgeoise assemblée murmure d'agacement contre cet importun qui ose interrompre Kahr.

Hitler dégaine son pistolet et tire un coup au plafond.

Le silence se fait.

Il passe sur une table. Puis de la table sur l'estrade. Personne ne comprend ce qui se passe. Certains le prennent pour un garçon de café excentrique ; d'autres, voyant briller sa Croix de Fer sur sa veste noire, concluent que ce doit être encore un ancien combattant qui va leur infliger le récit de sa guerre ; d'autres ont reconnu l'agitateur d'extrême droite.

Hitler se plante devant le public, le toise, essaie de ralentir les battements de son cœur puis braille de sa voix rauque, avec une émotion qui manque le faire défaillir :

– La révolution nationale a éclaté.

Il s'attend à une réaction. Il constate que l'assistance, médusée, ne saisit même pas de quoi il parle. Cela l'agace.

– La salle est cernée par six cents hommes armés, personne n'est autorisé à sortir.

Il voit de la terreur sur certains visages. Cela l'encourage.

– Regardez ! Une mitrailleuse à la galerie du premier étage devrait vous dissuader d'entreprendre des gestes de résistance inutiles.

Il sourit à Göring qui, entouré de SA, vient de braquer la batterie vers l'auditoire. Une femme s'évanouit. On commence à le prendre au sérieux.

– Je déclare déchu le gouvernement bavarois. Et je déclare déchu le Reich. Nous allons désormais constituer un gouvernement provisoire. Je vous signale aussi que nous tenons déjà les casernes et la police dont les hommes se sont ralliés spontanément à la croix gammée.

Il se tourne vers les hommes du gouvernement.

– Maintenant, passons à côté pour distribuer les rôles. Merci.

Il laisse le beau Göring haranguer la foule désorientée.

Enfermé avec le trio gouvernemental, Hitler lui demande d'avaliser les dispositions suivantes : Kahr, qu'il a interrompu, est nommé régent de Bavière, les deux autres, Lossow et Seisser, prennent une dimension nationale pour devenir, l'un, Lossow, ministre des Armées et l'autre, Seisser, ministre de la Police ; la condition de tout cela étant qu'ils portent Hitler candidat au poste de chancelier d'Allemagne.

– Il faut franchir le Rubicon, messieurs. Je sais que ce pas est difficile à faire pour des gens un peu trop politiciens comme vous, et pas assez hommes d'action. Mais nous allons vous aider à passer le fleuve. Nous pouvons vous pousser, même, si vous traînez à sauter.

— Si je comprends bien, vous nous demandez d'être complices de votre putsch ? dit Kahr.

— Correct. Mes complices ou mes victimes. Ne trouvez-vous pas que c'est un vrai choix ?

— Et qui sera à la tête des armées de Bavière ?

— Ludendorff.

— Il est... des vôtres ?

— Il le sera. Nous sommes allés le chercher.

— Si Ludendorff est d'accord, nous serons d'accord aussi.

On amène alors le vieux général, héros de la guerre, adoré du peuple, homme de droite, aussi surpris que le trio gouvernemental. Il finit par accepter, entraînant l'adhésion des trois autres. Hitler précise :

— Je vous préviens que vous devez m'être fidèles. J'ai quatre balles dans mon chargeur, une pour chacun de vous trois si vous me trahissez, et la dernière pour moi. Vous devrez lutter avec moi, vaincre avec moi. Sinon mourir avec moi.

Il passe dans la grande salle pour expliquer au public ce qui va arriver, ce que l'Allemagne va gagner dans cette révolution nationale. Est-ce la menace des mitrailleuses, la présence massive des SA, son don d'éloquence ? La salle se retourne comme une chaussette et se met à brailler avec enthousiasme, lançant mouchoirs et chapeaux au futur chancelier.

Décidément, la révolution est bien partie.

Rudolf Hess, secondé par quelques SA, a, entre-temps arrêté les autres membres du gouvernement dont Hitler ne veut pas. Röhm lui confirme que la police est globalement favorable aux putschistes.

Hitler atteint au comble de la joie. Il arrose la conclusion de son discours avec des larmes réelles.

— Je vais accomplir maintenant ce que je m'étais juré de

faire il y a cinq ans, en 1918, lorsque j'étais aveuglé et estropié à l'hôpital militaire : terrasser les criminels de l'armistice et faire en sorte que, des pitoyables ruines de notre patrie, se dresse l'Allemagne dans sa puissance, sa liberté et sa splendeur. *Amen.*

– *Amen*, répond la salle.

Ensuite, Hitler se rend dans Munich pour vérifier l'état d'avancement du putsch dans les casernes.

Après minuit, Hitler rejoint sa petite chambre, il s'attendrit sur lui-même. Il regarde autour de lui. Ce décor élémentaire, un lit, une table, une chaise, une dizaine de livres, et il se félicite d'être resté si pur. C'est sans doute ce qui lui a permis de réussir.

A cinq heures du matin, on le réveille pour lui apprendre que le triumvirat Kahr, Lossow, Seisser, l'a trahi. Les trois hommes lui envoient eux-mêmes la nouvelle par le colonel von Leupold.

– Le général von Kahr, le général von Lossow, le colonel von Seisser condamnent le putsch d'Hitler. La prise de position arrachée par la force des armes à la brasserie Bürgerbräu est sans valeur.

Il met plus de dix minutes à croire le message : il avait tout imaginé sauf qu'on pût le trahir.

Hitler rejoint le vieux Ludendorff et les conjurés nazis. On s'indigne. On décide de maintenir le défilé prévu. On gagnera ainsi l'opinion publique. On effraiera les adversaires.

– Marchons ! crie Ludendorff. Rien n'est perdu.

Hitler accepte en pensant que ni l'armée ni la police n'oseront tirer sur l'antique Ludendorff. Il se promet de marcher à ses côtés et demande que tous les manifestants se tiennent par les coudes.

Derrière deux porte-drapeaux, Hitler, Ludendorff, Scheubner-Richter, Göring, se mettent en marche, suivis de colonnes de SA. Place Marie, ils se font acclamer. Hitler reprend espoir.

L'avancée se fait plus difficile. Des cordons de policiers refusent l'accès au centre.

Un coup de fusil part.

D'où ? D'eux ? Des policiers ?

Une salve. La bataille commence.

Scheubner-Richter, mortellement atteint, tombe. Il entraîne Hitler dans sa chute.

Son garde du corps plonge sur Hitler pour le protéger de balles qui vont se loger dans la cuisse de Göring. Hurlement. Ludendorff gît à terre, lui aussi. Cris. Confusion. Balles. Coups. Fuites.

Hitler parvient à se traîner jusqu'à sa voiture où le docteur Schultz le soigne.

– Vous n'avez qu'une luxation de l'épaule et du genou.

Il fait démarrer la voiture. Il fuit. Il laisse le combat derrière lui. Il se réfugie dans une grande villa à Uffing. Il s'enferme dans une chambre.

Non, il n'est pas un lâche. Non, il ne s'est pas enfui. Il est venu se suicider. La preuve ? Il a son revolver dans la main.

Il s'approche d'un grand miroir piqué et se contemple, sanglé dans son imperméable, surmonté de son chapeau de velours, affublé de cette moustache qu'il ne sait jamais comment tailler. L'histoire va s'achever là.

*Rienzi*... Il songe à l'opéra qui l'avait soulevé à Vienne, au suicide de Rienzi dans le Capitole en flammes. Sa vie violente et juste finit comme celle du héros. Il va mourir debout. Il se donnera lui-même la mort.

Il se considère de bas en haut. La scène ne ressemble pas à ce qu'il s'imaginait. Il peine à entendre les violons. Il n'est pas certain que le public éclatera en applaudissements. Pour dire le vrai, Wagner lui manque et il n'est pas sûr d'être à sa place.

Il a un spasme de lucidité : il ne meurt pas par héroïsme, mais pour échapper au ridicule ; il n'est qu'un pantin minable qui a joué à la prise de pouvoir sans avoir suffisamment préparé son coup. On va rire de lui et on aura raison.

Les larmes lui brouillent la vue.

Le revolver lui tombe des mains. Par réflexe, il saute sur le côté ; mais le coup ne part pas, le revolver s'est écrasé mollement sur le tapis à franges. Hitler a eu le temps d'apercevoir son entrechat effrayé dans le miroir et cela achève de le déconsidérer à ses yeux. Il se croyait dans Wagner, il joue une parodie d'Offenbach.

Il ramasse le revolver et le porte à sa tempe. Il doit mettre fin à cette souffrance intolérable : il ne s'aime plus. Son index caresse avec un sentiment de délivrance la gâchette d'acier. Il la presse mentalement, jouissant déjà d'un repos éternel. Comme tout va devenir simple...

Mais une idée l'arrête et repousse l'arme : il va se tuer pour échapper à la honte. Il manque de courage. Il quittera cette terre sans avoir sauvé l'Allemagne, en baissant les bras au premier échec. Il n'est qu'un apprenti rédempteur.

Il pose le revolver sur la table de nuit et se décide à attendre la police : il ne se tuera que plus tard, lorsqu'il aura réussi sa vie.

\*

— A onze heures trente, quoi qu'il arrive, jour ou pas jour, je me lève.

Elle sauta du lit et Adolf H. lui tendit un bol de chicorée dans lequel elle vint réchauffer son museau.

Il savait désormais l'origine du surnom : Onze-heures-trente se levait tous les jours à onze heures trente. Plus tôt, elle ne pouvait pas. Plus tard, elle ne supportait pas.

Adolf qui n'avait pas les moyens de peindre à la lumière artificielle continuait à s'arracher des draps dès l'aube et travaillait pendant qu'Onze-heures-trente dormait. Les premières fois, il s'était déplacé comme un voleur, étranger chez lui, tâchant de ne pas provoquer le moindre bruit ; mais, par mégarde, des pinceaux tombèrent, un chevalet se renversa, des jurons partirent, et il découvrit que rien ne pouvait enlever Onze-heures-trente aux rivages délicieux où elle s'ébrouait. Mieux même, il constata, lorsqu'elle les lui raconta, que ses rêves, fidèles gardiens de son sommeil, l'avaient protégée du réveil en intégrant les perturbations sonores dans leur récit. Adolf savait qu'il pouvait désormais aller et venir sans craindre de la gêner.

Pour se délasser du labeur, il s'approchait souvent d'elle et la regardait dormir. Où était-elle lorsque son corps reposait, lové entre les tissus, les joues disparaissant dans le duvet des oreillers ? A quelle aventure rocambolesque participait-elle ? Son visage n'esquissait-il pas un sourire ? N'y avait-il pas eu, à l'instant, un frisson de lubricité qui avait parcouru ses lèvres ? Oui, elle souriait. A qui ? A quoi ? Plusieurs fois, il eut envie de la réveiller, là, à l'instant, de la secouer pour connaître le contenu de ses songes, pour l'en vider. *Es-tu avec moi ? Es-tu avec quelqu'un d'autre ? Avec qui t'es-tu enfuie dans ton sommeil ?* Mais chaque fois, le visage était redevenu lisse, plein de chair, vide de sentiment, rayonnant d'une jeunesse purement matérielle. Le cœur d'Adolf se serrait alors. Vieillirait-elle ? Oui, mais comment ? Comment ce teint, pure lumière, pourrait-il se ternir ? N'est-il pas scandaleux qu'une beauté aussi évidente soit détruite par les ans ? De quel droit ? Lorsqu'il ne craignait plus les amants imaginaires, il s'inquiétait de son plus sérieux rival, le temps, qui lui prendrait la

Onze-heures-trente qu'il aimait. Et là, ce n'était plus la jalousie, mais le désespoir, qui lui donnait envie de la réveiller pour la serrer contre lui en lui disant : « Je t'aime. »

Il parlait plus à Onze-heures-trente endormie qu'à Onze-heures-trente réveillée. Lorsqu'il n'était pas sous le feu de son regard, il éprouvait des sentiments élémentaires et les lui adressait en silence. Libre, sans pression, débarrassé du ridicule, ne craignant pas le commentaire assassin ou la plaisanterie qu'elle ne manquerait pas de faire, il exprimait sa joie, son attachement, son admiration, sa crainte d'être trahi par elle, la panique qu'il éprouvait lorsqu'elle remarquait un autre homme, sa volonté de la tenir prisonnière de son amour à lui, sa certitude de perdre goût à la vie si elle n'était plus là. La matinée se passait ainsi, entre les coups de pinceaux et les madrigaux silencieux envoyés à la belle endormie.

Vers onze heures dix, un œil s'ouvrait mécaniquement. Une pupille noire, effarée, surprise, flottant avec indécision dans l'eau blanche du globe, tentait de faire le point et de se diriger vers ce qu'il y avait à voir. Quand l'iris repérait Adolf, il y avait une lumière qui s'esquissait mais qui ne tenait pas longtemps contre le poids de la paupière. Plusieurs tentatives suivaient, toutes couronnées d'échec. L'œil, certes, s'animait toujours plus mais la paupière se comportait en ennemie et redescendait le rideau de fer.

Vers onze heures vingt, les lèvres gonflées par les sucs des rêves s'agitaient faiblement et Adolf pouvait avoir une conversation presque articulée avec Onze-heures-trente, faite de quelques mots, de ceux qu'on peut échanger avec un enfant de dix-huit mois. Il aimait qu'elle se montrât si simple au sortir du sommeil, révélant une tendresse qu'elle dissimulerait davantage ensuite ; il aimait la surprendre toute nue de sentiments, comme à sa toilette, avant qu'elle ne s'habillât de ses mots ironiques et de sa gouaille.

– Il est bientôt onze heures trente, mon oiseau.

– 'e 'ai.

Ces deux sons signifiaient « je sais », mais avant onze heures trente, Onze-heures-trente ne prononçait jamais les consonnes.

Enfin l'heure arrivait et là, qu'une cloche eût sonné ou non, la jeune femme se dressait, reposée, impatiente d'entamer sa journée.

Adolf avait vérifié plusieurs fois l'exactitude du réveil. Il avait caché les pendules, les avait avancées, retardées, rien n'y faisait : suivant une horloge interne, Onze-heures-trente émergeait pile à onze heures trente.

– C'est étonnant, tu ne te trompes jamais.

– Et pourquoi veux-tu ? On suppose toujours que les gens qui se lèvent tard n'ont aucun sens du temps... ça n'a aucun rapport.

Par jeu, Adolf l'avait prise dans ses bras à l'heure fatidique et l'avait bercée contre lui pour la rendormir. Rien à faire. Elle se débattait. Elle se dégageait.

Elle détestait rester au lit après cette minute.

– Lâche-moi, tu vas me faire rater ma journée. Une journée qu'on commence à midi est une journée foutue.

Elle avait des principes qui n'appartenaient qu'à elle mais qu'elle observait avec intransigeance.

– J'aurais l'impression d'être une grue, une fille de mauvaise vie, une moins-que-rien, un morceau de viande. Et puis, il faut que je travaille.

Elle peignait des éventails.

N'employant que des couleurs primaires, elle couvrait la soie de motifs géométriques – rayons, demi-cercles, cercles, losanges et carrés – qu'elle disposait avec une fantaisie concertée. Le résultat était vif, piquant, neuf et Onze-heures-trente trouvait même à les vendre bien plus aisément qu'Adolf ses toiles.

– C'est normal, mon grand Boche, un éventail, ça sert au moins à quelque chose.

Avec son petit commerce, elle ramenait davantage d'argent qu'Adolf à la maison, mais faisait tout pour qu'il l'oubliât et ne s'en trouvât pas humilié.

– Ça marche parce que je travaille pour les snobs.

– Les snobs ?

– Les snobs, ce sont les paresseux qui ne savent ni penser ni juger par eux-mêmes. Pour occuper les snobs, on a inventé la mode, le dernier cri, la nouveauté. Moi, je fais des éventails modernes.

– Modernes ?

– Ben oui ! Modernes. Qu'on n'a pas vus avant ! Ou depuis longtemps ! Alors du coup, on croit que c'est de notre époque.

– C'est ça. Comme l'art nègre. Picasso et les autres ont fait croire que c'était nouveau alors que ça avait des siècles.

– Voilà. Alors moi, je fais dans l'éventail cubiste. La conne qui veut se distinguer de sa mère, de sa grand-mère et de sa voisine, elle va m'acheter mon éventail cubiste.

– Ne te critique pas trop. Ils sont très beaux tes éventails.

– Je ne te dis pas qu'ils sont laids. Je t'explique pourquoi on me les achète.

Adolf n'arrivait pas à se faire un nom dans le monde de l'art.

Depuis qu'il s'était installé à Paris, il était arrivé certains mois à vivre de sa peinture, d'autres mois à en survivre. Souvent, il avait dû payer ses repas avec une toile ou un dessin – quand on ne les lui refusait pas – et s'il avait pu supporter cette violence au début de son séjour parce qu'il la croyait provisoire, elle lui était devenue intolérable depuis qu'il avait vu d'autres peintres réussir, donc depuis qu'il s'était vu rater.

— Tu n'es pas un peintre raté, tu es un peintre maudit, lui disait Onze-heures-trente.

— Ouais, quelle différence ?

— Regarde cet Italien qui était si beau, Mobidi...

— Modigliani.

— Comme tu dis. Il est mort pauvre mais maintenant il vaut de l'or.

— Quel intérêt ?

— Je serai une riche veuve.

— Non, je préfère la célébrité à la postérité... et puis je voudrais vivre. Vivre bien. Enfin. Picasso est devenu millionnaire, Derain roule en Bugatti, Man Ray en Voisin, Picabia en Delage et Kisling en américaine.

— Allons, mon Boche, il y en a qui sont plus vieux que toi. Picasso, par exemple, il a...

— Huit ans de différence ! Seulement huit ans ! Est-ce que ça compte ?

— Tu seras peut-être riche dans huit ans. Allons, mon grand Boche, tu n'as pas le droit de te décourager.

Adolf souffrait de vivre pauvrement mais cette souffrance-là, avouable, banale, compréhensible, était pour lui le moyen de crier une autre souffrance, bien plus profonde, qu'il gardait pour lui : il doutait de son talent.

Peindre des œuvres qu'il n'apprécie pas forcément, c'est là le lot de tout peintre. Un artiste aime faire ce qu'il fait, et non pas l'avoir fait. Acteur plutôt que spectateur, il n'est pas désigné pour jouir du résultat. Il est rare qu'un chanteur aime sa voix, impossible qu'un écrivain lise son livre, l'essentiel restant que le premier aime chanter et le second écrire. Adolf, en cela, ne s'inquiétait pas, il savait bien qu'il n'apprécierait jamais ses toiles. Mais, chose plus grave, il les suspectait d'imposture. Sa première vraie toile originale, il l'avait faite par jeu, entre l'agacement, le désœuvrement et l'inspiration. Il l'aurait détruite rapidement si Neumann ne s'en était entiché. Or Adolf n'avait jamais vu Neumann se tromper lorsqu'il parlait de la peinture des autres. Pourquoi ne pas le croire cette fois aussi ? Pour étouffer son scepticisme, il avait fait peser toute la confiance critique qu'il avait en Neumann. Il avait remis son destin dans le jugement d'autrui.

Les difficultés matérielles, la froideur des marchands, l'indifférence des amateurs, tout cela aiguisait maintenant la lame du doute. S'était-il trompé ? Il se sentait si peu de son époque. Il savait bien qu'au fond il n'avait rien de commun avec tous les peintres qu'il connaissait à Montparnasse : le cubisme lui semblait une impasse, le fauvisme aussi, l'abstraction encore plus ; il détestait la touche sauvage, grasse, épaisse que le siècle avait mise à la mode ; il méprisait le gauchissement du trait – la technique de la « note à côté » – qui envahissait le dessin afin de le rendre moderne. Il continuait à se rendre au Louvre, à admirer Ingres, David et même Winterhalter ; il prisait l'exécution finie, la brosse invisible, l'effacement du geste du peintre dans la peinture ; il n'appréciait que les vertus traditionnelles, et, au fond de lui, presque secrètement, il éprouvait du respect pour la facture des peintres académiques si détestés et vilipendés que l'on avait appelés « pompiers » sous prétexte qu'ils ne manquaient jamais un reflet, une brillance ni même une bosselure sur les nombreux casques dont ils ornaient leurs sujets mythologiques ou romains. La maîtrise ! Il n'idolâtrait rien tant que la maîtrise alors que la peinture moderne glorifiait l'audace, le geste de rupture, le spectacle du n'importe quoi.

– Attention, une visite !

Onze-heures-trente avait entendu le signal de la concierge qui précédait l'arrivée d'un intrus. Madame Salomon avait frappé un coup dans la canalisation d'eau. Si elle donnait de nouveau deux coups, c'était un acheteur ; si elle en donnait trois, il s'agissait d'un huissier, quatre, de la police.

Deux chocs ébranlèrent le conduit. Onze-heures-trente alla ouvrir aux pas lourds qui résonnaient dans l'escalier.

– Slawomir ! Quelle surprise !

Grand, gros, taillé dans la graisse, le marchand d'art Slawomir s'essuya le front sans répondre à Onze-heures-trente car il avait pris l'habitude d'ignorer les compagnes de ses artistes, soit parce qu'elles changeaient trop souvent pour qu'il ne confondît pas les prénoms, soit parce que, si elles restaient, elles lui réclamaient des comptes quant à la pauvreté inadmissible de leur amant.

– Adolf, il faut que tu me sauves. J'ai un client qui s'intéresse à toi.

– Et alors ? Vends-lui mes toiles.

– Il est passionné par toi !

– Ça t'étonne ? Vends-lui cher !

– Oui, sans doute, mais il veut aussi te rencontrer.

Adolf grimaça car il avait des sentiments mêlés pour ceux qui achetaient ses toiles : s'il leur était reconnaissant de l'apprécier, il leur en voulait de payer si peu et surtout d'emporter des œuvres qu'il aurait encore voulu garder auprès de lui.

– Ah, Adolf, ne recommence pas, ne me fais pas le coup de la belle-mère.

Slawomir appelait ainsi cette réaction des peintres qui voyaient en leurs tableaux leur fille enlevée par un gendre.

– Tenez, asseyez-vous monsieur Slawomir-qui-êtes-incapable-depuis-dix-huit-mois-de-retenir-mon-nom, fit Onze-heures-trente en approchant une chaise.

Slawomir la regarda avec surprise, comme s'il s'étonnait qu'elle sût parler, puis s'effondra sur l'unique chaise de l'atelier.

– Il est fantastique, ce Slawo, gloussa Onze-heures-trente.

Une semaine roux, une semaine chauve, une semaine mous-
tache-collier, une semaine brosse dure. Quelle imagination
dans le poil et le cheveu ! Un artiste capillaire ! Ce n'est pas
possible, vous avez épousé une coiffeuse...

Slawomir, selon son jeu usuel, fit celui qui n'avait pas
entendu et se tourna vers Adolf.

– J'ai traversé tout Paris, le client m'attend, dépêche-toi.

« Tout Paris » cela voulait dire « huit cents mètres » pour
Slawomir, mais, étant donné sa corpulence, ces huit cents
mètres équivalaient à un grand parcours.

– Non, je reste ici, je travaille. Chacun sa part.

– Je t'en supplie...

– Non. Je peins. Tu vends.

– S'il te plaît !

– Non...

C'était un combat essentiel entre les deux hommes : Adolf
était, par son refus, en train d'expliquer à Slawomir qu'il était
un bon peintre et Slawomir un mauvais galeriste.

Onze-heures-trente s'interposa :

– Vas-y, mon Boche. Tu sais bien que le Slawo est un
marchand qui sait mieux acheter que vendre.

Les deux hommes furent arrêtés par cette phrase. Onze-
heures-trente avait raison. Doté de flair, de goût, de passion
et de courage, Slawomir avait toujours su repérer les peintres
prometteurs, les avait pris sous contrat quand personne n'en
voulait puis les avait enlisés dans la pauvreté tant il convain-
quait mal les éventuels clients, persuadé que le tableau parlait
suffisamment par lui-même. Beaucoup de ses peintres étaient
devenus riches et célèbres après l'avoir quitté, confirmant avec
éclat à la fois son flair et sa déficience commerciale.

– D'accord, je vais m'habiller, dit Adolf.

– Pas trop propre, surtout pas trop propre, ricana Onze-
heures-trente, n'oublie pas que tu es un peintre maudit.

Elle retourna vers le poêle pour chercher du café à servir à Slawomir, mais avant qu'elle ne revînt à lui, celui-ci s'était déjà endormi.

— Si c'est pas malheureux. A cette heure ! Quelle honte ! Il dort comme une vache broute.

Le marchand était connu pour ses endormissements brefs et constants. La légende prétendait qu'il lui était même arrivé de sombrer au milieu d'une discussion difficile avec son percepteur des impôts.

— Et en plus, il fait des bulles !

Un filet de bave coulait de la lèvre étroite et gonflée par le souffle, semblait vouloir prendre son envol sous la forme de ballon.

— C'est un phénomène. Faudrait le produire dans un cirque. Juste après les éléphants pour que les enfants n'aient pas trop peur.

— Je suis prêt, dit Adolf.

Slawomir ouvrit les yeux, rosit un peu, et regarda autour de lui pour savoir où il était.

— T'es de retour sur la terre, mon gros, lui souffla Onze-heures-trente, tu es devenu la cent quatorzième femme du sultan Ali Baba. C'est le seul qui a les moyens de te nourrir.

Elle se tourna vers Adolf.

— C'est vrai, qu'est-ce que ça doit bouffer un machin comme ça !

Slawomir se leva, sourd et indifférent, tira Adolf par le bras, sortit.

Onze-heures-trente le poursuivit jusqu'à la cage d'escalier.

— Et revenez quand vous voulez, monsieur Slawomir. On rigole bien ensemble. Cette fois, je vous ai montré mes seins, la prochaine fois, je vous tends la fesse gauche.

Descendant d'un pas de sénateur, Slawomir se tourna vers Adolf.

– C'est vrai ? Elle s'est déshabillée devant moi ?

– Oui, mais quelle importance ? Tu dormais.

– Tout de même ! fit Slawo, très choqué. Alors on ne peut plus s'endormir n'importe où tranquillement. Si ma pauvre mère savait ça...

Emu comme s'il avait subi un viol, il s'épongea le front avec son mouchoir trempé.

Ils firent difficilement les huit cents mètres qui conduisaient à la galerie, Slawomir devant s'arrêter plusieurs fois pour reprendre son souffle. Un homme les attendait.

– Voilà, je vous présente Adolf H., dit Slawomir, apoplectique, en s'effondrant sur son fauteuil où il s'endormit immédiatement.

L'œil vert, les cheveux longs sur les côtés, la tête carrée, le nez droit, assez beau, d'une beauté quasi sculptée dans la chair, l'homme regardait Adolf avec une puissance magnétique. Le peintre pensa qu'il devait être un mage.

– Je vous félicite, monsieur, vous êtes des nôtres.

– Pardon ? demanda Adolf, craignant qu'une subtilité inconnue de la langue française l'empêchât de comprendre.

– Vous êtes des nôtres. Vous êtes un grand. Cette logique libérée de tout rationalisme, cette fantaisie capricieuse à l'écoute des pulsions les plus contradictoires, cette discontinuité dans le discours bien que vous employiez les moyens picturaux les plus classiques, cette modernité insolente, ce mélange d'académisme et de rupture violente qui fait l'avant-garde, bref, je vous reconnais comme un des nôtres.

Adolf, abasourdi, se sentit hypnotisé par cet œil vert. Le Fakir – il l'appelait déjà ainsi – avait un rayonnement noir qui le faisait frémir, à mi-chemin entre le charisme messianique et la séduction libidinale. Le regard semblait exprimer des arrière-mondes mystiques tandis que la lèvre inférieure, exagérément développée, exagérément ourlée, révélait une forte sensualité. Le Fakir sourit sans qu'un seul de ses traits ne se dérangeât, par une sorte d'éclairement intérieur, comme le ferait une femme soucieuse de sa beauté.

— Excusez-moi, balbutia Adolf, mais Slawomir m'a très mal prononcé votre nom tout à l'heure et j'ai peur que...

— Je suis André Breton, dit le Fakir, le chef du mouvement surréaliste. Je vous emmène.

*

— Courrier pour vous, monsieur Hitler.

— Fleurs pour vous, monsieur Hitler.

— Une corbeille de fruits pour vous, monsieur Hitler.

— Il y a une dame et un journaliste au parloir qui demandent à vous rencontrer, monsieur Hitler.

— On nous a livré les livres que vous avez commandés, monsieur Hitler ; le bibliothécaire va vous les monter en personne.

Toute la journée, les gardiens venaient frapper avec respect à la porte de la geôle. On ne savait plus où entreposer les cadeaux, les lettres d'admirateurs qui affluaient par sacs. On n'avait jamais reçu tant de visites. Le personnel pénitentiaire de Landsberg était secrètement flatté de surveiller un hôte si fêté, un centre d'attraction mondain ; certains avaient même l'impression grisante, depuis quelques mois, de servir dans un hôtel de luxe plutôt que dans une prison.

On avait délogé la précédente vedette, Arco, meurtrier du Premier ministre bavarois Eisner, pour installer Hitler dans la spacieuse cellule numéro 7, la plus meublée, la seule disposant d'une aussi belle vue sur la campagne. Dans un riche peignoir blanc ou dans une traditionnelle culotte de peau, il avait la liberté de recevoir d'autres détenus, tel Rudolf Hess qui l'avait rejoint.

Après une période de silence où il avait regretté de ne pas s'être suicidé, Hitler s'était repris. La première bonne nouvelle avait été l'annonce que seize nazis étaient morts pendant le putsch : il en avait conclu que la Providence, à son habitude, avait encore voulu l'épargner. La deuxième bonne nouvelle avait été la mort de Lénine en janvier ; non seulement il s'était réjoui de la disparition de ce Juif bolchevique, mais encore il y avait lu un message subtil du destin qui, de même qu'il avait sauvé Frédéric le Grand par la mort de la tsarine Elisabeth, lui sauvait la mise en écartant un obstacle et lui confirmait, par cette répétition, son rôle de premier plan. La troisième bonne nouvelle avait été le procès lui-même : Hitler y avait parlé pendant des heures et s'en était tiré avec cinq ans de prison, peine ridicule si l'on songeait aux quatre policiers morts, aux milliards de marks volés, à la destruction des locaux du *Münchener Post*, à la prise en otage des hommes politiques et des conseillers municipaux, une peine qui serait encore écourtée sans doute grâce à sa bonne conduite.

A Munich, on n'entendait plus parler d'Hitler, on ne voyait plus de croix gammées dans les rues ni dans les réunions politiques ; certains pouvaient même croire qu'Hitler et le parti national-socialiste avaient disparu une fois pour toutes de la carte du monde. Mais à Landsberg, dans la cellule numéro 7, se passait tout autre chose : Hitler finissait d'inventer Hitler.

Son esprit revenait toujours à l'image du pantin en imperméable qui avait eu peur de son revolver dans le miroir verdâtre au chrome ancien. Il n'aurait de cesse d'avoir éradiqué ce souvenir et fabriqué un Hitler dont il serait fier, un Hitler qui ne faillirait pas, qui réussirait sans mollir sa marche vers le pouvoir.

Les autres allaient bientôt oublier ce putsch raté et n'en

tireraient aucun enseignement. Hitler, lui, allait en extraire les leçons. Et lui seul.

Tout d'abord, il avait décidé d'apprendre la patience. Y a-t-il effort plus violent pour un impatient que de s'astreindre à la patience ? Il y était arrivé en mettant de l'ordre dans ses idées : si le but était la conquête du pouvoir, cela seul devait organiser la durée. Il acceptait d'emblée le temps que son ambition lui demanderait.

Ensuite, il arriverait au pouvoir par des moyens légaux. Puisqu'il était un propagandiste de premier ordre, il ferait campagne aux élections et ramasserait les voix dans les scrutins. Ses ennemis ne s'attendaient pas à cette mauvaise surprise.

Enfin, il était en train d'écrire sa vie et ses idées, ou plutôt de les dicter car l'inspiration féroce qu'il avait en parlant séchait dès qu'il se trouvait seul en face d'une feuille. Il avait intitulé le livre *Mon Combat,* et il y découvrait, avec délices, à quel point sa trajectoire se montrait cohérente, comment elle l'amenait irrésistiblement à devenir le grand homme que l'Allemagne attendait. Il s'y surprenait lui-même.

« Une heureuse prédestination m'a fait naître à Braunau am Inn, bourgade située précisément à la frontière de ces deux Etats allemands dont la nouvelle fusion nous apparaît comme la tâche essentielle de notre vie, à poursuivre par tous les moyens. » Il était émerveillé que sa vie ait d'emblée pris la forme d'une légende, annonçant dès le premier jour la réunification de l'Allemagne et de l'Autriche qu'il mettait à son programme. D'ailleurs, il ne racontait pas son existence telle qu'elle était, mais telle qu'elle était nécessaire. Il n'hésita pas à occulter ce qui ne convenait pas à un futur chef de l'Allemagne, ni à rajouter ce qui y manquait. Ainsi, ses études, il ne les avait pas ratées, il les avait sabotées parce qu'il s'était senti appelé à des tâches plus essentielles. Il mit sous silence les violences de son père, se contentant de marquer son opposition à sa vocation d'artiste, histoire de souligner la force de volonté du chef même enfant. Il transforma en vie de bohème estudiantine ses longues années dans les asiles et les foyers pour pauvres. Il justifia son échec de peintre par le fait qu'il était plutôt architecte. Il trafiqua les dates qui auraient pu montrer qu'il avait voulu échapper à ses obligations militaires. Il fit remonter son antisémitisme récent à sa prime jeunesse et, de manière générale, se dota d'emblée de la fine conscience intellectuelle qu'il pensait posséder aujourd'hui. Un génie politique. Il sculptait dans le granit. Il tenait à montrer qu'il n'avait pas changé. Il se serait dessiné une moustache au berceau, s'il avait pu.

Dans les autres chapitres, moins biographiques, il précisait ses pensées. Rudolf Hess, son scribe dévoué, l'y aidait, même s'il l'encombrait parfois avec ses réflexes universitaires.

— Nom de Dieu, Hess, arrêtez de m'emmerder avec vos références ! D'où viennent les idées, quelle importance ! ! Les idées sont bonnes ou mauvaises, c'est tout. Je ne sais pas si ce concept de race, je l'ai pris chez Chamberlain, chez Go... comment dites-vous ?

— Gobineau.

— Chez Gobineau ou chez...

— Bölsche.

— ... ou chez Bölsche. De toute façon, je ne retiens jamais les noms des auteurs. Et puis les idées n'appartiennent à personne. Ou plutôt si, elles appartiennent à ceux qui les pensent, les vivifient par leur verbe et les communiquent. En l'occurrence, moi, Adolf Hitler.

Dans ce repos forcé qu'il appelait ironiquement « son stage à l'université aux frais de l'Etat », il avait enfin le temps de lier ensemble des remarques éparses.

— Voyez-vous, Hess, je crois que j'ai tout compris de l'homme en observant les chiens. On ne peut pas conférer à des carlins les qualités des lévriers ou des caniches. Le dressage n'y fait rien. La rapidité du lévrier ou les facultés d'acquisition du caniche sont inhérentes à la race. On ne pourra redresser la nation allemande qu'en la traitant en éleveur, en considérant la pureté de la race. Cela nous amène à un double programme : soigner la reproduction de la race dans la race, supprimer les éléments étrangers sans se laisser attendrir par un dangereux sentimentalisme. Il ne faut pas conserver les êtres misérables, infirmes, handicapés ou débiles d'une manière ou d'une autre. Ceux qui sont déjà là, il faut les stériliser d'urgence. Ceux qui arrivent, les supprimer avant même que les parents ne les voient. Ce serait ça, le véritable progrès de la médecine : un vrai pouvoir de discernement entre force vitale et faiblesse débile, et non pas cet acharnement suspect à faire vivre des individus qui vont affaiblir la population. Ce serait ça, une médecine humanitaire. Deuxième partie du programme : se débarrasser des Juifs.

— Comment ?

— Tout d'abord, il faudrait les parquer pour éviter qu'ils ne continuent à corrompre notre sang. D'ailleurs, on devrait enfermer ensemble tous les sujets atteints d'une quelconque maladie mortelle, afin qu'ils ne contaminent pas ceux qui sont sains ; il faut d'urgence isoler les syphilitiques et les tuberculeux. Je suis pour l'impitoyable isolement des incurables.

— Parquer les Juifs. Et après ?

— Les exclure du territoire allemand.

— Et après ?

— Je sais que j'ai l'air excessif mais il faut prendre des mesures sanitaires. Si l'on avait, au début et au cours de la guerre, tenu une seule fois douze ou quinze mille de ces Juifs corrupteurs sous les gaz empoisonnés que nous avons, nous, aspirés ensuite, dans les tranchées, on aurait épargné des millions de braves Allemands pleins d'avenir.

— Vous voulez dire que...

— Pour l'instant, parlons de la solution territoriale. L'exclusion. Ça suffira.

— Mais en même temps, vous dites que l'Allemagne doit s'étendre.

— Oui, nous avons besoin d'espace vital !

La notion d'« espace vital » lui était venue en captivité, sans doute par lassitude d'être enfermé, sans doute aussi parce qu'il identifiait l'Allemagne à lui-même.

— Nous devons d'urgence récupérer le discours des Juifs et nous l'appliquer à nous-mêmes. Nous sommes le Peuple élu. Nous sommes le peuple aryen. Il ne peut y avoir deux peuples élus. Ou s'il y en a deux, c'est que l'un a été choisi par Dieu, l'autre par Satan. L'affrontement du monde aryen et du monde juif, c'est l'affrontement de Dieu et de Satan. Le Juif est la dérision de l'homme, aussi éloigné de nous que les espèces animales de l'espèce humaine. C'est un être étranger à l'ordre naturel, un être hors nature.

— Cependant, il n'est pas facile de déterminer exactement ce qu'est l'aryen. Ne serait-ce qu'en Allemagne, il y a déjà tant de mélanges que vous, ou moi, nous...

— Peu importe. Ce qui compte, c'est de désigner l'ennemi. Et là, c'est clair : le Juif. Donc, l'Allemagne, seul Peuple élu, doit agrandir son territoire. C'est une nécessité. Nous ferons la guerre, car il est normal que l'épée précède la charrue. La guerre est un droit essentiel du peuple, le droit de nourrir ses enfants. Deux territoires me semblent offrir des champs, des matières premières et des marchés intéressants pour l'Allemagne : les Etats-Unis et l'Union soviétique. Nous commencerons par l'Est car il nous faudra un grand grenier européen avant d'attaquer l'Ouest.

— C'est grandiose. Mais que ferons-nous des Juifs, si l'Allemagne possède le monde ?

– Nous aviserons alors, Hess, nous aviserons.

– Grandiose !

Hitler peinait à trouver le sommeil après ces longues séances de travail. Les audaces de sa pensée l'épuisaient. Les phrases continuaient à se fabriquer dans son cerveau et il n'était pas rare qu'il se levât et se laissât aller à prononcer un discours pendant que l'aube pointait.

– Je suis possédé, murmurait-il en fixant le soleil jeune et dévitalisé qui réveillait lentement les coqs. Je suis sans cesse dépassé par les pensées qui me traversent. Ma mission ne me laisse pas de repos. Oui, vraiment, je suis possédé.

Possédé par le souci du bien. Il ne lui serait pas venu à l'idée une seconde que ce fût par le mal.

Le 20 décembre 1924, le directeur de la prison vint lui annoncer sa libération sur parole, alors qu'il lui restait quatre ans à purger.

« Déjà ? Quel dommage ! songea Hitler. J'allais presque finir mon livre. »

*

– Pas de chapeau, pas de culotte, pas de moralité ! C'est ça ?

Onze-heures-trente hurlait sur le garçon de café qui, terrorisé, abandonna la terrasse pour se réfugier dans l'arrière-salle.

Adolf et Neumann riaient devant la colère qui secouait la jeune femme.

– C'est intolérable ! Refuser de me servir parce que je ne porte pas de chapeau ! Me prendre pour une grue à cause que je suis en cheveux ! Mais qu'est-ce qu'ils croient, tous ces crétins ? Qu'un galure, c'est mieux qu'un crucifix comme certificat de bonnes mœurs ? Qu'une capeline ça serre les

312

cuisses d'une femme ? Moi, je connais de sacrées salopes qui ont toujours des plumes sur la tête, je peux lui en citer. Une liste ! Je crois que s'il m'apporte mon chambéry-fraisette, je le lui balance à la figure ! Sacristain ! Limonadier ! Ça gagne sa croûte en empoisonnant le pauvre monde avec son alcool frelaté et, en plus, ça voudrait donner des leçons ? Dites-moi que je rêve...

La colère était une forme de bonne humeur chez Onze-heures-trente. A travers les insultes, les indignations, les apostrophes colorées, elle exprimait sa joie d'être là, son appétit de vivre, son désir de ne pas laisser à d'autres ou au néant sa part de gâteau.

— Voilà, madame. Deux pastis et un chambéry-fraisette.

Livide, le garçon déposa les verres en craignant un nouvel esclandre. Mais Onze-heures-trente avait déjà changé de préoccupation.

— Venez le voir avec moi, ce voyant. Il paraît qu'il est excellent.

— Non merci, dit Neumann, je n'ai pas assez d'argent pour en jeter dans le caniveau.

— Tu n'y crois pas ?

— Je ne crois qu'au hasard entre des bouts de matière. Je suis matérialiste. Je ne vois donc pas comment un homme pourrait prétendre lire l'avenir.

— On me l'a pourtant recommandé, ce voyant.

— C'est normal que les victimes consentantes se repassent des tuyaux.

— Oh, ce que vous êtes tristes, vous, les bolcheviques. Tu ne trouves pas, Adolf, que les cocos comme Neumann, ils virent sinistre, genre curés en soutane rouge ? Au lieu de sentir le cierge éteint, ils puent la faucille rouillée. Franchement, ce n'est pas mieux.

— Onze, tu dois respecter Neumann, dit Adolf avec douceur.

— Mais je le respecte. Je le respecte parce qu'il est beau même s'il est triste. Je le respecte parce qu'il est ton ami même s'il te tape ton fric. Je le respecte parce qu'il est mon copain même si on n'est d'accord sur rien. Garde-à-vous, camarade Neumann, je ne suis que respect mais je vais quand même à mon rencard.

Elle lui fit un salut militaire, laissa les deux hommes à la terrasse du café et rejoignit la cour où officiait le voyant.

Dans un local minuscule coincé entre deux immeubles et le hangar à poubelles, l'homme recevait à côté d'un sommier posé sur quatre briques, d'une malle remplie de manuscrits, en offrant deux chaises bancales autour d'une table de récupération sous le regard d'un Christ dessiné à la craie au mur. Il avait un petit crâne rond qui brillait autant que sa boule de cristal, il recevait des clients le lundi uniquement et il se prétendait poète quoique personne ne le prît au sérieux.

— Bonjour, monsieur Jacob, dit Onze-heures-trente.

— Appelez-moi Max, répondit le minuscule voyant.

Et ils s'enfermèrent pour parler de l'avenir.

Lézardant au soleil, rendus joyeux par le pastis, Adolf et Neumann regardaient passer les Parisiennes.

— Je vais partir pour Moscou, dit Neumann.

— Je le savais.

— J'ai été invité à travailler à la Maison du Peuple. J'y resterai trois mois.

— Est-ce que tu vas peindre ?

— Je ne sais pas.

— Neumann, je comprends très bien que tu veuilles faire de la politique, mais il serait dommage que cela te fasse abandonner la peinture.

– La peinture se passe bien de moi.

– Oui, mais toi, est-ce que tu peux te passer de la peinture ?

Neumann répondit par un silence songeur.

Adolf insista :

– Tu as du talent. Tu es responsable de ce talent. Tu dois en faire quelque chose.

Neumann bâilla ostensiblement.

– Je ne vois pas l'intérêt de la peinture dans le monde que nous devons construire. Des gens n'ont pas de travail, des gens ont faim, et toi tu songes à peindre.

– Oui. J'ai faim, personne ne veut de mon travail et je songe malgré tout à peindre. Et je souhaite que des riches, d'immondes capitalistes comme tu dis, des profiteurs, s'entichent de ma peinture. Oui.

– C'est dépassé. Je ne suis plus d'accord avec ça, dit Neumann.

– La guerre nous a volé nos vies, n'était-ce pas suffisant ? Tu veux que la politique te la vole encore aujourd'hui ?

– Non, Adolf, tu n'as rien compris à la guerre. Tu y as vu une boucherie qui tuait le talent de Bernstein et retardait le tien. Un obstacle personnel. Moi, j'y ai vu une monstruosité politique. Cette guerre, on la doit à la nation qui nous demandait de mourir. Et en échange de quoi ? De rien. Qu'est-ce que cela veut dire, la nation ? Etre allemand, français, belge ou suédois ? Rien. Voilà ce que j'ai compris, pendant la guerre : qu'à la nation il fallait substituer l'Etat. Et pas n'importe quel Etat. Un Etat qui est le garant du bonheur, du bien-être et de l'égalité de chacun.

– Ne me ressers pas ta soupe communiste, je la connais, Neumann, je l'ai entendue cent fois.

– Tu m'entends mais tu ne m'écoutes pas. Le communisme est...

– Le communisme est une maladie de l'après-guerre, Neu-

315

mann. Vous voulez changer la société qui a exigé des millions de morts en sacrifice. Mais, au lieu de lui demander moins, à la société, vous lui demandez plus. Elle vous a demandé de mourir, maintenant vous lui demandez de vivre, d'organiser votre vie dans les moindres détails. C'est là que, selon moi, vous vous trompez. Moi, je ne veux pas *plus* de collectivité, j'en veux *moins*. Après cette guerre, je ne veux plus rien donner à la communauté, qu'elle me laisse tranquille, je ne lui dois rien.

– Bravo ! L'anarchisme de droite ! Quelle belle réponse ! Ce n'est pas cela qui va changer le monde.

– Mais je ne veux pas changer le monde, Neumann, je veux seulement réussir ma vie.

Onze-heures-trente vint se rasseoir auprès d'eux et, en silence, porta son verre vide à sa bouche. Adolf remarqua qu'elle avait le nez gonflé sous ses yeux rouges.

– Qu'y a-t-il ? Tu pleures ?

– Moi ?

Elle sembla découvrir leur présence. Elle sourit tendrement à Adolf.

– Non. Enfin, oui.

– Ce crétin de voyant t'a dit quelque chose ?

– Non. Enfin, oui.

– Quelque chose qui t'a fait pleurer ?

– Mais non. Ça n'a aucun rapport. Je renifle à cause de mon rhume des foins. C'est la saison de mon rhume.

– Je ne savais pas que tu avais le rhume des foins, fit Adolf avec suspicion.

– Eh bien, maintenant, tu le sais, voilà !

De toute façon, Adolf n'avait plus le temps de questionner Onze-heures-trente car ils devaient se rendre à une réunion surréaliste, salle Gaveau, où l'on devait faire le procès d'Anatole France.

Lorsqu'ils approchèrent du théâtre, des hommes-sand-wichs parcouraient les trottoirs en annonçant le procès.

Des passants, choqués, les apostrophaient :

– Mais enfin, Anatole France est mort. On lui a fait des obsèques nationales, comment peut-on lui faire un procès ?

– De quoi était-il coupable ?

– Une histoire de mœurs ?

– Un plagiat ?

– Mais laissez les morts tranquilles, c'est un scandale !

Adolf, Neumann et Onze-heures-trente se frottèrent les mains en constatant que l'atmosphère était déjà très tendue.

– On va bien se marrer, dit Onze-heures-trente.

Des crieurs annonçaient la présence au procès de Charlie Chaplin, Buster Keaton et du prince de Monaco. Aucun d'eux ne viendrait mais des curieux crédules se précipitaient déjà dans la salle.

– Dépêchez-vous, criait un jeune poète, tous les retarda-taires seront tondus !

Plusieurs indécis s'engouffrèrent, poussés par l'inquiétude.

Sur la scène, des tables et des bancs avaient été disposés pour évoquer vaguement un tribunal. Le Fakir, André Breton, tenait le rôle du président. Pour l'accusation, Benjamin Péret. Pour la défense, Louis Aragon.

– Toujours bien habillé, cet Aragon, murmura Onze-heu-res-trente avec admiration. On ne m'aurait pas dit qu'il était poète, je l'aurais cru garçon coiffeur.

Le Fakir prit la parole :

– Mesdames et messieurs, l'accusé Anatole France n'a même pas daigné se présenter devant la cour bien qu'il y ait été invité. Il a quitté précipitamment Paris en corbillard sans même un mot d'excuse, lui qui écrivait tant.

– C'est une honte ! Parler ainsi des morts ! s'indigna une dame dans l'assistance.

– Madame, il était déjà mort de son vivant. Il a toujours pué le cadavre. Il fallait être lui ou vous pour ne pas s'en rendre compte.

La dame se mit à brandir son ombrelle en direction de la scène, son compagnon s'offusqua également et des jeunes gens autour d'eux les chahutèrent. Des rixes commençaient.

– On se marre bien, approuva Onze-heures-trente.

Le Fakir reprit la parole par-dessus les chahuts :

– L'accusé sera donc remplacé par un mannequin de tissu qui est absolument persuadé d'être Anatole France, ce qui nous convient tout à fait puisque l'un des chefs d'accusation de ce procès est l'usurpation d'identité. Accusé Anatole, levez-vous.

Le mannequin ne bougea pas.

– Nous vous accusons d'avoir volé le nom d'un peuple obscur qui a la bêtise de vous adorer : la France.

– A bas la France ! cria un jeune surréaliste.

– Vive la France et les pommes de terre frites ! s'exclama le Fakir.

– Vive l'Allemagne et l'escalope de veau ! cria Adolf.

– Vive ma tante et son bœuf bourguignon ! renchérit Onze-heures-trente.

– Mais faites-les taire ! cria la dame à l'ombrelle. Vous vous moquez de tout ce qui est sacré.

– Madame, hurla le Fakir qui ne donnait toute sa mesure que lorsque la situation dégénérait, nous n'avons aucun respect pour ce que tout le monde respecte. Anatole France faisait l'unanimité sur son talent et sa personne, il recueillait les suffrages de la droite comme de la gauche, il était pourri d'honneur et de suffisance.

– Monsieur, j'ai toujours adoré Anatole France.

— Je tiens tout admirateur d'Anatole France pour un être dégradé ! s'écria Aragon, oubliant qu'il jouait l'avocat de la défense.

— Arrêtez cette mascarade, tonitrua un autre homme à l'élégant bouc blanc, habillé en bleu marine. Vous n'êtes qu'une bande de petits salauds.

— Oui, monsieur, nous sommes tous ici une bande de salauds, la seule différence c'est qu'il y a les grands salauds et les petits salauds. De quel camp êtes-vous ?

— Du camp de la dignité !

— Je dis merde à la dignité !

— Vous n'êtes qu'un imbécile.

— Oui, monsieur, je suis un parfait imbécile, je ne le cache pas et je ne cherche pas à m'échapper de l'asile dans lequel je passe ma vie. Au contraire, je l'explore. C'est même cela, monsieur, le surréalisme.

— Je n'ai rien à foutre du surréalisme.

— Ah enfin, une parole intelligente.

— Ce qu'on se marre, répéta Onze-heures-trente.

— Puisque vous vous prétendez des artistes, reprit le monsieur en bleu, montrez-nous ce que vous faites. Produisez au lieu de détruire.

— Non, nous voulons d'abord détruire. Nos mots sont des balles, nos phrases des mitraillettes, nos textes des pelotons d'exécution. L'artiste nouveau proteste, il ne peint plus, il fait la guerre. Balayer ! Nettoyer ! C'est une attitude métaphysique. Nous croyons à la force de la vacuité.

— Sornettes !

— Dada ! Dada ! Dadadadada !

En signe de ralliement, les jeunes surréalistes se mirent à prononcer ce vocable insignifiant comme des enfants vocalisent sur leur pot. Des partisans du bon sens voulurent quitter la salle ; on les insulta ; des coups partirent et la réunion dégénéra en pugilat.

Un sac vola jusqu'à Adolf et vint frapper le front de Neumann. Le sang perla

— Assez de littérature pour aujourd'hui, peut-être ? demanda Onze-heures-trente en tendant un mouchoir propre.

— C'est ça, assez théorisé, fit Neumann.

Les trois s'éclipsèrent et gagnèrent une pharmacie près des Champs-Elysées où ils firent soigner Neumann.

— Je suis étonné que tu t'intéresses à mes nouveaux amis, dit Adolf à Neumann. Ces discussions sur l'art devraient en principe te paraître totalement futiles.

— Breton fait partie du parti communiste, dit Neumann avec gêne, et d'autres surréalistes aussi.

— Ah bon ? fit Adolf qui allait de surprise en surprise.

— Oui, il paraît qu'il y a un lien entre la libération de l'imaginaire et la libération des classes exploitées.

— Ah ? Tu m'en diras tant, fit Adolf, sceptique.

— En tout cas, on s'est bien marré, conclut Onze-heures-trente.

Neumann les abandonna pour rejoindre la maîtresse chez qui il s'était installé depuis qu'Onze-heures-trente était arrivée dans la vie d'Adolf et qu'il avait plus ou moins renoncé à la peinture pour la politique.

Onze-heures-trente et Adolf décidèrent de rentrer à pied à Montparnasse.

— Franchement, Onze, tu les prends au sérieux ?

— Qui ?

— Les surréalistes.

— Attention. Je te signale que tu en fais partie. Surréaliste rayon peinture. Avec Max Ernst, Chirico, Dali et d'autres. D'ailleurs, depuis que ça se sait, tu vends un peu plus qu'avant.

— Onze, je te parle sérieusement. Qu'est-ce que tu en penses ?

— C'est vivant, c'est bruyant, c'est jeune.

— C'est idiot.

— Oui. Et on se marre bien.

— Ça te suffit, ça : « On se marre bien » ?

Il avait parlé avec brusquerie, d'une voix violente. Il découvrit en se tournant qu'elle avait les larmes aux yeux.

— Oui, se marrer, ça me suffit, c'est important.

Elle ne put plus retenir ses sanglots.

— Onze-heures-trente, que se passe-t-il ? Tu n'as pas de rhume des foins. Que t'a dit ce voyant ?

Elle détourna la tête.

— Oh, il m'a dit ce que je savais déjà. Mais je me serais bien passée d'une confirmation.

— Quoi ?

— Que je ne vivrais pas longtemps. Que je ne passerais pas les trente ans.

— Allons, ce sont des sornettes. Comment peux-tu croire...

— Bah, je le sais depuis que je suis toute petite. Une bohémienne l'avait vu dans ma main. Après, je l'ai vu moi-même dans les cartes. Monsieur Jacob, lui, l'a lu dans le café.

— Et moi, je lis sur le bout de ma semelle que je vais aller botter le cul de ce monsieur Jacob !

Il prit Onze-heures-trente dans ses bras, la souleva comme une enfant et mit son visage contre le sien. Il frotta leurs deux nez.

— Je ne veux plus que tu te laisses pourrir le cerveau par des diseurs de mauvaise aventure. Tu as une santé robuste et tu vivras très très très longtemps.

— C'est vrai ? demanda Onze-heures-trente, les yeux écarquillés par l'espoir.

— C'est vrai.

Le visage d'Onze-heures-trente s'éclaira.

– Et tu vieilliras avec moi, ajouta Adolf.

– C'est vrai ?

– C'est vrai.

Onze-heures-trente entoura les épaules d'Adolf et se laissa aller à pleurer de soulagement contre son cou.

– Ah... je suis heureuse... j'ai été bête... tu m'as rassurée... je sais que tu as raison.

Adolf frissonna. Alors qu'il venait d'affirmer avec force son optimisme, il ressentit, avec tout autant de force, et d'une manière incompréhensible, que le petit monsieur Jacob avait sans doute raison.

*

Un tronc mélodieux. L'homme ressemblait à une souche, par sa forme massive, sa couleur, son immobilité, son absence d'expression ; cependant il avait une fente horizontale au milieu du visage, comme une cicatrice due à un coup de hache, et de cette fente sortait un chant viril qui emplissait le salon d'été.

– *Dieu tout-puissant, penche-toi sur moi. Conserve la force que tu as miraculeusement déposée en moi. Tu m'as rendu énergique, tu m'as donné le pouvoir suprême, tu m'as doté de qualités sublimes : éclairer ceux qui rampent, relever ce qui est tombé en ruines. Par toi, je transforme l'humiliation en grandeur, splendeur et majesté.*

Dans la grande villa qui s'ouvrait sur les Alpes, l'assistance écoutait pieusement le ténor wagnérien entonner la prière de *Rienzi*. Tous les spectateurs suivaient le même concert privé, mais chacun entendait une chose différente. Les Bechstein, propriétaires du lieu et fameux fabricants de pianos, vérifiaient la sonorité fruitée de leur dernier modèle, Winnifred

Wagner découvrait cet opéra qu'elle ne faisait jamais jouer à Bayreuth tandis qu'Adolf Hitler avait, lui, l'impression qu'on chantait à pleine voix son journal intime.

Le ténor acheva et reçut les applaudissements modérés d'une haute société en villégiature ; Hitler, lui, avait plutôt envie de se signer. Wagner était devenu une musique religieuse, sa liturgie personnelle, et il se rendait aux représentations voisines de Bayreuth ainsi qu'on va méditer et prier dans une cathédrale.

Maintenant qu'il s'était retrempé dans l'héroïsme de Rienzi, il voulait échapper aux femmes qui l'entouraient. Il y avait beaucoup trop d'admiratrices dans ce salon pour que la suite de l'après-midi ne tournât pas au pugilat entre les chignons gris. Il alla faire un baisemain à Hélène Bechstein, la maîtresse de maison, une fervente partisane qui avait même, deux ans auparavant, gagé des bijoux pour fournir de l'argent au Parti ; en la complimentant, il lui montra qu'il portait bien la dernière cravache qu'elle lui avait offerte.

– Oh non ! Vous n'allez pas nous quitter si vite !

– Je dois aller écrire.

– Si c'est pour l'Allemagne, je vous pardonne.

Il s'engouffra dans sa Mercedes en ne laissant que des cœurs en écharpe derrière lui.

Il allait rejoindre Mimi.

Mimi, Mimilein, Mizzi, Mizzerl, il n'avait jamais de diminutifs assez tendres pour roucouler son nom.

Elle avait seize ans. Il en avait trente-sept.

Elle jetait sur lui les yeux qu'on jette sur une vedette politique lorsqu'on est une adolescente qui s'ennuie dans un petit village des Alpes bavaroises. Elle était aussi émerveillée que si elle avait rencontré Rudolf Valentino.

C'étaient d'abord leurs chiens qui avaient sympathisé devant le magasin familial, ce qu'Hitler avait trouvé de très bon augure. Avant de remarquer la jeune fille, Hitler avait senti l'émotion qu'il provoquait chez elle. Ensuite, il avait contemplé ce corps élancé, frais, joyeux, qui semblait donné par la rosée, ces joues si rondes et si douces, des fruits sur l'arbre, puis la blondeur insouciante, les yeux lilas. Elle était née femme pendant ce bel été. Il avait constaté qu'elle rougissait de son regard. Elle, elle le trouvait superbe, dans sa culotte de peau, avec ses grosses chaussettes gris clair et son anorak serré par une ceinture en cuir, tel qu'on le voyait dans les journaux, et puis rendu si sombrement romantique par son séjour injuste en prison. Il s'était approché, avait usé de la célèbre fixité de ses prunelles pervenche pour la troubler avant de la complimenter sur son chien. Ils avaient parlé d'animaux pendant une heure. Lorsque Hitler avait ensuite demandé à la sœur aînée la permission d'emmener Mimi en promenade, Mimi, confuse d'avoir éveillé l'intérêt d'une star, s'était enfuie en courant.

Hitler se sentait régénéré par cette jeunesse : non seulement Mimi le dévorait avec les mêmes pupilles énamourées que toutes ses mères protectrices, mais elle était, elle, beaucoup plus agréable à regarder que ces dentiers perlés et ces rombières ménopausées. En plus, elle ne lui demandait rien ; elle était vaincue d'avance. Lorsqu'il la courtisait, il avait l'impression d'étaler un bon beurre des Alpes sur une tranche de pain d'épice, ça se faisait tout seul.

Pour s'assurer de son prestige, il l'avait invitée à une réunion politique où il savait qu'il tiendrait la vedette. Il avait alors sorti tous les feux de son éloquence, transformant ce modeste rassemblement dans une villa de Berchtesgaden en une rencontre essentielle où se jouait le destin de l'Allemagne ; il crépitait, passant du lyrisme à l'énergie, de la nostalgie à l'espoir de lendemains radieux, de la haine à l'attendrissement patriotique, offrant un festival pyrotechnique qui lui valut un accueil délirant. Au repas, il tint à ce que Mimi et sa sœur fussent assises aux places d'honneur, juste à côté de lui, et il lui mit le feu aux joues en lui avouant qu'il n'avait parlé que pour elle. Il regardait cette bouche ourlée, tendre, rose, et, au dessert, n'y tenant plus, il lui donna à manger des morceaux de gâteau. D'une seconde à l'autre, il la traitait comme un bébé ou comme une femme, ce qui tendait les nerfs de l'adolescente. Au digestif, il fit un parallèle entre la mère que Mimi venait de perdre à la suite d'un cancer et sa propre mère, madame Hitler, ce qui lui brouilla les yeux de larmes et l'autorisa à coller sa cuisse contre celle de la jeune fille.

Puis ils sortirent dans la nuit. Hitler se pencha vers Mimi, effleura son épaule et s'approcha pour l'embrasser. A cet instant, les deux chiens se jetèrent l'un sur l'autre et se mordirent cruellement. Hitler, furieux, attira son chien par le collier et le frappa avec sa cravache.

– Arrêtez ! Arrêtez ! criait Mimi.

Hitler se déchaînait sur la bête gémissante et recroquevillée qui n'était plus qu'une plainte.

– Arrêtez ! Je vous en supplie ! Arrêtez !

Hitler n'entendait plus. Il rouait de coups le compagnon fidèle sans lequel il disait ne pas pouvoir vivre.

– Comment pouvez-vous être aussi brutal avec cette pauvre bête ?

Hitler cessa et la regarda, l'œil hagard.

– Il le fallait.

Il garda sa cravache à la main et s'approcha comme si de rien n'était. Mimi recula d'instinct.

– Quoi, Mimi ? Vous ne voulez plus m'embrasser ?

– Non.

Hitler devint glacial. Toute la gentillesse qui avait illuminé son visage dans la soirée disparut. Il s'éloigna dans la nuit en murmurant sèchement : « *Heil* ».

Le lendemain, après avoir eu une discussion avec son chauffeur, Emile, qui lui avait assuré qu'une jeune fille bien élevée devait refuser le premier baiser, il lui avait envoyé un bouquet de fleurs pour signifier qu'il avait le cœur brisé ! Elle avait accepté le rendez-vous où il se rendait aujourd'hui.

La Mercedes s'arrêta devant le magasin et prit la jeune fille. Elle était radieuse.

Dans la voiture, elle s'attendait à ce qu'Hitler menât une conversation brillante. Lui qui n'était bavard qu'en public et pour parler politique, fut encombré par cette attente qu'il tenta de satisfaire tant bien que mal. Après une demi-heure d'efforts, il trouva une nouvelle tactique.

– Je tiens vos deux mains, vous vous appuyez sur mon épaule, vous fermez vos paupières et je vous envoie mes rêves.

Mimi, ravie par cette bizarrerie, s'exécuta. Hitler put aussi la toucher et la contempler à son aise sans s'épuiser à faire la conversation.

La voiture s'arrêta au cimetière. Mimi marqua sa surprise, mais Hitler expliqua avec un air grave :

– Nous allons sur la tombe de votre mère, mon enfant.

Ils avancèrent au milieu des allées coquettes et fleuries. Il faisait trop beau et trop chaud pour qu'on soit triste et Hitler dut se forcer à créer une atmosphère pathétique. Au-dessus de la pierre tombale, il parla de sa mère, de son regard, de son amour éternel. Il pleura beaucoup. Mimi un peu. Ouf ! Il avait tenu une bonne heure.

Le lendemain, ils allèrent se promener dans les bois. Ils coururent entre les arbres. Il lui dit qu'elle était sa nymphe – une vague réminiscence d'opéra –, ce qui la fit beaucoup rire, et ils improvisèrent une course-poursuite ainsi qu'il l'avait vu faire à des amoureux dans un film.

Il retourna à la voiture épuisé. L'insatiable exigea qu'il parlât encore et il s'en tira en faisant semblant de l'hypnotiser.

Il se sentait de plus en plus mal à l'aise car il décevait Mimi. Elle s'attendait à ce qu'il se comportât comme un homme, qu'il prît des initiatives et qu'il n'en restât pas aux baisers dans le cou. Or il ne se voyait pas aller plus loin. Par négligence, il n'avait toujours pas pris le temps de perdre sa virginité. Ses débuts avec les femmes, cent fois remis, avaient laissé place à une habitude de chasteté assez confortable. A trente-sept ans, il éprouvait un réel bien-être à ne pas avoir de relations sexuelles car il ne risquait pas la syphilis, il ne perdait ni son temps ni son énergie, il pouvait flirter avec les femmes sans jamais penser à mal, il se sentait pur et moral. Comme Rienzi ! Rompre cette paix l'effrayait, et cette peur, qu'il aurait pu aisément surmonter, comme tout homme, à dix-huit ans, devenait quasi indépassable à trente-sept. Une possibilité trop longtemps éludée devient une impossibilité. Un mur s'était construit. Un mur trop haut pour qu'il l'enjambât. Il avait d'abord eu l'excuse de la pauvreté, à Vienne et à Munich, puis celle de la guerre, puis ses débuts fracassants en politique ; maintenant, il n'en avait plus et c'était pire ; pour la première fois, en face de Mimi, il connaissait le besoin d'avoir un corps qui servît à autre chose que parler, manger, chier et dormir, et cette nouveauté le paralysait. Il souffrait d'autant plus qu'il ne pouvait, sur ce point, se confier à personne, pas même à Emile, son chauffeur, dont il s'était servi pour faire croire qu'il avait des liaisons avec des danseuses et des actrices alors qu'il se contentait de leur payer à manger et à boire.

Qu'allait-il faire ?

Il pratiquait la surenchère verbale.

— Mimilein, je vous aime trop. Il n'est pas possible d'aimer autant. Je vais mourir d'amour.

Les heures champêtres passées à badiner avec Mimi devenaient un cauchemar, il sentait le piège se refermer sur lui.

Un après-midi, quand Mimi fit semblant de trébucher pour se retenir à son bras, il décida de jouer une nouvelle partie.

— Mimi, je vous aime trop. Je sais que vous êtes la femme de ma vie, qu'il faut que je vous épouse, mais je ne me sens pas encore prêt.

Il la repoussa, s'accrocha à un arbre comme s'il s'était agi d'une bouée, et continua avec désespoir :

— Je ne veux pas abuser de vous, mon enfant. Je dois rentrer à Vienne, réfléchir. Vous comprenez : c'est un engagement très grave.

Elle voulut protester. Il l'interrompit :

— Non, ne me donnez pas votre réponse. Vous me la donnerez, quelle qu'elle soit, quand j'aurai le courage de vous la demander.

Il revint vers elle, lui saisit la main, et tous deux se mirent à pleurer d'émotion et de frustration.

Hitler repartit, soulagé, à Munich. Il avait, une nouvelle fois, réussi à ajourner la confrontation sexuelle.

Dans le tourbillon de sa rentrée politique, il n'oublia pas Mimi, mais parvint à se reconstruire d'elle une image qui ne le dérangeait pas. Un souvenir ne vous demande pas de passer au lit. Il se laissa donc aller à parler de Mimi à ses proches, allant même jusqu'à la définir comme sa fiancée, vivant dans une douce intimité, non contredite car lointaine, avec elle.

Aussi l'accueillit-il bras ouverts et yeux humides lorsqu'elle profita de la venue de son club de patinage à Munich pour le retrouver. Il l'emmena au café Heck, son quartier général, et lui parla avec tendresse.

– Je vais trouver un appartement plus grand. Nous allons vivre ensemble. Nous serons si heureux. Vous resterez avec moi pour toujours.

– Pour toujours, monsieur Loup.

Ils rirent. Elle aimait l'appeler monsieur Loup, le nom qu'il employait lorsqu'il voyageait incognito.

– Nous choisirons chaque objet ensemble, ma petite princesse, peintures, fauteuils, tableaux. Tiens, je les vois déjà : des grands et beaux fauteuils de salon recouverts de peluche violette.

– De peluche violette ?

– Vous n'aimez pas ?

– J'adore. Et nous marquerons sur la boîte aux lettres : « Monsieur et madame Loup. Attention : bonheur. »

Ce soir-là, Hitler la sentit suffisamment comblée pour ne pas exiger une consommation concrète, et il la renvoya, épanouie, à Berchtesgaden.

Il lui avait juré de la rejoindre deux semaines plus tard.

Il ne s'y rendit pas.

Trois mois plus tard, elle se pendait. Désespérée de n'avoir aucune nouvelle, de ne recevoir aucune réponse à ses lettres ni à ses coups de téléphone, elle alla chercher une corde à linge, fit un nœud coulant et se laissa glisser dans le vide. Son beau-frère arriva à temps pour la décrocher, inanimée, et la faire revenir à la vie.

Craignant une récidive, il partit secrètement à Munich pour obtenir des explications d'Hitler.

Hitler connaissait déjà cette tentative de suicide et s'enferma dans une salle du café Heck pour tout lui expliquer.

– J'ai reçu des lettres anonymes. On m'a menacé de révéler à la presse que j'aurais détourné une mineure. J'ai dû mettre fin à ces ragots. J'ai préféré m'enfermer dans un silence cruel plutôt que de compromettre Mimi et l'avenir de Mimi. Croyez bien que je souffre autant qu'elle.

– Comptez-vous... je veux dire... est-il vrai que vous lui avez proposé de l'épouser ?

– Je n'ai que des sentiments paternels pour elle.

– Pourtant elle prétend...

– Je crois qu'elle a rêvé. C'est de son âge, non ?

Le beau-frère partit rassuré pour Berchtesgaden ; il avait assez d'éléments pour consoler Mimi et en même temps lui conseiller de passer à autre chose.

Ce qu'Hitler n'avait pas révélé, c'est qu'il était lui-même à l'origine des lettres anonymes. Il avait fait en sorte qu'une de ses mères, Hélène Bechstein, le soufflât à l'oreille de la plus jalouse, Carola Hofmann, la veuve du directeur scolaire, afin que celle-ci se répandît en courriers et menaces anonymes pour empêcher Hitler d'aller plus avant.

Il était particulièrement satisfait du stratagème. Il avait dû se retirer de cette aventure par scrupule politique. Pour l'Allemagne, en quelque sorte. Il avait enfin trouvé une nouvelle excuse pour rester chaste.

Il était d'autant plus satisfait qu'il allait tout de même prendre bientôt un grand appartement luxueux où il vivrait avec une très jeune femme.

Il emménageait avec sa nièce, Geli Raubal, qui était aussi jeune et jolie que Mimi, beaucoup plus bavarde, et donc considérablement moins ennuyeuse.

Il vivrait avec une jeune fille de vingt ans au vu et au su de tous, sans subir l'angoisse débilitante de devoir l'honorer sexuellement, et sans non plus que cette vieille salope d'Hofmann, ou quelqu'une des autres antiques toupies, ait rien à critiquer.

*

*La part de l'autre*

COMOEDIA, LE 27 JANVIER 1925

« L'école de Paris existe. Plus tard, les historiens d'art pourront, mieux que nous, en définir le caractère et étudier les éléments qui la composent mais nous pouvons déjà affirmer son existence et sa force attractive qui a fait ou fait venir chez nous les artistes du monde entier. Modigliani, Van Dongen, Foujita, Soutine, Chagall, Kisling, Adolf H., la liste est longue et très brillante. Peut-on considérer comme indésirable l'artiste pour qui Paris est la Terre promise, la terre bénie des peintres et des sculpteurs ?

André Warnod »

– Pas mal non ? fit Onze-heures-trente. Ça a de la gueule, cet article.

Adolf, trop occupé à réussir son nœud papillon au-dessus de son nouveau costume de soirée, l'écoutait à peine. Il connaissait déjà l'article par cœur.

Onze-heures-trente fouilla encore dans les monceaux de papiers et pêcha une revue du bout des doigts.

– Attends. Je te lis ma chronique préférée. C'est un chef-d'œuvre. « L'esprit juif continue son travail de sape et affirme insidieusement son internationalisme délétère. Après le "Kubisme", l'art boche, qui encombra les premières années du siècle, voici la prétendue école de Paris, cette cohorte de jeunes indésirables, ignares et turbulents, qui ont colonisé le quartier de Montparnasse et tiennent leurs assises dans un café aussi fameux que fumeux, La Rotonde, ancien lieu parisien devenu un véritable salon de youpins et de métèques. Ils défendent un art qui n'a rien à voir avec l'origine nationale, un art ni français ni allemand, ni slave, ni espagnol, ni roumain, bref, un art juif. Le sens local, l'esprit local, le sujet local, la couleur locale souffrent par eux d'une décadence si

331

certaine qu'ils parlent d'un art international. Comment ne pas être effrayé de voir toutes les frontières et les limites se dissoudre ? Avez-vous vu les œuvres d'un Soutine, d'un Pascin ou d'un Adolf H. ? D'une médiocrité évidente, de coloris sales et d'une pauvreté de matière antifrançaise, tristes, scatologiques, anatomiques, elles sont fondées sur des réflexions doctrinales donc antiartistiques. Le jour où la peinture est devenue une science spéculative, le Juif a pu en faire. Les calligraphes du Talmud achètent toiles et couleurs. Jusque-là, ils n'étaient que marchands ; désormais ils se croient créateurs. En réalité, le peuple déicide est aussi un peuple articide. Il... »

— Arrête, Onze, sinon je te lave la bouche au savon.

— Mais non, tu dois être fier. Te faire traiter de Juif, c'est la preuve que tu as réussi. Moi, je suis très satisfaite de voir les crétins te cracher dessus.

— Est-ce que tu es habillée ?

— Tu parles, si je suis prête ! Je me prépare depuis ce matin. Je me suis déjà changée quinze fois. Je ne suis toujours pas convaincue d'avoir trouvé la bonne robe, mais j'arrête uniquement par fatigue.

Adolf constata qu'Onze-heures-trente était plutôt belle dans une robe de soie chair rehaussée de broderies à la russe.

— Oh ! Adolf, tu ne me regardes pas, tu me vérifies !

— Pas du tout. Tu es à croquer.

— Alors, ne te gêne pas.

— Nous n'avons pas le temps.

— Bah, on manquera le premier morceau. De toute façon, les hors-d'œuvre sont toujours un peu languissants aux Ballets russes.

— Impossible. Je ne peux pas faire ça à Diaghilev. Allons-y.

Onze-heures-trente obéit et suivit son amant jusqu'à la Bugatti.

Depuis qu'Adolf H. avait été lancé par les surréalistes, ses toiles se vendaient, les prix montaient, l'argent affluait avec la renommée.

– Ce n'est pas tout, le savoir-faire. Encore faut-il le faire savoir, disait souvent Onze-heures-trente.

La peinture d'Adolf H. n'avait pas changé, elle était la même depuis 1918, mais à présent on se l'arrachait. La propagande du Fakir avait créé un intérêt nouveau, vite relayé par les marchands, tels Rosenberg et Kahnweiler, qui vendirent ces œuvres à de riches amateurs américains, Gertrude Stein, Paul Barnes, John Quine ou Chester Dale, ce qui avait déclenché l'intérêt aux Etats-Unis.

Adolf avait quitté son précédent marchand, Slawomir, malgré les larmes et le chagrin sincère de celui qui, à son habitude, avait pris tous les risques et n'en touchait pas les bénéfices.

– Au moins, ça prouve qu'on ne peut pas faire fortune en dormant, commenta Onze-heures-trente.

Longtemps dans l'ombre, Adolf vivait assez mal cette réussite foudroyante. Il savait trop que le succès est affaire de circonstances ; il le tenait pour ce qu'il est, un papillon amené par le vent, léger, inconstant, frivole, sans ancrage ; il l'avait attendu trop longtemps pour ne pas craindre de le voir déjà s'envoler. Son triomphe, loin de le rendre euphorique, le rendait plus inquiet. De quoi demain serait-il fait ? S'il montait aujourd'hui, il ne pouvait que descendre demain. Dans sa période noire, il vivait d'espoir. Mais désormais que pouvait-il espérer ? Il n'y avait qu'à désespérer dans le succès. Que le monde le fêtât aujourd'hui ne changeait pas le monde. L'indifférence triompherait toujours. Un monde qui l'avait ignoré, même s'il le reconnaissait maintenant, pouvait de nouveau l'ignorer. Il n'avait rien gagné. Ou alors une bataille, pas la guerre. Il se rongeait.

Ce qu'il reprochait surtout à cette situation nouvelle, c'est que son art ne lui donnait plus autant de joie. Auparavant, il ne comptait que sur lui pour réussir et cela avait favorisé sa concentration, mobilisé ses forces pour travailler jour après jour. Sa peinture avait été son salut ; elle était devenue son métier. Sautant du lit, il se ruait à l'atelier comme l'agent de change à la Bourse ; il voulait justifier sa nouvelle maison, sa voiture, ses domestiques ; il tenait à suer sa richesse. Plus mû par la mauvaise conscience que par l'inspiration, il s'imposait des horaires excessifs, travaillait au-delà de ses envies et de ses forces, s'interdisait le temps du rêve et de la flânerie qui sont si nécessaires.

Comme son statut d'artiste en vue lui imposait des obligations mondaines, il ajoutait des soirées à ces journées et ce surmenage le rendait irritable. Onze-heures-trente, solide dans sa bonne humeur, ne s'en offusquait pas, trop heureuse de profiter de ses nouveaux jouets, hôtel particulier, femme de chambre, repas livrés par les restaurants, toilettes, chapeaux, statut de « femme en vue ». Certes, elle souffrait de voir Adolf si peu disponible. Elle regrettait le temps de leur insouciance commune quoiqu'elle fût demeurée, elle, tout aussi insouciante.

Le soir, Adolf s'effondrait souvent tout habillé sur le lit et elle s'amusait à le déshabiller alors qu'il était endormi. Il n'avait plus assez d'énergie pour leurs grandes nuits d'amour. Pourtant il lui disait :

— Je t'aime, Onze, tu sais. Je t'aime.

Mais il avait l'air si las et si coupable en disant cela. Il le disait pour s'excuser de n'être pas là, de ne plus se jeter sur elle avec la faim de son corps.

Onze prit l'habitude de faire irruption dans l'atelier en peignoir.

— Je viens pour un peu de chiennerie.

Elle entrouvrait le kimono de soie en souriant. Adolf

lâchait ses pinceaux et venait embrasser son ventre. Ils continuaient à terre. Un jour pourtant, Adolf prétexta une trop grande fatigue, un autre jour, un problème pictural, un autre jour... autre chose... et Onze-heures-trente comprit qu'elle le gênait. Comme elle avait déjà trouvé perturbant de demander ce que, d'habitude, un homme demande, elle cessa de prendre le risque d'un refus et leur couple se mit à n'avoir plus qu'une activité sexuelle épisodique.

La Bugatti s'engagea dans l'avenue Montaigne.

– Dis-moi, mon grand Boche, est-ce que tu aimes les Ballets ?

– Oui. Bien sûr.

– Tu as dit « bien sûr », ça veut dire que tu ne les aimes pas mais que tu te sens obligé de les aimer.

Adolf sourit.

– C'est vrai. J'ai toujours préféré l'opéra. Wagner surtout.

– Oh Wagner, moi je ne peux pas ! s'écria Onze-heures-trente. C'est de la musique pour secte. Tu adhères ou tu n'adhères pas. Ça ne s'adresse pas au goût, mais à la passion.

– Tu as peut-être raison.

– Peut-être ? Tu parles !

Adolf rit avec soulagement. L'embourgeoisement n'avait rien enlevé à Onze-heures-trente de son franc-parler.

Il gara la voiture et ils se dirigèrent bras dessus, bras dessous vers le théâtre des Champs-Elysées.

– Dis, mon Boche, tu m'épouseras un jour ?

– Pourquoi veux-tu que je t'épouse ?

– Pour que tu deviennes mon veuf.

– Onze, ne recommence pas ces histoires stupides de prémonitions et de mort jeune. Je n'y crois pas une seconde.

– Bon. Admettons que je fasse de la vieille viande, est-ce que tu m'épouses ?

– Je t'épouserai quand je ne t'aimerai plus.

Il avait cru lui faire une belle déclaration d'amour avec

cette phrase, aussi s'étonna-t-il de l'entendre répondre d'une voix étranglée :

— Alors, dépêche-toi, mon Boche, dépêche-toi.

Il s'arrêta et toisa sa compagne.

— Pourquoi dis-tu ça ? Parce que je travaille beaucoup trop et que je n'ai pas le temps de...

— Oui.

D'un geste ennuyé, il voulut écarter le problème.

— Nous allons bientôt partir au bord de la mer, prendre des vacances, passer du bon temps ensemble.

— Oui, mon Adolf, faisons ça. Moi, j'aime bien le bon temps avec toi. Et je n'aime pas que le bon temps soit de l'ancien temps.

Il se baissa pour déposer un baiser sur ses lèvres.

— D'accord ?

— D'accord.

— Je t'aime, Onze, tu le sais. Je t'aime.

— Je sais. Mais je suis une manuelle, moi, il faut pas que ça devienne trop abstrait.

Ils rirent et s'embrassèrent de nouveau.

Ragaillardis, enchantés d'eux-mêmes, ils formaient un couple magnifique lorsqu'ils entrèrent dans le vestibule bondé, chamarré, parfumé, du théâtre.

Onze-heures-trente désigna un jeune homme aux traits de statue grecque qui s'appuyait sur un des piliers.

— Tu as vu ce garçon. Il est beau, non ?

— Oui. Qui est-ce ?

— C'est Lars Ekström, le premier danseur des Ballets suédois.

— Ah bon ? Mais comment le connais-tu ?

— Je le connais très bien, dit-elle, c'est mon amant.

*

– Je n'ai jamais été antisémite.

Hitler, les jambes croisées, une tasse de thé à la main, venait de proférer cela avec le calme d'une personne revenue de tout et décidée à dire enfin la vérité.

Le journaliste américain sursauta.

– Pardon ?

– Je n'ai jamais été antisémite.

Hitler avait pris le journaliste dans l'étau de son regard. Celui-ci tentait de résister encore.

– Pourtant, dans vos discours, vous avez parfois appelé à la haine raciale.

Hitler leva les yeux au plafond, soupira puis se pencha en avant pour délivrer la primeur de sa confidence.

– Le peuple n'aurait pas compris que je fasse autrement.

Les yeux du journaliste brillaient d'excitation. Il tenait un scoop : Hitler n'était pas réellement antisémite, il n'avait fait semblant de l'être que par opportunisme. Il remercia de façon volubile et courut téléphoner son article.

Hitler demeura un instant seul dans le bar du grand hôtel et sourit à son image dans le miroir : ça prenait. Non seulement il était sorti du ridicule du putsch, mais le parti nazi progressait à chaque élection. On comptait Hitler comme une des figures politiques les plus importantes d'Allemagne, la presse nationale et internationale parlait de lui, son photographe Hoffmann distribuait des portraits contrôlés. A sa grande joie, ses adversaires continuaient à le sous-estimer en voyant en lui un rival inoffensif car trop différent, trop sujet à la transe, à la colère, à l'apostrophe délirante, à la divagation mystique ; ils ne se rendaient pas compte que l'époque, lasse des politiciens traditionnels, l'aimait précisément pour cela, parce qu'il se donnait comme un remède à l'apocalypse, un sauveur-guérisseur quasi divin qui pouvait relever l'Allemagne.

– Oncle Alf ? Où est mon petit oncle Alf ?

Geli entra dans un nuage de fourrures et de parfums. Elle aperçut Hitler, se tortilla pour lui faire signe puis arriva en tanguant sur ses talons trop hauts et trop neufs.

– Bonjour, oncle Alf, j'aurais aimé que tu sois à mon cours de chant : je suis arrivée à faire un contre-ré. Un beau. Pas un contre-ré de souris piégée. Non, un vrai, bien liquide, bien pur, bien long, genre Elizabeth Schumann. Qu'est-ce que tu buvais ? Du thé. Beurk. Non, un bloody-mary. Oui, genre Elisabeth Schumann ou Maria Ivogün, tu aurais été fier de moi, mon petit oncle. Faut dire que je l'ai pas fait exprès. Je croyais que ma voix vocalisait beaucoup plus bas, je ne me méfiais pas. Alors, il arrive ce bloody-mary ou bien il faut que je vous envoie des plants de tomates ? Ça s'est bien passé avec ton Américain ? Oui, sûrement, tu es tellement brillant. Il était beau, le journaliste ?

– Normal.

– Normal pour un Allemand ou normal pour un Américain ? C'est que les Américains, tout de même, ils sont plus beaux que les Allemands. En tout cas dans les films. Ah merci, je mourais de soif. Mmm... c'est bon. Un contre-ré comme un sifflet de locomotive. Tu me diras que, pour mon répertoire, je n'ai pas besoin d'un contre-ré. Enfin, c'est rassurant d'avoir de la réserve. Je prendrais bien un deuxième verre. Tu as le temps de m'accompagner pour l'essayage de mon tailleur ? Non ? Encore ta vilaine politique ?

– Si, je me suis libéré.

– Youpi ! Vive mon oncle ! Je suis tombée sur le meilleur numéro. Je ne l'ai pas fait exprès mais je sais le reconnaître. N'est-ce pas oncle Alf ?

– Oui.

– Je pensais que le compliment méritait un petit bisou, tout de même.

– Voilà.

– Si petit ? Ce sont déjà les soldes ?

– Voilà.

– C'est mieux. Sur une échelle de zéro à vingt, je te mets... onze.

– Seulement ? Et celui-là ?

– Mmm... quatorze. Stop ! Il ne faut pas brûler les étapes. Tu as le temps d'améliorer tes performances d'ici ce soir. Qu'est-ce que nous allons voir déjà ?

– *La Chauve-Souris.*

– Chouette ! Je ne l'ai vue que deux cent seize fois !

– Mais...

– Non, non, je suis ravie. Et puis comme ça, au moins, j'échappe à Wagner. Ou pire à Bruckner.

– Geli, je te défends de...

– Oui, je sais, mon petit oncle, ce sont tes musiciens préférés mais ça vole trop haut pour moi, tes Wagner, tes Bruckner. Je serais d'ailleurs partisane d'interdire tous les musiciens dont les noms font deux syllabes et finissent par « er ». Tu ne voudrais pas ajouter ça dans le programme du parti national-socialiste ?

Ils se levèrent et allèrent faire les magasins ensemble. Hitler éprouvait une réelle fierté de mâle à se montrer au bras de Geli. Elle gazouillait perpétuellement, joyeuse, impertinente, taquine ; quand elle ne parlait pas, c'était qu'elle chantait car, grâce à la protection financière de son oncle, elle avait abandonné ses études de médecine pour suivre des cours d'opéra ; et lorsqu'elle ne chantait pas, c'était qu'elle mangeait, insatiable et gourmande. Pour Hitler, Geli était une bouche, une bouche toujours agitée, une bouche qui croquait l'existence et donnait, à foison, des baisers à son petit oncle chéri.

C'était la seule personne dont il acceptait qu'elle lui prît la vedette. Il l'emmenait partout, dans les repas, les réunions, les cafés, la laissant apostropher les convives et devenir le centre d'intérêt.

Geli plaisait aux hommes. Hitler aimait cela. Il appréciait l'électricité érotique qui s'allumait sur le passage de Geli, la concupiscence des regards, la tension nerveuse des corps, le feu noir dans les prunelles. Hitler se sentait très viril dans ces moments-là, presque autant que pendant qu'il haranguait des masses d'abord passives puis chavirées. Plusieurs fois, il avait éprouvé des frissons de volupté en éconduisant des beaux garçons qui venaient lui demander la permission d'emmener Geli en promenade ou au théâtre. Il savourait en particulier l'instant où les jeunes mâles comprenaient que Geli appartenait à Hitler ; ce mouvement de cils affolé apportait autant de satisfaction à Hitler qu'un véritable orgasme. Il appréciait tant ces combats d'étalons qu'il ne s'était pas rendu compte que si Geli déclenchait d'aussi nombreuses passions subites, c'était parce qu'elle se conduisait en allumeuse. Geli regardait tout homme comme s'il était beau, puissant et disposé à la briser entre ses bras ; puis, la seconde suivante, elle lui adressait une réplique moqueuse ou insolente ; le résultat de ce mélange de froid et de chaud était une hausse de la température qui conduisait le galant à tenter sa chance.

Si Geli aimait cette vie avec son oncle, un grand homme, une vedette politique, bien doté en argent et très généreux avec elle, elle commençait, après deux ans, à se sentir en cage. Plusieurs fois, elle avait proposé à Hitler de se fiancer avec tel ou tel. Il avait toujours trouvé des prétextes pour refuser. Après avoir chassé son chauffeur, Emile, sur lequel, elle avait eu des vues, il avait ensuite démoli un par un les jeunes gens dont elle s'amourachait. Au début, elle avait écouté ses arguments ; maintenant, elle ne les entendait même plus, sachant qu'il en inventerait d'autres.

– Mais enfin, oncle Alf, tu trouves donc qu'aucun garçon ne me mérite ?

– Aucun.

– Je suis donc si bien que ça ?

– Tu es ma petite princesse.

Cela la flattait, certes, mais elle avait vingt-trois ans, elle commençait à trouver le temps long et languissait de se glisser entre les bras d'un homme.

Lasse d'espérer un mari, elle s'était résolue à prendre un amant.

Jochen était un violoniste viennois, aux cheveux aussi longs que les cordes de son archet. Elle l'avait croisé chez son professeur. Puisqu'il appartenait au monde de la musique et qu'il n'entrerait pas dans le cercle de son oncle, elle s'était décidée à le voir en cachette. Geli et Jochen passaient deux heures au lit ensemble chaque jour.

Les horaires n'étaient pas commodes, Geli craignait en permanence d'être reconnue, ou, pire, de se trouver enceinte. Mais l'ingénieux et expérimenté Jochen savait la rendre heureuse sans lui faire prendre ce risque.

– Dis-moi, mon oncle chéri, tu ne crois pas que je devrais aller terminer mes études de chant à Vienne ?

Hitler devint gris mastic.

– Quelle idée idiote ! Je déteste cette légende qui voudrait que le chant viennois fût supérieur au chant allemand.

– Tout de même...

– Wagner est-il allemand ou autrichien ?

– Si j'étais capable de chanter Isolde, je serais d'accord avec toi. Mais, étant donné que ma voix est plutôt légère, il me...

– Il n'y a pas que ta voix qui est légère. Tes réflexions aussi.

Geli s'arrêta, terrifiée, sentant l'orage s'approcher. Trop tard. Hitler vociférait :

– Je me saigne aux quatre veines pour te permettre de faire

341

ce que tu veux et c'est ainsi que tu me remercies ? En voulant partir à Vienne ! Est-ce que j'aurai encore l'honneur de voir une fois par an Mademoiselle lorsqu'elle sera devenue célèbre ? Famille d'ingrats ! Il n'y en a pas un qui vaille mieux que l'autre dans cette sale engeance autrichienne. Ta mère, d'abord, qui...

Geli estima inutile d'écouter, elle baissa les yeux et courba le dos en attendant que la colère finît. Elle savait qu'Hitler en avait pour une bonne heure de désespérance hystérique. Elle songea à Jochen dont la peau était si douce à l'intérieur des bras, là où les veines rappelaient que la vie est si fragile, et cela l'aida à oublier les hurlements.

Jochen acheva son contrat à Munich et dut repartir pour Vienne. Les adieux furent d'autant plus déchirants qu'ils durent être brefs, Geli n'ayant pu voler qu'une heure à la surveillance de son oncle. Elle lui fit promettre de ne pas lui écrire – son oncle examinait son courrier – et lui jura, elle, de lui envoyer une lettre par jour.

Ce qu'elle fit. Et qui eut pour effet de la rendre définitivement amoureuse. Comment ne pas devenir folle d'un homme qui vous a fait connaître le plaisir et qui ne peut pas répondre à vos déclarations chaque jour plus enflammées ? L'absence acheva donc de retourner les nerfs de Geli.

Elle estima qu'elle était si malheureuse qu'elle devait se rendre à Vienne.

Après s'être fait acheter un nouveau tailleur et deux robes par son oncle, elle résolut, cet après-midi-là, en rentrant dans leur immense appartement, de négocier un voyage à Vienne.

— Tu me gâtes trop, oncle Alf, je ne serai jamais capable de te remercier assez.

Hitler se rengorgea.

— Je crois que je ne mérite pas un oncle pareil. Après tout, qu'est-ce que je suis moi ? Une fille qui ne sait rien, ne comprend pas la politique et tente péniblement de s'égosiller pour faire plaisir à son oncle qui est si mélomane.

– Tu as une très belle voix, Geli.

– Oui. Mais elle n'arrive pas à sortir tout entière.

– Il faut travailler.

– Oui, mais cela fait trois ans que je galope chez tous les professeurs de Munich et ça ne sort pas encore.

– Un peu de patience.

– On m'a parlé d'un professeur extraordinaire à Vienne.

Hitler se raidit et la regarda d'un air mauvais.

– Non, oncle Alf, je ne suis pas en train de te dire que je veux m'installer à Vienne, mais je voudrais seulement aller passer une audition avec lui pour qu'il me dise, vraiment, si ma voix vaut le coup ou pas. C'est juste l'affaire de quelques jours.

– Qui veux-tu voir ?

– Mais ce professeur, je te dis.

– Je te demande son nom.

– Ah ? Vögel. Le professeur Vögel.

– Connais pas.

Il s'assit en regardant boudeusement par la fenêtre. Elle s'approcha et lui saisit la main.

– Trois-quatre jours, mon petit oncle, pour que j'aie la conscience tranquille.

– La conscience tranquille ?

Il avait dit cela d'un ton si sceptique qu'elle trembla qu'il eût tout deviné.

– Je les connais, ces professeurs de chant : « Oui, mademoiselle Raubal, vous avez une très jolie voix mais il faut entièrement refaire votre technique. Je peux m'en occuper. C'est quatre leçons par semaine à cinquante marks l'heure. » Et, à ce moment là, tu voudras rester à Vienne.

– Mon petit oncle, je te jure que non.

Il la regarda dans les yeux, scrutant ses états d'âme.

– Et pourquoi me jures-tu que non ? Si ce Vögel est le meilleur professeur du monde ?

– Je te jure que non... Parce que je ne veux... pas te quitter.

Hitler sourit. Il détourna même son visage vers la fenêtre pour cacher son émotion. Elle sentit qu'elle gagnait.

– Trois jours, mon petit oncle. Trois petits jours sans toi et je reviens.

– D'accord. Mais ta mère te servira de chaperon.

Hors d'elle, Geli repoussa la main d'Hitler et se mit à tempêter.

– J'ai vingt-trois ans ! Je peux sortir sans chaperon, tout de même !

– Qu'est-ce que ça change si tu n'as rien à te reprocher ?

– Je ne veux pas être accompagnée par ma mère.

– Tu le seras, sinon tu n'iras pas. C'est mon dernier mot.

– Mais est-ce que je suis prisonnière ou quoi ?

Hitler sursauta.

– Prisonnière ? De quoi parles-tu ?

Geli se mit à arpenter la pièce en pleurant.

– J'ai vingt-trois ans, tu as repoussé tous les hommes qui s'approchaient de moi et je ne peux même pas sortir sans surveillance. J'appelle cela être prisonnière. Qu'est-ce que c'est, mon avenir ? Un an ? Deux ans ? Vingt ans de prison encore ? Qu'est-ce que c'est, mon avenir, hein, oncle Alf ? Dis-le-moi donc !

Hitler la regarda paisiblement et dit avec douceur :

– Tu vas m'épouser.

Devant l'énormité de la suggestion, Geli se mit à ricaner violemment puis, remarquant l'immobilité de son oncle, elle comprit qu'il ne plaisantait pas. Elle s'approcha de lui.

– Oncle Alf, je crois que j'ai mal entendu. Peux-tu répéter ce que tu viens de dire ?

– Tu vas m'épouser. Tu vas devenir madame Hitler. Tu n'es pas prisonnière. Tu es la femme de ma vie.

Geli eut si peur de la fixité de son regard qu'elle courut s'enfermer dans sa chambre.

Vingt minutes après, Hitler passait devant sa porte et lui disait, sur le ton le plus normal :

– Geli, je pars à Nuremberg. Je reviendrai demain soir.

Elle l'entendit donner quelques ordres aux domestiques puis pousser la lourde porte d'entrée.

Un fou ! Elle était tombée dans le piège d'un fou. Son comportement des deux dernières années s'éclairait tout à coup. Il ne l'avait recueillie ni pour elle ni par sens de la famille, mais pour lui-même, parce qu'il était amoureux d'elle. Il avait écarté les prétendants en usant de son autorité d'oncle pour faire de la place au futur époux.

Geli roulait de désespoir dans son lit, le trempant de ses larmes, appelant Jochen au secours, s'exaspérant de tous ses amoureux perdus, horrifiée d'avoir laissé, par sa naïveté, sa gentillesse, sa candeur, cet oncle croire qu'il arriverait à ses fins. La joyeuse fille n'était pas préparée à tant de souffrance et de désillusions. Elle essayait de trouver une idée à laquelle s'accrocher ; elle n'en trouvait aucune.

Soudain, elle sauta sur ses pieds, courut dans la chambre de son oncle et ouvrit le tiroir de la table de nuit. *Surtout aller vite et ne pas réfléchir.* Elle saisit le revolver et courut s'enfermer dans sa chambre.

Là, elle visa le sein gauche et sans attendre une seconde tira.

Elle s'écroula, morte, dans une mare de sang.

Les domestiques ne la trouvèrent que le lendemain en défonçant la porte après s'être étonnés qu'elle ne répondît pas à leurs appels.

On appela la police.

On parvint à joindre Hitler à Nuremberg.

– Votre nièce, Geli Raubal, s'est tuée avec votre revolver. La police vous attend.

La première pensée qui traversa l'esprit d'Hitler fut qu'on allait l'accuser de meurtre. La deuxième fut la colère devant cet acte stupide. La troisième fut de la peine.

\*

Tout chez le comte de Beaumont était extravagant mais raisonnablement.

Ses fêtes costumées faisaient courir à son hôtel particulier de la rue Duroc tout ce que Paris comptait de gens lancés, peintres, journalistes, directeurs de théâtres, acteurs, poètes, chorégraphes, autant d'individus qui faisaient parler d'eux et auxquels se joignaient quelques personnes discrètes car millionnaires, banquiers, agents de change et financiers. L'art s'affichait, pas la puissance. Quant au pouvoir, il était absent car aucun homme politique n'aurait pu se frayer un chemin dans cette chatoyante assemblée d'artistes sans récolter insultes et coups de coude dans l'estomac.

Un bal Shakespeare, on n'avait encore jamais vu ça ! On avait pu se rendre au bal perroquet, au bal nègre, au bal olympique, au bal travesti transmental, au bal banal ; on avait été interdit au dernier moment par le préfet de police de se rendre au bal de la misère car des chômeurs avaient manifesté sur les Champs-Elysées en estimant le thème de mauvais goût ; mais on ne s'était encore jamais rendu à un bal Shakespeare !

L'excitation régnait à l'entrée. Des badauds s'étaient massés par centaines pour regarder les invités poser le pied hors des voitures. Un service d'ordre les retenait. Pour ajouter de la terreur à l'impatience, certains mondains avaient même fait courir le bruit que ces gens du peuple voulaient interrompre la fête.

Comme toujours dans ce genre de soirée, ce sont les semaines qui précèdent qui sont le plus délicieuses. On imagine son costume, on le fait réaliser, on l'essaie, on l'améliore et, enfin, on se montre. Un bal costumé culmine et meurt lors de l'entrée en scène ; après, on n'a plus de rôle. Le cœur bat moins vite et le cours des choses se banalise. On retrouve alors les plaisirs plus ordinaires du flirt, de la danse et de la conversation.

Adolf H. et Onze-heures-trente firent irruption déguisés, l'un en Othello, l'autre en Desdémone, lui superbe, mauresque, noirci, sauvage, effrayant, elle blonde, lumineuse, limpide, vénitienne.

C'est Adolf qui avait lancé l'idée de Desdémone et d'Othello.

– D'accord, avait répondu joyeusement Onze-heures-trente, à condition qu'on ne joue pas le dernier acte.

– Si je devais t'étouffer avec un oreiller par jalousie, je l'aurais déjà fait.

– Tu serais jaloux, toi ?

Adolf n'avait pas répondu car il n'en savait rien. Peu habitué à mettre des mots précis sur ses émotions, plus apte à les exprimer en peinture, il laissait bouillir en lui des forces qui le gouvernaient d'autant plus qu'il était incapable de les nommer. Depuis qu'Onze-heures-trente lui avait avoué – pas avoué, clamé ! – qu'elle avait un amant, il s'enfermait dans son atelier et se tapait la tête contre les murs. Sur le mur droit, il criait qu'elle était une salope, une ordure, une égoïste, qu'elle devait disparaître à l'instant de sa vie ; sur le mur gauche, il l'excusait, se rendait responsable, se reprochait sa froideur, son enfouissement absurde dans le travail. N'était-il pas normal, alors qu'elle avait une vingtaine d'années, qu'elle profitât de son corps et remplaçât un compagnon préoccupé par un danseur fougueux ? S'étaient-ils promis la fidélité ? Ils n'avaient jamais fait ce serment, ni devant l'autel, ni devant le maire, ni même l'un devant l'autre, nus sur leur lit d'amants. Il n'y a trahison que lorsqu'il y a promesse. Onze ne l'avait donc pas trahi. Cependant... cependant lui ne s'était pas égaré dans les bras d'une autre femme ! Et pour cause, puisqu'il n'allait même plus dans ceux de la sienne et que, de là sans doute, venaient tous les problèmes... Non, il n'était pas jaloux. Il n'en avait pas le droit. D'ailleurs aimait-il encore Onze-heures-trente ? Etait-ce de l'amour, cette irritation constante ? De l'amour, cette blessure ? De l'amour, ces heures passées à pester au milieu des toiles enduites, muettes, en attente ?

En revanche, ce soir, devant le miroir de la salle de bains, il avait éprouvé une satisfaction nouvelle à se couvrir le visage et les mains de fard ; plus il se noircissait la peau, plus ses sentiments devenaient clairs ; en se cachant des yeux de tous, il s'apercevait enfin : oui, il était jaloux, jaloux à crever parce qu'il aimait Onze-heures-trente à en crever. Sa résolution était prise : il allait lui dire combien il l'aimait et combien elle le faisait souffrir. Elle s'arrangerait avec ça.

Mais lorsque Onze-heures-trente l'avait rejoint dans le hall, douce et majestueuse dans une robe Renaissance, il avait été intimidé. La connaissait-il vraiment ? Ne lui était-elle pas un peu étrangère ? De quel droit allait-il l'assommer avec son amour et sa jalousie ? Etaient-ce des choses qui l'intéressaient ?

Pendant le trajet en voiture, il avait tenté de se rassurer en renouant contact avec elle.

– C'est une jolie découverte de te voir ainsi ! Finalement, tu aurais pu être blonde.

Il s'agaçait du ton mondain qu'il ne pouvait s'empêcher de prendre.

— Nous devrions peut-être songer, dans un mois, à faire un séjour à la mer, non ?

Insupportable ! Il s'adressait à la femme de sa vie sur le ton d'un dandy lors d'un vernissage. Il jouait, il était poli, exquis, il endossait un rôle.

— J'aimerais passer plus de temps avec toi.

Comme c'était plat ! Cela venait-il de ce qu'il parlait platement ou de ce qu'il sentait platement ? Comment avait-il pu laisser le dialogue se raréfier entre eux au point que tout échange résonnait dans un vide solennel ?

Leur entrée à l'hôtel de Beaumont provoqua un murmure flatteur qui le réchauffa. Il comprit qu'on trouvait audacieux qu'un homme prît, auprès de sa femme, le masque d'Othello. *Oui, vous avez bien compris, je suis jaloux, je le montre à la face du monde, je suis atrocement jaloux parce que j'en suis atrocement amoureux.*

— Venez, dit Etienne de Beaumont, il faut absolument que Man Ray vous photographie.

Ils posèrent devant l'artiste américain, Adolf roulant des yeux courroucés, Onze-heures-trente prenant, d'une manière étrangement convaincante, l'attitude de la colombe injustement soupçonnée.

Du jazz inondait les salons. Il y avait là une quinzaine de Cléopâtre et vingt Hamlet qui esquissaient des pas de charleston. Par politesse, le comte de Beaumont s'était enlaidi à l'extrême en se grimant en Richard III. Collants et justaucorps révélaient des anatomies intéressantes, des cuisses galbées, des fesses puissantes et la rumeur parcourait les lieux qu'il y aurait aux environs de minuit un concours de mollets.

Un groupe de jeunes gens entourèrent Onze-heures-trente et commencèrent à rire de ses reparties. Adolf s'éloigna et, après avoir participé mollement à quelques conversations, s'appuya contre une fenêtre et, protégé par son maquillage, se laissa tomber au milieu de ses pensées. *Pourquoi est-ce que je me laisse envahir par elle ? Je lui fais trop de place dans ma vie. Regarde-la, elle s'amuse, elle vibre, elle est saine, chaude, érotique. Elle a moins besoin de moi que je n'ai besoin d'elle. Cela ne peut pas continuer ainsi. Je n'ai pas le droit de perdre la maîtrise de ma vie. Je ne dois pas me laisser dominer par autrui. Je...*

— Othello est bien sombre, ce soir.

Une femme avait interrompu sa méditation. C'était une longue personne faite d'un seul trait de crayon, souple, dont les cheveux ondulés avaient trois blonds différents, un blond sable, un blond doré et un blond fauve, trois blonds tressés et vigoureux, de la bonne santé sauvage qui ruisselait jusqu'à ses reins.

— Ophélie, je présume ?

— Bien vu. Une Ophélie qui se noie dans le sherry, dit-elle en levant son verre à la hauteur de ses yeux en demi-lune.

Là aussi, dans ses prunelles, Adolf nota une profusion de tous les bruns, du beige jusqu'au noir, en passant par le noisette, le sienne, le safran, le brique, l'acajou... avec une touche de vert.

— Quelle imagination, murmura-t-il.

— De quoi parlez-vous ?

— De vos couleurs. Vos parents en vous concevant se sont montrés de bons coloristes.

Elle soupira, mi agacé mi gênée.

— Vous avez une pointe d'accent allemand, non ?

— Je suis Adolf H., je viens de Vienne.

— Adolf H. Et moi de Berlin ! s'exclama-t-elle.

Ils se sourirent franchement. Autriche et Allemagne, cela devenait la même patrie, vu de l'exil parisien.

— Je m'appelle Sarah Rubinstein. Je suis nez.

Elle montra deux admirables narines qui se relevèrent quand on parla d'elles.

– Vous faites des tableaux avec les odeurs ?

– J'essaie. Je finis de me former à Paris chez Guerlain. Je ne retournerai qu'ensuite en Allemagne pour fabriquer mes parfums.

– Que se passe-t-il en Allemagne ? demanda Adolf.

Sarah lui raconta l'époque troublée que traversait son pays, les difficultés qu'avait la République de Weimar à s'imposer. Née d'une défaite, issue du traité de Versailles en 1918, la République passait pour une punition humiliante aux yeux de trop nombreux Allemands.

– Cela laisse une trop grande place aux extrémistes. A droite comme à gauche. Les communistes gagnent des voix et les nationalistes de droite aussi, surtout que ceux-ci n'hésitent pas à faire jouer la corde antisémite.

– Ah oui ? fit Adolf.

Elle baissa les yeux comme si elle allait dire quelque chose d'impudique.

– Comme vous vous en doutez depuis que vous connaissez mon nom, je suis juive.

– Moi, je ne le suis pas, dit Adolf, bien que je me fasse traiter de youpin à cause de ma peinture.

– Ah bon ? Vous n'êtes pas juif ? Adolf H. ? Je croyais...

– J'y vois comme un reproche.

Elle rougit, embarrassée.

– Excusez-moi, l'habitude. Je suis issue d'une famille sans doute excessivement militante. Mon père est l'un des chefs du mouvement sioniste.

– C'est-à-dire ?

– Il milite pour la création d'un Etat juif indépendant.

Ces considérations étaient à mille lieues des pensées quotidiennes d'Adolf, tout entières absorbées par son art et sa jalousie. Cela lui fit l'effet d'un changement rafraîchissant.

Il continua à s'informer sur la situation politique allemande.

— Je sens que la République va se durcir à droite, ajouta Sarah, une droite nationaliste qui contestera le traité de Versailles. Mais je ne crains pas trop un danger de l'extrême droite, même si sa démagogie peut trouver des oreilles.

— Pourquoi ?

— Ils n'ont pas d'orateurs. La démagogie ne réussit que si elle est pratiquée par un brillant tribun. Pas de séduction sans séducteur. Qui y-a-t-il à l'extrême droite ? Röhm ? Un militaire capable de mobiliser des soldats nostalgiques, mais pas plus. Goebbels ? Il est trop laid et trop arrogant pour réussir.

— Cela fait du bien d'avoir des nouvelles du pays, conclut Adolf H.

Ils se frayèrent un chemin pour se servir à manger au buffet élisabéthain.

Entre deux aigrettes et un turban, Adolf aperçut Onze-heures-trente en discussion animée avec un très beau page...

Adolf sentit son cœur s'arrêter.

Lui ! Lars Ekström ! L'amant suédois ! Le danseur !

Onze-heures-trente, le rouge aux joues, semblait insister pour obtenir quelque chose de lui. Elle jeta quelques coups d'œil inquiets autour d'elle, il sembla lui accorder ce qu'elle voulait, la prit par le bras et ils disparurent en montant l'escalier.

Adolf songea qu'ils allaient chercher à se réfugier dans une chambre pour...

— Quelque chose qui ne va pas ? demanda Sarah.

Il sursauta. Fort heureusement, son maquillage nègre avait dû dissimuler ses émotions. Il sourit.

– Non, je songeais à quelque chose qui me ferait plaisir...
et qui vous concerne.

– Ah oui ?

– Oui. J'aimerais vous peindre.

– En Ophélie ?

– En Ophélie sortie du bain. En Vénus plus exactement.

Sarah devint pourpre.

– Vous voulez que je me montre nue devant vous ?

– Oui.

– C'est impossible. Je ne peux me montrer ainsi... qu'à un
homme avec qui je ferais l'amour.

– C'est aussi ce que je voulais dire.

Sarah eut un haut-le-corps. Adolf ne lui laissa pas le temps
de s'indigner.

– Vous ne voulez pas parce que vous êtes raciste ?

– Pardon ?

– Vous ne voulez pas coucher avec un nègre ?

Sarah éclata de rire. Adolf continua en la couvrant de son
regard bleu pervenche.

– Ou alors vous avez peur de ce que vous allez découvrir
après démaquillage ?

– Je sais parfaitement à quoi vous ressemblez, monsieur
Adolf H.

A l'insolence du ton, à l'éclat du regard, Adolf comprit
que ce qu'il venait de désirer n'était peut-être pas impossible.

*

– Il va abandonner la politique, c'est certain. Il est beaucoup trop déprimé.

L'éditeur Adolf Müller et Joseph Goebbels regardaient avec
tristesse la silhouette cassée d'Hitler, qui, comme chaque jour,

passait plusieurs heures à fixer les eaux mornes et plates du lac Tergern.

Les nuages stagnaient, se dédoublant à la surface, immobiles, écrasants, pachydermiques. La nature s'était figée. Même les oiseaux planaient sans avancer.

– Ma femme, dit Müller, a peur qu'il ne joue les Louis II et qu'il ne se noie. Je le fais surveiller en permanence. Il dort dans notre chambre d'amis, je lui ai enlevé son arme et je l'entends marcher toute la nuit.

– C'est un grand malheur. Le Parti a plus que jamais besoin de lui. Il doit se présenter à l'élection présidentielle.

– Faites encore patienter les militants, dit Müller. Vous êtes le seul, après lui, à savoir parler aux foules.

Müller n'éprouvait aucune sympathie pour Goebbels mais il devait reconnaître que celui-ci avait le don d'éloquence ; il n'avait pas le charisme d'Hitler, mais il en possédait la rhétorique et le savoir-faire.

« Il y a des physiques qui vous obligent à avoir du talent », songea-t-il, en étudiant pour la vingtième fois l'aberrante constitution du docteur Goebbels.

L'anatomie de Goebbels donnait l'impression qu'il y avait une erreur. Soit la tête était trop grosse, soit le corps était trop petit, en tout cas, la tête n'allait pas avec le corps. La nuque essayait de jouer les intermédiaires, elle se redressait pour faire tenir ce crâne trop large, trop lourd, trop rond, dans la continuité du dos, pour l'empêcher de tomber en avant. Son corps tendu et frétillant semblait celui d'un goujon qui tenterait de maintenir un ballon à la surface de l'eau. De plus, lorsque Goebbels marchait, on se rendait compte que le corps n'était pas accordé avec lui-même : une jambe plus courte, soulignée par un pied-bot, excluait la symétrie. Tous les membres de Goebbels faisaient penser à un animal, mais aucun au même animal ; il avait des pattes de moineau, le cul bas d'un poney, le torse étroit d'un singe paresseux, une tête de hibou, les yeux enfoncés d'une fouine et le nez agressif d'un pinson des Galapagos. Ainsi lorsque Müller entendait ce bâtard issu d'une arche de Noé parler de la pureté raciale, attaquer l'horrible Juif corrupteur au nez crochu, vanter l'Aryen blond, grand, puissant, au torse en V et aux cuisses musculeuses, annoncer au micro des mesures médicales pour contrôler les naissances et empêcher la reproduction des handicapés, Müller fermait les yeux pour se concentrer sur la belle voix chaude de Goebbels et éviter un sentiment de malaise. Peut-être, au fond, Goebbels était-il un plus grand orateur qu'Hitler car il fallait un talent hors du commun pour défendre l'hygiénisme et la race des seigneurs à partir d'un tel physique.

Comme si Goebbels avait deviné le cours de ses pensées, il lui dit avec simplicité :

– Je ne suis qu'un numéro deux. Rien d'autre. Je suis amoureux de notre Führer, je veux le servir et, quelles que soient mes convictions, je ne resterai pas au parti national-socialiste s'il n'en est plus le chef.

– J'ai tout essayé, soupira Müller, pour le ramener à la vie depuis le suicide de Geli. Espérant réveiller son sens du combat, je lui ai montré les insanités qu'écrivaient les journaux qui l'accusent d'avoir eu des relations perverses avec Geli, de l'avoir tuée pour qu'elle se taise, etc. Rien n'y fait. Il a perdu toute agressivité. Il s'est contenté de me dire : « Si j'avais voulu la tuer pour éviter un scandale, je ne l'aurais pas exécutée chez moi avec mon revolver. »

– Il a raison.

– Le problème n'est pas là. Personne ne songe sérieusement à l'accuser puisqu'il était à Nuremberg. Le problème est qu'il veut renoncer à la politique et qu'il est au bord du suicide.

– C'est une tragédie. Jamais nous n'avons été si proches du but. Il sera élu s'il rentre vite en campagne.

Pendant que les dirigeants nazis s'alarmaient, Hitler fixait l'horizon monotone des eaux. Le lac était devenu désormais la pierre tombale de Geli. Il considérait le marbre gris à peine liquide et lui adressait toutes ses pensées. Il lui parlait d'amour. Il avait oublié qu'il avait, sans aucun doute, causé le suicide de la jeune fille. Il n'éprouvait aucune culpabilité. Sans saisir de rapport entre sa proposition de mariage et la mort, il expliquait ce geste comme il expliquait tous les gestes de Geli : il ne l'expliquait pas. Explique-t-on un oiseau ? Le chant d'un oiseau ? La grâce d'un oiseau ? Les sautes d'humeur d'un oiseau ? Geli n'avait jamais été qu'un tout petit être charmant débordant de vie qui produisait de la lumière et de la joie autour de lui. Il ne venait pas à l'esprit d'Hitler de lui prêter une psychologie complexe, une vie intérieure. Il pleurait en bloc, non pas tant Geli elle-même que ce qu'il avait perdu.

Lorsque la police l'avait interrogé sur les raisons éventuelles du suicide, Hitler n'avait rien trouvé à répondre, sinon évoquer un vieux souvenir, celui d'un voyant qui, lors d'une séance de spiritisme, avait annoncé à Geli qu'elle ne mourrait ni de vieillesse ni de mort naturelle. D'ailleurs, Hitler était irrité qu'on lui parlât tant de suicide, qu'on cherchât des raisons, cela lui paraissait masquer le point essentiel : Geli était morte, voilà tout, elle ne vivait plus avec lui dans son appartement, elle lui manquait. Le reste...

Il parlait au lac, lui disait sa tristesse et, dans le même temps, il éprouvait un soulagement. Les femmes, c'était fini pour lui. Après Mimi, après Geli, il n'aimerait plus. Non pas qu'il souhaitât éviter de nouveaux suicides – ah, cette manie de psychologiser et de vouloir prêter des raisonnements aux femmes ! –, non, il n'aimerait plus parce qu'il avait pu déchiffrer les signes du Destin. La Providence, chaque fois, écartait ses amours. Elle le voulait chaste. Diligente, prévoyante, elle faisait le vide autour de lui, elle le remettait sur la voie, elle le pressait de parcourir son chemin, elle lui désignait son unique horizon : l'Allemagne.

Hitler soupira. Au fond, il avait montré de la paresse à comprendre. Tout lui avait été délivré à dix-huit ans, lorsqu'il avait assisté à la représentation de *Rienzi*. Le Destin lui avait soufflé toute sa vie à l'oreille mais il n'avait pas osé comprendre. Maintenant, il savait les paroles par cœur. « Oh si, j'aime. Avec une passion ardente, j'aime ma fiancée, depuis le premier jour où j'ai commencé à penser, depuis que la splendeur des ruines m'a appris notre ancienne grandeur. Cet amour me fait souffrir quand ma fiancée est battue, maltraitée, humiliée, mutilée, déshonorée, conspuée et moquée. Je lui dédie toute ma vie, à elle seule, je lui ai donné ma jeunesse, mes forces. Je veux la voir couronnée reine du monde. Tu le sais, ma fiancée, c'est Rome !! » Il suffisait de mettre l'Allemagne à la place de Rome et l'on avait le chemin d'Hitler.

Il savait que l'appareil nazi s'inquiétait de son silence. Il savait qu'il pouvait gagner l'élection présidentielle. Il savait qu'il le ferait. Pour l'heure, il rassemblait ses forces avant de bondir et faisait sentir aux autres à quel point ils avaient besoin de lui pour la bataille. Il prétendrait n'avoir réparé ses nerfs que lorsque les leurs seraient sur le point de se briser.

\*

– Et comment appelleras-tu ce tableau ? demanda Neumann dont le regard passionné ne quittait plus la toile.

– *Le Dictateur vierge.*

Adolf prit un pinceau fin en soie et s'approcha du chevalet.

— Tiens, j'écris le titre dans le cadre. *Le Dictateur vierge* par *Adolf H.*

Une fois les lettres tracées de son écriture ronde presque enfantine, il s'éloigna pour juger de l'ensemble.

Il avait réussi une composition surprenante.

Un homme nu au teint cireux, émasculé, l'entrejambe lisse et dépourvu de toute pilosité, marchait sur une population d'individus pas plus gros que des souris. Les victimes brandissaient des petits drapeaux noirs où venait gicler leur sang. Le peuple écrasé était composé d'individus tous différents par la couleur, la taille, la race, la beauté ; il y en avait même deux qui ressemblaient au géant, les deux qu'il étranglait entre ses orteils. Des séraphins, dans l'angle droit du ciel, jouaient de la musique mais l'on voyait, à l'énorme poing qui, menaçant, montait vers eux, qu'ils seraient, eux aussi, pulvérisés.

— Il ressemble à un nourrisson, objecta Neumann.

— Justement. Rien de plus égoïste qu'un nourrisson. Il tend la main, il arrache, il broie et porte tout à sa bouche. L'être humain au premier jour est un monstre sans conscience car sans conscience d'autrui. Nous avons tous commencé par être des tyrans. C'est la vie, en nous contredisant, qui nous a domestiqués.

— Est-ce Mussolini ?

— Pas du tout. Mussolini est un dictateur, certes, mais il n'est pas le pire que la terre puisse porter. Parce qu'il est encore en contact avec la réalité, il a une femme, des maîtresses, des enfants, c'est un mâle latin.

— Tu veux dire qu'il pourrait y avoir pire que Mussolini ?

— Ou que Staline ? Oui, Neumann, c'est possible. Théoriquement envisageable.

Neumann ne releva pas l'insulte concernant Staline. Il savait que son ami était un violent anticommuniste et, revenant lui-même d'un troisième voyage à Moscou qui l'avait laissé plutôt perplexe, il ne voulut pas se lancer dans une polémique néfaste à leurs retrouvailles.

— As-tu vu Onze ? demanda Adolf.

— Oui, nous avons bavardé un peu. Je l'ai trouvée un peu... affectée.

— N'est-ce pas ? fit fièrement Adolf.

Depuis plusieurs mois qu'il vivait aux yeux de tous sa liaison avec Sarah Rubinstein, il ne savait pas ce qui lui procurait le plus de satisfaction, les heures passées avec sa maîtresse ou la jalousie d'Onze-heures-trente. Elle n'avait pas osé critiquer ouvertement cette liaison mais Adolf surprenait de temps en temps des yeux rouges, des crispations de mâchoires, des gestes réprimés qui révélaient qu'elle bouillait. Quant aux moments partagés avec Sarah, la longue et souple blonde aux trois blonds, ils lui redonnaient le goût de son corps, du corps de la femme, et de ce jeu passionnant, imprévisible, toujours nouveau, qui consiste à donner et prendre du plaisir.

— Onze est une fille bien, tu sais ? dit Neumann avec tristesse. Elle ne mérite pas que...

— Je me sens vivant, Neumann. C'est tout simple, j'ai du plaisir à me sentir vivant. Depuis que je trompe Onze, je me suis souvenu que j'existais.

— Ce n'est pas juste. Tu étais encore plus vivant quand vous vous êtes rencontrés.

— Le succès m'a fait du mal, c'est vrai. Je me suis vidé dans le travail. Onze en a fait les frais mais n'oublie pas que c'est elle qui a donné le premier coup de couteau dans notre histoire.

— Qu'est-ce qui te prouve que...

— Est-ce que tu peux nous laisser, Neumann ? dit Onze-heures-trente qui fit une entrée bruyante dans l'atelier. J'ai tout entendu, mais je ne veux pas que tu prennes ma défense.

J'y arriverai toute seule. Et puis, de toute façon, moi je ne me défends pas, j'attaque.

Sans un mot, presque sur la pointe des pieds, Neumann quitta l'atelier.

Onze-heures-trente vint se placer devant Adolf, releva le menton vers lui, planta ses yeux dans les siens.

— Ça ne peut plus durer. Tu dois choisir : c'est elle ou moi.

Adolf se sentit réchauffé par une onde de satisfaction.

— Qu'est-ce que c'est que cet ultimatum ? Est-ce que moi, je t'ai demandé de choisir entre ton danseur et moi ?

— Non. Mais j'aurais bien aimé.

— Ah oui ? Et tu aurais choisi ?

— Toi. Sans hésiter.

Malgré l'agressivité avec laquelle elle lui avait lancé cela, il avait envie de l'embrasser sur les joues qu'elle avait rouges de fureur.

— Alors maintenant, assez joué, tu choisis : c'est ta Juive allemande ou moi !

— Mais c'est toi, Onze. Toi sans hésiter.

Les yeux de la petite femme s'embuèrent immédiatement ; elle n'osait croire à sa joie, elle balbutia :

— C'est vrai ? C'est bien vrai ?

— Oui. Sarah est une femme bien, très bien, mais... Bref, c'est toi.

Elle prit son élan, ses jambes entourèrent la taille d'Adolf, elle se retrouva nez à nez avec lui et le couvrit de baisers.

— Je veux que tu me fasses un enfant, dit-elle.

— Comme ça ? Là ? Tout de suite ?

— Non. Dès que tu auras rompu avec elle.

Adolf grimaça à l'idée de la scène difficile qu'il allait avoir avec Sarah.

— D'accord, je m'en charge, dit Onze-heures-trente.

— Non. Je ne suis pas un lâche. Je dois...

– Bien sûr, mais je vois d'ici la scène : « Je te quitte parce que ma femme l'exige ; je le regrette, je ne voudrais pas. » Et hop ! on repasse au lit une dernière fois pour se séparer bons amis. Non, non, merci, très peu pour moi. Assez partagé. Quitte à passer pour une salope, je vais y aller moi-même.

Elle disparut un instant et revint, habillée, chapeautée, gantée. De son sac noir en velours, elle sortit un revolver et le dirigea, avec le plus grand naturel, vers Adolf.

– Allonge-toi sur le lit.

– Pardon ?

– Adolf, ne discute pas, je n'ai pas le temps. Allonge-toi sur le lit que je puisse t'attacher.

– Mais...

– Adolf ne m'agace pas. Je viens de passer des mois terribles à cause de toi, je suis à bout de nerfs, j'ai encore une commission à faire à ta maîtresse alors, s'il te plaît, ne me chauffe pas le cerveau et obéis-moi vite sinon je risque d'être maladroite avec ce petit joujou dont je n'ai pas l'habitude. Allonge-toi.

Une fois qu'elle l'eut solidement attaché aux barreaux du pied et de la tête de lit, elle l'embrassa sur la bouche et claqua la porte.

Adolf resta étendu sur le dos, privé de toute liberté, sans aucun autre mouvement possible que la respiration.

Deux heures plus tard, Onze-heures-trente revint. Elle s'assit près du lit et sourit à Adolf.

– Sarah a compris. Elle m'a dit qu'elle t'aimait mais que, visiblement, il était impossible de t'aimer autant que moi. Elle s'est retirée du jeu. Elle n'est pas sotte.

Elle enleva son manteau et ajouta, amusée :

– Il faut dire aussi qu'elle n'avait pas d'arme. Enfin... juste un couteau...

Elle se déshabilla complètement et monta sur lui.

361

— Alors, cet enfant, on le fait ?

— Tu me détaches ?

— Non. Plus jamais.

Dans les mois qui suivirent, Onze-heures-trente et Adolf vécurent un renouvellement de leur amour. Il prit la peine d'écrire une lettre sincère à Sarah pour lui expliquer que, si Onze l'exigeait... tant qu'il y aurait Onze dans sa vie... et que de toute façon, il ne quitterait jamais Onze...

Au printemps 1929, Onze-heures-trente fut prise de nausées subites. Transporté de joie, Adolf pensa qu'elle était enfin enceinte.

Il l'amena chez le docteur Toubon, le médecin qui avait le meilleur diagnostic de Paris, et attendit dans la salle d'attente d'un mauvais goût prétentieux l'heureuse confirmation qu'il allait être père.

Le docteur Toubon passa la tête par la porte et lui demanda de le rejoindre dans son bureau. Onze n'était pas là, elle se rhabillait à côté.

— Monsieur H., il va falloir être très courageux. Votre femme est atteinte d'une forme sévère de tuberculose. Je ne suis pas optimiste. Pour être franc, ses jours sont comptés.

*

D'abord il se fait désirer.

Il donne un rendez-vous. Toujours loin dans le temps. Toujours incertain. Car, pour se rendre précieux, il a fait courir la rumeur que ses nombreuses responsabilités le contraignent parfois d'annuler. C'est faux mais qui le sait ? Du coup, ce n'est plus Hitler qui attend la foule mais la foule qui attend Hitler. Qui l'espère.

Le jour dit, il met en scène son apparition. Il exige que le lieu de réunion, quel qu'il soit, ait perdu son aspect ordinaire ;

des drapeaux, des bannières, des rangées de chaises, des pyramides de tribunes, des haut-parleurs, des projecteurs lui ont ôté son aspect habituel ; la foule entre dans un quotidien métamorphosé, embelli, réenchanté. Ensuite, il se fait attendre. Il organise avec précision son retard. Il a calculé le temps exact nécessaire à une foule pour devenir tendue, impatiente, sans être bafouée ni furieuse. Il sait alors entrer rapidement et bondir sur la tribune telle une solution.

Il bouge vite. Ses gestes sont précis, nerveux. Il sait qu'il doit surprendre par son énergie. La foule ne le connaît que par ses effigies, ses photographies lentes et silencieuses, élaborées avec son ami Hoffmann, qui le font paraître noble et pensif. Maintenant, il doit, en quelques secondes, montrer les qualités opposées. C'est à ce prix-là qu'on fascine, à ce prix-là qu'on est une star. Il le sait, il a étudié les vedettes de cinéma. Seule la cohabitation des extrêmes dans une même personne entretient l'appétit de la foule. Greta Garbo règne sur le monde car sa beauté hautaine, polie, digne d'une statue antique, est contredite par ses gestes embarrassés de femme trop grande qui a honte de dominer, ces pas de danseuse maladroite qui va tomber, ses regards émus d'être trop sensible, sa nuque d'oiseau blessé. Hitler travaille dans les mêmes zones de contraste : après avoir imposé l'image d'un visionnaire calme aux yeux d'azur, au physique alangui, perdu dans des rêveries sublimes, il va montrer, en chair et en os, une énergie coupante, mordante, virtuose, fébrile donnant l'idée qu'une invincible force le dépasse lui-même.

Il est là. Il fait face à la foule. Ce ne sont encore que les préliminaires.

La foule est une femme ; la femme est longue à venir ; Hitler est un grand amant parce qu'il est encore plus lent qu'elle. Dès le départ, il livre des arguments, des idées, mais il donne peu. Il traîne. Il retient. Il veut créer l'envie dans la foule. Il veut qu'elle s'ouvre. Il garde ses assauts pour plus tard. Par contre, lorsqu'il s'échauffera, il sera fort, bandant, inépuisable.

En amour, on appelle ça un étalon ; en politique, un démagogue. Le secret de la réussite, c'est de ne penser qu'à la jouissance de l'autre.

Hitler commence à faire frémir la foule. Elle applaudit. Elle veut participer. Il l'attise, la laisse faire, la retient, plaque sa bouche sur la sienne pour l'empêcher de crier. Il va et vient, il se retire, il enlève son bâillon : elle exulte.

Il redonne l'assaut. Elle s'étonne. Quoi ? Déjà ?

Il va. Il insiste. Elle suit. Elle crie. Il continue.

Elle gémit. Il change de rythme. Elle ronronne et se plaint à la fois. Il accélère. Le cœur s'emballe. Elle jouit.

Il enchaîne immédiatement. Non. Elle n'en peut plus. Elle est convaincue. Elle a compris. Personne n'est meilleur. Si. Il insiste et curieusement, elle repart avec lui. Maintenant, sa volonté est vaincue, elle lui appartient, il est son maître, il fait d'elle ce qu'il veut. Il est son présent, son avenir car il est déjà son meilleur souvenir.

Elle jouit encore, et encore, et encore.

Maintenant, elle ne distingue même plus les pics de l'orgasme, elle n'est plus qu'abandon. Elle hurle continuellement.

Et pendant qu'il la laboure, elle lui promet tout ce qu'il veut. Oui. Avec toi. Plus sans toi. Jamais.

Il se retire d'un coup et disparaît.

Elle a subitement mal.

Contre la douleur s'élèvent des musiques. Pour se remettre, la foule chante. Elle redescend dans le monde normal.

Oui, c'est promis. Il reviendra.

Hitler s'est déjà réfugié dans sa voiture. Ensuite, il sautera dans un avion pour rejoindre une autre ville qui l'attend déjà.

Il fait jouir la foule mais lui n'a pas joui.

Il la méprise pour avoir joui si facilement sans que lui ait joui.

Et dans le mépris, il se sent supérieur.

Et dans ce mépris, il garde le pouvoir.

Et dans sa frustration, il trouvera la force de recommencer une heure plus tard.

*

Matin blafard sur l'avenue du Bois.

De sa fenêtre, Adolf H. suivait le va-et-vient sinistre et silencieux des huissiers dans la cour ; ils emportaient toutes les traces de son bonheur avec Onze-heures-trente.

« Pourvu que je tienne jusqu'à... »

Depuis 1929, la crise économique avait ravagé le marché de l'art, les acheteurs avaient disparu, la plupart parce qu'ils étaient ruinés, les rescapés parce qu'ils cherchaient des placements plus sûrs que la peinture moderne, et les rares milliardaires inamovibles qui pouvaient toujours dépenser sans craindre attendaient cependant que l'inflation et les prix baissent encore. Adolf ne vendait plus, n'avait plus de cote, mais il devait malgré tout honorer ses dettes.

« Pourvu que je tienne... »

Adolf ne voulait pas qu'Onze connût leur déchéance. Comme elle n'avait plus la force de sortir de son lit, il était parvenu à maintenir l'illusion de leur train de vie ; elle ignorait que, derrière sa porte, la maison était entièrement vide de ses meubles et que ne demeurait plus à leur service qu'une femme de chambre trop attachée à Onze pour partir bien qu'elle ne fût plus payée depuis trois mois. Même les toiles inachevées de l'atelier venaient d'être emportées ce matin.

– Des toiles inachevées, mais qu'allez-vous en faire ? s'exclama Adolf devant l'huissier.

– Les vendre au prix de la toile ; quelqu'un d'autre pourra toujours repeindre par-dessus, répondit maître Plissu avec sa prononciation onctueuse qui semblait savourer chaque mot comme un bonbon.

Adolf n'avait même pas eu la force de s'indigner. Protester ? A quoi bon ? *L'univers est injuste, je le sais. Et puis il y a plus grave.* Il n'y avait plus place que pour la tristesse en lui. Il songeait à ce petit corps autrefois si plein de vie qui s'éteignait lentement dans la pièce d'à côté.

– Puis-je vous parler ?

Adolf sursauta.

Au fond de la pièce déserte et glacée se tenait le docteur Toubon.

Docteur Toubon, maître Plissu, médecin, huissier, tous ces personnages officiels et interchangeables, grands phoques gras couverts de noir avec une moustache témoignant de leur sérieux, voix douces et huilées qui ont un timbre si opposé aux catastrophes qu'elles annoncent. Discrétion. Politesse. Horreur. Depuis des semaines leurs allées et venues, aussi impersonnelles et bien réglées que des funérailles, lui arrachaient morceau par morceau ce à quoi il tenait le plus, sa vie avec Onze, l'espoir d'une vie avec Onze...

– Je suis venu vous dire que votre femme n'en a plus que pour quelques heures.

– Non !

– Monsieur H., j'ai admiré votre courage et la profondeur de votre affection durant cette épreuve. Par respect pour votre comportement, je vous dois la vérité. Elle n'arrive presque plus à respirer ; elle ne passera pas la journée.

Adolf laissa tomber sa tête contre la vitre. Voilà, il entendait la phrase qu'il redoutait depuis des mois, la phrase contre laquelle il s'était battu, contre laquelle il avait mobilisé son énergie et son amour. Tout était détruit. Rien de tout ça n'avait servi. Fini. A son temps, à son heure, la mort arrivait quand même.

— Il faut que vous considériez, monsieur H., que, pour votre femme, il s'agira d'une véritable délivrance.

Pauvre petite Onze si brave, si enjouée, qui s'affaiblissait sans se plaindre, passant ses dernières heures devant le tableau, l'unique tableau que les huissiers n'avaient pas emporté, son *Portrait en géante*.

Adolf sentit que le chagrin allait le déborder et s'enfuit. Dans l'escalier, il croisa Neumann qui venait leur tenir compagnie, comme chaque jour.

— Neumann, elle n'en a plus que pour quelques heures. Va dans sa chambre. Moi, j'ai une course urgente à faire.

— Mais où vas-tu ?

— Il faut que j'y aille.

— Adolf ! Reviens !

— Une course. C'est pour elle.

Adolf courait sur les trottoirs gris. Le vent glacé n'arrêtait pas ses larmes. Il sentait trop de vie, trop de force en lui, quelque chose d'inépuisable et d'inutile qu'il aurait voulu donner à Onze.

Arrivé rue Desbordes-Valmore, il s'engouffra au 12 et gravit les étages. Il sonna plusieurs fois avec angoisse, ne laissant pas la sonnerie reprendre son souffle.

Lars Ekström, en robe de chambre, ouvrit enfin la porte. Il recula de peur lorsqu'il vit Adolf sur son palier mais celui-ci l'attrapa par le bras en le suppliant.

— Venez. Onze va mourir. Je souhaite que vous soyez aussi à son chevet.

— Mais...

— Non, je ne vous en veux pas. Elle vous a aimé. Il serait

bien que, pour sa dernière heure, elle ait auprès d'elle les deux hommes qui l'ont tenue dans leurs bras.

– Mais...

Adolf regarda les beaux pieds nus et suppliciés du danseur. « Qu'il est bête, songea-t-il en voyant ses pieds... mais peu importe. Onze l'aime. »

Un jeune homme nu, une serviette-éponge autour des reins, arriva dans le dos de Lars Ekström et demanda d'une voix ensommeillée :

– Qu'est-ce qui se passe ?

– Rien, dit le danseur, c'est le mari d'une amie. Retourne te coucher.

L'éphèbe disparut.

– Vous vous trompez, dit Lars Ekström, je n'ai jamais été l'amant de votre femme. Elle m'avait demandé de vous le faire croire pour...

– Pour ?

– Pour vous rendre jaloux.

Adolf s'abattit contre le mur. Il manquait d'air. Non pas ça. Pas deux fois. Il y avait eu deux mensonges dans la vie d'Onze. Faire croire qu'elle avait connu beaucoup d'hommes pour qu'Adolf n'eût pas peur de sa virginité. Puis le persuader qu'elle le trompait afin qu'il se réveillât de son indifférence. Alors... il était le seul ? Le seul homme de son existence ? Onze...

– Ça ne va pas ? Vous voulez boire quelque chose ? Entrez...

Adolf dévala l'escalier et courut comme un dératé. Onze... il ne devait pas perdre une minute. Il avait peur d'elle désormais. Onze. Tant d'amour depuis toujours. Tant de fidélité... Tant... Non, on n'avait pas le droit de lui enlever ça.

Il débaula dans la chambre sombre et s'affala sur le lit, baisant éperdument les minuscules mains moites.

– Onze... mon petit amour...

— Eh bien, où t'étais, mon Boche ? Je m'inquiétais.

— Je... je viens d'apprendre par Lars que...

— Laisse tomber. Réchauffe-moi.

Il prit Onze contre lui ; elle ne pesait rien, il ne retrouvait aucune des sensations qu'il avait tant de fois éprouvées. Elle, au contraire, se frottait contre lui en femme amoureuse, appréciant toujours ce corps qu'elle adorait.

— On s'est bien marré, non ?

— De quoi tu parles ? Pourquoi parles-tu au passé ?

— Arrête. Je sais.

Elle toussa et répéta, négligeant l'interruption :

— On s'est bien marré, non ?

Dévasté par l'émotion, Adolf eut du mal à articuler distinctement :

— Oui. On s'est bien marré.

Il n'osait plus la regarder, il n'osait pas la serrer trop fort contre lui, il avait peur de la broyer.

— Mon Boche, il faut penser à l'avenir. Une comme moi, tu n'en trouveras plus.

— Onze... tais-toi.

— Je me tairai si je veux ! dit-elle avec une irritation dont elle n'avait plus les moyens physiques et qui provoqua une toux de plusieurs minutes.

Dans la pénombre, Adolf, tout à ce petit corps secoué dans ses bras, craignait à chaque instant que le fil de vie ne se brisât.

— Je ne te contrarie plus, Onze. Dis-moi ce que tu voulais me dire.

Elle reprit difficilement son souffle. Ses yeux étaient exorbités.

— Voilà. Je ne veux pas que tu te laisses aller. Tu dois peindre, tu dois vivre.

— Mais comment ? Pas sans toi.

– Regarde derrière le lit.

Adolf ne comprenait pas. Onze insista sur le souffle usé de sa voix :

– Lâche-moi et regarde derrière le lit.

Neumann augmenta l'éclairage de la veilleuse. Adolf contourna le haut lit aux lourds rideaux et découvrit, pâle, inquiète, bouleversée, Sarah Rubinstein appuyée contre le mur bleu.

– Sarah ?

– Après moi, c'est ce que tu peux trouver de mieux, dit Onze. Je l'ai fait venir pour ça. Evidemment, elle est pas d'accord mais tu lui feras un peu de charme. Je compte sur toi.

Adolf s'approcha de Sarah qu'il n'avait jamais retrouvée depuis leur séparation. Elle détourna les yeux vers le mince filet de lumière qui filtrait des volets clos.

Elle murmura d'une voix sans timbre :

– Onze a repris contact avec moi dès qu'elle a su qu'elle était malade. Je suis venue plusieurs fois quand tu n'étais pas là. Je...

Sarah se força à regarder Adolf. Ses yeux, en passant sur le lit, furent soudain traversés par un éclair de panique.

Adolf se retourna.

C'était trop tard. Onze était morte.

*

Hitler avait gagné. Il était le nouveau chancelier de l'Allemagne.

L'artiste raté, l'ancien clochard, le soldat incapable de prendre du galon, l'agitateur de brasserie, le putschiste d'opérette, l'amant vierge des foules, l'Autrichien devenu allemand au

370

prix d'une astuce administrative prenait la tête d'un des pays les plus riches et les plus cultivés d'Europe.

Il avait crié tellement fort que certains l'avaient entendu. Ils avaient voté pour lui.

Il avait crié tellement fort que certains l'avaient trouvé ridicule. Ils s'étaient laissé manœuvrer par lui.

Cent fois, mille fois, il avait pourtant proclamé ses démons : détruire les Juifs, supprimer les communistes, se venger de la France, s'étendre à l'est, puis à l'ouest... Il avait toujours dit que la guerre était un droit, que la guerre serait nécessaire. Jamais personne n'avait joué un jeu si agressif et si clair. Jamais personne n'avait fait de la haine l'unique ressort de la politique. On l'avait trouvé convaincant. On l'avait trouvé grotesque. Mais presque personne ne l'avait trouvé dangereux. Comment peut-on se montrer aussi sourd ? Hitler n'était pas un menteur. Il livrait avec franchise ses vérités obscènes. Et cela même le protégeait. Car les hommes sont habitués à juger les êtres sur leurs actes, non sur leurs paroles. Ils savent qu'entre l'intention et la réalisation, il manque un chaînon : le pouvoir d'agir. Or, le pouvoir, ils venaient de le donner à Hitler. Peut-être pensaient-ils que l'exercice du gouvernement allait modérer l'extrémiste, comme il est d'usage ? Qu'Hitler allait se calmer en apprenant la dure loi de la réalité ?

Ils ignoraient qu'ils n'avaient pas désigné un homme politique, mais un artiste. C'est-à-dire son exact contraire. Un artiste ne se plie pas à la réalité, il l'invente. C'est parce que l'artiste déteste la réalité que, par dépit, il la crée. D'ordinaire, les artistes n'accèdent pas au pouvoir : ils se sont réalisés avant, se réconciliant avec l'imaginaire et le réel dans leurs œuvres. Hitler, lui, accédait au pouvoir parce qu'il était un artiste raté. Il avait répété depuis dix ans : « Nous prendrons le pouvoir légalement. Après... »

Après, le pouvoir, c'était lui.

Dans le même temps, un homme avait perdu le sommeil. Il avait cru faire son métier, il avait déclenché une catastrophe. Comment aurait-il pu prévoir ?

Le docteur Forster avait suivi avec inquiétude l'émergence politique de l'estafette Hitler, son patient de Pasewalk en 1918, dont il avait soigné l'aveuglement hystérique en le persuadant que Dieu lui avait donné la mission de sauver l'Allemagne. Il pensait le guérir sous hypnose, or il lui avait inoculé une maladie. Maintenant que cet homme était à la tête du pays, le docteur Forster conclut qu'il était de son devoir de parler, même s'il violait le secret médical. Il annonça, lors d'un de ses cours à l'université de Greifswald, qu'Hitler était un névrosé traité par suggestion et par hypnose et qu'il allait rendre public son dossier psychiatrique.

La Gestapo réagit sans attendre. Le docteur Forster fut immédiatement suspendu de son poste pour instabilité mentale. Camisole de silence.

Il s'enfuit en Suisse, poursuivi par les services secrets. Il n'eut que le temps de déposer dans un coffre de Bâle ses fiches psychiatriques transcrites en écriture codée, le temps de le signaler à quelques amis sans préciser quelle banque, avant qu'on ne le retrouvât mort dans sa chambre d'hôtel, suicidé d'une balle de revolver dans la tête.

*Quinze heures vingt-neuf*

Sa vie était enfin devenue un opéra.

Dans le haut et vaste décor de la chancellerie, la journée d'Hitler se déroulait selon une mise en scène bien réglée qui faisait participer les chœurs – une foule sélectionnée et envoyée par le ministre de la Propagande –, l'orchestre – les employés du Reich, depuis les ministres jusqu'aux aides-cuisiniers –, les seconds rôles – Goebbels, Göring, Hess, Himmler, Speer –, tout étant organisé autour des grands airs du ténor, Hitler. Pas de fausses notes, pas de cacophonie, pas de musique étrangère. L'unique soliste autorisé à improviser était Hitler. Il ne s'en privait pas, d'ailleurs, en piquant des colères tonitruantes qui faisaient carillonner les murs du palais, pétrifiant son entourage, faisant craindre les vengeances, laissant interdits les ambassadeurs qui n'avaient jamais vu un homme d'Etat en prendre ainsi à son aise. Seule différence avec une œuvre de Wagner : pas de rôle féminin. Hitler n'acceptait pas de partager la vedette. Sa vie était un opéra d'hommes. L'Allemagne était un opéra d'hommes.

A onze heures du matin, le valet de chambre frappait à sa porte et déposait sur le seuil la presse et les messages importants.

Hitler se réveillait douloureusement en s'arrachant à grand-peine au néant. Il vérifiait tout de suite dans le miroir qu'il était bien Hitler. Dans la pénombre verdâtre, la vitre chromée ne lui renvoyait qu'une image approximative.

– Ah... c'est tous les jours plus dur.

Il apercevait une face blafarde, bouffie, hirsute, craquelée par les entailles du drap, un corps flapi, gras, liquide. Il ressemblait à un étang. Il se voyait comme de la vase. D'ailleurs, il en avait l'odeur. Pendant la nuit, la nature se vengeait, elle le raflait à lui-même, elle l'empêchait d'être Hitler, elle le rendait à l'humaine condition. Un travail d'éboueur. Elle profitait de son sommeil pour effacer ses traits, lui gonfler la peau, lui ensanglanter les yeux, accentuer ses aigreurs d'estomac, le pourrir de rêves incohérents. C'était épouvantable de subir, à son insu, une telle défaite quotidienne.

Hitler se levait fatigué et non pas reposé, moins lui-même que la veille au soir, très loin de ses meilleures photographies, horriblement proche de son père défunt qu'il avait tant haï.

Il regardait cet inconnu chaque matin et se disait :

– J'ai une heure devant moi.

Il avait une heure pour fabriquer de l'Hitler. La lecture de son courrier commençait à lui redonner de l'être ; puis celle des articles qui lui étaient consacrés accentuait le sentiment de son importance. Il passait alors à la salle d'eau où son valet de chambre lui avait fait couler un bain avant de s'éclipser. Personne ne voyait Hitler nu. Pas même lui-même. Il s'épargnait ce spectacle en entrant dans la baignoire avec les paupières mi-closes. « Pas de grand homme pour son valet de chambre. » Qui avait dit cela ? Talleyrand sur Napoléon ? Chateaubriand ? Peu importait. Hitler se répétait souvent cette phrase en ricanant car, lui, il pouvait se vanter de demeurer un grand homme même pour son valet de chambre. Karl ne le surprenait jamais dans une position dégradante. Rasage. Coiffure. Habillage. En une heure, l'erreur était réparée : la vase avait disparu, il s'était resculpté, il ressemblait de nouveau à Hitler.

Il pouvait quitter sa suite privée pour rejoindre les aides de camp, entendre la revue de presse gouvernementale et vérifier avec le chef de la chancellerie ses rendez-vous. Là, il s'isolait dans une discussion passionnée avec un de ses interlocuteurs en déambulant dans le jardin d'hiver afin de retarder le déjeuner. A-t-on jamais vu un homme important arriver à l'heure au repas ? Quand il avait dépassé l'horaire d'une demi-heure, d'une heure, voire d'une heure et demie lorsqu'il était en forme, il passait enfin dans la salle à manger.

Il trônait, dos à la fenêtre afin que l'on fût toujours un peu ébloui par lui. Il faisait en sorte que la conversation s'élevât toujours sur les affaires du monde car les sujets généraux étaient ceux sur lesquels il pouvait briller tandis qu'il y avait toujours un spécialiste plus compétent sur les sujets particuliers. Avec effort, il se contraignait à écouter ses invités et à leur poser des questions. Bien qu'il se sentît supérieur à chacun, il estimait de son devoir d'abolir cette distance en se penchant vers les simples mortels comme un père vers ses enfants. De temps en temps, pour leur faire plaisir, pour montrer qu'il leur pardonnait d'être si ordinaires et pour leur faire toucher un peu le génie, il se lançait dans un monologue éblouissant. Il regrettait alors d'avoir retenu sa langue auparavant car, même après une heure de discours ininterrompu, il se sentait moins fatigué qu'après dix minutes d'échange avec qui que ce soit. Le temps, qui passait si vite en sa compagnie, paraissait long avec les autres. Du coup, il soliloquait de plus en plus fréquemment, trouvant plus généreux, moins épuisant et surtout moins ennuyeux de dispenser son esprit que de prêter attention à la médiocrité d'autrui.

Après le déjeuner, il recevait quelques minutes des officiels dans le salon de musique puis se retirait dans ses appartements pour se reposer.

De quoi se reposait-il ?

De sa supériorité. Il trouvait accablant d'avoir toujours raison. Cela l'isolait de plus en plus. N'étant pas à un paradoxe près, il se sentait moins seul lorsqu'il était réellement seul qu'avec les autres. Le sentiment de son génie, la confiance dans son destin, c'était plus facile de s'en griser dans un fauteuil en regardant les nuages qu'au milieu de subalternes pour qui il fallait transformer cette ivresse en ordres, lettres, décrets, directives. C'était bien assez d'être, si en plus il fallait faire...

Parfois Eva Braun s'immisçait dans ses appartements. Elle en avait le droit. Elle y avait même une petite chambre. Le peuple n'en savait rien, les officiels non plus, seuls les intimes connaissaient son existence. Ils considéraient Hitler et Eva Braun comme un couple. Il est vrai qu'elle l'aimait profondément et qu'il éprouvait pour elle un solide mépris.

Eva Braun était une jeune fille très gaie qui adorait le malheur. Tantôt blonde, tantôt brune, toujours jolie, elle s'était entichée du Führer et, comme celui-ci lui résistait, elle avait fait plusieurs tentatives de suicide qui les avaient beaucoup rapprochés. Car c'était la mort, plus que la vie, qui liait ces deux êtres. Le revolver, puis les somnifères, ces deux instruments sacrificiels avec lesquels Eva Braun avait crié son malheur d'être délaissée, avaient rappelé Mimi et Geli à Hitler, souvenirs heureux, et il s'était laissé regagner par Eva Braun. Il aimait le suicide comme manifestation de l'amour, c'était le thème de *Tristan et Iseult*, cela lui confirmait qu'il s'agissait d'une histoire sérieuse. Il avait donc admis qu'Eva Braun pût rôder dans son entourage, y manger, y dormir, ronger un os au passage, se coucher dans sa niche. Au fond, Eva montrait la tendresse indéfectible d'un chien, toujours heureuse de voir son maître, quand bien même l'avait-il négligée, engueulée, battue. Dans le règne des humains, elle incarnait l'obéissance et l'affection.

Mais Hitler éprouvait plus de tendresse pour ses bergers allemands que pour la belle Eva. Car Eva avait commis un crime imprescriptible qui l'attachait pour toujours à Hitler en lui valant un statut ambigu, fait de répugnance et d'attraction, elle avait obtenu ce qu'il avait refusé à toutes les autres femmes : elle avait fait l'amour avec lui.

Jeune secrétaire chez Hoffmann, le photographe officiel d'Hitler depuis toujours, elle n'avait que dix-sept ans lorsqu'elle avait vu Hitler entrer dans le bureau de Munich. Cela avait été un éblouissement. Etait-ce parce que les rayons du soleil, mousseux, joyeux, presque blancs ce jour-là, étaient venus se ficher dans ces fameux yeux pervenche ? Etait-ce parce qu'elle ne l'avait vu auparavant qu'en photographie, deux dimensions, petit format, noir et blanc, et que tout d'un coup, la vie le restituait en entier, en relief, en couleurs, en chair, comme un dieu descendu de l'Olympe pour risquer une aventure avec les mortels ? Etait-ce parce qu'il avait fixé avec curiosité la nouvelle venue, et puis, très vite, lui avait adressé un sourire à la fois galant et sauvage qui signifiait : « Vous êtes très jolie » ? Etait-ce parce que tout le monde s'affairait autour de lui comme s'il se fût agi d'un roi ? Toujours est-il que, à cet instant-là, Eva Braun avait pensé : « C'est lui l'homme de ma vie. » Au fond, elle était tombée amoureuse d'une scène plus que d'un être. Ensuite, cette pulsion avait été maintenue fraîche et vive par les constantes difficultés qu'elle avait rencontrées. Du coup, cet entêtement de jeune fille avait pris les formes traditionnelles du flirt, de la consommation, du suicide, des retrouvailles, des humiliations, bref tous les états qui autorisent d'habitude les malades à appeler cette obstination constamment malheureuse une grande histoire d'amour.

Le désir étant un manque, Hitler était propre à entretenir un désir infini. Eva n'obtenait jamais rien, ou au compte-gouttes. Loin de la gaver ou même de la satisfaire, il la maintenait en état d'appétence. Peu d'argent, peu de place, aucune apparition publique, jamais de tendresse.

Un soir, ils avaient couché ensemble. C'était peu de temps après qu'Hitler fut devenu chancelier, eut supprimé la liberté de la presse et institué le parti unique. Ils avaient bu du champagne, Hitler se retrouva couché sur elle, les vêtements se froissèrent, il y eut quelques convulsions et Hitler s'oublia en elle. Cette nuit-là, Eva pensa avoir gagné la partie. Hitler, lui, en conçut un mépris définitif pour elle, le même mépris qu'il éprouvait pour son corps, exactement le même. La sexualité, comme tout ordre de la matière, des chairs, des fluides, faisait partie de ce qui lui avait été donné et lui serait repris, bref de ce qui lui échappait. Il n'aimait que sa volonté. A quarante-quatre ans, il avait donc eu sa première expérience sexuelle et cela lui apparut comme de l'incontinence. Il comprit, ce soir-là, pourquoi il y avait accordé aussi peu d'importance, il s'en félicita et conclut qu'il était décidément très au-dessus de la mêlée.

De temps en temps, il rechutait. Ou plutôt il vérifiait. Il se couchait sur Eva Braun. Il l'étreignait dans le noir car il craignait, en voyant réellement ce qu'il faisait, d'en être alors totalement dégoûté ; il redoutait surtout le spectacle du sexe avide de la femme. Pendant son spasme à lui, Eva semblait, elle, éprouver le comble du bonheur. Mieux ! Elle s'épanouissait dans les heures, voire les jours qui suivaient. Cette disproportion de satisfaction entre elle et lui confirmait à Hitler que la femme était un animal inférieur.

Le soir, il quittait ses appartements pour souper avec des

familiers car il avait horreur des nouvelles têtes. Il se laissait aller à parler de ce qu'il préférait, l'art, le théâtre, l'histoire. Enfin, il choisissait un film dans la liste de son fournisseur, Goebbels, et tout le monde se rendait à la projection dans le salon de musique, y compris les domestiques et les chauffeurs des invités. Il adorait Mickey Mouse et Greta Garbo. Ensuite, on discutait encore jusqu'à deux heures du matin avant qu'Hitler ne se retirât.

Tout était cérémonie, rituel, formalité. Hitler s'était coupé du moindre contact humain. Il régnait. Il dominait. Il n'en était pas heureux, il en était satisfait car le monde avait été conçu pour fonctionner ainsi avec lui comme centre.

Heureux ? Quelle drôle d'idée ! Est-ce que le soleil est heureux ?

*

— Après quarante ans, un artiste n'a plus d'illusions sur lui-même. Il sait s'il est un grand artiste ou un petit.

Les jeunes visages fixaient Adolf H. avec passion. Ses cours à l'Académie indépendante de Berlin faisaient toujours salle comble. On appréciait la vision ouverte que ce professeur portait sur l'art et son temps. Auprès de lui, on apprenait aussi bien les techniques traditionnelles que les courants modernistes car il dispensait avec largesse ses souvenirs parisiens. Picasso, Braque, Léger, Soutine, Chagall, Modigliani, Foujita, Van Dongen, Dali, il avait côtoyé tout ce qu'il y avait d'important aujourd'hui et il en parlait avec une simplicité, une proximité, une familiarité qui auraient seules suffi à le doter d'un prestige infini.

— A vingt ans, tout est songe, suspendu dans les nuages. A quarante ans, une partie de nos rêves est devenue la matière de nos vies. On a peint, on a produit, on a eu le temps de se tromper et de se reprendre, on a eu le loisir de repousser ses limites. A quarante ans, la technique a fini par être acquise et l'énergie demeure intacte : on sait enfin et l'on peut encore. Si on n'a pas produit un chef-d'œuvre, ou même l'amorce d'un chef-d'œuvre, alors la partie est finie.

L'émotion mouillait la voix d'Adolf. Il ne comprenait pas pourquoi il s'était lancé sur ce sujet, le besoin lui en avait fondu dessus, il découvrait lui-même ce qu'il pensait. Une tristesse douloureuse l'habitait. Ses élèves, eux, avaient compris qu'ils n'assistaient plus à un cours mais à une confession. Ils savaient que leur professeur avait entrepris une œuvre de peintre pendant les années vingt et que, pour des raisons ignorées, il y avait mis un terme à son retour en Allemagne. Aucun n'avait eu l'occasion de voir ses tableaux, mais beaucoup avaient si souvent vu mentionner son nom dans des catalogues ou des articles sur l'école de Paris, qu'une légende s'était formée sur les bancs qui faisait d'Adolf H. un génie fulgurant muré dans le silence par un désespoir mystérieux. Ce jour-là, les oreilles se tendaient car les étudiants devinaient qu'ils allaient peut être avoir la clé du mystère.

— Oui, on excuse l'absence de fermeté du trait, la timidité de la couleur, les hésitations de la composition tant que le peintre est en devenir. Certes, on voit des monstres, tels Picasso ou Bernstein, qui, à dix-sept ans, sont déjà péremptoires. Mais, en face de ces évidences, on se dit qu'ils sont nés génies avec leurs moyens de génie alors que d'autres mettent des années à acquérir les moyens de leur génie. On attend, donc on espère. On se demande de quoi on va accoucher. Que donnera le travail ? Un prématuré ? Deux prématurés ? Trois fausses couches ? Peu importe. Il faut continuer. On doit accoucher de soi-même. On a rendez-vous avec un inconnu lointain, le peintre que l'on est. A quarante ans, le bébé est venu. Pour les uns, c'est une grande surprise, c'est un géant. Pour d'autres, c'est agréable, c'est un vivant. Pour quelques-uns, c'est dramatique, c'est un mort-né, un petit cadavre qui leur reste sur les bras et qui rend vaines toutes les années d'efforts.

Adolf avait l'impression que son sang lui échappait comme s'il s'était ouvert les veines dans un bain chaud ; pourtant cette torpeur lui apportait un tel bien-être, indistinct, presque voluptueux, qu'il se laissa aller à parler.

– Je suis de ces hommes-là. Les déçus. Les désespérés. J'ai consacré la première moitié de ma vie à la poursuite d'un rêve de moi-même qui s'est avéré une illusion. Malgré le travail, le sérieux, malgré même le succès critique et financier pendant quelque temps, j'ai réalisé, à quarante ans, que je n'étais pas un grand peintre. Ni même un petit maître. Rien, en fait. Une baudruche.

Les étudiants avaient envie de protester, soit par conviction, soit par humanité, mais ils sentaient leur professeur tellement fragile et nu dans sa confidence qu'ils ravalèrent leurs mots.

– Alors, puisque j'aime la peinture avec passion, puisque je l'aime plus qu'elle ne m'aime, j'ai décidé de devenir enseignant. Votre professeur. Transmettre. J'ai trouvé ma place. Et je suis devenu heureux.

Mais, au moment où il prononçait le mot « heureux », les larmes envahirent Adolf H. et le forcèrent à quitter précipitamment l'estrade.

*

– Ça ne peut plus durer !

Hitler éructait de colère depuis son réveil. La revue de presse étrangère lui avait mis les nerfs à vifs : « fou, indécis et inoffensif », voilà ce qui ressortait des monceaux de papiers qui lui avaient été consacrés. D'ordinaire, il se réjouissait d'entendre ces jugements ineptes, car les erreurs protègent la vérité comme des armures de guerre, mais, ce matin-là, l'orgueil d'Hitler avait été touché. Pourquoi ? Il avait mal dormi, souffert d'aigreurs pointues et flottantes dans l'estomac, ce qui l'avait de nouveau persuadé qu'il était dévoré par un cancer, comme sa mère. Il avait eu la conviction qu'il allait mourir bientôt.

Pour achever de le mettre de mauvaise humeur, Eva Braun était sortie de sa chambre, plus belle que jamais – elle était blond oxygéné ce jour-là – et s'était frottée contre lui en lui rappelant l'avant-veille au soir.

– Quand est-ce que tu m'épouses ?

– Je t'épouserai quand je n'aurai plus aucun avenir politique.

– Mais tu as déjà tout ! Tout le pouvoir. Toute l'Allemagne à tes pieds. Et moi.

– Le pouvoir ne suffit pas. J'ai une mission. Crois-tu que je fais partie de ces imbéciles qui, une fois qu'ils sont assis sur un trône, sont satisfaits et n'ont plus comme souci que d'y demeurer ? Crois-tu que je vais rester les bras croisés ?

Eva Braun était demeurée sans voix ; elle pensait qu'Hitler devait être comblé par sa dictature. Empli d'indignation, il claqua la porte pour s'enfuir.

Il fit venir son médecin. L'onctueux et pansu docteur Morell le rassura en lui répétant que son régime végétarien rendait le développement d'un cancer quasiment impossible. Une fois qu'Hitler eut compris que le médecin disait n'importe quoi pour le rassurer, répondant à son angoisse sans prêter la moindre attention aux symptômes et aux indices physiques, il le renvoya et fit appeler son astrologue par ses secrétaires.

Le déchiffreur d'étoiles le rejoignit dans le jardin d'hiver.

– Dites-moi la vérité, je peux l'entendre. Je sais que je n'en ai plus pour longtemps.

– Allons, allons...

– Ah, ne me parlez pas comme ces imbéciles de médecins. Je suis malade et ils refusent de s'en rendre compte. L'autre jour, vous avez marqué un point : vous m'avez annoncé quand il y aurait la guerre. En 1943. Ça me convient tout à fait.

– J'ai pu me tromper...

– Taisez-vous ! Il faut tout me dire. Vous, vous avez le don de la prophétie, moi, j'ai celui de sauver l'Allemagne, nous n'y pouvons rien, nous sommes comme cela, c'est notre destin. Maintenant dites-moi quand je meurs.

– Mais...

– Dites.

– A quinze heures vingt-neuf.

Hitler marqua un temps d'arrêt. Son visage s'était vidé de son sang. Il regarda même avec inquiétude autour de lui.

– Aujourd'hui ?

– Non. Bien plus tard. Mais j'ai eu l'assurance par les astres que ce serait à quinze heures vingt-neuf. Curieux, non ?

– Quand ?

– Plus tard.

– Quand ?

L'astrologue se taisait, gêné, son corps se tortillant et ses yeux cherchant une échappatoire.

– Quand ?

Hitler avait hurlé. Le mage se mit à trembler.

– Il... il faudrait que je retourne voir mes cartes du ciel.

– Je vous laisse deux heures. A la fin du déjeuner, au moment du thé, je veux que vous m'annonciez la date de ma mort. Compris ?

– Compris.

Hitler n'écouta rien de ce qui se disait au-dessus des plats, il laissa ce gros mafflu de Göring jouer les doublures dans un monologue dont il ne perçut pas un mot.

Au moment du thé, l'astrologue revint et s'isola avec Hitler dans les jardins de la chancellerie.

— Eh bien ?

— Etes-vous prêt à entendre la vérité ?

— Oui. Vite.

— J'ai l'heure et l'année. Pas le jour, ni le mois.

— Très bien. Vite.

— A quinze heures vingt-neuf...

— Oui, je sais déjà.

— En 1947.

Hitler s'assit sous la violence du choc. Dix ans !... Il ne lui restait plus que dix ans.

— Bien entendu, je peux me tromper, bafouilla le devin devant la prostration d'Hitler.

— Non, vous ne vous trompez pas. D'ailleurs, je le savais.

1937-1947. Dix ans. Hitler essayait de palper mentalement l'épaisseur de dix ans de vie mais il n'y parvenait pas ; il n'y avait aucune commune mesure par exemple entre ses dix premières années d'enfance qui lui paraissaient larges comme un océan et le petit ruisseau étroit des dix ans occupés à rechercher le pouvoir.

Dix ans... Encore dix ans...

Il remercia l'astrologue et se rendit au rendez-vous prévu avec son architecte.

En voyant Speer, cet homme jeune, élégant, charmeur, à la bouche aussi dessinée et charnue que celle d'une femme, aux sourcils fournis et ironiques, Hitler fut saisi d'émotion.

« C'est moi, pensa-t-il, moi en plus jeune. »

Il connaissait Speer depuis des années mais cette ressemblance ne le frappait qu'aujourd'hui.

« Oui, c'est moi ! Mon portrait ! Ce pourrait être mon fils », se répéta-t-il avec ravissement en oubliant allègrement que Speer était beau autant qu'Hitler était banal. Il avait toujours apprécié les moments passés avec son architecte, les discussions passionnées autour des maquettes et des plans. Speer était un artiste, comme lui. *Il pourrait devenir mon successeur. Lui plutôt que Göring, cet immonde tas de graisse opiomane.* La pensée de sa succession le réjouit car il y vit l'occasion de faire des jaloux. *Plus tard. J'ai dix ans.*

Speer lui amenait les maquettes du nouveau Berlin, le Berlin du troisième Reich, l'ensemble monumental qui témoignerait pour des siècles de la puissance politique d'Hitler, grandes avenues, places écartelées, bâtiments ministériels. Ils contemplèrent ces pyramides du national-socialisme. Le sommet en était le Dôme, ce Parlement qu'Hitler, allergique au parlementarisme, concevait plus comme une gigantesque salle où il donnerait ses discours que comme un lieu de discussion et dont il avait tracé un croquis dès 1925. Albert Speer avait développé l'esquisse en inscrivant : « Etabli d'après les idées du Führer », ce qui grisa tant Hitler qu'il s'aventura même à jouer les modestes.

– Non, non, vous devez signer Albert Speer, c'est vous l'architecte, votre contribution a bien plus de valeur que mon ébauche de 1925, un gribouillis fait en prison pour m'évader par la pensée.

Speer rougit, Hitler aussi. Tout allait pour le mieux.

Le Dôme serait la plus grande salle de réunion jamais conçue. Les formes des bâtiments restaient simples mais les chiffres formaient un poème enivrant : une coupole de deux cent cinquante mètres de diamètre s'élèverait à une hauteur de deux cent vingt mètres dans les nuages ; il pourrait accueillir cent quatre-vingt mille auditeurs debout lorsque Hitler y parlerait, soit dix-sept fois plus que Saint-Pierre de Rome ;

cent piliers rectangulaires en marbre de vingt-quatre mètres de haut ; une niche de cinquante mètres de haut et large de vingt-huit ; une aigle impériale dorée de quatorze mètres tenant dans ses serres la croix gammée couronnée de feuilles de chêne ; la voûte du Dôme reposerait sur un bloc carré en granit clair de trois cent quinze mètres de long et soixante-quatorze mètres de hauteur, le volume extérieur de cet édifice atteignant vingt et un millions de mètres cubes ; de l'extérieur, le Dôme aurait l'apparence d'une montagne verte de deux cent trente mètres de haut car il serait recouvert de plaques de cuivre patinées ; au sommet, une lanterne vitrée de quarante mètres de haut, surmontée elle aussi d'une aigle à croix gammée, achèverait cette splendeur.

Hitler ressentait une violente émotion. Sa chimère devenait réalité. Plusieurs fois, il avait revu les chiffres à la hausse ; plusieurs fois il avait envoyé bouler le conseiller ministériel Knipfer, spécialiste de la protection aérienne, qui se plaignait qu'un édifice sortant des couches basses des nuages dans la capitale constituerait un point de repère idéal pour les escadrilles de bombardiers ennemis ; plusieurs fois il avait repoussé d'un haussement d'épaules les soupçons de mégalomanie. Le Dôme témoignerait de la grandeur de l'Allemagne, pas de celle d'Hitler. Lui, demeuré naturel et modeste ainsi que le martelait la propagande de Goebbels, se contenterait d'une petite maison toute simple.

— Voyez-vous, mon cher Speer, je jouis d'assez de puissance et de considération pour me passer du soutien de ce luxe. Mais mes successeurs auront bien besoin de cet apparat. Pour beaucoup d'entre eux, ce sera même la seule façon de se maintenir ; un petit esprit tirera avantage d'une telle mise en scène. Quand les lieux sont empreints d'un passé historique, d'une grandeur réelle, ils rehaussent même un continuateur sans envergure. C'est la raison, voyez-vous, pour laquelle nous devons construire tout cela de mon vivant : le fait que j'y aurai vécu ajoutera de l'or et du faste aux murs. Même si je n'y réside que quelques années, cela suffira.

– Mon Führer, mon seul but dans l'existence est d'accompagner un tant soit peu votre génie.

– Bien. Puisque les plans sont prêts, quelles sont vos estimations pour les travaux ?

– Cinq milliards de marks.

– Non, je parlais des dates.

– Dans une prévision optimiste, nous pourrions avoir achevé en 1951.

Le visage d'Hitler s'éteignit, prenant l'aspect froid et vert d'un marbre tombal.

– 1951 ?

– Au plus tôt, mon Führer.

– Est-ce que je suis fou, Speer ?

– Pardon, mon Führer ?

– Je vous demande si vous me prenez pour un fou ?

– Mon Führer, je ne sais pas ce que j'ai pu dire qui vous ferait penser que...

– Parce que, voyez-vous, Speer, beaucoup de gens dans le monde entier estiment que je suis fou. Or je ne connais personne d'aussi cohérent et fidèle à ses idées que moi. Non seulement j'ai eu des buts précis dans la tête, que j'énonce depuis mon entrée en politique, mais je n'agis qu'en fonction de ces buts. On me traite de brute qui a des crises, on parle d'accès de violence, alors que je suis ordonné et méthodique : l'incendie du Reichstag, l'instauration du parti unique, la Nuit des longs couteaux, les bûchers de livres, la vie dure faite aux Juifs, je les ai toujours annoncés, je n'ai jamais parlé d'autre chose. Violent, moi ? Je n'ai que la force de la rectitude. Brutal, moi ? Je ne fais que penser avec logique. Sauvage, moi ? J'ai supprimé les accords de Versailles et de

Locarno sans que mes adversaires réagissent. Médiocre intellectuellement, moi ? Je le suis si peu que les Anglais, les Français, les Américains, les Autrichiens, les Russes n'arrivent même pas à soupçonner mon intelligence. Imaginez un voyant isolé dans un monde d'aveugles : les aveugles n'auraient pas l'idée que le voyant puisse voir, ils le sous-estimeraient, ils n'envisageraient ni sa force ni son pouvoir de nuisance. Voici ce que je suis, moi, Führer de l'Allemagne, au milieu des hommes politiques de la scène mondiale : le seul voyant dans une cour d'aveugles. Fou ! Matamore ! Inoffensif ! Grande gueule ! Incohérent ! Quelle pitié ! Comment peuvent-ils imaginer que l'Allemagne, la grande Allemagne, qui s'est déjà donné Bismarck et Frédéric le Grand, ne s'offrirait pas un jour Adolf Hitler ! Je n'en peux plus, cela ne peut plus durer.

— Quoi donc, mon Führer ?

— Ça. Ce sommeil. Ce ronron. Cette Eva Braun qui veut m'épouser. Ces projets architecturaux. Je ne suis pas encore à la retraite.

— Je ne comprends pas, mon Führer. Seriez-vous déçu par mes plans ?

Hitler sembla tout à coup découvrir qu'Albert Speer se trouvait en face de lui ; il le dévisagea avec effarement, comme s'il venait de faire irruption dans la pièce.

— Je suis très satisfait de votre travail, mon cher Speer. Nous construirons le grand Berlin du troisième Reich. Mais hâtez les travaux, c'est tout ce que je vous demande, hâtez les travaux au maximum.

— Je suis l'homme le plus heureux de la terre, mon Führer. J'ai quatorze ans de travail acharné devant moi, mais je suis l'homme le plus heureux de la terre.

— Raccourcissez vos délais. 1947 serait bien.

— Je tâcherai, mon Führer. 1947 ? J'y arriverai peut-être si nous n'avons pas la guerre.

— La guerre ? Pourquoi voudriez-vous que nous ayons une guerre ? Les Allemands m'adorent parce que j'ai apporté la paix et la prospérité. Je ne songe désormais qu'à continuer, à construire, et à préparer ma succession. Pourquoi voudriez-vous que je commette la folie de déclencher une guerre ?

Il venait à l'instant de décider qu'il allait agrandir sans tarder l'espace vital de l'Allemagne : l'Autriche, la Tchécoslovaquie, la Pologne.

Ensuite, on verrait... Peut-être la France ? La Russie ?

\*

Adolf H. ne laissait à personne le soin d'emmener ses deux enfants jouer au square. Aucune des jeunes filles au pair n'avait pu lui arracher cette tâche qu'il considérait comme la plus noble. Car il ne se contentait pas de les y conduire et de les surveiller, il jouait avec eux jusqu'à l'épuisement, courant, creusant, sautant, se cachant, exténuant les balançoires gémissantes jusqu'à leur faire rendre l'âme, n'ayant peur ni des égratignures, ni des pulls déchirés dans les fourrés, ni des fonds de culotte noircis par la terre, ni des genoux marqués d'herbes écrasées, ni des grains de sable glissés dans les chaussettes et dans les poches que l'on retrouve ensuite jusque dans les plis des draps.

— Papa, on joue à chat perché ?

Adolf laissa s'enfuir les deux jumeaux Rembrandt et Sophie.

Il s'entendait si bien avec ses enfants qu'il appréhendait de les voir grandir. *Serai-je encore à la hauteur ? Pour l'instant, je suis un bon père parce qu'ils sont petits. M'aimeront-ils autant plus tard ? Me respecteront-ils ? Quels adultes seront-ils ? Moi, je sais que je les aimerai toujours, mais eux ? Je détestais mon père.*

Son adoration pour eux était d'autant plus violente qu'il y avait quelque chose de désespéré dans ce sentiment. Il avait accepté de les avoir dans le moment où il avait renoncé à la peinture. *Le choix de la réalité.* C'est ainsi qu'il justifiait souvent pour lui-même ce carrefour décisif de sa vie. A la mort de Onze-heures-trente, il avait passé plusieurs mois dans l'incapacité de sentir, de s'émouvoir, de réfléchir, d'agir. Logé dans une soupente que lui avait trouvée Neumann, il était resté de longues heures assis devant la fenêtre, impassible, végétal, sans autre étonnement que de voir le soleil avoir le courage de se lever chaque matin. Autour de lui, on avait d'abord cru qu'il n'avait cessé de peindre que provisoirement. On avait excusé cette inactivité temporaire par le chagrin, la morosité du marché depuis la crise économique, l'indifférence de son principal galeriste qui préférait s'occuper d'artistes plus en forme ou mieux établis. On avait trouvé toutes sortes de raisons parce qu'on n'avait pas trouvé la bonne. Mais lui, bien qu'il pensât très peu en contemplant le jour se dessiner puis s'effacer, savait qu'il y avait quelque chose de brisé qui ne se réparerait pas. Quoi ? L'illusion lyrique ? Le besoin de s'exprimer ? La volonté de réussir ? Non. Simplement le désir.

Le désir de peindre, il l'avait toujours aujourd'hui, à Berlin, et il s'y adonnait encore à l'occasion de ses cours. Mais le désir d'être un peintre, il ne l'avait plus. Etre plus grand que soi, repousser ses limites, se battre avec la matière rebelle sur la toile et la finitude de l'esprit dans sa tête, cela, il ne le voulait plus. Il avait préféré le bonheur. Même s'il y avait de l'amertume dans le goût du bonheur.

— Eh bien, papa, tu rêves ?

La petite fille le tirait par le bras.

— Chat ! Je t'ai touché. C'est ton tour.

Il rit en reconnaissant qu'il avait perdu.

– Et maintenant, si nous allions au bac à sable ?

– Oh oui !

Rembrandt et Sophie sautaient de joie. Leur père provoquait l'admiration de tout le monde au bac car il traçait des figures éblouissantes dans le sable. Il allait les émerveiller et, dans le même temps, les emplir de fierté vis-à-vis de leurs camarades.

Adolf improvisa un cygne, puis un dragon puis un nuage de flamants roses. Enfants et parents applaudissaient chaque fois.

Il se lança alors dans une vraie scène : un combat de chimères, gorgones contre centaures. L'assistance retenait son souffle.

Une femme s'approcha, une haute femme souple dont les cheveux torsadés entremêlaient au moins trois blonds différents.

Elle regarda la fresque qui s'ébauchait et murmura avec tristesse lorsque Adolf passa devant elle :

– J'aimerais tellement que tu ne dessines pas seulement sur le sable.

\*

Au sortir de la réunion avec ses chefs d'armée, ce 9 novembre 1937, Hitler savait ce qui lui restait à faire. Du ménage ! Il s'était livré à un petit discours de deux heures qui dessinait les légitimes revendications territoriales de l'Allemagne pour agrandir son espace vital, sans quoi l'économie, l'agriculture et le calme social souffriraient. Il avait esquissé plusieurs plans, parlant de l'Autriche, de la Tchécoslovaquie, de la Pologne. Il avait fait exprès d'être flou car il voulait tester ses interlocuteurs, la confusion lui permettant de repérer ce qu'ils croyaient comprendre quand ils ne comprenaient rien, de les débusquer, de faire sortir leurs obsessions secrètes du terrier. La chasse avait été décisive : il fallait se débarrasser du général Blomberg et du général Fritsch.

Ces officiers traditionnels qui étaient arrivés aux plus hauts grades par une longue et valeureuse carrière qui n'avait rien à voir avec le nazisme avaient osé se montrer sceptiques et soulever des objections. Ils estimaient l'usage de la force prématuré et craignaient une riposte de la Grande-Bretagne qui entraînerait l'Allemagne dans une guerre. Bref, ils refusaient la politique d'Hitler.

Hitler s'était montré très ouvert, très conciliant et avait fait mine d'accepter la discussion comme les critiques. Il avait souri. Il les avait laissés entrer dans son piège. Il s'était même offert le luxe d'être chaleureux à la fin de la réunion, suppliant le général Fritsch de ne pas annuler ses projets de vacances.

Il devait agir avec discrétion. Il ne pouvait les éliminer comme il avait supprimé le général Röhm, ce sodomite ambitieux, au cours de la Nuit des longs couteaux, en 1934. Aujourd'hui, le monde entier avait les yeux fixés sur lui et une violence manifeste contre des généraux récalcitrants ferait comprendre immédiatement aux ennemis qu'ils devraient accélérer leur réarmement. *Jamais deux fois la même chose, jamais deux fois.* Il jubilait. Préparer un mauvais coup le rafraîchissait. Une ondée de jeunesse.

L'affaire ne prit que quelques semaines.

Le général Blomberg, veuf, déjà père de cinq enfants adultes, rencontra dans un jardin public une jolie femme, Margarethe Gruhn, de trente-cinq ans plus jeune que lui, et fut saisi d'une grande passion sensuelle. Fou amoureux, reconnaissant au Ciel de lui apporter une si belle aventure à un âge avancé, il voulut l'épouser et en demanda l'autorisation à Hitler, commandant suprême des forces armées. Le Führer accueillit la demande avec enthousiasme et se proposa même d'être témoin au mariage, à condition que celui-ci fût discret ; il alla jusqu'à recommander Göring comme second témoin. Blomberg, que la hiérarchie moquait de vouloir épouser une jouvencelle et simple dactylo, en pleura de reconnaissance, ému que les deux plus importants dignitaires du Reich se montrent si au-dessus des contingences sociales. La cérémonie eut lieu, le 12 janvier 1938, au ministère de la Guerre dans la plus stricte intimité.

Dix jours plus tard, Hitler avait dans les mains un dossier explosif : celui de Margarethe Gruhn, maintenant madame la générale Blomberg, où l'on trouvait pêle-mêle des photos pornographiques qu'elle avait faites quelques années auparavant pour un Juif d'origine tchèque et sa fiche de prostituée à Berlin.

Hitler se délecta du rôle qu'il dut jouer. Il fut grandiose. Il prétendit ne pas avoir fermé l'œil de la nuit, arpentant sa chambre, les mains dans le dos en soupirant : « Si un général allemand épouse une putain, alors tout est possible ! » et fit même courir le bruit par les domestiques qu'il avait pris sept bains pour se laver de la souillure d'avoir baisé la main de la générale Blomberg. Il joua aussi le désespoir, le déshonneur : « J'ai été témoin au mariage d'une putain. » Puis, la tristesse et le chagrin pour son ami Blomberg : « Il va se suicider, c'est certain, quand il saura qui est sa femme, comment il a été trompé, dans quelle position il met le plus haut commandement du Reich, il va se tuer d'une balle de revolver, c'est la seule solution. Quel triste gâchis ! » Quand il en eut assez fait pour que le mode d'emploi fût clair à chacun, il dépêcha Göring chez Blomberg, pensant que le suicide aurait lieu dans la soirée.

A sa grande surprise, il vit débarquer Blomberg sain et sauf le lendemain. Il fut contraint de le recevoir en audience.

– Je savais qui j'épousais, mon Führer, mais ma passion était trop forte. Elle l'est toujours. Je ne peux pas me séparer de cette femme. J'en suis fou. Je donne ma démission. Je pars en Italie.

Hitler fut admirable dans le rôle de l'homme qui comprenait les tourments de l'amour. Il assura au général que sa démission ne serait que provisoire ; dès que l'affaire serait oubliée, il retrouverait son poste ; comme preuve de son amitié, il lui offrit même cinquante mille marks et l'intégralité de sa retraite de général. Blomberg quitta la chancellerie sans avoir soupçonné une seconde avoir été manœuvré.

L'affaire Fritsch, chef de l'armée de terre, fut elle aussi rondement menée. Himmler présenta un dossier insinuant qu'un jeune prostitué berlinois, Otto, faisait chanter le général von Fritsch en alléguant des aventures homosexuelles en 1933. Hitler, encore une fois, fit celui qui refusait d'y croire. Fritsch, averti, voulut se justifier et obtint une entrevue dans la bibliothèque d'Hitler. Partant du principe qu'il n'y avait pas de fumée sans feu, il avait beaucoup réfléchi et fouillé son passé. Le prostitué Otto devait sans doute parler, en les salissant, des relations privilégiées qu'avait eues le général en 1933 avec un membre des jeunesses hitlériennes. Sa défense eut un effet désastreux. On fit venir Otto, le prostitué, dans la bibliothèque qui versa, ainsi qu'on l'avait payé pour le faire, un flot d'insanités sur le chef de l'armée de terre et son prétendu mignon de l'époque. Qui crut-on, de l'homme respectable ou du mercenaire du sexe sorti de prison pour un soir ? Fritsch démissionna et Hitler se vit obligé de restructurer la tête des armées : afin d'éviter tout nouveau scandale, pour échapper à une crise ouverte, il prenait lui-même la direction de la Wehrmacht et ne nommait aucun successeur au ministère de la Guerre.

A présent, l'armée était émasculée, plus personne ne pouvait le freiner par des conseils de prudence, Hitler avait donc les mains libres.

Et il se sentait justement des démangeaisons d'agir...

\*

L'étudiant l'attendait dans la cour.

— Je ne suis pas d'accord avec vous, monsieur H.

Adolf H. ne comprit pas immédiatement qu'on lui parlait. Il contemplait. Il ne savait pas ce qu'il devait admirer le plus, l'étudiant blond au teint presque irréel comme en peignait quatre cents ans auparavant Raphaël, ou bien le cerisier du Japon, unique arbre qui sortait du goudron, éclaboussant le jour avec ses milliers de fleurs roses.

L'étudiant, plein de ce qu'il avait à dire depuis plusieurs jours, ne se laissa pas démonter par l'apparente impassibilité de son professeur.

— Pourquoi dites-vous que vous êtes un peintre médiocre ? Etes-vous le bon juge ? Qui vous autorise ?

Adolf sursauta devant l'emportement du jeune homme.

— Heinrich, qu'est-ce qui vous prend ?

— J'ai été révolté par votre... confession, l'autre jour. A la différence de mes camarades, moi j'ai eu le privilège de voir vos tableaux.

— Où ça ? demanda Adolf, agressif, comme si on lui annonçait qu'on avait fouillé dans ses affaires intimes.

— A Paris, chez le comte de Beaumont. Il en possède trois. J'ai été très impressionné par ces toiles – indépendamment du fait qu'elles sont de vous –, elles m'ont fait réfléchir, en particulier *Le Dictateur vierge*.

— Ah oui ?

Il ne se souvenait pas que cette toile avait été achetée par

Beaumont. Bêtement, cela le rassura. Il savait que cette œuvre-là reposait dans une bonne maison.

— Monsieur H., je crois que vous vous mentez à vous-même lorsque vous dites avoir quitté la peinture parce que vous vous jugiez médiocre.

— Non, je ne me mens pas et je ne me trompe pas. Je ne suis même pas un petit maître du surréalisme.

— Ce n'est pas à vous de le décider ! cria Heinrich.

Le jeune homme s'empourprait de colère. Adolf s'attendrit. *Moi aussi, j'étais comme ça à son âge, intransigeant.*

— Une vie, ça ne se fait pas tout seul, continua Heinrich. Ce n'est pas vous qui vous la donnez. Ce n'est pas vous qui choisissez vos dons. Vous pouvez croire que vous êtes bon pour la musique mais la peinture vous préfère et ce sont les autres qui vous apprennent votre vérité. « Non tu ne composes pas bien. Oui, tu dessines très bien. » Le monde vous reconnaît, vous diagnostique, vous oriente.

— Peut-être, fit Adolf en réfléchissant.

— Sûrement ! Et vous, ce que vous n'acceptez plus dans votre vie depuis l'âge de quarante ans, c'est la part de l'autre.

— Ne soyez pas si cassant, Heinrich. Au contraire, depuis l'âge de quarante ans, je donne plus de place aux autres. J'ai fait des enfants, je les aime. Je m'occupe de mes élèves.

— Et alors ? C'est « ou bien... ou bien » ? Ou bien je peins. Ou bien je vis. L'un exclut-il l'autre ?

— Non, hésita Adolf, je ne dis pas cela...

— Si. A quarante ans, vous décidez de faire des enfants et vous décidez de ne plus peindre. En fait, ce que vous désirez, c'est *décider.* Maîtriser votre vie. La dominer. Fût-ce en étouffant ce qui s'agite en vous et qui vous échappe. Peut-être ce qu'il y a de plus précieux. Voilà, vous avez supprimé la part de l'autre en vous comme à l'extérieur de vous. Et tout ça pour contrôler. Mais contrôler quoi ?

— Heinrich, de quel droit me parlez-vous comme cela ?

Adolf avait crié, preuve que le coup l'avait atteint.

— Le droit de quelqu'un qui vous admire. Ou plutôt non. Quelqu'un qui admire son professeur mais qui admire encore plus un peintre de trente ans qui signait Adolf H.

Adolf se sentit bizarrement ému. Il avait l'impression que Onze-heures-trente allait revenir en courant et lui sauter au cou.

Heinrich tourna les talons en concluant :

— J'en veux à mon professeur d'avoir tué le peintre.

*

« Un seul peuple, un seul Reich, un seul chef ! »

Hitler passait le petit pont de sa ville natale, celui qui, jusqu'à ce jour, avait marqué la frontière entre l'Allemagne et l'Autriche et qui ne serait plus qu'un chemin vicinal à l'intérieur d'un même pays désormais. Les cloches des églises sonnaient avec allégresse, des milliers de gens en liesse et en délire bordaient la rue. On lui lançait des fleurs, des bonbons, des serpentins, la fanfare improvisait un hymne, on offrait à bout de bras les plus beaux enfants.

Hitler venait de conquérir l'Autriche et il était accueilli comme un sauveur. Braunau am Inn, cette bourgade coquette et limitrophe de l'Allemagne et de l'Autriche où il avait vu le jour et conçu très vite l'idée qu'il ne fallait pas séparer les deux pays, le fêtait avec fierté comme son grand homme.

— Voulez-vous que nous nous arrêtions, mon Führer ? demanda le général von Bock qui, placé auprès du dictateur dans la Mercedes, était ému aux larmes par la ferveur populaire.

— Non, répondit sèchement Hitler, notre passage ici est essentiellement symbolique.

En vérité, Hitler ne se rappelait plus rien de Braunau am Inn. Il craignait par dessus tout qu'on le mêlât à des gens qui auraient sur lui la supériorité de se souvenir. Et puis ne confondons pas, il n'était pas une célébrité locale mais une gloire mondiale : il ne conquérait pas Braunau am Inn, il envahissait l'Autriche.

Le convoi continua son avancée triomphale jusqu'à Linz.

Là, Hitler fut réellement ému. Il avait toujours préféré Linz à Vienne car il y avait été heureux avec sa mère. Lorsque, à la nuit tombée, il fut acclamé sur la place du marché par une foule dense et amoureuse qui hurlait « *Heil* » ou « Un seul peuple, un seul Reich, un seul chef », il sentit les larmes couvrir ses joues et détremper son col raide.

Du balcon de l'hôtel de ville, il se laissa aller à exprimer son tempérament mystique.

– Je le sais aujourd'hui, la Providence m'a choisi pour ramener ma patrie au sein du Reich allemand. Vous êtes, les premiers, témoins que j'ai accompli cette mission.

La foule délirait tellement d'enthousiasme qu'Hitler décida qu'il différerait son arrivée à Vienne pour rester une journée à Linz.

La nuit, à l'hôtel Weinzinger, il ne parvint pas à dormir, malgré ses yeux fixés sur le cours lent et hypnotique du Danube. *Cela a été tellement facile. La Grande-Bretagne et la France qui se dégonflent devant moi ! J'obtiens l'Autriche simplement par des menaces. Sans un coup de feu. Cela prouve que je suis légitime. Tout le monde me déconseillait de risquer ça. J'y suis allé seul. Et j'ai eu raison. Je n'écouterai plus jamais quiconque. Demain, j'irai sur la tombe de mes parents. Ce sera très beau. Goebbels m'a promis des photographes et des caméras. Très belle image, ça, conquérir l'Autriche avec un bouquet de fleurs. Décidément, tous des cons, des timorés, des crétins. Ne plus écouter personne. Jamais.*

Le lendemain eut des allures de réchauffé car, Hitler ayant déjà tout imaginé pendant la nuit, la réalité le déçut. Il n'éprouva rien lorsqu'il se rendit sur la tombe familiale ; il exécuta son hommage pour les reporters comme un acteur muet, paniqué à l'idée de ne pas être convaincant, il dut ensuite subir la joie et les souvenirs des autres ; il se sentit dépossédé de ses émotions.

Il fit route pour Vienne où il reçut un accueil enthousiaste. Vienne, la ville qui l'avait humilié, refusé, jeté à la rue, réduit à la mendicité et au vagabondage, Vienne où il avait eu froid, faim, où il avait douté de lui, Vienne la byzantine, l'orientale, l'enjuivée, la courtisane sans scrupules et couverte de bijoux, Vienne se vautrait comme une chatte amoureuse sous ses pieds. Placé au-dessus de deux cent cinquante mille personnes qui gémissaient de joie sur la place des Héros, il voyait mourir son passé, ses échecs, s'asservir ceux qui l'avaient rejeté et il savourait, entre ses mâchoires serrées, ce délicieux goût de sang qu'accompagnent les extases du ressentiment. A Linz, il avait joui de joie. A Vienne, il jouissait de vengeance.

En fin d'après-midi, il assista à un défilé militaire puis reçut brièvement le cardinal Innitzer, primat d'Autriche, accompagné de ses évêques et ses archevêques, qui lui apportait le soutien sans réserve des catholiques autrichiens au nouveau régime. *Bouffon,* pensa Hitler devant l'homme de satin rouge, *tu n'en as plus pour longtemps à jouer les importants. Il n'y a plus de place pour ta religion dans l'Etat nazi. Il est temps de faire mourir aussi le christianisme. Dans cinq ans, on ne verra plus un crucifix !* Il fit quelques courbettes à la cappa cramoisie et prit un avion pour Berlin.

Réinstallé à la chancellerie, il put constater dans les jours suivants que la Gestapo faisait très bien son travail à Vienne : elle avait récupéré les dossiers de police, raflé les socialistes et les communistes ; les boutiques et les appartements juifs étaient saccagés, les Juifs dépouillés de leur argent, de leurs bijoux, de leurs fourrures et placés en détention préventive. Une épidémie de suicides poursuivait l'œuvre purificatrice. Ceux qui avaient encore été épargnés par un jeu de protection internationale, comme le docteur Sigmund Freud, préparaient leur départ. On luttait mieux ainsi contre les ennemis de l'intérieur. Seule la guerre permettait d'être logique et efficace, Hitler venait d'en avoir la confirmation.

Très vite, il se détourna donc de l'Autriche et n'y songea plus. Il se penchait désormais vers la Tchécoslovaquie.

*

Le Jardin des Délices avait son enseigne non loin du ministère de la Guerre, ce qui ajoutait à la clientèle des fidèles un va-et-vient de généraux, d'amiraux, d'épouses de généraux, d'épouses d'amiraux, de maîtresses de généraux et de maîtresses d'amiraux. Cette haute société raffolait des parfums de Sarah Rubinstein, d'abord parce qu'ils étaient rares, ensuite parce qu'ils étaient chers, enfin parce qu'elle les faisait elle-même, de façon artisanale, dans son arrière-boutique, entre ses chaudrons et ses cornues. Le magasin aux boiseries d'or et d'ébène, aux lourds flacons de cristal dont les bouchons facettés renvoyaient un perpétuel arc-en-ciel, dont les étiquettes étalaient d'une écriture élégante des noms qui faisaient rêver, *L'Eau joyeuse, L'Eau des Muses, Le Reflet de Narcisse, Les Larmes d'Echo*, ne désemplissait pas depuis sa création, belles toilettes et uniformes s'y succédant et brassant les buées de cardamome, santal et rose safranée qui s'échappaient des vaporisateurs.

Sophie et Rembrandt avaient vraiment l'impression d'être dans le monde des adultes lorsqu'ils se trouvaient à la parfumerie. Autant leur père leur semblait un compagnon de jeux qui appartenait, dessins compris, à l'enfance, autant leur mère, avec ses employés, ses vendeuses, son comptable, ses livreurs, ses batailles avec les fleuristes de Hollande ou du sud de la France afin qu'ils livrent à temps, ses piles de pièces et de billets qu'elle emportait à l'appartement chaque soir, ses discussions tumultueuses avec son banquier au sujet des traites, des crédits et des taux d'intérêt, elle, était insérée dans l'attirante réalité. Sarah Rubinstein parlait à des ministres, des officiers, des nobles ; elle plaisantait avec leurs femmes ; elle apprenait souvent bien avant les journaux les nouvelles que tout le monde commenterait plus tard.

Adolf H. aimait venir dans l'univers de son épouse. Il lui était demeuré étranger. Autant qu'elle. Il admirait cette femme moderne, autonome ; il la connaissait peu et lui faisait très bien l'amour ; au fond, il se sentait son amant plutôt que son mari, un amant encore dans la période des découvertes, des étonnements, un amant sans habitudes. Il se disait qu'un jour il la cernerait mieux, qu'il avait encore du temps devant lui. Il l'avait épousée parce qu'elle le désirait et parce qu'Onze-heures-trente, en mourant, l'avait souhaité pour lui. Ça n'avait pas été une décision personnelle. Il y avait consenti plus qu'il ne l'avait voulu. C'était sans doute la raison pour laquelle il s'étonnait toujours de leur vie, de leurs enfants, de leur entente. Fugitivement, il se sentait un imposteur, mais, depuis la disparition d'Onze, il avait de toute façon du mal à aborder les rives de la réalité.

— Papa, pourquoi as-tu toujours l'air surpris quand tu me regardes ?

Sophie posait la question avec tant de sérieux qu'il était impossible d'éluder la réponse.

— Je... je ne sais pas... parce que tu changes... parce que tous les jours, je te découvre.

— Pourtant moi, je me suis habituée à toi.

– Oui, mais les adultes, ça ne change pas. Alors que les enfants, ça grandit sans arrêt.

Elle accepta l'explication sans conviction. *Elle a raison. Comment pourrais-je lui avouer que je l'ai appelée Sophie uniquement parce que c'était le vrai prénom d'Onze-heures-trente* Sa femme le savait-elle ? Il en doutait. Un des grands charmes de Sarah était qu'on ignorait toujours ce qu'elle savait. *Et comment pourrais-je lui avouer qu'en l'appelant Sophie, je m'attendais à voir progressivement pousser une petite Onze-heures-trente ? La même, mais en plus petit.* Or Sophie ne ressemblait qu'à elle-même, ce qui était fort réussi car, malgré ses cinq ans, elle avait déjà quelque chose de profondément féminin, une réserve, un mystère qui annonçaient, plus qu'en esquisse, la femme qu'elle serait.

– Adolf, je suis vraiment inquiète.

Sarah l'avait pris à part et l'emmenait au fond de la boutique.

– Pourquoi, ma chérie ?

– La situation politique. Tu sais bien qu'ici, j'entends tout. A cause de mes clients qui sortent du ministère, je sais les événements avant même les journaux.

– Eh bien ?

– Je crois que nous allons avoir la guerre.

\*

Maison Brune, le 30 octobre 1938, deux heures trente du matin : les accords de Munich étaient finalement signés. En l'absence de tout représentant tchèque, on venait de dépecer la Tchécoslovaquie pour donner à manger à Hitler. Mussolini, Chamberlain et Daladier – soit l'Italie, la Grande-Bretagne et la France – s'étaient penchés sur le cadavre pour calmer la faim de l'ogre et lui tendre les meilleurs morceaux.

Hitler était pourtant furieux. Il voulait toute la Tchécoslovaquie, fût-ce au prix de la guerre. Or on l'avait contraint à négocier.

De retour à Berlin, l'accueil triomphal que le peuple lui fit acheva de le mettre de mauvaise humeur : l'euphorie des Allemands exprimait surtout le soulagement d'avoir évité la mobilisation. En Hitler, ils fêtaient le chef nationaliste qui leur rendait le territoire des Sudètes, certes, mais surtout le sauveur de la paix.

– Sauveur de la paix, quelle idée grotesque ! Je gouverne des lâches, des mous, des douillets. Ils ont des mentalités de défaitistes.

La peur de la guerre... Ces derniers mois, il venait de comprendre que ce seul sentiment gouvernait les esprits, ceux de ses ennemis comme ceux de ses collaborateurs. Eviter le combat armé ! La France et la Grande-Bretagne avaient bafoué leurs accords d'alliance avec la Tchécoslovaquie parce qu'elles avaient peur de la guerre. Mussolini avait supplié Hitler de ne pas faire entrer ses tanks en Tchécoslovaquie et obtenu la réunion de Munich parce qu'il avait peur de la guerre. Göring, son bras droit, et tous les généraux du Reich, avaient préféré le règlement diplomatique parce qu'ils avaient peur de la guerre. Le peuple allemand, le peuple anglais, le peuple français et le peuple italien accueillaient leurs chefs avec soulagement parce qu'ils avaient eu peur de la guerre. La peur de la guerre n'était pas le talon d'Achille des nations, mais leur colonne vertébrale !

– Mais je n'ai pas peur de la guerre, moi. Et je la veux, la guerre ! Et je la ferai.

Hitler se fit préparer un bain moussant par son valet. Seul un long séjour dans les eaux chaudes, savonneuses, maternelles, aux senteurs de violette, arriverait à l'apaiser.

– Et surtout, ne laissez pas rentrer Eva Braun. Qu'on me laisse tranquille !

Le valet parti, Hitler se déshabilla et, malgré lui, se surprit nu dans la glace. Il se sourit. Voilà devant quoi le monde tremblait ! C'était grotesque ! Le monde entier était grotesque !

Il disparut dans l'eau où il eut l'impression, sous l'effet de la chaleur, de se liquéfier en s'enflant aux dimensions de la vaste baignoire arrondie.

Il n'avait jamais bien compris pourquoi il n'avait pas bénéficié d'un corps qui ressemblât à son âme, un corps fort, dur, puissant, musclé, du même fer que sa volonté, un corps d'athlète aryen comme il en faisait mettre partout dans les monuments du Reich.

Il sortit sa jambe du bain : non, décidément, il n'avait pas la cuisse de son âme. Il se tâta sous l'eau : ni la fesse. Il regarda ses bras mous, laiteux, dont la chair s'égouttait sur le fil de l'os, ses pectoraux qui dégoulinaient en limaces vers ses aisselles flasques, son ventre plus détendu que tendu. Il s'épargna l'examen déprimant de son sexe qui s'atrophiait de plus en plus sous l'effet de la tension nerveuse et auquel Eva Braun n'avait même plus accès car il tenait à garder toute son énergie pour ses projets. Il haïssait de plus en plus ce physique qui ne lui ressemblait pas, indigne de lui, et qui allait sans doute bientôt le lâcher. Cela avait été longtemps une souffrance de voir, au détour d'une rue, d'une revue, d'une visite, son vrai corps sur l'âme idiote d'un autre, la beauté péremptoire qu'il aurait méritée. Une flèche lui perçait alors le cœur et l'empoisonnait. Dépit. Injustice. Jalousie. Il n'en avait été guéri qu'aux Jeux olympiques de Berlin, en 1936, lorsque les athlètes américains avaient remporté des records. D'abord choqué qu'une prétendue grande nation comme les Etats-Unis envoyât des nègres pour la représenter, il en avait conclu, en observant ces champions objectivement harmonieux et musclés – quoique noirs –, objectivement forts et performants – quoique noirs – que, définitivement, la chair ne disait pas la vérité de l'esprit. Depuis lors, il couvrait tous les corps, le sien comme celui des autres, de son mépris.

Seule son âme était belle. Il était amoureux de son âme. Il n'en avait jamais connu d'aussi attachante. Pure, idéaliste, désintéressée, méprisant l'argent et le confort matériel, toujours préoccupée de rendre la vie plus saine, plus juste, plus grande, toujours obsédée par l'intérêt général, elle était palpitante de lumière. Hitler ne connaissait personne d'aussi peu occupé de soi et aussi ouvert à l'intérêt général que lui. L'intérêt général ne signifiait d'ailleurs pas « les autres » – car « les autres » le fatiguaient vite –, mais les principes de la société et de la nation. Il avait l'âme généreuse et politique.

Il fit couler un peu d'eau chaude pour se maintenir dans l'extase.

Chamberlain avait peur de la guerre et voulait plaire à son peuple dont il avait peur aussi. Daladier avait peur de la guerre et voulait plaire à son peuple dont il avait peur aussi. Hitler, lui, n'avait pas peur de la guerre, n'avait pas peur de son peuple, et ne voulait plaire à personne. Qu'est-ce que le pouvoir absolu ? Faire peur à tout le monde et n'avoir peur de rien.

Hitler soupira d'aise.

Il ne se laisserait désormais plus freiner dans sa conquête car il avait la supériorité inexpugnable de savoir comment les autres fonctionnaient sans fonctionner comme eux.

Il y aurait la guerre. Et la guerre à outrance.

La seule résistance venait des Allemands. Ils souhaitaient la paix. Les Allemands n'étaient décidément pas à la hauteur de l'Allemagne. Comme le corps d'Adolf Hitler ne valait pas son âme. *Pareil. Il faudrait que Goebbels actionne plus fort les soufflets de sa propagande.* Ou bien, si l'on échouait à réformer la mentalité du peuple, il fallait le mettre devant le fait accompli et l'entraîner malgré lui. Une fois dans la logique du combat, il ne pourrait plus reculer. Les dirigeants ont besoin de l'assentiment de leur peuple dans les périodes de paix ; en guerre, c'est la guerre qui commande.

*

Adolf H. avait accompagné ses étudiants à la gare. Lorsqu'il les vit en uniforme, encombrés de leur casque, besace et mitraillette, il comprit qu'il les perdait pour toujours. Même si la mobilisation durait peu, même si l'Académie indépendante rouvrait bientôt ses cours et accueillait dans trois mois ces jeunes hommes en civil derrière leurs chevalets, ils ne seraient plus jamais les mêmes. L'enthousiasme avec lequel ils partaient pour la Pologne, cela seul suffisait à les altérer. Ensuite, il y aurait l'expérience du combat, la proximité de la mort pendant les longues heures vides ravagées par l'angoisse, les blessures, les deuils. Adolf avait connu tout cela, en son temps. La guerre avait fait de lui le peintre qu'il fut dans les années vingt-trente, pacifiste, vorace, amnésique, avide de nouveauté. Même s'il l'avait haïe, la guerre l'avait fait autant qu'il l'avait faite.

Même Heinrich, son élève préféré qui ressemblait à un ange oublié sur la terre par Raphaël, avait revêtu l'uniforme verdâtre, coupé ses cheveux et endossé la joie de rigueur.

– A bas Versailles ! Beck, salopard ! Vive l'Allemagne ! Faisons revenir à l'Allemagne les territoires usurpés par les Polonais.

Depuis le début des années trente, la République avait laissé place à un régime autoritaire de droite. L'ami Neumann, toujours rouge, pestait contre ce gouvernement qu'il taxait de fascisme ; mais Adolf savait que sa mauvaise foi de bolchevique poussait son ami à noircir ses adversaires. Le régime de droite allemand, bien qu'appuyé sur l'armée, n'avait rien à voir avec le régime de Mussolini. Autoritaire mais pas totalitaire, conservateur et non révolutionnaire, appuyé sur les élites anciennes et non sur les masses populaires, il avait su profiter de la crise économique pour arriver au pouvoir et il exploitait le ressentiment nationaliste pour s'y maintenir. Après avoir aboli plusieurs clauses de l'armistice, récupéré la Rhénanie et obtenu le droit à la remilitarisation, il dénonçait aujourd'hui la carte redessinée en 1918 à Versailles. Toute l'Allemagne réclamait ces terres et ces peuples qui appartenaient auparavant au Reich de Bismarck et qui avaient été abusivement et hâtivement donnés aux Polonais.

– Récupération ! Ce qui a été allemand doit le redevenir !

Le régime n'avait aucune vue impérialiste sur l'Autriche, qui était son partenaire économique confirmé, ni sur la Tchécoslovaquie ; il exigeait simplement de retrouver des territoires confiés à la Pologne par les vainqueurs.

Celle-ci, dirigée par Beck, n'avait trouvé personne pour la soutenir. Ni la Grande-Bretagne ni la France n'étaient prêtes à se battre pour ces zones discutables ; et encore moins la Russie qui, elle aussi, estimait qu'elle devait récupérer des terres en Pologne. Certains ambassadeurs, pour se décharger du problème, parlaient même du droit des peuples à l'autodétermination. Le régime avait donc compris qu'il pouvait attaquer la Pologne dans l'indifférence, presque dans la légitimité, sans craindre de déclencher une guerre européenne.

Les Polonais allaient se défendre avec force.

Certes, ils étaient courageux et entraînés, mais numériquement l'Allemagne devait l'emporter.

« Numériquement..., songea Adolf. J'espère que dans les

pertes, il n'y aura aucun de mes étudiants. Et surtout pas Heinrich. »

Déjà, le wagon emportait le jeune homme qui, sans famille à Berlin, faisait des signes d'adieu à son vieux professeur.

« Mon Dieu, pas lui, s'il vous plaît. Pas lui qui est le plus doué. Vous avez déjà laisser échapper Bernstein. Ne recommencez pas. »

\*

Cinquantième anniversaire d'Hitler.

Faste et extravagance menaient les festivités.

Hitler, à la tête de cinquante limousines, inaugurait le nouvel axe est-ouest qui partageait Berlin, sept kilomètres de goudron brillant comme de la cire, sept kilomètres d'étendards nazis éclairés par des milliers de torches, sept kilomètres de foule amoureuse retenue par des cordes.

Sur des rails et des câbles, des caméras mobiles, satellites autour du soleil, enregistraient le moment historique en filmant Adolf Hitler.

A la chancellerie, les cadeaux s'amoncelaient : nus de marbre blanc, moulages de bronze, porcelaines de Meissen, peintures à l'huile, tapisseries, monnaies rares, armes anciennes, coussins brodés. Hitler passa au milieu, en remarqua certains, lâcha quelques sarcasmes devant d'autres, en ignora la plupart, comme ça, arbitrairement, juste pour marquer qu'il était bien le Führer.

Le soir, Albert Speer lui offrit une maquette de son arc de triomphe, une réduction en plâtre et en bois, haute de quatre mètres. Plusieurs fois durant la nuit, Hitler quitta sa chambre pour retrouver avec émotion l'édifice qui témoignerait de son éminence dans les siècles à venir.

Le lendemain, pendant le défilé militaire, il stupéfia tout

le monde en se tenant cinq heures, sans faiblir, debout, la main tendue, raide, concentré, aussi imperturbable que sa propre statue. Il avait tenu à faire le plus gigantesque étalage de sa force militaire afin de montrer aux puissances occidentales ce qui les attendait si elles se mettaient en travers de l'Allemagne. Naturellement les sièges des ambassadeurs de France, Grande-Bretagne, Etats-Unis et Pologne étaient demeurés vides mais qu'importait ! Dix mille mètres de pellicule avaient enregistré l'événement et seraient rapidement projetés dans les cinémas du monde entier.

Il savait que l'Allemagne n'était, sur le plan militaire, pas encore prête pour la guerre mais elle l'était bien plus que les autres pays. Il continuait à intensifier le réarmement et, comme il tenait à annexer la Pologne au plus vite, il avait accepté d'entreprendre des négociations avec l'ennemi absolu, le diable, le décadent, le dégénéré, le communiste Staline.

Dans l'été, l'improbable se produisit.

Hitler et Staline, les deux ennemis irréductiblement opposés sur l'idéologie plus que sur les méthodes, signaient, par l'entremise de leurs ministres Ribbentrop et Molotov, un pacte de non-agression germano-soviétique.

A Berlin, Hitler fit servir le champagne. Il se tapait sur les genoux comme s'il avait fait une bonne farce.

– Les Français et les Anglais n'en reviendront pas, hurlait-il en riant. Et mes généraux non plus !

Le 1er septembre, à quatre heures quarante-cinq du matin, il donnait l'ordre à la Wehrmacht d'attaquer la Pologne.

La France et l'Angleterre mirent deux jours à comprendre qu'Hitler irait jusqu'au bout dans sa conquête du monde. Le 3 septembre, à onze heures, Chamberlain déclarait la guerre à l'Allemagne sur les ondes de la BBC. A dix-sept heures, Daladier, presque à reculons, faisait la même chose à Paris.

Cette nuit-là, Hitler, sur sa terrasse de Berchtesgaden,

contemplait les montagnes. La nature lui faisait fête en lui offrant un merveilleux spectacle : une aurore au crépuscule. Un météore rose, vif, incandescent inondait les bois couleur d'algues noires de lumière rouge tandis que le firmament déclinait toutes les nuances de l'arc-en-ciel.

Hitler et ses aides de camp absorbaient cette splendeur sans mot dire. Leurs visages et leurs mains avaient pris une teinte irréelle. L'univers semblait avoir tout entier basculé dans le songe. Même les silences qui sortaient de la forêt semblaient signés de Wagner.

Le phénomène dura une heure. Les dirigeants nazis redevenaient des enfants. Tout en contemplant le ciel tumultueux crevé de luminescences, ils voyaient leur chef en figure de proue à l'avant du balcon comme un magicien fabuleux qui saurait parler et commander aux éléments.

Lorsque la nuit replomba le ciel, Hitler se tourna vers eux et murmura :

– Cette fois-ci, il y aura beaucoup de sang.

*

– Nous fallait-il une guerre pour nous retrouver ?

Sarah avait dit cela en glissant du lit pour rejoindre la salle de bains. Adolf H. entendait l'eau couler à gros bouillons dans la baignoire environnée d'un grondement de tuyaux. Les canalisations se mettaient-elles en colère lorsqu'on leur demandent un peu plus qu'à l'ordinaire ?

Déjà, les senteurs de figuier et de cèdre blanc s'échappaient de la pièce et rampaient jusqu'au lit.

– Puis-je partager le bain avec toi ? demanda Adolf.

– Je t'attends.

« Nous fallait-il une guerre pour nous retrouver ? » Que savait-elle ? A quoi venait-elle de faire allusion ? Simplement

412

au fait qu'Adolf éprouvait de plus en plus le besoin d'arracher sa femme à son travail pour l'emmener au café, au restaurant, au théâtre et surtout pour passer des heures, nus sur les draps, à discuter en ne s'interrompant que pour faire l'amour ? Ou bien avait-elle aussi découvert que...

Il entra dans la pièce tapissée de faïence marocaine. Il se planta devant la glace et s'observa de bas en haut.

— Tu t'aimes ? demanda Sarah en riant.

— Oui. Ça va. Mon corps me sert toujours à quelque chose Surtout à jouir. C'est peut-être pour cela que je suis moins amoché que beaucoup d'hommes de cinquante ans.

— Peut-être. En tout cas, moi je t'aime.

— Ce doit être ça. Je vieillis bien parce que je vieillis dans tes yeux.

Il entra dans le bain moussant et poussa un cri de douleur ; Sarah adorait des chaleurs que lui ne supportait pas. Il resta debout, impudique, offert, et la regarda en souriant.

Elle avait raison. Depuis que des jeunes gens mouraient sur le front polonais, il avait changé. Il éprouvait de la tristesse et de l'appétit. Tristesse en songeant à ces vies fauchées pour la nation, cette valeur sans valeur qui organise toutes les boucheries. Mais appétit aussi, car il lui était apparu sur le quai où il avait vu s'éloigner ses étudiants qu'il fallait vivre, vivre vite, férocement, pour ne rien perdre. Il était devenu égoïste et délicieux. Son bonheur avait besoin de celui des autres. Quelque chose de son altruisme précédent avait fondu, la part blasée, la part dépressive, celle qui le faisait s'intéresser au monde en général et non à ses intérêts à lui en particulier.

— Que voulais-tu dire, Sarah, tout à l'heure ?

— Il a fallu une guerre pour nous retrouver. J'ai l'impression que tu es plus vivant qu'avant.

— C'est vrai. Je devrais avoir honte, peut-être ?

– Peut-être. Peu importe. J'en suis heureuse. Je savais qu'un jour tu échapperais à ton fantôme mais je ne savais pas quand.

– Mon fantôme ?

– Onze-heures-trente. Tu lui avais donné encore plus de place morte que vivante.

Elle souriait en disant cela, elle jouait avec la mousse entre ses doigts, elle ne lui reprochait rien.

Une onde de bonheur le traversa. Négligeant maintenant la chaleur, il entra dans l'eau et pressa le corps humide et doux de Sarah contre lui.

– J'ai beaucoup de chance avec les femmes de ma vie.

– Merci pour le pluriel, murmura-t-elle, la voix coupée par l'émotion.

Elle s'appuyait sur lui, abandonnée, confiante.

– Quand me montreras-tu tes tableaux ?

– Quoi ? Tu sais ?

Ainsi, elle savait ! Comment avait-elle pu apprendre qu'il peignait de nouveau, tous les après-midi, dans la salle de classe de l'Académie déserte ?

Une sirène retentit, déchirant l'air de son grincement sinistre.

Adolf et Sarah se raidirent, le corps aux aguets. Toutes les alarmes de Berlin bourdonnaient sur les toits.

Qu'est-ce que cela voulait dire ?

\*

Hitler venait d'être assassiné par son double.

Plus que de la peur, c'était de la stupéfaction qu'il éprouvait. Un long étonnement muet et douloureux. Car l'homme qui avait voulu le tuer à Munich ne ressemblait pas à l'idée qu'Hitler se faisait de son ennemi ; il y voyait plutôt son reflet dans le miroir.

Un Allemand, un véritable Allemand, ni juif, ni tchèque, ni

tzigane, ni polonais, un brave travailleur allemand de trente-
cinq ans, Georg Elser, avait, tout seul, sans l'appui d'un parti
ou d'un groupe, décidé de supprimer Hitler, Göring et Goebbels, les trois monstres qui, selon lui, menaient l'Allemagne à
sa perte. Il avait estimé que, depuis 1933, le niveau de vie de
la classe ouvrière s'était dégradé, que les nazis portaient atteinte
aux libertés syndicales, familiales, individuelles et religieuses.
Depuis le décret du 4 septembre sur l'économie de guerre, les
impôts avaient été alourdis, les tarifs des heures supplémentaires abaissés, le travail étendu au week-end, les salaires gelés, et
la police placée dans les usines pour menacer les éventuels
mécontents d'un transfert dans un camp de travail. Elser avait
refusé la direction que les nazis faisaient prendre au pays, il
savait, depuis les accords de Munich, que plus rien ne freinerait
leur ardeur belliqueuse, que la terreur régnerait jusqu'à l'apocalypse et il avait donc décidé avec ses petits moyens de sauver
l'Allemagne.

Menuisier dans le Wurtemberg, il s'était rendu à Munich,
sachant qu'Hitler, chaque année, entouré des huiles du
régime, prononçait un discours commémorant le putsch du
8 novembre 1923 et ses victimes. La cérémonie avait tradi-
tionnellement lieu à la brasserie Bürgerbräu. Il avait décidé
de placer une bombe à retardement dans une colonne de bois
située derrière la tribune.

Il s'était fait engager dans une usine d'armements pour y
voler des explosifs puis dans une carrière pour dérober de la
dynamite. Avec ses rudiments de technique horlogère, il avait
construit lui-même le mécanisme de son engin et en avait
testé des prototypes au fond du jardin parental. Puis, il s'était
caché trente fois de nuit à la brasserie afin de creuser une
cavité dans la colonne. Le 7 novembre, la veille du discours,
il était venu placer sa bombe à retardement, l'avait réglée sur
vingt et une heures vingt et avait pris le chemin de la Suisse.

Hitler parlait généralement de vingt heures trente jusqu'à vingt-deux heures. Mais ce soir-là, préoccupé par la guerre à l'est comme à l'ouest, il n'était pas d'humeur commémorative et avait cessé de parler à vingt et une heures pour reprendre le train en direction de Berlin.

A vingt et une heures vingt, la bombe avait explosé, faisant huit morts et soixante blessés, des fanatiques restés pour boire et vitupérer ensemble, mais elle avait manqué Hitler et les autres poids lourds du nazisme.

Arrêté au poste de douanes près de Constance pour avoir essayé de franchir illégalement la frontière, Georg Elser s'était fait fouiller et avait rapidement avoué son attentat.

Il était petit, les yeux clairs, les cheveux bruns et ondulés, une moustache taillée, un homme tranquille, réservé, perfectionniste dans son travail, qui justifiait son acte par la morale. Un fils du peuple comme Hitler. Un Allemand qui pensait d'abord à l'Allemagne comme Hitler. Un aryen comme Hitler.

Le Führer refusa l'évidence. La Gestapo reçut l'ordre de chercher des connections avec les Anglais, les Français, les Russes, puis des connivences avec les généraux ou l'aristocratie. Rien n'y fit. Elser avait agi seul. En conscience. On n'ébruita rien et l'on s'en tint à la version officielle, élaborée dès le soir de l'évènement, les services secrets britanniques demeurèrent les auteurs de cet immonde attentat.

Curieusement, Hitler exclut qu'on exécutât Georg Elser. Il se contenta de le faire emprisonner. En fait, il rêvait de rencontrer son assassin. De passer un après-midi avec lui. Pour l'heure, à cause des fronts de l'Est et de l'Ouest, il n'avait pas le temps mais il se réservait ce plaisir pour plus tard. Oui, il le garderait en vie, envers et contre tout, malgré les conseils de ses proches. Oui, il attendrait la fin de la guerre. En réalité, il aspirait à convaincre son assassin qu'il avait eu tort. Il projetait même de s'en faire aimer. Après tout, cet Elser, c'était l'Allemagne, l'Allemagne inquiète, l'Allemagne pas prête, l'Allemagne qui ne comprenait pas. Il le convaincrait avec l'Allemagne. Et on ne tue pas l'Allemagne.

La douleur passée, Hitler sortit consolidé de cet attentat. Une fois de plus, la Providence l'avait épargné. Par ce soutien spécial qu'elle lui accordait encore et encore, elle lui signifiait qu'il avait raison et qu'il devait aller jusqu'au bout de sa mission. Ce que lui confirma dès le lendemain son astrologue ; les dispositions planétaires lui faisaient une armure d'invincibilité pour les quatre ans à venir ; aucune balle, aucune bombe, aucun obus ne pourrait jamais l'atteindre ; il jouissait d'une protection astrale. Par prudence, il demanda néanmoins à Göring de faire doubler sa garde et annonça à Goebbels qu'il renonçait à tout bain de foule et à tout grand discours en public.

Elser lui avait sauvé la vie...

\*

Une guerre éclair. Une victoire.

Il avait retrouvé Heinrich sur le quai de la gare comme un père retrouve son fils. Ce fut là, dans cette accolade, qu'il saisit que leur affection avait grandi le temps que le combat les avait séparés. Ils avaient tant de choses à se raconter, l'un l'expérience du front, l'autre la reprise de son art. Après ce danger traversé – la possibilité de ne plus se revoir –, il leur sembla naturel d'exprimer leur émotion, de manifester leurs sentiments et les deux hommes, pourtant pudiques, en prirent désormais l'habitude.

La Pologne avait rendu les territoires. L'Allemagne avait retrouvé ses frontières de Bismarck, son tracé d'avant l'humiliation. Cela lui avait coûté trois mois de feu, à peu près dix mille hommes, mais cela lui avait apporté une fierté nouvelle, une fierté pleine, qui n'avait plus rien à voir avec l'agressivité antérieure.

– Vous allez voir, disait Heinrich à Adolf H., le gouvernement va d'abord profiter de son succès mais bientôt il va être obligé de lâcher du lest, de s'assouplir. Cette victoire est la justification de ce régime autoritaire, son apogée, c'est-à-dire qu'elle sonne aussi sa fin.

Sarah avait offert à Adolf l'annexe vitrée de son arrière-boutique pour qu'il l'aménage en atelier. En dehors de ses cours à l'Académie indépendante, il passait donc ses journées au Jardin des Délices à renouer avec la peinture tandis que, une cloison de briques derrière, Sarah tentait d'inventer de nouveaux parfums en mélangeant les essences.

Heinrich rejoignait souvent son professeur. Il suivait avec attention sa nouvelle série, des compositions capricieuses et torturées qui portaient les noms des fragrances que l'atelier de Sarah laissait échapper, *Mousses, Opopanax, Réséda, Coing, Menthe verte, Foin d'automne*. Il admirait l'invention d'Adolf, sa capacité d'associer une girafe avec un chandelier, de mettre le feu à l'océan ou bien de reconstituer l'anatomie humaine avec des feuilles et des fleurs de teintes improbables.

– Comment faites-vous ?

– Je rêve. Je ne pense plus logiquement. Je me laisse aller. Les parfums sont d'ailleurs un excellent navire pour le voyage surréaliste. En revanche, une fois que j'ai bien déliré pour laisser s'édifier mon sujet, je prends le travail en charge et je peins aussi soigneusement qu'Ingres.

Pourtant, si Adolf laissait venir Heinrich dans son atelier et acceptait de lui parler de ses œuvres en chantier, c'était surtout pour faire travailler l'étudiant car, s'il s'estimait toujours un artiste médiocre, il avait détecté en Heinrich un peintre hors du commun.

Heinrich assimilait tout. Il en faisait son miel. Il rappelait à Adolf l'horrible Picasso, le peintre le plus doué qu'il avait connu à Paris, donc le plus exaspérant. Dans les années vingt, aucun artiste n'acceptait plus que Picasso visitât son atelier car il savait que Picasso allait réussir du premier coup la semaine suivante le tableau après lequel l'artiste courait depuis des mois.

— Rien n'est plus émouvant que de voir naître un génie, disait-il à Sarah le soir. Si je ne l'aimais pas, je le haïrais. Il éventre les secrets des maîtres comme on ouvre un paquet de bonbons. Après trois jours, il s'ennuie d'avoir acquis une technique qui nous demande, à nous, pauvres mortels, des années. Il conquiert tout avec insolence et cependant ça ne m'ôte pas ma joie de peindre. Au contraire.

— Il t'idolâtre, sais-tu ?

— C'est son droit à l'erreur.

— Il affirme qu'aucun peintre ne compte autant à ses yeux.

— Il dit cela parce qu'il pressent déjà comment il va me dépasser, comment il va réussir ce que moi j'ai raté. Il croit m'admirer alors qu'avec moi, tout simplement, il prend son élan.

Adolf caressa les cheveux tricolores de Sarah. Il ajouta en enfouissant son nez dans le cou de sa femme :

— Et ça me va très bien. Ma plus grande fierté de peintre est déjà d'avoir été sur son chemin. Il sera mon passeport pour la postérité.

— Tu exagères.

— Il sera un géant, tu sais !

— Non, tu exagères lorsque tu te donnes si peu d'importance.

Il roula sur elle et commença à presser ses beaux seins souples et lourds.

— Oh, moi, je suis parvenu à me résoudre à vivre et à être heureux. C'est bien assez. Je ne veux pas d'un destin.

\*

Un petit avion se posait à l'aéroport du Bourget. Il était cinq heures trente du matin. Le paysage pâle, silencieux, endormi, se défripait à peine. La rosée avait encore des allures de givre.

C'était l'été.

La France s'était laissé cueillir comme un coquelicot.

La victoire avait été si aisée qu'Hitler lui-même n'en revenait pas. Il revendiquait néanmoins le succès de cette campagne dont il avait conçu le plan avec le général Guderian.

– J'ai beaucoup été aidé par un livre que j'ai lu à plusieurs reprises, si, si, un livre d'un certain colonel de Gaulle, *Vers l'armée de métier*, qui m'a beaucoup appris sur les possibilités qu'offrent des unités entièrement motorisées dans les combats modernes.

Hitler descendit de l'appareil, suivi de quelques artistes allemands, dont Albert Speer, son architecte. Trois grandes Mercedes noires les attendaient pour les emmener à Paris.

Hitler avait le cœur battant. Il était ému comme une jeune fille à son premier bal. Depuis l'adolescence, il rêvait de Paris dont il avait étudié l'architecture, l'urbanisme, mais où il n'avait jamais encore mis les pieds. Ce matin-là, il allait le découvrir enfin. Et, justement, Paris lui appartenait. Etrange visite du fiancé à sa fiancée pendant que celle-ci est endormie. Comme s'il n'était pas légitime. Comme s'il n'était pas certain de lui plaire. Comme s'il devait commencer sa cour sur la pointe des pieds.

Il traversa d'abord les villes de banlieue, ces brouillons décourageants qui précèdent le chef-d'œuvre. Enfin, brusquement, Paris s'improvisa, Paris s'imposa. Les hautes façades rieuses et ironiques engouffrèrent les trois Mercedes. Hitler était ébloui par la lumière que renvoyaient le gris insolent des toits de zinc et la pierre beige des maisons.

Devant l'Opéra, le colonel Speidel le guettait. On avait sorti de son lit le vieux concierge alsacien qui savait parler allemand pour qu'il l'accompagnât dans une visite commentée.

Mais Hitler le fit taire. Il connaissait les plans de l'Opéra par cœur tant il les avait étudiés, il joua lui-même le guide pour sa suite ; il n'adressa la parole au vieillard que pour vérifier une date, un changement ; celui-ci, qui venait de comprendre à qui il avait affaire, tenta de dissimuler son dégoût sous une politesse laconique.

Hitler s'enthousiasmait.

— C'est un rêve de pierre, comme la symphonie est un rêve de sons. Je mets deux arts au-dessus de tous les autres : la musique et l'architecture. Car eux seuls introduisent, de force, un ordre supérieur dans le cours chaotique des choses. L'architecte met de l'ordre dans les matières, le musicien dans les sons ; tous deux organisent l'harmonie et lient des éléments brutaux avec de la poésie spirituelle.

Il s'enflamma pour la façade, pour le grand escalier qui valait tous les spectacles, s'extasia sur le fait que chaque sculpture ou peinture s'insérait néanmoins dans une pensée globale.

— Vous ne comprenez pas, Garnier a réussi ce que personne n'a réussi car l'Opéra de Paris est l'œuvre d'un seul homme ! Il a su utiliser tous les artistes de son époque en les intégrant à son projet. Une pensée une et totale coiffe toutes ces exubérances individuelles. C'est beau comme de la politique.

Il se tordait le cou, les yeux perdus dans les encorbellements, les entrelacs de sculptures et les arabesques.

— Voyez Speer, tous les détails valent le coup d'œil mais seul compte l'effet général. La forêt cache les arbres. C'est cela une société parfaite. Si je devais un jour faire un cours de philosophie politique, j'emmènerais mes élèves étudier ce chef-d'œuvre.

Il était réellement touché par les jeux de couleurs qu'aucun plan n'avait pu lui faire sentir auparavant. Il louait Garnier d'avoir abandonné le gris farine pour faire chanter les pierres, leur donner les couleurs de l'orchestre ; le marbre rouge de Mourèze jouait de la trompette, le vert de Suède du hautbois, le porphyre du basson et tous les marbres bréchés, impurs, variés et mélangés formaient la symphonie des cordes, sarrancolin jaune veiné de blanc pour les violons, fleur de pêcher chair pour les altos, fleur de pêcher violette aux filons noirs pour les violoncelles.

— Savez-vous, mon cher Speer, depuis quand on ne bâtit plus d'églises ou de cathédrales intéressantes ?

— Non, mon Führer.

— Depuis la Renaissance ! Depuis qu'on a construit les premiers opéras ! Historiquement, l'opéra remplace l'église en offrant une liturgie laïque, de l'harmonie, de l'émotion et une idée de la beauté de l'univers. Pour ma part, je ferai tout pour hâter le progrès de l'humanité et nous faire entrer rapidement dans un monde où il n'y aura plus d'églises, de temples, de synagogues mais seulement des opéras.

A la fin de la visite, très satisfait de ses propres commentaires, il voulut à toute force donner un pourboire de cinquante marks au concierge. Celui-ci refusa si fermement qu'on frôla l'incident diplomatique. Il n'échappa à l'arrestation qu'en assurant qu'il n'avait fait que son devoir.

Les trois Mercedes repartirent dans ce Paris qui ouvrait à peine ses yeux, rideaux de fer à demi relevés, cantonniers inondant les trottoirs vides, boulangers tirant une cigarette songeuse entre deux fournées.

Le convoi passa par la Madeleine, qui satisfit le goût d'Hitler pour l'antique, emprunta les Champs-Elysées dont

422

les proportions lui semblèrent inférieures à son nouvel axe est-ouest de Berlin, puis l'Arc de triomphe, qui relança la discussion entre Speer et lui sur le sien.

Enfin, après une halte intriguée devant la tour Eiffel, Hitler se rendit aux Invalides pour se recueillir devant le tombeau de Napoléon.

Là, il fut saisi d'une émotion si intense qu'elle avait les résonances d'un pressentiment. Un jour, lui aussi, Adolf Hitler, aurait, comme Napoléon, un sanctuaire froid et marmoréen aux dimensions impressionnantes, un tombeau démesuré devant lequel les hommes se tairaient, vaincus, minuscules, terrassés par l'évidence de la vraie grandeur. Un petit Corse et un petit Autrichien ! Curieux ! Les grands hommes des grands pays naissent toujours petits dans leurs petites annexes. Napoléon, son frère, il lui pardonnait même d'avoir été français. Devant la tombe de l'Empereur, Hitler jouissait de son propre culte, il imaginait l'effet qu'il ferait aux simples touristes du monde entier pour les siècles à venir. Il en sortit enchanté et très satisfait de lui-même.

Il eut encore des réserves d'enthousiasme pour le Panthéon, ce temple païen des grands hommes, mais bâilla devant la place des Vosges, le Louvre et la Sainte-Chapelle. Il se réanima devant l'église du Sacré-Cœur, à Montmartre, qui lui offrait un panorama d'aigle sur Paris.

Cependant il fallait partir car les Parisiens sortaient enfin de chez eux et le reconnaissaient.

Dans l'avion, il se pencha affectueusement vers Speer.

– C'était le rêve de ma vie de pouvoir visiter Paris. Je suis vraiment très heureux de l'avoir réalisé aujourd'hui.

Puis il fronça les sourcils et réfléchit à voix haute :

– Nous devons reprendre immédiatement les travaux à Berlin. Préparez un décret. Soyons clair, Speer, Paris est plus majestueux que Berlin et c'est intolérable. Au travail ! Quand nous aurons fini Berlin, Paris ne sera plus qu'une ombre, une vitrine de musée, un souvenir archéologique, un ornement obsolète qui témoignera d'une époque dépassée, quelque chose comme une ville italienne...

— Vous avez raison, mon Führer. Vous êtes un protecteur des arts et des artistes.

— Je m'étais demandé, il y a quelques jours, si je ne devais pas détruire Paris. J'ai renoncé à cette idée. C'est en faisant Berlin plus beau que nous allons réellement anéantir Paris.

\*

Malgré ses efforts et ses concessions, Adolf H. n'arrivait pas à trouver grâce aux yeux de son beau-père, Joseph Rubinstein. Les grands yeux bleu délavé du vieillard n'exprimaient que l'ennui lorsque, par hasard, ils se posaient sur lui.

— Moi, à ta place, disait Sarah en haussant les épaules, je n'essaierais même plus. Même en le couvrant d'amabilités et de cadeaux, tu n'arriveras jamais à compenser ton infirmité fondamentale.

— Quoi ? Quelle infirmité ?

— Tu n'es pas juif.

Ses rapports à sa belle-famille en revenaient toujours là. Quoi qu'il fasse, quoi qu'il dise, quel que fût le bonheur de Sarah, aussi réussis que fussent leurs enfants, Adolf restait marqué d'une tare indéfectible : il n'était juif, il n'était pas né comme il faut.

Lors des réunions de famille, sous l'œil du patriarche Joseph Rubinstein que ses nattes et sa barbe rendaient encore plus impressionnant, Adolf faisait l'épreuve de la transparence. Les regards le traversaient sans être retenus un seul instant par sa présence ou sa densité physique. Il se sentait effacé de la toile. Même la douce Myriam était gagnée par la cécité de son mari. C'était d'autant plus fascinant que les démonstrations d'affection allaient et volaient comme des balles de tennis dans la pièce, baisers, cadeaux, exclamations, marques de possessivité – « ma fille, mon petit-fils, ma petite-fille » –, mais elles l'évitaient toujours. Parfois il avait envie de se lever pour arrêter une balle, faire obstacle. « Oh ! Je suis là ! Les jumeaux, Sophie et Rembrandt, ne seraient pas vos petits-enfants si je n'étais pas leur père. » Il avait même envie d'être vulgaire. « Et mes couilles ? Et mon sperme ? Vous oubliez qu'il m'en a fallu pour vous donner vos petits-enfants. Je voudrais qu'on me traite au minimum avec le respect que l'on doit à une bonne paire de couilles. » Mais il renonçait toujours, sachant qu'il allait rendre encore plus difficiles les relations de Sarah avec ses parents. Celle-ci avait bravé la tempête familiale en choisissant Adolf, cet Autrichien goy qui ne peignait même plus. On l'avait menacée de la déshériter, de l'empêcher de monter son affaire, de ne pas reconnaître ses enfants si elle lui prenait la folie d'en faire avec lui. Quand on avait constaté que ces menaces ne l'arrêtaient pas, on l'avait réadmise, elle, puis les enfants – car, au fond, la judaïté se transmet par la mère, n'est-ce pas Myriam ? –, l'on tolérait autant qu'on le pouvait cet appendice inutile de mari. C'est-à-dire qu'on lui laissait une chaise et un couvert.

Adolf H. ne s'emportait jamais contre Joseph Rubinstein mais avait trouvé le moyen de l'agacer suprêmement en sympathisant avec ses théories sionistes.

– Vous avez raison, beau-papa. Il faut créer un Etat juif. Theodor Herzl a ouvert la voie. L'affaire Dreyfus en France, les pogroms de Kichinev, de Jaffa, les massacres d'Hébron, de Safed, tous ces actes antisémites suffisent à justifier la démarche sioniste, quels que soient les problèmes qu'elle pose.

Joseph Rubinstein, grand militant sioniste, ne supportait pas que son goy de beau-fils énonçât ses convictions fondamentales. Il avait presque envie de le contredire. Un bouillonnement intérieur lui faisait trembler les lèvres.

Adolf jouissait de sa vengeance. Il en remettait une couche.

– Et vous, beau-papa, vous êtes partisan de l'Ouganda ou de la Palestine ?

– L'Ouganda ! explosa Joseph. Mais plus personne songe à faire un Etat juif en Ouganda depuis 1905 ! C'était une proposition outrageante des Britanniques. En Afrique noire ! Non, nous devons aller en Palestine.

– Je suis bien de votre avis. Israël doit être en Palestine. Ce sont exactement mes convictions.

Sarah était obligée de lui donner un coup de pied sous la table pour qu'il s'arrêtât car elle craignait que son père ne fît un coup de sang.

En sortant de ces pesants repas du vendredi soir, elle lui demandait :

– Tu plaisantes ou tu es d'accord avec mon père ?

– Mon premier but est, certes, de l'agacer. Mais...

– Franchement, Adolf ?

– Franchement, je n'en sais rien ! Je trouve l'idée d'un Etat d'Israël à la fois justifiée et difficile. Je ne vois pas comment ce serait possible sur le plan technique. Et puis surtout, je m'étonne que ce mouvement soit né en Allemagne.

– Pourquoi ?

– Parce qu'il fait bon être juif et allemand. Tu le reconnais toi-même. Nous sommes en paix et pour longtemps. Le pays se modernise et se libéralise. L'antisémitisme est marginal ici, honteux, sauf chez cet allumé de Goebbels, tu sais, ce type d'extrême droite qui ne fait pas un pour cent des voix. Il est plus difficile d'être juif en Pologne, en Russie, en Amérique ou en France. Tes oncles le disent, d'ailleurs.

– C'est vrai.

— Alors pourquoi ici ? Qu'est-ce que l'Allemagne a à voir avec le destin du sionisme et d'Israël ? Je ne comprends pas.

*

— Non, nous ne reculerons pas !

Hitler éructait sur ce thème plusieurs heures par jour.

— Pas de retraite ! On ne recule pas devant les Russes. On ne recule pas devant l'hiver. Sinon on finit comme Napoléon ! Nos hommes doivent s'accrocher au terrain qu'ils occupent, ils doivent creuser à l'endroit même où ils se trouvent et tenir chaque mètre de terre.

— Mais, mon Führer, le sol est gelé.

— Et alors ? J'étais soldat dans les Flandres en 14-18, la plaine était gelée aussi, nous fabriquions des cratères avec les obus.

— Mais mon Führer, les champs sont glacés jusqu'à un mètre cinquante de profondeur. La Russie n'est pas la Belgique.

— Taisez-vous ! Vous n'y connaissez rien.

— Les pertes humaines vont être horribles.

— Croyez-vous que les grenadiers de Frédéric le Grand étaient impatients de mourir ? Ils voulaient vivre, eux aussi, mais le roi avait raison d'exiger leur sacrifice. Je crois être moi aussi, Adolf Hitler, en droit de demander à tout soldat allemand d'offrir sa vie.

— Je ne peux pas demander à mes hommes de se sacrifier.

— Vous manquez de recul, général. Vous devriez prendre un peu de distance. Croyez-moi, les situations sont plus claires lorsqu'on les examine de loin.

A la chancellerie, on ne jouait plus que la valse des généraux. Comme il fallait s'y attendre, l'accord de papier entre Staline et Hitler n'avait pas résisté longtemps à l'inimitié qu'ils se portaient. La guerre faisait rage. Devant la résistance russe et les difficultés à se faire obéir Hitler limogeait ses généraux l'un après l'autre. Förster, Sponeck, Hoepner, Strauss... Comme les destituer ne suffisait pas à leur faire entendre raison, Reichenau trouva une mort soudaine et Sponeck fut condamné à mort.

– Ces imbéciles vont me transformer en Napoléon si je les laisse faire ! Pas de retraite ! Pas de recul ! L'hiver est aussi dur en Allemagne qu'en Russie.

Hitler avait d'abord cru que deux semaines suffiraient pour envahir la Russie. Mais le colosse soviétique avait tenu tout l'été puis regagné du terrain pendant l'hiver 41-42.

Le Führer ne quittait plus la Tanière du Loup, un ensemble de bunkers dissimulés dans les bois lugubres de Prusse orientale. Au milieu de cette terre étrillée par les vents polaires, entre les carcasses de pierres noires et les arbres tordus qui grimaçaient sur la neige, Hitler avait changé. Son corps trahissait les défaites qu'il venait d'encaisser. Ses gestes devenaient difficiles, douloureux, sa peau grisaillait, ses paupières semblaient avoir du mal à supporter sans congestion le poids d'yeux trop humides dont la cornée avait jauni, il digérait encore plus difficilement et son haleine dégageait une angoisse fétide. Il était devenu vieux d'un seul coup, mais vieux comme on ne peut le devenir qu'à cinquante ans, lorsque la vie inflige des coups, vieux par boursouflure plus que par dessèchement, vieux par démission plus que par âge, vieux parce qu'il pourrissait plus qu'il ne mûrissait, vieux de cette vieillesse turgescente qui est une maladie d'homme jeune.

L'Allemagne avait à présent le Japon à ses côtés mais les Etats-Unis contre elle. Hitler avait beau mépriser les Etats-Unis, il ne savait pas comment les vaincre. S'il ne trouvait pas le moyen d'enfoncer sans délai la Russie, il soupçonnait qu'il allait perdre la guerre.

Silences abattus et monologues enflammés alternaient dans

son comportement mais lui-même percevait, lorsqu'il soliloquait, qu'il répétait les grands discours d'avant, qu'il commençait à se mimer de façon grotesque. Il avait soif d'action et se trouvait englué dans une guerre trop longue devenue mondiale.

Cent fois, il avait cherché des issues de secours. Il avait même tendu discrètement la main à l'Angleterre pour lui proposer de cesser le combat et de se partager l'Europe avec elle. Mais Londres avait fait la sourde oreille. *A cause de ce Churchill, ce parlementaire vendu à la juiverie mondiale, ce peintre du dimanche !* Les sarcasmes du peintre raté Hitler envers le peintre amateur Churchill visaient surtout à dissimuler le respect. Churchill était devenu le seul adversaire valable qu'Hitler se reconnaissait depuis des années, mais il aurait crevé la gueule ouverte plutôt que de l'avouer. Et l'obstination que venait de mettre Churchill à ne pas entendre ses propositions avait attisé sa haine. *Ce pauvre Rudolf Hess qui croupit au fond d'une prison britannique...* Cela, Hitler le pensait in petto, mais officiellement il ne parlait de Rudolf Hess que comme d'un traître qui, par son acte de folie, l'avait déçu au plus haut point.

Qu'avait fait Rudolf Hess, le fidèle soutien des premiers jours, celui-là même à qui Hitler, en 1924, dans sa prison, avait dicté *Mon Combat* ? L'ancien pilote devenu ministre avait dérobé un Messerschmitt 110 bourré de carburant et s'était envolé pour l'Angleterre où il avait rejoint les terres du duc Hamilton, un des chefs du parti conservateur à la chambre des Lords, grand partisan de la conciliation avec l'Allemagne. Après avoir atterri, il avait demandé à rencontrer Churchill pour proposer un traité de paix. Celui-ci, sans même l'écouter, l'avait fait disparaître au fond d'un cachot.

Tout le monde pensait, en Allemagne comme en Angleterre, qu'il s'était agi d'une escapade privée résultant de la seule volonté de Hess. En vérité, Hitler avait tout combiné, selon son habitude de faire agir ses proches individuellement sans que les autres le sachent, ce qui lui permettait de multiplier les tentatives, fussent-elles contradictoires, et de déterminer celles qui avaient de l'avenir, celles qui n'en avaient pas. Comme l'affaire avait échoué dans le secret des prisons britanniques, Hitler avait donc joué l'ami trahi, l'ami déçu, et, pour détourner la conversation, prétendait encore souffrir lorsqu'on lui parlait de Rudolf Hess.

Plus il sentait que la guerre allait durer, plus il s'interrogeait sur sa mission historique. S'il perdait la guerre, qu'allait-il arriver ? Non, bien sûr, il ne la perdrait pas, mais au cas où ? Le châtiment serait terrible.

*Les vengeurs de l'avenir... Il faut se débarrasser des vengeurs de l'avenir.*

Dès qu'il avait rencontré des difficultés sur le front russe, il était devenu obsédé par les vengeurs de l'avenir. Qui ? Les femmes et les enfants des hommes juifs qu'on fusillait par milliers sur le front est...

Au début de l'invasion, les Einsatzgruppen avaient mené des actions efficaces et cohérentes, tueries, fusillades, pogroms, représailles, tout cela culminant dans le massacre de Babi Yar où l'on s'était débarrassé de trente trois mille sept cent soixante et onze Juifs masculins. Puis, dès le mois d'août, Hitler avait demandé d'inclure femmes et enfants, les « vengeurs de l'avenir » dans les exécutions. Cinquante mille Juifs à la mi-août, puis, grâce au progrès technique – on mitraille au lieu de fusiller –, cinq cent mille au trimestre suivant.

Himmler venait fidèlement rendre compte de son œuvre purificatrice à la Tanière du Loup.

— Nous avons trouvé une meilleure méthode : les Juifs se placent au-dessus du fossé où ils vont s'entasser puis nous arrosons à la mitraillette.

— Très bien.

— Oui, mon Führer, mais nous pourrions encore faire mieux.

Hitler regardait Himmler avec une satisfaction confirmée. Himmler, mou et dépourvu de menton, n'avait pas plus de traits ou d'expressions qu'une limace mais cette limace souriait et semblait être le seul proche à n'avoir pas remarqué sa dégénérescence physique. Himmler voyait toujours l'Hitler des années trente, le sauveur apparu dans un temps de détresse extrême, le messie, « celui vers qui l'humanité lèverait les yeux avec foi, comme elle l'avait fait jadis avec le Christ ». Son monocle avait gardé cette image gravée et n'en laisserait jamais passer aucune autre. Hitler appréciait en Himmler l'ambition et la soumission. L'une était aussi absolue que l'autre. Il incarnait le subalterne idéal, incapable d'une initiative mais méticuleux à l'extrême dans l'exécution de l'ordre, un individu si petit qu'il ne pouvait pas s'inventer une grande tâche mais venir à bout de toutes celles qu'on lui donnait. Quoi qu'on lui demandât de faire, cela devenait sa mission. Il allait la rationaliser méthodiquement. La fin organisait et justifiait tous les moyens. Il offrait le profil du bourreau idéal : précis, borné, et fonctionnaire. La banalité de l'exécutant.

Chaque fois qu'Hitler le convoquait, Himmler tremblait comme s'il allait passer un examen. Le dictateur adorait cet effroi où il reconnaissait une juste marque de son rayonnement et où il puisait l'idée que celui-ci, en tout cas, ne le trahirait pas.

— Avez-vous assisté aux exécutions à Minsk ?

— Oui, mon Führer.

— Eh bien ?

— C'est fait, mon Führer.

— Non, je vous demande ce que vous avez ressenti.

La limace paniqua et faillit perdre son monocle. Himmler

n'avait aucune confiance dans ses émotions ou réactions. Hitler le savait et jouait cruellement avec ce fond caché d'incertitudes.

— Mon Führer, ces gens-là ont toutes les apparences humaines. Ils ont des yeux, une bouche, des mains, des pieds... Mais, en réalité, il s'agit de créatures monstrueuses dont la conscience et l'âme sont encore plus profondément enfouies que celles des animaux. Ce sont des êtres primitifs. J'ai ressenti ce qu'on peut éprouver en visitant des abattoirs.

— Très bien, très bien, dit Hitler, gêné par la comparaison car il aimait les animaux avec passion, surtout Blondi, sa nouvelle chienne, qui lui tenait compagnie à la Tanière en lui procurant bien plus de joies qu'une Eva Braun. Mon cher Himmler, vous m'avez plusieurs fois demandé ce que nous devions faire des Juifs de l'intérieur, des Juifs qui parlent allemand. Je différais ma réponse parce que je pensais que la priorité était d'enfoncer la Russie. Maintenant, les choses ont évolué. Nous mettrons quelques années à battre les Russes.

Il pensait : *Nous ne battrons jamais les Russes.*

— Les Etats-Unis sont imprudemment entrés dans ce conflit et vont se faire détruire par les Japonais.

Il pensait : *Les Japonais ne feront pas le poids devant les Américains.*

— L'Angleterre est déjà à bout de forces.

Il pensait : *Churchill a très bien mobilisé les satanés Rosbifs pour gagner la guerre.*

— Nous devons donc continuer notre œuvre à l'intérieur aussi bien qu'à l'extérieur.

*Dépêchons-nous d'agir à l'intérieur, nous avons assez traîné.*

— Les Juifs sont responsables de la guerre de 14-18. Les Juifs sont responsables de cette guerre-ci.

*J'ai déclaré la guerre, certes, mais une guerre rapide que je*

432

devais gagner ; si elle dure, c'est à cause de la juiverie internationale.

— En 1939, le 30 janvier, dans mon discours au Reichstag, j'avais d'ailleurs lancé un avertissement : si la guerre devient mondiale, ce sera la faute des Juifs et alors les Juifs paieront.

*Ce n'était pas un avertissement mais une menace. J'agitais des sanctions pour dissuader les Etats-Unis d'entrer dans la guerre.*

— Cet avertissement va devenir une prophétie.

*Ils n'avaient qu'à reculer, ces crétins, ils l'ont cherché.*

— La guerre ne finira pas comme les Juifs l'imaginent, par l'extermination des peuples aryens, mais, au contraire, par l'anéantissement de la juiverie.

*Vite, vite, avant que ce ne soit l'inverse.*

— Pour une fois, je vais appliquer une vieille loi juive : œil pour œil, dent pour dent.

*Cent yeux pour un œil, mille dents pour une dent, ça va être un carnage.*

— Nous devons mettre en œuvre une politique énergique.

*Anéantissement, anéantissement total.*

— Qu'on ne croie pas que je veuille me venger de mes difficultés à l'est...

*Si, parfaitement, je me venge. En plus, je m'ennuie à mourir.*

— Je ne fais cela que pour répondre à la pression des Allemands qui s'indignent de la prospérité sémite à l'heure des privations.

*Il ne faut surtout pas que les gens sachent ce que nous allons faire.*

— Pour ne pas provoquer une réaction de la cinquième colonne juive à l'intérieur du pays...

*Pour que les Allemands l'ignorent.*

— Nous allons commencer discrètement...

*Dans le plus grand secret.*

– Nous les informerons quand il sera le moment.

*Quand ils seront tous mouillés, jusqu'au cou et qu'il sera trop tard pour faire marche arrière.*

– Alors ils seront heureux.

*Complices.*

– Et reconnaissants.

*Coupables.*

– Pourquoi ne m'accompagneriez-vous pas pendant que je vais promener Blondi ?

*Je voudrais être sûr que personne ne nous entend.*

Hitler et Himmler emmenèrent la chienne, folle de joie, faire un tour. Pendant qu'elle s'épuisait à faire trois fois le chemin blanc crevé de racines et de pierrailles pour rapporter à son maître le bâton qu'il lui lançait dans les fourrés, les deux hommes avançaient dans la forêt compacte et bleue. Des craquements et des râles traversaient les sous-bois. L'hiver dégageait une puissante odeur d'eau pourrie. Hitler entra dans les détails.

– J'abandonne toutes mes idées anciennes : déporter tous les Juifs dans l'île de Madagascar. Ou bien en Sibérie.

*Ça leur permettrait de constituer cet Etat juif que les sionistes réclament. Ça n'est pas moi, tout de même, qui vais leur créer leur Israël.*

– Quoique la Sibérie...

*En Sibérie, ils mourraient de faim et de froid...*

– Mais non. J'ai eu une idée.

*En vérité, ce n'est pas de moi, c'est Staline.*

– Nous allons les déporter.

*Staline vient de déporter un million d'Allemands de la Volga.*

– Par train.

*Il les a entassés comme des bestiaux dans des wagons.*

– En direction de l'est, en Pologne.

*Il les a envoyés dans le nord du Kazakhstan.*

– Nous enverrons les Juifs dans des camps. Nous ferons alors une sélection entre ceux qui peuvent travailler et ceux qui ne peuvent pas.

*On tuera les femmes, les enfants et la plupart des hommes.*

– Il était temps de trouver une solution finale au problème.

*Génocide. Un génocide radical. Définitif.*

– Pour les détails d'organisation, je vous fais confiance, mon cher Himmler.

*Vous les fusillez, vous les gazez, vous les brûlez, vous en faites ce que vous en voulez du moment que c'est efficace.*

Himmler se permit une suggestion :

– Je ne pense pas que nous devions reprendre les fourgons à gaz, comme ici, en Prusse orientale, en 1940 pour l'opération euthanasie. Cela présente trop d'inconvénients. Je suis pour le gaz mais dans des installations fixes.

– Oui, oui, sans doute, Himmler, sans doute.

*Je m'en fous, je ne veux pas savoir, fais ton travail et laisse-moi tranquille. Je ne vais pas vérifier les installations des éboueurs. Je fixe les grandes lignes, moi, je ne me salis pas les mains.*

– Et je crois que le Zyklon B est le gaz qui nous donnera satisfaction.

– Le Zyklon B ?

*Je ne veux pas qu'on me parle de gaz, j'ai failli perdre la vue en 1918 à cause du gaz. Que ce besogneux fasse donc son travail et m'épargne les détails ! Quel crétin sentencieux !*

– J'ai une confiance absolue en vous, Himmler. Vous êtes comme un fils spirituel pour moi.

*Et voilà ! La limace a les larmes aux yeux. Elle est émue, la limace.*

– Les premières villes à se purger de leurs Juifs seront Berlin, Vienne et Prague. Après nous nous occuperons de la France. Les Juifs ont voulu la guerre ? Ils vont maintenant payer la facture !

*Je vais enfin pouvoir remodeler le monde. Je suis le plus grand homme de ce siècle. Que nous gagnions ou que nous perdions la guerre, j'aurai débarrassé l'humanité des Juifs. On m'en remerciera pendant des siècles. C'est trop bête que je ne digère plus rien, j'ai une faim de loup. Et si je forçais Blondi à devenir végétarienne ?*

— S'il vous plaît, Himmler, rasez-vous donc cette moustache. Elle est ridicule.

— Mais...

Himmler se retint au dernier moment. Il avait failli dire : « Mais mon Führer, c'est la même que la vôtre. »

*

Adolf H. avait une vie secrète.

Il prétendait aller se promener vers la place Alexandre « pour trouver des idées de visages » alors qu'il sautait dans un tramway et quittait Berlin pour sa banlieue lointaine, humide, boisée.

Il se sentait incapable d'avouer qu'il allait rejoindre cette femme. Ni à Sarah, bien sûr, ni à Heinrich. Neumann, peut-être, aurait pu recevoir la confidence, mais il passait tant de temps à Moscou comme délégué du parti communiste allemand que leurs rares retrouvailles laissaient peu d'espace pour une discussion si intime. D'ailleurs, comment en parler ? Adolf n'arrivait même pas à nommer à lui-même les sentiments qu'il éprouvait pour elle.

— Tu me parles de tes proches, disait-elle, mais à eux, tu ne parles jamais de moi. Te ferais-je honte ?

— Non.

— Alors ?

— Un jour, je vous raconterai à eux tous. Ce jour-là, vous serez ma fierté. En attendant, vous êtes ma pudeur.

Elle riait de ce rire qu'elle avait toujours eu, un rire exempt de toute moquerie, une pure joie de vivre. Quel était son secret ? Il suffisait qu'Adolf passât une heure avec elle pour se recharger d'énergie, de pensées, d'émotions. Il se réchauffait à son contact. Il se lavait. Il rajeunissait. En la quittant, il respirait plus largement. Même le ciel paraissait moins bas, moins chargé, plus lumineux. Et s'il ne lui disait adieu qu'à la nuit, alors il y avait des étoiles au-dessus du goudron banlieusard.

Un jour, Sarah ramassa par hasard une lettre dans l'atelier, conçut un soupçon et le suivit. Elle n'alla pas jusqu'au bout de sa filature. Lorsqu'elle eut vérifié qu'il mentait, qu'il ne se promenait pas sur la place Alexandre mais qu'il empruntait un trajet dont il semblait familier, elle descendit du tramway sans se faire voir et l'attendit à la maison.

Adolf trouva Sarah en larmes, blessée par la trahison. Il dut alors lui avouer la vérité : depuis plusieurs années, il allait voir, une ou deux fois par mois, la sœur Lucie, son ancienne infirmière de 1918, dans son couvent.

\*

Les secrétaires d'Hitler n'en pouvaient plus ; elles rêvaient d'évasion chaque fois que le dictateur leur accordait quelques heures pour dormir.

– Même la prison doit être moins ennuyeuse, disait Johanna, car les gardiens respectent le sommeil des prisonniers.

– Et puis, renchérissait Christa, on doit pouvoir changer de compagnons en cellule, les nouveaux qui arrivent, les anciens qui partent. La promenade. Ici, rien.

La Tanière du Loup, au cœur de la forêt humide, ce bunker gris, sans couleur, empesté par les fumées de l'ennui et les odeurs de bottes, bâtiment géométrique dont les rares fenêtres ne donnaient que sur la lumière blême du Nord, n'admettait aucune tête nouvelle, aucun livre nouveau, aucun disque nouveau, aucune idée nouvelle, aucun point de vue personnel. Hitler interdisait que l'on parlât de politique ou de guerre, il ne tolérait que les conversations insignifiantes, les bavardages autour du thé et des gâteaux. Mais que dire une fois que l'on avait déploré la pénurie de grands ténors wagnériens, répété qu'aucun chef n'arrivait à la cheville de Furtwängler ? Sur quoi pouvait-on improviser puisque l'on était coupé du monde ?

L'hiver passé, la bataille avait repris contre l'U.R.S.S. Mais le front allemand, démesurément étendu, avait du mal à se maintenir.

L'état de l'armée se lisait sur le corps d'Hitler : il était une vivante carte de combat, retrouvant de l'énergie à la moindre victoire, se fissurant et se bouffissant à chaque reculade. Il se détériorait de jour en jour. Il ne dormait presque plus. Et, pour échapper à l'insomnie, il haranguait Christa et Johanna qui traversaient des nuits épuisantes.

– Vous verrez, dès que la victoire sera obtenue contre la Russie, l'Angleterre et les Etats-Unis, je m'occuperai des points qui restent en souffrance. Pas les Juifs pour lesquels nous avons ouvert tous ces... camps de travail, mais les autres. Je ferai disparaître les églises chrétiennes, toutes, je ne veux plus voir un seul crucifix en Allemagne. Ce temps est révolu. Puis je traiterai le problème alimentaire : j'imposerai le végétarisme qui est un bien meilleur régime pour la santé. Comment peut-on absorber des cadavres ? C'est révoltant, non ?

Christa et Johanna avaient appris à bâiller sans le montrer, une gymnastique secrète derrière un visage en apparence attentif. Elles connaissaient tous ses monologues par cœur, elles l'avaient entendu les moudre mille fois, et mille fois mieux qu'aujourd'hui puisque le Führer, harassé, n'était plus capable de se mettre en frais pour être brillant. Il ne débitait que pour échapper à l'angoisse.

– Parler est mon médicament, disait Hitler à ses médecins.

*C'est sa maladie,* pensaient Christa et Johanna, hagardes, les paupières pochées.

Il n'écoutait même plus de musique. Au début de la guerre, pour se reposer, il fermait les yeux et leur demandait de passer quelques disques, toujours les mêmes d'ailleurs, les symphonies de Beethoven, une sélection de Wagner ou quelques lieder d'Hugo Wolf ; Christa et Johanna souffraient alors qu'il se limitât toujours aux mêmes œuvres. Aujourd'hui, elles regrettaient ce temps car la grande musique avait, elle, au moins, le pouvoir de se renouveler à chaque audition ; Hitler pas. Il ne tolérait même plus une face de 78 tours et monologuait perpétuellement à vide.

Les visites d'Eva Braun étaient rares. Hitler ne la supportait qu'en Bavière, au Berghof. Lorsqu'elle avait insisté pour demeurer à la Tanière du Loup, Hitler l'avait insultée sans ménagement en public, l'humiliant, la faisant pleurer, allant jusqu'à la payer avec une liasse de marks comme si elle n'était qu'une prostituée. Elle partit.

Christa et Johanna l'avaient enviée.

Elles avaient d'ailleurs changé d'avis sur Eva Braun. Au début, elles s'indignaient que cette ravissante jeune femme acceptât d'être si mal traitée par Hitler, fût-il le chef de toute l'Allemagne. Maintenant, elles avaient compris qu'Hitler refusait de vivre avec Eva Braun mais l'empêchait aussi de faire sa vie ailleurs. Comme elles, Eva Braun était devenue la prisonnière du dictateur. Personne ne pouvait plus lui échapper. Victime pour victime, elles auraient toutes les deux préféré être la maîtresse bafouée d'Hitler car Eva Braun voyait très peu Hitler tandis que Christa et Johanna devaient le subir jour et nuit.

439

— Je suis dégoûté par l'être humain, dit Hitler. L'être humain n'est qu'une sale bactérie cosmique.

— Tiens, il a dû passer une heure devant son miroir, chuchota Johanna à Christa.

Et toutes deux éclatèrent de rire intérieurement même si elles restaient droites, impeccables, lunettes attentives sur le bout du nez et bloc-notes à la main.

En novembre 42, les Américains débarquèrent en Afrique du Nord et les Britanniques intensifièrent leurs bombardements nocturnes sur l'Allemagne. Munich, Brême, Düsseldorf furent sévèrement endommagés.

— Est-ce que mon appartement de Munich a été détruit ? demanda Hitler.

Christa ne sut pas si elle devait dire la vérité. Comment allait-il réagir ?

Hitler tapa du poing et se mit à hurler.

— Etes-vous sourde ? Je vous demande si mon appartement de Munich a été détruit.

— Oui, mon Führer.

— Vraiment ?

— Il est gravement endommagé.

Hitler hocha la tête avec satisfaction et se lissa la moustache.

— Alors tant mieux ! Tant mieux ! Les Allemands n'auraient pas compris que mon appartement soit épargné. Ça aurait fait mauvais effet. Ravi. Ravi.

Christa visa sur son rapport les chiffres des dégâts, le compte des blessés et des morts. Ça, ça n'intéressait pas Hitler.

— Au fond, ces raids sont excellents pour le moral. Ils permettent aux Munichois de comprendre que l'Allemagne est en guerre. Cela aura un impact salutaire. Et puis, de toute façon, il aurait fallu démolir les immeubles après la guerre pour rénover l'urbanisme. En fait, les Britanniques travaillent pour nous.

C'est ce jour-là que Christa comprit que la folie d'Hitler ne venait pas d'idées étranges, haineuses ou excessives, ni même d'une détermination inébranlable qui veut ignorer les obstacles de la réalité, mais peut-être d'un manque absolu de compassion.

\*

Sœur Lucie venait tous les dimanches à la maison.

Les enfants l'attendaient comme une friandise.

Vive, joyeuse, la repartie toujours surprenante, le rire clair et inattendu, elle les enchantait et surtout leur donnait l'impression unique de fréquenter un adulte plus jeune qu'eux. Par ses étonnements, sa capacité intacte de s'émerveiller ou de s'indigner, le tranchant de sa colère, elle leur semblait beaucoup plus fraîche qu'eux-mêmes qui, à l'école, dans la cour, avec leurs maîtres ou leurs camarades ou même dans leur famille, avaient déjà pris l'habitude de se maîtriser et de composer.

Sarah, elle, remerciait sa rivale d'être ce qu'elle était. Rassurée dans un premier temps, elle avait ensuite découvert la force d'attachement étrange qui existait entre Lucie et Adolf ; sa jalousie avait failli prendre un nouveau galop jusqu'à ce qu'une amie s'exclamât :

— Tu ne vas pas être jalouse d'une bonne sœur ? Surtout toi, une Juive !

Le ridicule avait été une pommade efficace.

Enfin persuadée que personne ne voulait lui voler Adolf, elle supportait cette étrange relation de son mari avec celle qui l'avait autrefois sauvé, bien qu'elle n'en comprît pas la vraie teneur.

Quant à sœur Lucie et Adolf, ils étaient bien les derniers à savoir pourquoi ils se fréquentaient.

— Je ne suis même pas sûr de croire en Dieu, disait Adolf.

— Je ne suis même pas sûre d'aimer ta peinture, répondait Lucie.

Et ils éclataient de rire.

— Remarquez, reprenait Adolf, que je ne suis pas certain non plus d'apprécier ma peinture.

— Et moi, je ne suis pas certaine de Dieu tous les jours.

Le dimanche après-midi, dans ces heures grises, immobiles et lentes où les adolescents ont envie de se suicider, il l'emmenait à l'atelier où, sous prétexte d'examiner les toiles, ils s'isolaient pour parler.

— Je ne suis certain de rien. Pas certain de bien peindre. Pas certain de bien agir. Pas certain d'aimer correctement ma femme ou mes enfants.

— Tant mieux ! Les certitudes font les crétins.

— Tout de même ! Un peu de confiance en moi, parfois, me permettrait d'aller plus loin.

— Plus loin des autres, Adolf, c'est tout.

— Tout de même ! Si je pouvais arrêter de douter...

— N'arrête pas de douter, c'est ce qui fait de toi ce que tu es. Un homme fréquentable. Cela te donne un sentiment d'insécurité, certes, mais cette insécurité, c'est ta respiration, ta vie, c'est ton humanité. Si tu voulais en finir avec cet inconfort, tu deviendrais un fanatique. Fanatique d'une cause ! Ou pire : fanatique de toi-même !

— Mais vous, sœur Lucie, vous n'avez pas de certitudes ?

— Aucune. J'ai la foi. Mais ce n'est pas une certitude. C'est juste un espoir.

— Et de l'énergie ? Je ne connais personne qui en possède autant que vous.

Un dimanche, Adolf demanda à Heinrich de venir à l'atelier pour rencontrer sœur Lucie. Il était heureux de mettre l'un en face de l'autre les deux êtres qu'il aimait le plus en dehors de sa famille.

Heinrich se montra brillant, charmant, passionné. Il sut révéler à sœur Lucie comment il fallait admirer la peinture d'Adolf H. Il surprit son professeur par ses connaissances en histoire sainte et en théologie et lorsqu'il les quitta, à la nuit venue, Adolf se retourna vers sœur Lucie, encore tout ébloui du moment qu'ils venaient de partager.

– Heinrich est merveilleux, n'est-ce pas ? C'est un ange.

Sœur Lucie fit une grimace qu'il ne lui avait jamais connue.

– Lui ? C'est le diable.

\*

*Douce Nuit, Sainte Nuit.*

Les familles allemandes se penchaient au-dessus de leurs radios avec émotion en cette nuit du 24 décembre 1942. Les femmes pleuraient en songeant que c'était peut-être la voix de leur fils, de leur mari, de leur frère, de leur petit-fils ou de leur fiancé qui s'échappait de la grosse boîte de bois placée sur le buffet à côté du sapin.

La radio allemande retransmettait ces chants depuis le front de Stalingrad. Le chœur des soldats allemands se fondait dans le chœur des soldats russes, la trêve de Noël unissant les deux armées qui s'affrontaient mortellement depuis des semaines autour de la Volga.

Malgré les communications optimistes de Goebbels, la population s'inquiétait ; on murmurait que les Russes étranglaient la sixième armée par le nombre, le froid, la faim ; les listes des morts grossissaient chaque semaine les journaux.

Pourtant, en ce soir chrétien qui faisait sympathiser les ennemis, les familles allemandes reprenaient un peu espoir :

après tout, la guerre n'était pas si barbare puisque les voix russes s'unissaient aux voix allemandes ; après tout, le conflit finirait peut-être bientôt ; en tout cas, ce soir il n'y aurait pas de nouveaux morts.

Depuis sa Tanière du Loup, dans la nuit d'encre de la forêt prussienne, Hitler écoutait aussi le double chant d'harmonie que crachotait sa radio, lumineuse crèche au milieu du bunker.

Christa et Johanna lui lisaient les lettres déprimées que les sous-officiers de Stalingrad envoyaient à leurs proches et qu'Hitler faisait auparavant ouvrir. En découvrant l'étendue de l'horreur et de la tuerie, il comprenait qu'il allait perdre la bataille. La catastrophe devenait inévitable. Il fit taire ses secrétaires pour écouter les dernières notes profondes de l'hymne à la Nativité.

– Bonne idée. Oui, nous avons bien fait de réaliser ce montage.

Naturellement, il s'agissait d'un trucage.

Cette nuit-là, à Stalingrad, personne ne chantait et mille trois cents soldats trouvaient encore la mort.

\*

– Pourquoi est-ce que tu me regardes comme ça, papa ?
Adolf détourna les yeux.

– Depuis que je suis petite, tu as l'air surpris en me regardant.

– Oui, mais maintenant c'est parce que tu n'es plus petite, justement.

Sophie écrasa son pinceau avec agacement contre la toile. Elle n'avait que treize ans mais elle les refusait déjà. Si elle ne savait pas encore ce qu'elle allait gagner en devenant adulte, elle soupesait déjà ce qu'elle perdait en quittant l'enfance. Son père ne la prenait plus sur ses épaules, ne lui massait plus le dos au réveil, hésitait à la prendre dans ses bras, n'acceptait plus qu'elle vînt se coucher sur lui dans le sofa couvert de kilims où il se reposait, l'après-midi, en rêvant.

Adolf contemplait avec émerveillement son enfant devenir une étrangère. *A quoi est-ce que cela tient, le mystère ?* Sophie prenait une épaisseur nouvelle. Cette densité n'était pas due aux seins qui apportaient de l'élan au torse, ni aux hanches qui s'élargissaient alors que la taille montait en tendant un ventre d'un plat admirable, ni même aux jambes qui s'allongeaient interminablement. Non, le mystère, elle ne le devait pas au labeur obscur et mécanique de la croissance, à la seule obstination des hormones ; elle l'acquérait en devenant rêveuse, silencieuse, traversée de pensées inédites, d'élans inhabituels.

Sophie continuait à peindre auprès de son père sur le petit chevalet qu'il avait installé pour Rembrandt et elle. Elle peignait comme on respire, parce qu'elle avait toujours vu son père le faire et qu'elle aimait rester auprès de lui.

Heinrich entra, le rose aux joues, peinant à reprendre haleine.

– C'est extraordinaire, dit-il en s'appuyant contre la verrière. Vous devez partir en juin à Paris.

– Quoi ?

Heinrich avait tenu à payer ses cours auprès de son maître en faisant office de secrétaire. Il brandissait un courrier qui venait d'arriver.

– Le Grand Palais organise une vaste exposition consacrée à l'école de Paris. Non seulement vous en ferez partie, mais la galerie Marceau, à Matignon, veut profiter de l'occasion pour aménager une rétrospective de toute votre œuvre.

– Quoi ?

Adolf semblait furieux. Heinrich et Sophie, heureux de cette nouvelle, le fixaient sans comprendre.

— Je n'irai pas.

Il jeta sa palette et ses pinceaux à terre.

— Mais papa, qu'est-ce qui te prend ?

— Je suis trop jeune. Je n'ai pas l'âge des rétrospectives. Je n'irai pas.

*

La bataille de Stalingrad était perdue.

Après des mois de lutte héroïque, le général von Paulus s'était rendu.

Hitler entra dans une colère d'une semaine, un courroux qui soit le laissait sans voix, soit le faisait hurler dans la Tanière du Loup.

— C'est impossible. C'est incompréhensible. C'est impardonnable. Voilà un homme que je nomme feld-maréchal le 30 janvier et qui se rend le 1ᵉʳ février. Mais je ne l'avais nommé feld-maréchal que parce que je pensais qu'il allait mourir au combat. Bravement. Héroïquement. C'était un héros posthume que je décorais. Pas un traître en puissance. Quel déshonneur ! Un homme qui lutte pendant des mois et qui tout à coup se livre aux bolcheviques.

Autour de lui, certains pensaient que deux cent mille morts et cent trente mille prisonniers étaient suffisants pour comprendre qu'une bataille était perdue et que le général von Paulus avait eu raison de limiter l'hémorragie. Bien entendu, personne n'émit son opinion à haute voix.

— Pour moi, il n'y a pas défaite à Stalingrad, il y a trahison ! Plus personne ne sera nommé feld-maréchal pendant cette guerre. Et où est-il ce Paulus, maintenant ? Enfermé dans une prison soviétique en train de se faire bouffer par les rats : comment peut-on être lâche à ce point ? Un feld-maréchal n'accepte pas la captivité, il se suicide. Lui, non seulement il abdique mais il reste en vie ! Il salit l'héroïsme de tous les autres. En un instant, il pouvait se libérer de toute cette misère et entrer dans l'éternité, l'immortalité nationale. Lui, il se rend à Staline ! Comment peut-on agir ainsi ? C'est dément. Cet homme-là n'a aucune volonté...

Pour lui dont le corps se délitait un peu plus chaque jour, tout était affaire de volonté et de volonté seule.

– La puissance de la volonté ! C'est cela qui fabrique un destin, une nation ! Durant toute ma vie, j'ai connu des crises qui ont mis à l'épreuve ma volonté, mais celle-ci s'est toujours montrée la plus forte. Aurais-je pu m'affirmer dans ma vocation artistique sans volonté ? Aurais-je survécu à la guerre de 14-18 sans volonté ? Aurais-je pris le pouvoir sans volonté ? M'y serais-je maintenu sans volonté ? Les généraux allemands ont du sang de navet et pas plus de volonté qu'un gond de porte !

En fait, les généraux avaient autant de volonté que lui, mais ce n'était plus la même. Les Allemands non plus. Le pays entier lâchait Hitler et se retournait contre lui, l'accusant de l'avoir entraîné dans une guerre inutile dont l'issue s'annonçait calamiteuse. Sur les murs des villes apparaissaient les inscriptions : « Hitler menteur », « Hitler meurtrier ». Des groupes de résistance se formaient, souvent issus de milieux conservateurs et chrétiens, dont certains préparaient des attentats contre le Führer.

Hitler le savait et s'épargnait toute rencontre publique, se contentant de convaincre et de terroriser ses proches. Des rumeurs commençaient à courir sur sa sénilité précoce, ses accès de démence, le fait que, lorsqu'on le contrariait, il piquait de telles crises qu'il mordait le tapis en bavant.

Pour faire taire ce bourdonnement diffamant, le ministre de la Propagande, Goebbels, proposa au Führer d'apparaître le 21 mars 1943, à Berlin. L'occasion serait la Commémoration des héros. Pour la première fois depuis Stalingrad, Hitler s'adresserait à la nation. Il tenta de se défiler en prétextant que les Britanniques allaient en profiter pour lancer un raid aérien sur Berlin, mais Goebbels l'emporta en disant que, si le peuple n'avait pas peur de venir, le Führer ne devait pas non plus avoir peur.

Hitler, comme d'habitude, se prépara très peu, comptant bien que l'inspiration lui viendrait dès qu'il sentirait la foule captive et exigeante sous lui.

Il rassembla ses forces pour monter comme autrefois d'un pas dynamique à la tribune, mais l'effort lui coûta tant qu'il fit une irruption brusque de pantin désarticulé, se rattrapant de justesse au micro dans un geste qui n'avait rien d'athlétique.

Il commença par une diatribe antibolchevique. Malgré les membres de la Gestapo répartis dans le public, la foule ne réagissait pas avec la fougue et la ferveur d'antan. Hitler fit un lapsus ; il confondit bolchevisme et judaïsme sans le vouloir. Il eut l'image dans sa tête d'un disque rayé qu'il fallait jeter. Il tenta de s'encourager en se répétant : « Non, tu n'es pas un vieux propagandiste », et reprit la parole. Mais lorsqu'arriva le moment où il devait commémorer les victimes de Stalingrad, il fut pris d'une nouvelle décharge de haine contre le général Paulus et supprima le sujet. Puis, lorsqu'il dut évoquer tous les morts de l'Allemagne depuis le début de la guerre, il ne put s'empêcher de minorer outrageusement les chiffres, ce qui provoqua un silence incrédule. Enfin, une accablante fatigue le prit lorsque, pour la péroraison, il dut appeler les cœurs à se réchauffer et à ne pas perdre espoir dans la victoire finale ; il se sentit soudain si isolé, si nu, qu'il donna un dernier coup de trompette sur la juiverie internationale et s'éclipsa.

Le lendemain, le bruit courait dans toute l'Allemagne qu'en réalité il n'avait pas parlé ce jour-là à Berlin, ni sur les ondes de la radio. On prétendait que le vrai Hitler, cloîtré pour dépression nerveuse, avait envoyé un sosie à sa place.

Du coup, il s'alita pour de bon.

\*

– Quoi ? Vous n'avez pas un Adolf H ? Moi, j'en ai trois dans le salon.

– Cet Adolf H., on ne parle plus que de lui à Paris.

– L'autre jour, les Rothschild avaient même organisé une soirée en son honneur.

– Et les Weil feront pareil le mois prochain.

– Mouais, c'est le peintre à la mode.

– Il vaut plus que la mode, ma chère, car la mode se démode. Lui, il a du style.

– Mon mari vient d'acquérir un grand format pour notre maison de Normandie. Nous avons été chanceux car il a peint très peu de grands formats. Et l'on ne sait jamais quoi mettre dans les escaliers de ces immenses maisons.

– Si ce n'est pas indiscret, vous l'avez payé combien ?

– Quoi ? La maison ? C'est un héritage.

– Je parlais du tableau.

– Quatre cent mille francs. Mais ça les vaut. Croyez-moi. C'est cher, mais ça les vaut.

– Tout de même... Ça valait deux fois moins il y a trois mois.

– Ça vaudra deux fois plus dans trois mois. La cote d'Adolf H. s'envole. Non seulement c'est très joli, très vivable, pas trop torturé, mais c'est aussi un investissement.

– Au fait, ce nom, Adolf H., c'est juif ou c'est allemand ?

– Les deux, ma chère.

– C'est incroyable, n'est-ce pas, le nombre d'artistes juifs et allemands qui dominent la peinture aujourd'hui ? Nous vivons l'ère du Juif-Allemand.

— Pas seulement la peinture, ma chère, mais la musique. Schönberg, Weill, Hindemith. Et les plus grands chefs d'orchestre, Bruno Walter, Otto Klemperer, Furtwängler.

— Furtwängler est juif ? Vous croyez ?

— Oh sûrement.

— En tout cas, Adolf H. l'est, c'est certain. Son beau-père n'est autre que Joseph Rubinstein, un des piliers du sionisme en Allemagne.

— D'accord !

— Quoi, d'accord ?

— J'ai dit d'accord.

— Oui, mais il y avait une insinuation dans le ton.

— J'ai dit d'accord car je comprends maintenant le lien avec les Rothschild.

— Mais non. Ils aiment les artistes, c'est tout. A ce moment-là, Picasso est juif aussi.

— Pourquoi, il n'est pas juif, Picasso ?

— Vous y étiez vous, à la réception des Rothschild ?

— Bien sûr.

— Alors comment est-il, cet Adolf H. ?

— De très beaux yeux. Des yeux qui vous hypnotisent. Normal pour le reste. Banal même. Mais des yeux...

— Avec qui était-il venu ?

— Avec un jeune homme, une beauté, une vraie figure d'ange. Il l'a présenté comme son élève et secrétaire.

— A d'autres ! C'est son amant, c'est évident.

— Pourquoi dites-vous cela ?

— Parce qu'ils sont tous... comme ça, les artistes. Je ne connais pas un artiste qui ait une vie normale.

— Mais non, vous dites n'importe quoi ! A ce compte-là, Picasso aussi serait homosexuel.

— Pourquoi, il n'est pas homosexuel, Picasso ?

\*

– Mon Führer, vous devez vous montrer.

– Non.

– Le peuple a besoin de votre présence.

– Non. Je ne me montre qu'après les victoires. Sans triomphe, je n'ai pas envie de parler. A cause de la nullité de mes généraux, je n'en ai plus l'occasion. Non. Et non.

– Mon Führer, en tant que ministre de la Propagande, j'ai besoin de votre incomparable présence. Nous devons faire des films, des photographies. Par exemple, il serait bon que vous visitiez les villes et les régions qui ont souffert des raids aériens.

– Quoi ? Vous voulez m'immortaliser sur la pellicule au milieu des ruines ? Que je reconnaisse les dégâts ? Vous êtes fou ?

– La population le recevrait bien, elle aurait l'impression que vous partagez ses souffrances. Vous pourriez aussi visiter les blessés de guerre. Tout cela montrerait que vous éprouvez de la compassion.

– De la compassion ? Ne soyez pas ridicule.

– On ne peut négliger le peuple trop longtemps. Après tout, c'est lui qui est au cœur de notre effort de guerre.

– Allons donc, c'est moi qui fais tout le travail. Je me ruine la santé pour maintenir nos objectifs. Je dors à peine trois heures par nuit.

Le fringant Goebbels, sur ce point, ne pouvait contredire son chef : Hitler faisait peine à voir. Raide, congestionné, les cheveux grisonnants, les yeux soufflés, le dos voûté, il cherchait parfois ses mots tandis que son bras gauche tremblait sans qu'il pût le contrôler. Il avait abandonné son mode de vie de dilettante fait de longues nuits, de siestes, de détente

quotidienne devant les films en projection privée, de bavardages sur l'art et de moments exaltants passés à rêver autour
de maquettes architecturales. Depuis l'embourbement dans
la guerre et sa décision de commander toutes les opérations,
il s'était transformé en bourreau de travail et cela le rendait
improductif. Rien ne sortait de cette débauche de réflexions.
Cette constante tension mentale le brisait, bien qu'il ne voulût pas le reconnaître. Hitler n'entendait pas prendre
conscience de ses limites, à savoir qu'il n'était brillant qu'à
la tribune et efficace que dans l'agression. Amateur et bou-
silleur. Ni professionnel, ni défensif.

— Le peuple allemand a besoin de signes venant de vous,
mon Führer. Vous manquez au peuple allemand.

— Ça suffit ! Il m'emmerde, le peuple allemand. Il n'est pas
à la hauteur de la situation. Je me demande même s'il me
mérite.

— Il faut comprendre que...

— Non ! Le secret de la réussite tient en la volonté. Ma
volonté ne fléchira jamais. Je sais que certains Allemands
voudraient que nous négociions la paix. Hors de question.
Guerre à outrance ! Guerre totale ! Pas de reddition ! Certains
Allemands n'ont pas encore compris les vertus de l'intolé-
rance. Mais qu'ils regardent la nature ! Il n'y a aucune tolé-
rance dans le règne animal ou végétal : la vie détruit tout ce
qui est incapable de vivre. Nous devons tenir sans faiblir. La
victoire ou l'anéantissement. Tout ou rien. Dans mon existence, je n'ai jamais capitulé. Je me suis fait à partir de rien,
vous m'entendez, tout seul à partir de rien. Pour moi, la
situation dans laquelle nous nous trouvons n'a rien de neuf.
J'ai connu pire. Je poursuivrai mon objectif avec fanatisme
car vous le savez bien, mon cher Goebbels, seul le fanatisme
compte, seul le fanatisme sauve. Sans le fanatisme, rien de
grand ne se serait jamais fait sur terre.

– Bien sûr, mon Führer, mais...

– Ecoutez-moi bien, Goebbels : si le peuple allemand se révélait faible, il ne mériterait rien d'autre que d'être anéanti par un peuple plus fort. On ne saurait alors avoir de compassion pour lui. Pas moi, en tout cas.

Hitler fit signe qu'il congédiait le minuscule et élégant Goebbels. Sur le pas de la porte, il le retint, en lui demandant des nouvelles de ses enfants. Goebbels lui rapporta brièvement que ses six enfants se portaient bien. Hitler, tout à coup charmant, insista pour avoir des détails sur chacun. Pendant vingt minutes, Goebbels l'arrosa d'anecdotes qui semblèrent l'enchanter puis repartit soulagé, flatté que le Führer lui montrât tant d'affection en ces heures difficiles.

Hitler rejoignit sa chienne, Blondi, qui l'accabla de démonstrations de joie, et il lui retransmit les nouvelles des petits Goebbels. Il adorait ces enfants que, dans ses conversations avec Blondi, il appelait les petits « H » et qu'il considérait un peu comme de jeunes annexes de lui-même. Dans son idolâtrie, Goebbels avait en effet prénommé ses enfants Helga, Hilde, Hellmut, Holde, Hedda et Heide, afin d'illustrer par six fois l'initiale vénérée d'Hitler.

Il reçut ensuite Himmler qu'il venait de nommer ministre de l'Intérieur du Reich, tâche dont la limace s'accommodait très bien. Il constata qu'il avait réduit la taille de sa moustache à deux traits verticaux mais qu'il ne s'était pas résolu à la raser. Après tout, peut-être était-il efficace pour le prestige, voire pour l'autorité d'Himmler auprès de ses subalternes, d'avoir ne serait-ce que l'ombre d'une moustache hitlérienne ?

– Himmler, l'Allemagne m'inquiète. Le peuple a un moral très bas et ce raisin sec de Goebbels, à la Propagande, semble impuissant à l'améliorer. C'est *vous* qui allez sauver la situation.

– Que faut-il faire, mon Führer ?

Dans les jours qui suivirent, Himmler réunit tous les dirigeants SS à Posen, puis les différents chefs du Reich. Il mit brutalement les choses au point concernant les trains qu'on avait fait partir pleins de Juifs et qui revenaient vides. Il avoua le vrai fonctionnement des camps de la mort.

– Avec ce programme d'extermination des Juifs d'Europe, nous venons de réaliser une page glorieuse de notre histoire, qui n'a jamais été écrite et ne saurait jamais l'être. Nous avions le droit moral et surtout le devoir envers notre peuple de détruire cette race qui voulait nous détruire. Nous avons exterminé radicalement le bacille juif qui pouvait nous rendre malades et nous faire mourir. Hitler restera dans l'histoire comme Robert Koch, l'homme qui a éradiqué la tuberculose, et notre fierté sera d'avoir été, nous tous, ses infirmiers.

Il revint faire son rapport à Hitler qui se frotta les mains.

– Voilà. Maintenant, ils sont tous compromis. Ils en savent assez pour ne pas vouloir en savoir plus.

Il s'approcha de la fenêtre où s'éteignait un crépuscule d'un rouge violent.

– Tous les dirigeants allemands ont maintenant le doigt dans l'engrenage. Ils sont piégés. Non seulement ils se tairont mais ils seront obligés d'aller jusqu'au bout.

Le silence s'installa dans la pièce mal chauffée.

Très calme, Hitler ajouta, en un constat pour une fois totalement dépourvu de grandiloquence :

– Désormais, les ponts sont coupés derrière nous.

*

Au Ritz, s'il vous plaît.

Adolf H. entra trop facilement dans le taxi. En fait, il s'y échoua car il avait trop bu.

Paris lui faisait la fête. On raffolait de sa peinture et l'on se sentait très honoré qu'il eût vécu en France. Etrange revirement. Les journalistes et les mondains s'enquéraient désormais des moindres détails de sa vie parisienne dans les années vingt – quelles rues, comme c'est intéressant, quels appartements, quels bistrots, quels restaurants –, alors qu'à l'époque même où il y était, on lui tournait le dos et qu'il avait toutes les peines du monde, lui, un étranger sans revenu fixe, à obtenir un logement ou un infime crédit d'épicier. Ce soir encore, il rentrait au Ritz où son galeriste, reconnaissant de voir les prix de vente s'envoler, lui payait une suite pour une semaine supplémentaire.

Le Ritz... A son arrivée à Paris, en 1919, il avait logé dans un hôtel borgne, étroit et haut, l'Hôtel Eclair, près de la gare de l'Est ; là, entre les toilettes de l'étage dont les vitres brisées laissaient le vent froid lui geler les fesses, le va-et-vient des putes et des michetons dans l'escalier sonore, au-dessus de la moisissure des tapis jamais lavés, il avait partagé une chambre minuscule avec Neumann ; et il avait été heureux. Aujourd'hui, il offrait une suite au Ritz à Heinrich et Sophie qui l'avaient accompagné ; dorures, cristal, champagne et canapés profonds, il voyait la face riche de la ville, et il était heureux aussi.

Seulement le bonheur n'avait pas le même goût.

Il avait l'amertume du temps qui passe. Adolf H. avait conquis Paris brièvement avant qu'Onze ne mourût et que la crise économique fît des ravages ; il le reconquérait et cela ne lui faisait pas grand-chose, à part sentir qu'il avait vieilli et que ceux qui l'ignoraient dix ans auparavant et criaient aujourd'hui au génie n'étaient que des girouettes dont le jugement ne valait rien et se résumait au bruit qu'ils faisaient. Tout est bref, momentané. L'ivresse d'un très bon vin. Pas plus. Il était si sévère envers ses laudateurs qu'il en avait presque mauvaise conscience. Pour se déculpabiliser, il occupait son séjour à établir la réputation d'Heinrich. Il acceptait les rendez-vous inutiles pour parler d'Heinrich, il rencontrait des galeristes pour qu'ils s'occupent d'Heinrich, il ne sortait en ville que pour montrer Heinrich, sachant que les convives seraient plus convaincus par sa beauté et son charme que par l'examen superficiel de ses tableaux auxquels, de toute façon, ils n'entendraient jamais rien.

Heinrich se plaisait à Paris et cela plaisait à Adolf. Il avait l'impression de lui avoir offert la ville pour ses vingt-cinq ans. Des contacts sérieux avaient maintenant été noués avec les professionnels de l'art. Heinrich n'avait plus qu'à peindre. *C'est un peu mon fils, cet Heinrich, mon fils en peinture puisque Rembrandt a la bosse des mathématiques et que Sophie continue à se chercher. Il sera ma paternité de peintre.* Cette générosité d'Adolf était aussi le moyen de surmonter cette douleur qu'est pour tout artiste l'apparition d'un très jeune génie. Adolf se sentait si dépassé par les dons d'Heinrich qu'il n'avait réussi à trouver sa place que comme maître et mentor du plus grand peintre de la seconde moitié du siècle.

– Voilà mon prince, c'est quarante francs.

Adolf ne discuta pas le prix excessif annoncé par le chauffeur car il aurait eu honte de marchander pour quarante francs devant les portiers du Ritz.

Il paya et rejoignit sa suite. Lui profitait de la chambre principale, Sophie de la deuxième et l'on avait trouvé une très jolie soupente pour Heinrich.

Adolf se déshabilla, passa un long temps sous la douche tiède pour se laver de l'ivresse puis enfila un pyjama de soie.

En passant devant la chambre de Sophie, il entrevit une lumière et pesta, par réflexe de père économe, pensant qu'elle s'était une fois de plus endormie sans éteindre.

Il poussa la porte et découvrit sur le lit défait et désordonné, Heinrich nu qui tenait Sophie, tout aussi nue, dans ses bras.

Ils avaient ouvert les yeux en entendant la porte s'ouvrir et contemplaient Adolf avec effroi.

*

Les deux dictateurs étaient assis dans les ruines fumantes.

Parmi les débris, Hitler avait trouvé une caisse qui n'avait pas été soufflée par l'explosion. Mussolini s'appuyait sur une poutre veuve, dernier reste de la charpente.

Les cendres voletaient encore, hagardes, incohérentes au milieu du bâtiment éventré et Paul Schmidt, le traducteur, vérifiait avec angoisse qu'au milieu des miettes de bureaux et de chaises, des décombres de vitres et de murs, des lambeaux de vêtements tachés de sang, il ne subsistait pas un foyer menaçant.

Autour d'eux, la sinistre forêt de ce territoire des confins envoyait des buées de ses souffles glacés.

Les cheveux roussis, le bras en écharpe, Hitler, très calme, souriait en montrant ce qui restait de son ancienne salle de conférences.

– Voilà. J'étais là, tout à l'heure, penché au-dessus de la table en train d'étudier la carte aérienne lorsque j'ai aperçu, un quart de seconde, une flamme bleu et jaune. Il y eut ensuite une explosion terrible. Je me suis retrouvé dans une fumée noire, épaisse, qui tourbillonnait. J'ai reçu une pluie de verre et de bois. Ça crépitait dans tous les sens. Nous étions vingt-quatre. Quand la fumée s'est désépaissie, j'ai vu des silhouettes qui s'agitaient, les vêtements et les cheveux en flammes. Là, j'ai vérifié que j'étais bien intact, que je pouvais bouger. J'avais des éclats dans le bras et la jambe, mais rien de plus. En marchant vers le jour, j'ai buté sur des corps.

Certains de mes collaborateurs étaient déjà morts, d'autres grièvement blessés. Quand j'ai mis les pieds hors d'ici, le bon général Keitel s'est précipité sur moi, m'a serré dans ses bras en criant : « Mon Führer, vous êtes vivant, vous êtes vivant ! » Il pleurait à chaudes larmes, ce brave Keitel.

Hitler, là, s'arrêta pour larmoyer un peu, plus ému par l'émotion du général que par sa chance. Mussolini, un peu en retard sur le récit à cause du traducteur, parvint, lui aussi, à prendre un air attendri.

– Schmidt, combien de blessés graves ? éructa Hitler.

– Onze, mon Führer.

– Comment ? hurla-t-il.

– Onze.

– Vous voyez, Mussolini : onze blessés graves, très graves, qui vont sûrement décéder dans les heures qui viennent.

Il clamait cela avec fierté, comme s'il annonçait une victoire personnelle.

– Votre sténographe, Berger, est déjà mort dans l'ambulance, mon Führer. Il avait eu les deux jambes arrachées...

– Qui ?

– Berger.

– Ah, vous voyez, gueula Hitler en se retournant avec satisfaction vers Mussolini.

– Et on ne donne plus que quelques heures au colonel Brandt, s'époumona l'interprète.

– Ah !

Hitler était ravi. Plus on lui montrait l'étendue du carnage, plus il se sentait fier d'avoir survécu ; l'hécatombe soulignait son statut d'exception.

Mussolini, vieilli, affaibli, revenu de tout, épuisé, ne sachant plus très bien ce qu'il faisait là, destitué du pouvoir par le peuple italien, emprisonné, délivré par Hitler, maintenu de force par les Allemands à la tête de la petite république de Salo au nord de l'Italie, demanda à l'interprète pourquoi Hitler vociférait ainsi.

– Le Führer a eu les tympans crevés par l'explosion.

– Le sait-il ?

– Personne n'ose lui en parler.

Mussolini hocha la tête. Ce ne serait pas lui non plus qui allait prendre ce risque.

Hitler vit, aux mouvements des lèvres, que Mussolini et Schmidt discutaient.

– Eh bien, Schmidt, qu'est-ce qui vous prend ? Vous avez des conversations privées avec le Duce !

– Je lui donnais des nouvelles rassurantes de votre santé, mon Führer, trompetta Schmidt.

– Je vais très bien, merveilleusement bien, juste des égratignures.

Il se leva et tourna fièrement sur lui-même pour prouver sa forme. On aurait dit qu'il venait de s'inventer.

Mussolini remarqua alors que les yeux d'Hitler roulaient sur la droite. D'ailleurs, tout son corps penchait du même côté.

– Sans doute l'oreille interne, dit Mussolini, pensif, à Schmidt.

– Comment ? gueula Hitler.

– Vous êtes en grande forme !

Hitler sourit.

– Mon cher Duce, cet attentat m'a redonné un coup de jeunesse. Il prouve que la Providence veille sur moi et qu'elle me protégera tant que je n'aurai pas achevé ma mission. Nous devons garder un moral inébranlable malgré les difficultés provisoires que nous traversons. Les Alliés sont beaucoup plus divisés qu'on ne le dit et je ne crois pas que leur entente tiendra longtemps. Comment l'Angleterre et les Etats-Unis pourraient-ils rester solidaires de l'Union soviétique ? Les libéraux avec des bolcheviques ? Ils vont bientôt comprendre.

Mussolini faillit lui rappeler que lui, Hitler, avait été pendant quelques mois l'allié de Staline. Il se tut.

– L'Allemagne vient d'essuyer quelques revers à l'est, les Américains ont débarqué en France mais nous tiendrons. J'ai été très mal secondé par des généraux et des commandants qui ne méritaient pas leur poste, mais je suis en train de tout reprendre en main moi-même. La preuve ! Savez-vous qui je suspecte dans cet attentat ? Le colonel Claus Schenk, Graf von Stauffenberg : il a quitté la table une demi-heure avant l'explosion et s'est enfui en voiture. L'armée ! Toujours l'armée ! Je n'ai subi des revers qu'à cause de l'incompétence des militaires ou de leur trahison. Mais j'ai une grande confiance en l'avenir. Au fait, avez-vous vu mon pantalon ?

– Pardon ?

– Schmidt, montrez mon pantalon au Duce.

Paul Schmidt, très gêné, sortit d'un sac le pantalon déchiqueté que portait Hitler au moment de l'attentat. Il le déplia, l'étendit et l'exposa au Duce qui dut s'émerveiller devant chaque trou et chaque déchirure.

– Admirable, n'est-ce pas ? brailla Hitler à l'oreille de Mussolini.

L'Italien approuva en connaisseur, comme s'il avait soupesé une nouvelle arme.

– Et si vous voyiez mes sous-vêtements ! vagit Hitler.

Il prit le Duce par le bras pour retourner au bunker. Le sol collait aux bottes, Mussolini soutenait Hitler qui pesait de tout son poids sur lui sans en avoir conscience.

– Oui, mon cher Duce, nous venons de subir quelques épreuves pour notre volonté mais nous en triompherons. J'attends beaucoup des armes miracles qui vont prochainement sortir de mes usines. Le professeur Willy Messerschmitt a mis au point un avion à réaction qui pourra aller jusqu'à huit cents kilomètres par heure et enfoncera les appareils ennemis. Mais le plus enthousiasmant sera la fusée A 4, une fusée à longue portée mise au point par le génial von Braun, qui pourra nous permettre, avec le programme Kuschkern, d'anéantir totalement Londres. Vous dites ?

– Mais rien.

– Pardon ?

– Formidable !

– Oui, formidable. Epoustouflant. Décisif. Churchill va bientôt rôtir comme un poulet.

Mussolini soupira, à bout de patience, éreinté par le poids de son compagnon, assommé par ses vociférations.

– Je vous aime, Mussolini, et je vous admire. Sans vous comme exemple, je ne serais peut-être pas monté à l'assaut de l'Allemagne. Sans Mussolini, pas d'Hitler.

– Et puis sans Hitler pas de Mussolini, hurla le Duce, pensant avec tristesse à son minuscule pouvoir maintenu artificiellement par les Allemands.

– Ah, ah, très drôle. Très très drôle. Je ne la connaissais pas. Vraiment très drôle. Tiens ça me fait penser qu'en 31, à Munich...

Mussolini ne sut jamais ce qu'Hitler avait pu comprendre. Il le laissa crier à se faire péter les veines du cou sans même plus essayer de formuler une réponse. Ils trébuchèrent encore une quinzaine de fois avant de rejoindre les voitures.

Affectueux, intarissable, Hitler l'accompagna jusqu'à la gare, jusqu'au quai, jusqu'à la porte du wagon. Fataliste, Mussolini pensait à sa maîtresse et à ce qu'il mangerait dans son wagon ce soir. Il ne prêta plus aucune attention à son collègue dictateur. Après tout, Hitler n'avait jamais eu besoin d'être écouté pour parler et cela faisait plusieurs années qu'il était sourd.

\*

« Chère sœur Lucie,

La trahison est une lumière crue qui donne sa réalité à tout ce qu'elle éclaire. Peut-être la seule lumière vraie... Depuis que j'ai découvert, cet horrible soir, qu'Heinrich couchait avec ma fille qui n'a que treize ans, je le vois tel qu'il est. C'est insoutenable.

Une fois remis de ma surprise, j'attrapai Heinrich nu et le traînai dans le salon.

— Couvre-toi et explique-moi.

Il s'empara d'un plaid, se le noua autour des reins et m'adressa un sourire grinçant.

— Je n'ai rien à dire.

— Explique-moi ! Comment as-tu pu faire ça à Sophie ?

Il éclata de rire.

— Le plus aisément du monde.

— Elle n'a que treize ans.

— Et alors ? Je ne l'ai pas forcée. Elle est amoureuse de moi.

— C'est impossible.

— Qu'est-ce que vous croyez ? Allez lui demander. Je ne l'ai pas forcée. Pas une seconde. J'ai même mis du temps à céder. Mais demandez-lui.

— C'est impossible.

— Pourquoi ? Vous préféreriez un viol ?

Il s'allongea, d'un saut, sur le canapé, insouciant, indifférent, sarcastique. Il ne comprenait même pas mon effondrement.

— Mais Heinrich, comment as-tu pu me faire ça à moi ? A moi ?

— Vous et elle, vous êtes des personnes différentes. Je ne vois pas le rapport.

— C'est ma fille, Heinrich, j'en suis responsable, je la protège. Et toi, tu es presque mon fils et je croyais que tu étais
mon ami et que tu la protégeais aussi.

J'attendis. Je lui laissai le temps de prendre conscience,
d'avoir honte, de regretter, de s'excuser. Après dix minutes,
il sauta sur ses jambes, me regarda avec impatience, sinon
agacement, et demanda sèchement :

— Bon, c'est fini ? J'ai horreur de ce genre de scènes. Je
monte prendre une douche dans ma chambre.

Et il quitta la pièce.

Ce fut à cet instant, vraiment, que je compris.

Heinrich était vide de toute valeur morale, de tout sentiment. Il avait sauté une gamine parce qu'il en avait envie et
qu'elle le voulait bien. Rien d'autre à ses yeux.

J'allai rejoindre Sophie qui pleurait dans son lit. Je voulus
la prendre dans mes bras pour la consoler, l'assurer de mon
affection mais elle se raidit et s'écarta au bout du lit. Elle ne
supportait déjà plus que les embrassades d'Heinrich !

Je tentai de parler avec elle et je découvris les ravages faits
par le démon. Oui, elle l'aimait. Mais d'ailleurs, tout le
monde l'aimait dans la famille, et moi, son père, en premier,
qui l'avais imposé à tous. En quoi était-elle coupable ? Heinrich était beau et, moi-même je le disais, il était un génie.
Alors ?

— Alors, tu ne vis pas la même chose que lui, ma chérie.
Tu l'aimes mais lui ne t'aime pas.

— Comment peux-tu dire ça ? On ne peut pas m'aimer,
c'est ça !

— Oh si, on peut t'aimer. Et moi je t'aime, et ta mère
t'aime, et Rembrandt, et Lucie, et tant d'autres déjà et tant
d'autres qui viendront, mais pas Heinrich.

— Pourquoi ?

— Parce qu'Heinrich est un monstre. Un animal cupide,

intéresse, à la seule écoute de ses désirs, sans barrière morale ni sens de l'amitié, incapable d'aimer.

– Je te déteste. Tu dis ça parce que tu es jaloux.

Je vous épargne, chère Lucie, le reste de la nuit. Sophie ne voulait reconnaître qu'un prince charmant en Heinrich et moi, qui l'avais tant cru aussi, comment aurais-je pu la convaincre du contraire ?

Heinrich disparut le lendemain. Sans un mot ni une explication. De ses cadeaux, cette brutalité est celui dont je le remercie le plus car il me permit de convaincre Sophie que j'avais raison. Depuis, elle erre.

Nous avons appris qu'Heinrich loge chez plusieurs personnes – une Américaine milliardaire sensible aux charmes des éphèbes, un vieux galeriste célibataire dans les mêmes sentiments, un jeune couple de journalistes du *Figaro* qui veulent le lancer, etc. –, et qu'il fréquente tous les lieux où je l'ai introduit pour déverser sur moi des ordures. Selon sa version, il a dû s'enfuir parce que je ne supportais pas d'être éclaboussé par son génie, que j'avais compris à cause de lui que je n'étais qu'un surréaliste de troisième zone et que, en retour de mes cours et de mes services, je voulais lui faire payer le prix fort, le forcer à épouser ma fille. Je ne vous répète pas comment il osait, à cet endroit de son récit, médire sur Sophie car c'est tellement ignoble que je ne peux y songer sans avoir envie de le frapper.

Comment expliquez-vous Caïn, chère Lucie ? Et le baiser de Judas ? Le traître me déconcerte et me fait perdre pied. Abîmé dans la souffrance depuis cet incident, j'essaie de trouver une logique au comportement d'Heinrich. Je veux comprendre. Comprendre non pas pour justifier. Comprendre non pas pour cesser de condamner. Comprendre pour moins souffrir. Le mal est un mystère plus profond que le bien car, dans le bien, il y a une lumière, un dynamisme, une affirmation de la vie. Comment peut-on choisir l'obscur ?

Votre fidèle et désemparé Adolf H. »

*

Les Russes se tenaient désormais aux portes de Berlin.

Depuis la chancellerie du Reich, on entendait le grondement continu des tirs.

Les avions anglais bombardaient la ville sans répit. Aux heures où elle était rendue au soleil et au silence, la capitale ne ressemblait plus qu'à un vieil entrepôt de décors pour opéra de province ; des fiers et hauts immeubles ne restaient qu'un pan, une façade ou un mur couvert de tapisseries différentes selon les étages, sans qu'un seul plancher demeurât ; des éclats de vie intimes pendaient çà et là, suspendus au-dessus du vide, un lavabo, un portemanteau, une coiffeuse agrippée à ses vis, un tableau d'ancêtres désormais sans descendants. Au-dessus des gravats et des amoncellements, on ne voyait plus que les accessoires de ces existences interrompues. Les bombes semblaient avoir fait un travail d'effraction, de voleurs et laissaient un fumet archaïque de saccages et de viols collectifs.

Hitler ne vivait plus que sous terre.

Revenu à Berlin – pouvait-il aller ailleurs puisque l'étau se resserrait ? Les Russes progressaient à l'est et les Alliés à l'ouest –, il n'avait retrouvé que les ruines du palais néobaroque qui avait servi de chancellerie depuis Bismarck et seulement quelques murs de la nouvelle chancellerie conçue par Speer, ses appartements ayant été déchirés par des bombes incendiaires. Du coup, il avait rejoint le bunker, un abri antiaérien construit en 1943 dans les jardins, un labyrinthe claustrophobique de béton brut auquel on arrivait après une volée d'escaliers épuisants, une taupinière dotée d'un éclairage chiche et vacillant grâce à un groupe électrogène au diesel qui empestait les couloirs peu chauffés et difficilement aérés, une sorte de tombeau où le Führer était entré vivant.

— Pas de solution politique, pas de négociations, je ne capitulerai pas. Je combattrai aussi longtemps que j'aurai un soldat. Lorsque le dernier soldat me laissera tomber, je me tirerai une balle dans la tête. Par ma seule personne, je protège l'Allemagne d'un armistice honteux. Par ma seule personne, je préserve l'Allemagne de la catastrophe.

La plupart des Allemands pensaient l'inverse : par sa seule personne, Hitler les entraînait dans l'apocalypse. Un homme politique soucieux de la santé de son peuple, des villes et des installations industrielles, aurait déjà négocié pour arrêter la destruction ; il aurait pris la honte sur lui et aurait évité des centaines de milliers de morts civils et militaires supplémentaires.

Hitler, lui, avait ordonné à Speer de détruire les ponts, les autoroutes et les complexes industriels : l'ennemi ne devait s'emparer que de terres brûlées. Pour la première fois, Speer n'avait pas obéi, soucieux que l'Allemagne pût vite relever la tête après la défaite et déjà ambitieux pour lui-même dans le Reich d'après le Führer.

Lorsqu'on vint annoncer à Hitler les effrayantes conclusions de la conférence de Yalta où Churchill, Roosevelt et Staline avaient annoncé quel traitement subirait l'Allemagne après sa chute, il accueillit la nouvelle avec un calme qui glaça son entourage.

— Voyez, je vous l'avais dit.

— Mais, mon Führer, ce sera horrible : le pays divisé et démilitarisé, le parti nazi interdit, l'industrie placée sous contrôle, des réparations à verser et un jugement pour les « criminels de guerre ».

– C'est ce que je vous ai toujours dit : inutile de négocier. Il faut tenir, tenir jusqu'à les renverser. Ou bien tenir jusqu'à ce que nous disparaissions.

– La population demande un armistice rapide.

– Ne tenez aucun compte de la population. Elle est faible et veut s'économiser. Est-ce que moi, je m'économise ? Je me battrai jusqu'au bout et quand je ne pourrai plus, je me tirerai une balle dans la tête. C'est pourtant simple, non ?

Comme toujours, le corps d'Hitler n'était plus qu'un symptôme de chair : il exprimait l'état de l'Allemagne. Voûté, agité par les tremblements d'un Parkinson envahissant, main molle, air hébété, visage terreux, le Führer parlait avec difficulté en laissant échapper un filet de bave au coin de ses lèvres. Il ne se déplaçait qu'au prix de dures souffrances et ses oreilles purulentes saignaient continuellement.

– Je me battrai jusqu'au bout.

Il ne se battait pas, mais vivre dans ce délabrement était en soi un combat.

L'adipeux, jaune et crémeux docteur Morell gambadait à toute heure dans le bunker pour lui prodiguer ses soins : somnifères pour s'endormir, excitants pour se réveiller, gouttes pour digérer, comprimés pour affermir les excréments, laxatifs pour s'en délivrer, la moindre fonction vitale étant désormais assistée. Droguée, intoxiquée, dépendante, la carcasse d'Hitler était devenue une annexe pharmaceutique qui ingurgitait de la strychnine et de la belladone pour lutter contre les flatulences, des opiacés pour soulager ses troubles intestinaux, de la cocaïne dans ses gouttes ophtalmiques et des amphétamines pour combattre la fatigue. Des diététiciennes préparaient avec soin des mets auxquels il ne touchait pas par crainte d'un empoisonnement et le docteur Morell devait argumenter des heures pour le convaincre qu'il n'avait pas contracté les quelques rares infections qu'il n'avait pas encore. A cause des combats qui faisaient mourir les hommes rapidement, Hitler ne s'intéressait plus, comme par le passé, aux maladies lentes tels le cancer ou la faiblesse cardiaque et ne se cherchait plus que des maladies foudroyantes. Son hypocondrie s'était adaptée aux temps de guerre.

Il relisait la vie de Frédéric le Grand, dont il avait emporté le portrait dans son bureau souterrain, et continuait à penser que son obstination viendrait à bout de tout. Quand on lui annonça la mort du président américain Roosevelt, il y vit un signe décisif de la Providence. Roosevelt mourait en pleine guerre comme la tsarine Elisabeth devant Frédéric le Grand ! Cela signifiait que la situation allait se retourner.

– Comme pendant la guerre de Sept Ans. Pour nous, cela n'aura duré que cinq. Nous aurions mauvaise grâce de nous plaindre !

Ce jour-là, il s'amusa plusieurs heures avec Loup, le chiot que lui avait donné Blondi. L'avenir radieux reprenait ses droits.

Pendant ce temps, le poste d'observation situé dans le zoo confirmait l'avancée de l'artillerie russe dans Berlin.

Vint le jour où l'Armée Rouge ne se trouva plus qu'à quelques centaines de mètres du bunker.

Hitler tonitrua pendant plus d'une heure.

– Cet imbécile de Göring n'a jamais été capable de me seconder, c'est un morphinomane, un corrompu, un tas de graisse qui ne songe qu'à sauver sa peau et ses trésors de guerre. Vous croyez que je n'ai pas repéré qu'il se maquillait, qu'il mettait de la poudre pour avoir plus de présence sur les photos ? Vous croyez que je n'ai pas remarqué ses extravagances vestimentaires, ses costumes de soie gris pigeon et ses robes de chambre de fakir ? Vous croyez que je ne sais pas qu'il a pillé tous les musées des pays que nous occupions pour remplir ses caves ? Je savais tout cela, mais je lui pardonnais parce que je pensais qu'il m'était fidèle ! Et cette larve d'Himmler, la limace à moustache, vous croyez que je ne sais pas qu'il tente de négocier les Juifs des camps avec le Suédois Bernadotte ! Se servir des Juifs qui restent comme otages pour discuter l'armistice au lieu de les exécuter ! Vous croyez que je ne sais pas qu'il essaie de préparer son avenir auprès des Alliés ! Fusillés ! Je veux qu'on les fusille tous ! J'ai été trahi ! Mes généraux m'ont trahi. L'armée de terre m'a trahi ! Les SS m'ont trahi ! L'aviation m'a trahi ! L'industrie m'a trahi ! Je ne suis entouré que de traîtres ou de minables ! A mort ! A mort !

Il cessa subitement d'aboyer. Sa voix s'était brisée. Lui-même ne tenait plus assis. Il s'écroula sur la table et murmura, livide, sur un souffle spectral :

– La guerre est perdue.

Le docteur Morell voulut lui faire une injection de glucose.

Hitler se redressa et le contempla avec épouvante.

– Vous voulez me droguer. Vous voulez m'empêcher de rater ma sortie. Je vais vous faire fusiller.

– Mais, mon Führer, c'est juste du glucose.

– Fusillé ! Empoisonneur ! Fusillé sur-le-champ !

Le docteur Morell s'échappa en trottinant et se blottit dans la buanderie pour attendre la fin de l'orage.

Hitler regarda avec haine son entourage.

– Je vais me suicider.

– Mais, mon Führer...

– C'est l'unique chance de rétablir ma réputation personnelle. Si je quitte le théâtre du monde dans le déshonneur, j'aurai vécu pour rien. Sortez ! Sortez tous !

Il se sentait gelé : toute sa vie, il avait parlé de son suicide ; ces derniers mois, il en avait même parlé plus que jamais ;

mais cela avait toujours été dit d'un ton gai, comme un élan de virilité, une saillie, une affirmation de soi, un signe de bonne santé ; pour la première fois, en ce jour, il le pensait vraiment et savait qu'il allait le faire. Cela produisait un tout autre effet.

Il se leva, remarqua qu'il titubait et alla se regarder dans le miroir des toilettes.

Il fut effrayé par ce qu'il apercevait. Ce n'était pas lui qu'il retrouvait dans sa glace mais sa tante Johanna, la sœur de sa mère. Les bouffissures, les rides, les poches sous les yeux injectés de sang, les filets blancs dans les cheveux dévitalisés, cela appartenait à sa tante Johanna la dernière fois qu'il l'avait vue, mais pas à lui, Adolf Hitler. Il y avait erreur ! Il se sentit las, aussi usé que le visage de tante Johanna que lui renvoyait le miroir au-dessus du lavabo.

Il retourna dans son bureau et s'affaissa sur le canapé. *M'habituer. Il faut que je prenne quelques jours pour m'habituer. J'ai toujours su que je mourrais debout, mais cela me paraissait si loin...* Il regarda au-dessus de lui le portrait de Frédéric le Grand pour y puiser du courage mais le roi ne broncha pas. *Le sacrifice sera très beau. De toute façon, il ne faut pas que les Russes me prennent vivant sinon... Oui, un procès, ils seraient capables de me faire un procès. Comme criminel de guerre. Il y a de quoi rire. Ce sont tous ces Juifs, bolcheviques, anglais, américains, qui sont à l'origine de cette guerre criminelle et ils me traiteraient, moi, de « criminel de guerre ». Monde à l'envers. Quitter ce monde qui devient fou. Et ils me fusilleraient. Moi, Adolf Hitler, acculé contre un mur par une bande de tueurs communistes, jamais ! Evidemment, je pourrais tenir encore quelques jours en Bavière. Mais pour faire quoi ?* Hitler le dictateur sans pouvoir caché dans les Alpes ? De la figuration ? *Non, je ne jouerai pas le réfugié de Berchtesgaden. Ils me retrouveraient très vite. Quelques jours de vie en plus, mais j'aurais perdu la face. Non, il faut mourir ici.* Au cœur du troisième Reich. *Trahi et assiégé. Mais digne.* Quel sublime exemple pour les générations à venir. Hitler, le héros. Hitler, le modèle de la résistance absolue. *Dans cinq ans, toute l'Europe sera bolchevique, le nazisme sera une légende et je deviendrai un mythe. On songera à moi comme à Socrate ou à Jésus. Siegfried. Rienzi.* La référence wagnérienne arriva juste à temps pour le faire passer du réchauffement à l'enthousiasme. Rienzi, le valeureux Romain lâché par la populace ingrate qui brûle dans les flammes du Capitole. *Merci, Wagner. Merci la Providence de m'avoir envoyé, si jeune, la préfiguration de mon destin. Rienzi. Oui. Rienzi.*

Du coup, il alla jusqu'au tourne-disque et se passa l'ouverture de *Rienzi*. La pompe grave, solennelle, virile, de la musique élargit son rêve aux dimensions cosmiques où il se sentait si bien.

Allongé, les yeux fermés, la nuque sur un coussin, il s'enivrait d'images futures, celles de son culte, les processions fastueuses pour ses anniversaires de mort et de naissance, les bannières rouge et noir arborant les croix gammées, les foules recueillies, harmonieuses et unanimes comme un chœur d'opéra, sa bonne tête à lui aux yeux si clairs fixant avec bienveillance, sur des photographies de dix mètres sur dix, les générations à venir. Il songea à l'émotion des petits enfants allemands à qui, pour la première fois, dans une salle ensoleillée qui sentirait bon l'encre et la colle aux amandes, leur instituteur raconterait la belle histoire d'Hitler, il se voyait vivre dans leur cœur pur et impressionnable. Il entraperçut la force que les adolescents, pendant des siècles, puiseraient dans sa volonté farouche, ce destin tendu comme un arc depuis le premier jour jusqu'au dernier. Oui, il fallait que sa vie fût conclue par un suicide, une mort décidée, car tout,

dans son existence, avait été le produit de sa volonté. Volonté !
Volonté ! Mort incluse !

Lorsque le disque s'acheva, Hitler était déjà amoureux de
sa mort.

Eva Braun gisait à ses genoux, implorante.

– Je reste. Je veux mourir avec toi.

Le premier réflexe d'Hitler fut de refuser. *Non, tu ne vas
pas me voler ma mort. Une belle sortie que je suis en train de
m'organiser et toi, tu veux déjà m'en piquer les miettes ?*

Il se pencha et la découvrit, belle, jeune, lumineuse. Elle
était brune, ce jour-là, car la pénurie des industries chimiques
ne permettait plus de trouver son décolorant blond. Elle lui
sourit, frissonnante.

– Adolf, je veux mourir auprès de toi.

L'image entra comme une fulguration : les deux amants
endormis l'un auprès de l'autre, Tristan et Iseult. Oui. Une
nouvelle dorure pour la légende. Adolf et Eva, les amants
héroïques et éternels. Adolf et Eva, comme Roméo et Juliette
ou Tristan et Iseult.

– Oui. Tu mourras auprès de moi.

Merci Wagner.

– Je suis heureuse, Adolf. Tu ne m'as jamais autant comblée.

Adolf grimaça. Il préférait ne plus penser au passé, aux
scènes constantes, aux reproches, aux humiliations qu'il lui
avait fait subir. Tout repartait de zéro. Au fond, pour lui, leur
histoire commençait aujourd'hui. Oui. Il n'avait jamais
accepté que le public connût Eva Braun, il l'avait maintenue
cachée mais il allait rendre sa liaison officielle. Le Führer
entrait dans le silence de la mort avec une jeune beauté
amoureuse à ses côtés. Magnifique.

– Veux-tu m'épouser ?

Eva Braun crut avoir mal entendu.

— Eva, je te demande si tu veux m'épouser ? cria Hitler, qui braillait toujours depuis l'éclatement de ses tympans.

Les yeux d'Eva se mouillèrent : il lui proposait enfin ce qu'elle lui avait demandé cent fois et qui avait occasionné toutes leurs disputes. Elle s'abattit sur le sol en sanglotant.

— Eva, je t'ai posé une question que je n'ai jamais posée à personne. J'aimerais une réponse.

Eva se précipita sur lui pour l'embrasser éperdument.

— Mais oui, mon amour. Bien sûr que oui. C'était mon rêve le plus cher. Je te l'ai toujours demandé.

Elle le couvrait de baisers, ce qui rendait Hitler nauséeux mais, vu la circonstance, il se retint de la repousser.

— Es-tu heureuse ?

— C'est le plus beau jour de ma vie.

— Très bien. Alors nous nous marions ce soir et nous nous suicidons demain.

Il se leva pour contraindre Eva à arrêter ses effusions et se dirigea vers le coffre-fort.

— Je dois brûler des papiers.

— Bien, mon amour.

— Appelle donc mes secrétaires et organisez ensemble la cérémonie de ce soir.

Eva n'arrivait toujours pas à croire à ce revirement.

— Adolf, je voudrais quand même savoir...

— Comment ? hurla Hitler qui n'entendait rien.

— Je voudrais savoir...

— Quoi ?

— Pourquoi maintenant ? Pourquoi m'accordes-tu aujourd-hui ce... grand honneur que tu m'as toujours refusé auparavant ?

— Par cohérence.

— Par ?

— Par cohérence. Je t'ai toujours dit : tant que j'ai un avenir politique, j'exclus le mariage. Je n'ai plus d'avenir donc je t'épouse.

Eva Braun se demanda quelques secondes comment elle devait accueillir cette étrange demande en mariage, mais, comme elle n'en avait jamais reçu d'autre, elle décida qu'elle était la femme la plus heureuse du monde.

En voyant flamber les documents qu'il extrayait de son coffre, des papiers concernant sa fortune personnelle, l'organisation du génocide, la destruction des églises chrétiennes et quelques croquis anciens d'architecture, Hitler songea à sa singularité.

« Comme je suis différent. Tous, autour de moi, ne songent qu'à sauver leur peau et leurs biens matériels. Moi, j'envoie tout au feu. Quel désintérêt ! Noble. Tout est noble. Et jusqu'au bout. Au fait, que dois-je décider pour ma sépulture ? »

— Christa ! Johanna !

Ses secrétaires arrivèrent, la mine livide.

— Allons, ne soyez pas si tristes. Mieux vaut partir ainsi que d'accepter le déshonneur.

— Mon Führer, nous venons de recevoir un télégramme au sujet de Mussolini.

— Eh bien ?

— Il est mort.

— Ah...

Hitler était bien trop préoccupé par lui-même pour avoir de la peine. Il voulut se débarrasser de cette conversation et des mines attristées de ses secrétaires.

— Et de quoi ?

— Lui et sa maîtresse, Clara Petacci, ont été pendus d'une manière horrible, la tête en bas, et la populace leur a jeté des pierres.

Hitler frémit. Et si les Russes s'en prenaient aussi à sa

dépouille mortelle ? Il fallait qu'il prît ses précautions. Aux secrétaires effarées, il expliqua qu'on devrait les brûler, lui et Eva Braun, sitôt qu'ils se seraient supprimés. Ensuite, on récupérerait précieusement leurs cendres pour la sépulture grandiose que l'avenir leur réservait sans doute. Mais qu'on les incinère vite. Les corps dans la cour, arrosés d'essence, une allumette ! Il ne supporterait pas qu'on s'amuse avec son cadavre ! *On ne me capturera ni vivant ni mort. On ne capturera rien de moi.*

A minuit, la cérémonie de mariage eut lieu dans le bunker. Attendrie par la joie d'Eva qui annonçait à tout le monde qu'elle allait enfin avoir sa nuit de noces, la secrétaire Christa lui avait offert ses derniers flacons de décolorant afin qu'Eva pût être blond platine dans sa jolie robe bleue.

Eva éclatait de bonheur. Elle avait toujours aimé Adolf Hitler mais n'avait jamais pu être certaine qu'il l'aimait. Pour elle, ce mariage en était la preuve.

Dans l'abri secoué par les explosions, devant un conseiller municipal vêtu d'un uniforme nazi qui s'appelait Wagner, Adolf Hitler et Eva Braun échangèrent leurs serments de fidélité éternelle. Puis l'entourage félicita les jeunes mariés, on fit sauter les bouchons de champagne et l'on trouva des petits gâteaux.

Goebbels arriva à quatre heures du matin, très ému, les joues ruisselant de larmes en annonçant que sa femme et ses enfants venaient s'installer avec eux au bunker et les suivaient dans la mort.

Hitler fut très touché par le geste.

Il alla embrasser les six petits « H », Helga, Hilde, Hellmut, Holde, Hedda et Heide, qui ne se doutaient de rien et qui n'en revenaient pas, si jeunes – ils avaient entre quatre et douze ans –, d'avoir le droit de veiller ainsi avec les grandes personnes. Hitler joua et plaisanta un peu avec eux avant de se retirer. Il songeait en rejoignant sa chambre nuptiale que, tout seul, sa fin évoquait *Rienzi,* qu'avec Eva elle s'élevait à *Tristan et Isolde* et qu'avec l'adjonction des « H », elle rejoignait *Le Crépuscule des dieux.*

Eva et lui se livrèrent aux gestes que la fatigue et la noce leur autorisaient. Hitler, pour une fois, s'endormit sans sédatif.

A sept heures, il fut réveillé par un doute. Et si les ampoules de poison avaient été trafiquées ? Un complot ?

Il réveilla Eva.

– Eva, j'ai besoin de vérifier que l'ampoule que tu avaleras fonctionne bien. Imagine que...

Eva n'arrivait pas à comprendre ce qu'on pouvait imaginer de pire, mais elle tenta de calmer son époux.

– Eva, tu ne comprends pas. Tout le monde ment. Tout le monde triche. Tout le monde trahit. Qu'est-ce qui me prouve que les ampoules d'acide prussique que nous a données le docteur Stumpfegger, ce traître, fonctionnent bien ? Blondi ! Oui ! Il faut que j'essaie sur Blondi.

Il appela la chienne qu'il adorait, sans doute l'être auquel il avait donné le plus d'affection sur cette terre, la fit maîtriser par ses hommes, lui fit ouvrir de force les mâchoires et écrasa la capsule d'acide prussique entre ses dents.

Blondi s'effondra à l'instant sur le sol.

Loup, son chiot, vint renifler sa mère sans comprendre pourquoi elle ne bougeait plus. Une forte odeur d'amande, caractéristique de ce poison, s'échappa du corps. Cela fit reculer le petit Loup qui, effrayé, s'enfuit en poussant des plaintes aiguës.

Hitler contempla la scène sans rien dire puis alla s'enfermer dans son bureau. Il ne voulait pas qu'on le vît pleurer.

Il décida de s'accorder encore cette journée. Après tout, peut-être l'armée Rouge allait-elle reculer ? Peut-être...

Ses aides de camp vinrent faire le point avec lui : la débâcle était telle qu'Hitler ne trouva rien à dire. Il se coucha en murmurant à Eva Braun :

— Je nous ai donné une journée de plus pour être ton mari au moins vingt-quatre heures.

Eva Braun se mit à sangloter, elle qui était d'ordinaire si gaie, et Hitler se surprit à la rejoindre dans les larmes.

Le lendemain, on lui téléphona que les soldats soviétiques pouvaient atteindre le jardin de la chancellerie d'un moment à l'autre.

Hitler endossa son uniforme, Eva sa robe bleue de mariée, et il annonça qu'ils se tueraient aujourd'hui.

Il tint cependant à prendre son repas à treize heures, comme d'habitude, parce qu'il avait faim. Au moment de la salade, il songea à Georg Elser, son assassin, son double, l'Allemand moyen qu'il tenait enfermé dans un camp ; il donna un coup de fil pour qu'on le fît exécuter. La chose faite, il mangea mieux.

Son dessert fut troublé par Magda Goebbels, qui, fort agitée, implorait le Führer d'épargner ses enfants et de convaincre son mari de changer d'avis.

— Madame, ce qui est dit est dit.

Il l'écarta de son chemin et alla se retrancher dans son bureau. Eva Braun le rejoignit aussitôt.

On attendit derrière la porte. Goebbels, Bormann, Axmann, le valet de chambre et d'autres membres du bunker tendaient l'oreille. En vain. Le vrombissement du diesel couvrait tout, ainsi que les joyeux cris des enfants Goebbels qui prenaient, sans le savoir, leur dernier repas avec les secrétaires.

Au bout de dix minutes, le valet de chambre prit l'initiative d'ouvrir la porte.

Eva Braun, affalée sur la gauche, dégageait une horrible odeur d'acide prussique.

Hitler gouttait, sans vie, son pistolet à ses pieds.
Il était quinze heures vingt-neuf.

*

« Mon cher Adolf H.,

J'ai été bien heureuse de vous revoir enfin ce dimanche, toi et Sophie, après vos épreuves parisiennes. Plus que tout, la tendresse que Sophie te marque me prouve qu'elle est sortie plus forte de cette épreuve et qu'elle jugera peut-être autant un homme sur ses qualités morales que sur son apparence physique avant de s'engager. Enfin, c'est ce qu'espère ta vieille sœur Lucie. Quant à Rembrandt et Sarah, il vaut mieux qu'ils continuent à croire que la rupture-trahison d'Heinrich se limite à toi. La vérité attendra son heure ; pour toi qui n'as pas eu le choix, elle est arrivée en avance sous la forme d'une crise ; pour eux, elle viendra en retard, un soir d'été et de confiance, comme le cadeau d'un moment partagé.

Dans cette atmosphère de retrouvailles, nous n'avons pas eu l'occasion de parler d'Heinrich.

Selon moi, Caïn, Judas ou ton Heinrich ne sont pas des traîtres. Ils sont d'abord des monstres, la traîtrise n'étant qu'une des facettes de leur monstruosité.

Qu'est-ce qu'un monstre ? Un homme qui fait le mal à répétition.

A-t-il conscience de faire le mal ? Non, la plupart du temps. Parfois oui, mais cette conscience ne le change pas. Car le monstre se justifie à ses yeux en se disant qu'il n'a jamais souhaité le mal. C'est juste un accident de parcours.

Alors que tant de mal se fait sur cette planète, personne n'aspire au mal. Nul n'est méchant volontairement, même le plus grand rompeur de promesses, le pire des assassins ou le dictateur le plus sanguinaire. Chacun croit agir bien, en tout cas en fonction de ce qu'il appelle le bien, et si ce bien s'avère ne pas être le bien des autres, s'il provoque douleur, chagrin et ruine, c'est par voie de conséquence, cela n'a pas été voulu. Tous les salauds ont les mains propres. Moi qui ai été nonne-visiteuse dans les prisons de Prusse, je peux te le confirmer : le salaud se regarde tranquillement dans la glace, il s'aime, il s'admire, il se justifie, il a l'impression — tant qu'il n'est pas mis en échec — de triompher des difficultés qui arrêtent les autres ; il n'est pas loin de se prendre pour un héros.

Heinrich est ainsi. Il ne considère que son intérêt et son plaisir — c'est cela qu'il appelle son bien — et rien, sauf l'échec, ne l'arrêtera dans son mouvement. Il va faire beaucoup de mal et beaucoup de beaux tableaux.

Mais Heinrich n'est qu'un malfaisant ordinaire. Il y a pire.

Je crois qu'il existe deux sortes de monstres sur cette terre : ceux qui ne pensent qu'à eux, ceux qui ne pensent qu'aux autres. Autrement dit *les salauds égoïstes* et *les salauds altruistes*. Heinrich relève de la première catégorie car il met sa jouissance et sa réussite au-dessus de tout. Cependant, aussi néfaste soit-il, il ne le sera jamais autant qu'un malfaisant de la seconde catégorie.

*Les salauds altruistes* provoquent des ravages supérieurs car rien ne les arrête, ni le plaisir, ni la satiété, ni l'argent ni la gloire. Pourquoi ? Parce que *les salauds altruistes* ne pensent qu'aux autres, ils dépassent le cadre de la malfaisance privée, ils font de grandes carrières publiques. Mussolini, Franco ou Staline se sentent investis d'une mission, ils n'agissent à leurs yeux que pour le bien commun, ils sont persuadés de bien faire en supprimant les libertés, en emprisonnant leurs oppo-sants, voire en les fusillant. Ils ne voient plus la part de l'autre. Ils essuient leurs mains pleines de sang dans le chiffon de leur idéal, ils maintiennent leur regard fixé sur l'horizon de l'avenir, incapables de voir les hommes à hauteur d'homme, ils annoncent à leurs sujets des temps meilleurs en leur faisant vivre le pire. Et rien, rien jamais ne les contredira. Car ils ont raison à l'avance. Ils savent. Ce ne sont pas leurs idées qui tuent, mais le rapport qu'ils entretiennent avec leurs idées : la certitude.

Un homme certain, c'est un homme armé. Un homme certain que l'on contredit, c'est dans l'instant un assassin. Il tue le doute. Sa persuasion lui donne le pouvoir de nier sans débat ni regret. Il pense avec un lance-flammes. Il affirme au canon.

La plus haute nuisance n'a donc rien à voir avec l'intelligence ou la bêtise. Un idiot qui doute est moins dangereux qu'un imbécile qui sait. Tout le monde se trompe, le génie comme le demeuré, et ce n'est pas l'erreur qui est dangereuse mais le fanatisme de celui qui croit qu'il ne se trompe pas. *Les salauds altruistes* qui se dotent d'une doctrine, d'un système d'explication ou d'une foi en eux-mêmes peuvent emporter l'humanité très loin dans leur fureur de pureté. Qui veut faire l'ange fait la bête. J'ai peur, Adolf, j'ai peur car ce n'est pas fini, j'ai peur de ce qu'ils peuvent faire aujourd'hui avec le progrès des armes et des techniques de communication. Je redoute des désastres radicaux, irrémédiables, des charniers, des ruines...

Tu ne crois pas en Dieu, mon cher Adolf ? Moi, c'est dans le diable que je ne crois pas ! Car je ne peux pas concevoir un diable qui voudrait le mal pour le mal. La pure intention maligne n'existe pas. Chacun se persuade de bien faire. Le diable se prend toujours pour un ange. Et c'est pour ça que j'ai si peur. Il existera peut-être un jour un pauvre type frustré à en devenir fou, un pauvre type qui voudra faire aussi bien que Dieu, voire mieux, un incendiaire réformateur, un diable par défi à Dieu, un diable par jalousie de Dieu, un diable par prétention, un mime grotesque, un clown.

Mais je ne sais pourquoi je m'emporte ainsi. Comme le disait ma mère, j'ai l'imagination aussi vive que le lait qui bout et je me promène parfois dans des mondes qui n'existent sans doute pas. C'est peut-être pour cela que je crois aussi en Dieu. Le feu de mon imagination...

Dans l'impatience de te voir dimanche prochain, reçois l'affection de ta dévouée

Sœur Lucie.

PS. Je suis très inquiète pour ton beau-père, Joseph Rubinstein. Rassure-moi vite à son sujet. »

\*

6 août 1945. Les Américains lâchent la première bombe atomique sur Hiroshima.

9 août 1945. Une deuxième bombe est larguée sur Nagasaki qui connaît la destruction totale sous le feu nucléaire.

Dans les semaines qui suivent, les combats cessent.

On fait les comptes. En dehors des cadavres calcinés d'Adolf Hitler et d'Eva Braun retrouvés déchiquetés par les bombes dans la cour de la chancellerie, on découvre que cette guerre a fait cinquante-cinq millions de morts, dont huit millions d'Allemands et vingt et un millions de Russes : il faut ajouter au bilan trente-cinq millions de blessés et trois millions de disparus.

\*

Sophie et Rembrandt, les jumeaux, continuaient à veiller la dépouille de leur grand-père dans la chambre aux épais rideaux tirés. Une longue file noire et silencieuse attendait

481

devant la porte cochère de Joseph Rubinstein pour rendre un dernier hommage à leur ami.

Adolf H. et Sarah s'étaient réfugiés au plus obscur de la maison, dans la soupente qu'on appelait la salle de jeux, où plusieurs générations de petits Rubinstein avaient entreposé albums, livres de prix, poupées, chevaux à bascule, marionnettes et panoplies de fée. Sur le billard, Adolf faisait l'amour à Sarah.

C'est tout ce qu'il avait trouvé quand, désemparée, elle s'était échappée de la chambre où gisait son père. Il avait d'abord pleuré avec elle, puis, en lui embrassant les joues, en glissant son nez dans cette chevelure qui avait les couleurs et l'odeur de tous les miels, en sentant s'abandonner contre lui son corps souple et puissant, il l'avait embrassée à pleine bouche puis lui avait murmuré : « Viens. »

Elle avait tout de suite compris ce qu'il voulait et comment il comptait la ramener à la vie : elle se donnait sans restriction, ventre contre ventre, pleurant toujours, certaines larmes pour son père qui la quittait, d'autres pour son mari qui l'adorait, entre le chagrin et l'extase, et elle se sentait intensément vivante.

Joseph Rubinstein était rentré blessé de son voyage en Palestine. Lors d'un échange violent entre des fermiers juifs et des fermiers arabes, il avait reçu une pierre sur la tête. Mais cette blessure en cachait une autre, plus profonde : il avait compris là-bas que son rêve ne se réaliserait jamais. Israël en Palestine, la création d'un Etat juif, la cause à laquelle il avait depuis soixante ans consacré son énergie resterait une tumeur dans son pauvre crâne endolori. Les Britanniques, qui avaient le mandat de contrôler la Palestine, limitaient le quota d'immigration juive sous la pression des Arabes qui ne toléraient plus les concessions faites aux Juifs. Des Polonais et des Russes venaient même d'être refoulés aux frontières. A rebours de toutes les espérances, malgré l'activité politique du mouvement sioniste, en dépit des sommes versées par quelques mécènes comme les Rothschild, la situation était bloquée et l'on pouvait déjà compter que cette idée irait rejoindre le cimetière des utopies.

Lorsqu'ils arrivèrent à Berlin, Myriam Rubinstein n'avait pas encore compris la vraie nature du coup porté à son mari. Elle se contentait de lui appliquer des compresses et de soupirer avec une innocente sincérité.

– Comme je suis contente que nous soyons de nouveau à Berlin. C'est morne, la Palestine.

Joseph était mort et Myriam, assommée par le chagrin et les somnifères du docteur Wiezmann, s'était enfuie dans le sommeil.

Sarah et Adolf jouirent en même temps. Ils roulèrent sur la feutrine verte qui dégageait une odeur de moisi.

– Ne me quitte pas, dit Sarah, c'est tout ce que je te demande : ne me quitte pas.

Dans une semaine, sœur Lucie partirait à Jérusalem avec une urne dans ses bagages. Elle avait promis à Sarah de disperser les cendres de son père sur la terre de ses rêves et de ses origines.

\*

Les journaux à fort tirage du monde entier publient des photos révélant les charniers d'Auschwitz, Dachau, Buchenwald. L'opinion s'émeut. On chiffre à six millions le nombre de Juifs assassinés dans les camps d'extermination.

L'indignation devant l'holocauste est telle que toute politique antijuive devient irrecevable. On veut apporter de l'aide aux survivants. L'Organisation des Nations Unies, nouvellement constituée pour assurer la paix sur la planète, écoute les revendications sionistes et préconise le partage de la Palestine.

Le 14 mai 1948, proclamation de la naissance d'Israël, le nouvel Etat juif.

\*

Champagne. Cris. Flashes. Hourras. Toasts. Danses. Discours. Petites larmes. Hourras. Chansons.

On célébrait un double mariage. Les jumeaux avaient tenu à ce que leurs deux cérémonies aient lieu le même jour. Rembrandt épousait une physicienne comme lui, rencontrée sur les bancs de l'université de Berlin. Sophie épousait un Américain qui travaillait comme assistant metteur en scène dans les studios de Babelsberg.

– La vie devient de plus en plus anodine.

Neumann avait murmuré cela d'une voix atone en regardant le manège des gâteaux, semblable à *tous* les manèges de gâteaux que *tous* les pâtissiers exécutaient pour *tous* les mariages dans *toute* l'Allemagne.

Adolf sourit à son ami.

– Tant mieux.

Neumann aurait été un beau vieillard s'il n'avait pas eu quelque chose de brisé en lui. Il revenait de Russie et il n'y retournerait jamais. En ce début des années soixante, le régime communiste s'était effondré devant le mécontentement du peuple exaspéré par l'indigence économique et la privation des libertés. Certes, le chaos avait remplacé l'ordre – fût-il dictatorial – mais l'échec bolchevique était néanmoins flagrant. Neumann, devenu un politique sans cause, échouait dans la vie comme un voilier sans voiles.

– Tant mieux, reprit Adolf. Vive l'ordinaire !

– Oh, je t'en prie. N'essaie tout de même pas de me faire croire que tu es ordinaire Adolf H., s'indigna Neumann.

– Non. Mais j'ai fait le choix de l'ordinaire.

Neumann haussa les épaules. Dans sa convalescence idéologique, il ne trouvait même plus de plaisir à discuter.

– De quoi vas-tu vivre, maintenant ? demanda Adolf.

– Mais j'aurai ma retraite de membre du Parti. Le parti communiste allemand continue à exister ; il sera très utile dans cette Allemagne continuellement à droite.

– Oh, tu exagères. Nous sommes maintenant dans une vraie démocratie.

– Oui, mais une démocratie gouvernée par la droite avec des tentations de droite. Ce ne sera jamais autre chose, l'Allemagne, mon pauvre Adolf.

– Ne jamais dire jamais, se contenta de répondre Adolf.

Rembrandt et son épouse vinrent trinquer avec eux. Lorsqu'ils s'éloignèrent, le regard de Neumann s'attarda sur la croupe rebondie de la mariée.

– Elle n'est pas mal, la physicienne, murmura-t-il. Tu ne trouves pas excitant, toi, l'idée de faire l'amour avec une femme qui aurait le même niveau intellectuel que toi ?

– A mon avis, c'est arrivé à des tas d'hommes sans même qu'ils le soupçonnent.

– Au fait, sais-tu ce qu'ils me disaient, ton Rembrandt et sa jument matheuse ? Que les recherches qu'ils effectuent avec Bohr et Heisenberg avancent et qu'une bombe atomique capable de détruire la vie sur des dizaines de kilomètres sera bientôt possible. Ils l'auraient déjà achevée s'ils bénéficiaient de plus de crédits de l'Etat.

– Je vois ! Il leur faudrait une bonne guerre pour donner l'impulsion ?

– C'est ça. La paix dans laquelle nous vivons depuis la courte guerre contre la Pologne n'est pas bonne pour la recherche de nouvelles armes. Tous les savants espèrent un conflit...

— J'espère que je serai mort avant que cela n'arrive, soupira Adolf.

*

Guerre froide. Malgré ses pertes civiles et militaires pendant la guerre, l'URSS prend rang de puissance mondiale et revendique, face aux Etats-Unis, la gestion totale du bloc de l'Est. La Chine devient communiste et beaucoup de pays d'Europe centrale se transforment en satellites bolcheviques.

Dès lors, les Etats-Unis luttent contre le communisme dans le monde entier et favorisent les régimes autoritaires.

L'Allemagne est partagée en deux, l'Ouest sur le modèle des démocraties capitalistes, l'Est sur le modèle des démocraties communistes. L'ancienne capitale, Berlin, est divisée, barbelée et militarisée. Depuis l'époque hitlérienne, la conscience allemande n'est plus qu'une plaie que se partagent la honte et l'effarement.

*

Maintenant, la vie allait trop vite pour lui.

Berlin craquait sous huit millions d'habitants, bourdonnait de voitures, de sirènes et offrait ses enseignes lumineuses toute la nuit aux touristes ébahis qui accouraient du monde entier pour visiter la capitale de l'Europe. Berlin brillait plus que Paris ou que Londres. Une révolution artistique par mois. Une mode par semaine. Les caves débordaient de spectateurs curieux d'avant-garde tandis que les grands théâtres faisaient salle comble avec le répertoire traditionnel. Le cinéma allemand concurrençait le cinéma américain, affichant les idoles géantes des deux stars concurrentes, la brune Zarah Leander contre la blonde Marlene Dietrich. Le quartier chaud offrait des femmes de toutes les couleurs dans ses vitrines. Les taxis de la ville parlaient russe ou finnois. On pouvait manger chinois, japonais, italien, français, grec, turc. On pouvait même ne pas manger du tout, comme les nombreux clochards sans abris qui ne profitaient pas de la richesse allemande mais venaient réchauffer leur misère sous les néons berlinois.

Adolf H. ne trouvait plus sa place.

Sarah l'avait quitté. Un cancer foudroyant, sans doute provoqué par les émanations chimiques qu'elle avait humées, toute son existence, dans son laboratoire à parfums.

Adolf H. était pour la seconde fois veuf d'une femme plus jeune que lui.

Il n'aimerait plus. Cela faisait trop mal. Il acceptait de vieillir.

Dans cet univers acrylique et grésillant, il réalisait qu'il était né au siècle précédent. Sa peinture n'intéressait plus personne. L'art figuratif était mort. Différentes sortes d'abstractions se partageaient le marché, le mouvement le plus en vogue étant « l'abstractionnisme matérialiste » dont Heinrich était le chef de file. Il se répandait dans la presse mondiale en multipliant les formules définitives, comminatoires, toutes plus sottes et plus excessives les unes que les autres, à l'arrivée contradictoires, mais cela, plus personne ne semblait s'en rendre compte. Bien sûr, Heinrich avait envoyé au cimetière toute la peinture représentative, dont le mouvement surréaliste lui semblait l'agonie, et il avait trouvé le moyen de cracher sur son ancien professeur et ami en popularisant la formule : « Adolf H., le premier des surréalistes et le dernier des peintres ». Autant dire que les toiles d'Adolf H. ne valaient plus grand-chose, sinon des insultes aux quelques rares amateurs qui persistaient à les exposer et se faisaient traiter de ringards.

Adolf s'en moquait. Sa vie avait été assez longue pour qu'il entende plusieurs fois tout et son contraire. Il n'avait jamais estimé avoir produit des chefs-d'œuvre et, de toute façon, à la mort de Sarah, il avait définitivement posé ses pinceaux.

Ce jour-là, il envoya un télégramme à Sophie pour lui dire qu'il acceptait son invitation à se rendre aux Etats-Unis.

Ce jour-là aussi, les Allemands envoyaient le premier satellite en orbite autour de la terre et Adolf n'arriva pas même à joindre au téléphone Rembrandt qui avait participé au projet.

*

Dans la seconde moitié du vingtième siècle, cinquante pour cent des prix Nobel de sciences reviennent aux Etats-Unis, les universités américaines ayant servi de refuge aux savants, chercheurs et professeurs qui parvinrent à échapper aux persécutions hitlériennes.

*

— Vivre en Amérique, c'est comme vivre en province. Et la vieillesse est provinciale. Donc, je me sens bien ici.

Adolf H. essayait d'agacer ses petits-enfants en disant cela, mais la pique ne les touchait pas car ces jeunes Californiens n'avaient jamais quitté Los Angeles.

L'haleine salée de la mer lui chauffait le visage. Il s'enfonça voluptueusement dans sa chaise longue en imaginant qu'il était un lézard. Il aimait la simplicité rustique de la nature et des gens ici : la mer bleue comme dans le tube, le sable beige comme du sable, l'horizon horizontal, le laitier joyeux comme un laitier, le jardinier beau comme un jardinier, la femme de ménage mexicaine et duvetée comme une Maria, il se reposait dans cet univers de clichés. Même ses petits-enfants, les trois fils de John et Sophie, lui donnaient l'impression d'être des petits-enfants d'album, sains, vifs, bien élevés. Ceux-ci éprouvaient de l'admiration pour leur grand-père car, à Santa Monica, on vendait sur les trottoirs des lithographies effectuées d'après ses anciens tableaux. Il soupçonnait son gendre d'avoir investi de l'argent dans cette opération et ne réagit que de façon sarcastique lorsqu'on le lui annonça.

– Mais non, papa, lui avait juré Sophie. Il s'agit d'un éditeur de New York. Et cela a beaucoup de succès.

– Oui, oui, laisse-moi rire. Et toutes les dames juives de New York et de Los Angeles veulent avoir un Adolf H. au-dessus du canapé du salon ?

– Exactement. Et cela va faire levier. Je suis certaine que cela fera monter la cote des tableaux originaux.

– De toute façon, je m'en fous.

En revanche, lorsque son plus jeune petit-fils, Bob, lui apporta une lithographie d'Onze-heures-trente, son *Portrait en géante*, les sanglots secouèrent la vieille carcasse d'Adolf.

– Qu'est-ce que je fais là ? dit-il à Sophie qui tentait de le consoler. Pourquoi est-ce que je traîne comme ça ? Si ça pouvait être vrai qu'on se retrouve après la mort...

– Peut-être, papa, peut-être.

Il sourit en se mouchant. Les mouettes, au loin, lui semblaient des taches blanches qu'il venait d'ajouter à la toile. Lucie aussi était loin, en Afrique. Il aimait surtout des fantômes.

– Mais de toute façon, j'arrive trop tard. Là-haut, ni ta mère ni Onze n'auront même un regard pour une vieille carne comme moi.

\*

Vente aux enchères secrète à Nuremberg. Une aquarelle signée « Adolf Hitler 1913 » représentant un paysage bavarois atteint le prix record de huit cent mille marks. L'œuvre est une croûte et le collectionneur garde l'anonymat.

\*

Le 21 juin 1970 à quinze heures vingt-neuf, le premier homme qui marcha sur la lune était allemand. L'astronaute Kurt Makart avait sauté de la fusée *Siegfried* et gambadait entre les cratères. Toutes les télévisions du monde retransmettaient ces images historiques. Elles témoignaient des progrès technologiques qu'avait faits l'humanité au vingtième siècle et aussi de la puissance allemande, la nation la plus riche du monde. L'Allemagne remportait une nouvelle victoire, pacifique celle-là, qui n'enlevait rien aux autres pays.

Le 21 juin 1970, Adolf H. s'éteignait à Santa Monica, Los Angeles, au domicile de sa fille parmi les siens. Lui aussi regardait la conquête spatiale sur le petit écran lorsqu'il eut une contraction cardiaque. Sophie écrivit à Rembrandt qu'elle était persuadée que leur père avait alors compris qu'il était en train de mourir : il avait tourné la tête vers le ciel sans nuages et, dans ses yeux bleu pervenche, était passé un éclair d'impatience, celle d'un homme qui a hâte de rejoindre des femmes aimées à un proche rendez-vous.

J UIN 1970.
Un enfant est emmené par ses parents au cinéma.
Comme d'habitude, il s'attend à voir des animaux qui parlent, des fleurs qui chantent ou bien une danse d'hippopota-
mes avec autruches. Mais on ne lui offre pas son dessin animé
annuel depuis dix ans ; au lieu de cela, l'écran lui envoie des
images en noir et blanc, de sales images tremblées avec un
mauvais son, encore plus mauvaises que les films familiaux de
vacances. Il ne comprend pas. Un homme à moustache et au
regard fixe crie dans la même langue que sa grand-mère alsa-
cienne, oui, la même, à cette différence que c'est beaucoup
moins doux et plus autoritaire, ça donne envie de se lever pour
obéir. Il ne comprend toujours pas. Puis des images de rafles,
d'incendies, de trains où l'on entasse des hommes comme des
bestiaux. L'enfant comprend encore moins. Enfin, après les
bombes que crottent les avions en l'air, des explosions toujours
plus fortes, un feu d'artifice, jusqu'au plus beau, le somptueux
champignon de fumée nucléaire. L'enfant a peur, il se laisse
couler dans son siège pour ne plus voir l'écran. Mais les images
déferlent encore, les camps de barbelés, les vivants squeletti-
ques aux yeux noirs, les chambres à gaz, puis les corps nus,
entassés, à la fois raides et mous, que des pelleteuses mettent

dans la terre ou l'inverse, l'enfant ne sait plus, il suffoque, il veut partir, il ne veut plus savoir si c'est cela le monde réel, il ne veut pas grandir, il veut mourir.

Au-dehors, il est surpris que le soleil brille encore, que les passants passent et que les filles sourient. Comment peuvent-ils ?

Les yeux rougis, ses parents lui expliquent avec douceur qu'ils savaient que ce film serait dur à supporter mais qu'ils tenaient à ce que l'enfant le voie.

– Ça c'est réellement passé. C'est notre histoire politique.

« Alors, c'est donc ça, la politique, pensa l'enfant, le pouvoir qu'ont les hommes de se faire autant de mal ? »

– Mais cet Hitler, il était fou, n'est-ce pas ?

– Non. Pas plus que toi ou moi...

– Et les Allemands, derrière, il n'étaient pas fous non plus ?

– Des hommes comme toi et moi.

Bonne nouvelle ! C'est donc une rude saloperie d'être un homme.

– Qu'est-ce qu'un homme ? reprit le père. Un homme est fait de choix et de circonstances. Personne n'a de pouvoir sur les circonstances, mais chacun en a sur ses choix.

Depuis ce jour, les nuits de l'enfant sont difficiles, et ses journées encore plus. Il veut comprendre. Comprendre que le monstre n'est pas un être différent de lui, hors de l'humanité, mais un être comme lui qui prend des décisions différentes. Depuis ce jour, l'enfant a peur de lui-même, il sait qu'il cohabite avec une bête violente et sanguinaire, il souhaite la tenir toute sa vie dans sa cage.

L'enfant, c'était l'auteur du livre.

Je ne suis pas juif, je ne suis pas allemand, je ne suis pas japonais et je suis né plus tard ; mais Auschwitz, la destruction de Berlin et le feu d'Hiroshima font désormais partie de ma vie.

*La composition de cet ouvrage*
*a été réalisée par I.G.S. Charente Photogravure,*
*à l'Isle-d'Espagnac,*
*l'impression et le brochage ont été effectués*
*sur presse Cameron dans les ateliers*
*de **Bussière Camedan Imprimeries***
*à Saint-Amand-Montrond (Cher),*
*pour le compte des Éditions Albin Michel.*

*Achevé d'imprimer en novembre 2001.*
*N° d'édition : 20382. N° d'impression : 015321/4.*
*Dépôt légal : octobre 2001.*